임진왜란과 경상좌도의 의병활동

박순진 지음

경인문화사

서문

　임진왜란은 우리 민족에게 큰 상처를 안겨준 전쟁이었으며 또 많은 교훈을 남기기도 한 일대 사건이었다. 조선의 입장에서는 16세기 말 일본군의 조선 침략 사건으로 인식되고 있지만 사실상 동아시아의 판도가 바뀌는 세기의 대전으로서 조선사회의 전반에 걸쳐서 큰 변화를 가져왔다. 임진왜란 초기 경상좌도의 관군은 고도로 훈련된 일본군의 대규모 기습에 전략·전술을 제대로 구사하지 못한 채 수세에 몰렸다. 임란 초기 조선군의 패인은 일본군의 절대적인 군사력 우위 때문이었다. 이 시기 경상좌도 의병의 역할은 관군의 재정비 시까지 관군의 역할을 보충하는데 있었다. 난의 초기 좌도의 군소 의병들은 의병끼리 연합하는 한편 흩어졌던 관군과의 연합활동을 통해 점령지 일본군의 보급선을 차단함으로써 조선군의 전투 효율을 높이는데 상당 부분 기여한 바가 있었다. 그중에서도 영천성과 경주성의 탈환은 임란 초기의 어려운 여건 하에서 경상좌도의 군소의병이 관군과의 연합전선으로 이루어 낸 커다란 성과라고 할 수 있다. 임진 의병활동의 성과에 대하여 부정적인 입장을 가졌던 국왕 宣祖마저도 영천성의 수복전을 한산대첩이나 행주대첩에 비견된다고 평한 바 있었다. 그럼에도 불구하고 이러한 역사적 사실들이 교과과정에 충분히 반영되지 못하고 있는 것은 안타까운 일로 여겨진다.

　이 연구의 목적은 임진왜란기 경상좌도 의병들의 활동을 밝히고 그것이 임진왜란사에서 어떤 의미를 가지는 지를 규명하는데 있다. 또한 임진왜란 시기 경상좌도 지역의 민중의 삶에 대하여도 살펴보았다. 전란 기간 동안의 民의 삶에 대한 연구는 지난 시대를 살피고 평가하는 일이면서 동시에 민중들에게는 또 다시 닥칠 위기상황에 대처하는 지침이 될 수도 있다는 생각에서였다.

임진전쟁기 의병의 주역들은 주로 재지사족과 그들을 지도자로 믿고 따른 농민을 비롯한 중·하층민들이었다. 의병장 등 의병의 상층부는 유학자들로서 문화적 자부심을 가지고 지역사회와 국가를 보전한다는 명분을 내세웠다. 그러나 의병 구성원의 다수를 차지하는 중··하층민들은 그들의 삶의 터전을 지키고 가족의 안전을 보장받고자 하는 생존 본능이 우선하였을 것이다. 그럼에도 불구하고 이들 하층민들은 전쟁 극복 과정에 적극 참여하였고 또 많은 전공을 세웠다. 이들이 이루어 낸 성과를 『선무원종공신녹권』의 분석을 통해 확인한 바로는 상당수의 하층민들이 전란 후 공신에 녹선 되었고 면역, 면천으로 그 신분이 상승되었음을 알 수 있었다.

저자가 경상좌도 의병사에 관심을 가지게 된 것은 마음속의 과제를 해결하고픈 욕구에서 비롯되었다. 학부에서 문학과 법학을 전공하여 그동안 금융기관과 공직에 몸담아오면서도 늘 풀어야 할 과제를 안고 있었다. 그것은 '우리민족이 수많은 외침을 받으면서도 국난을 극복해왔는데, 임진전쟁기에는 어떻게 대응하였는가? 또 그에 대한 역사적 해석과 평가는 어떻게 이루어지고 있는가?'라는 의문을 해소하는 일이었다. 직장생활을 하면서 관련 서적과 논문을 읽으며 오랜 시간을 보내다가 마침내 대학원에 진학하여 임진왜란사를 공부하게 되었고 의병에 대한 연구도 하기에 이르렀다.

그동안 선학들이 이루어 놓은 연구 성과를 토대로 각종 사료를 찾으며 그 실상을 확인하는 일에 몰두하며 의병 연구에 적지 않은 시간을 보냈다. 특히 사료의 객관성 검증을 위한 연구의 한 방법으로, 경상좌도 의병들이 활동했던 지역을 직접 발로 뛰며 수년에 걸쳐 歷史의 現場을 확인하는 작업을 병행하였다. 경상좌도에 산재한 산과 강, 들판 등 임란기 의병활동의 현장을 답사하는 과정에서 의병사 연구의 생동감을 느낄 수 있었고, 400년의 時空間이 압축된 타임캡슐을 들여다 보는듯한 현장감이 몸으로 다가왔다. 사료를 검토하고 현장 답사를 통해 이를 확인함으로써 임란의병사는 더욱 살아 있는 역사가 될 것이며, 임진전쟁기 경상좌도 지역의 의병활동이 전체 임진왜란사에서 갖는 의미는 좀 더 구체화 될 것으로 생각되었다.

이 책은 저자의 박사학위 논문 『임진전쟁기 경상좌도 의병활동』을 기본으로 하여 수정·보완하고 일부 내용을 추가한 것이다. 이 책의 내용은 임진왜란 당시 초토화된 경상좌도 지역에서 재지사족과 향민이 단합하여 의병활동을 일으킨 배경과 그 활동상을 중점적으로 고찰한 것이다. 특히 기존의 유명세를 가진 의병장뿐만 아니라 그 활약상이 미약하거나 크게 드러나지 않았던 군소 의병들의 활약, 그리고 그들의 연합활동을 밝히는데 중점을 두었다. 서술방식은 역사연구서인 만큼 기존의 전통적인 역사서술의 문체를 크게 벗어날 수는 없었지만 가능하면 일반독자들도 쉽게 이해할 수 있도록 눈높이를 맞추려고 노력하였다.

이 책에서는 임진왜란기 경상좌도 의병들이 그들의 삶의 터전인 향촌을 지켜나가는 과정과 전쟁 후반기 영토 분할의 위기 상황에서 그들이 펼쳤던 활동의 의미를 되새기는데 주력하였다. 그리고 각 시기별 일본군의 움직임에 따른 경상좌도 의병의 대응 양상을 현장 확인을 통해 보다 생생하게 살펴보려 하였다. 이 점은 이 책이 갖는 특색이 될 것으로 생각한다. 전쟁에 있어서 민의 지지는 승패를 좌우하는 매우 중요한 요소이다. 임란 현장의 답사를 통해, 전란의 한 가운데에 있었던 경상좌도 백성들의 국난극복을 위한 공동체의식과 상호협조의 노력이 있었음을 확인할 수 있었다. 민과 관군이 피땀으로 지켜냈던 산하는 그동안 세월이 흐르면서 많은 변화를 보였다. 산업화의 진전으로 흔적 없이 사라진 지형이 있었는가 하면, 또 어떤 현장은 당시의 발자취가 그대로 남아 있어 의병사 연구에 도움이 되기도 하였다. 적지 않은 의병의 후예들은 오늘날에도 대를 이어 그들의 고장을 지키고 살며 그 당시의 상황들을 사실적으로 전해주는 경우도 있어, 400년 전 세기적 고난을 맞아 숨 가쁘게 살았던 경상좌도 사민들의 모습을 다시 보는 듯했다.

그동안 직장생활과 학문 연구를 병행했던 저자는 많은 분들의 도움에 힘입어 연구자의 길에 나서게 되었다. 포항에서 서울을 주 2회씩 왕복하며 수업을 통해 직접 가르침을 받기도 하였고, 저술을 통하거나 선학을 찾아서 자문을 구하는 등 여러 선생님들의 지도를 받으면서 연구는 조금씩 다듬어질 수 있었다. 그러나 베풀어 주신 가르침에 비해 의욕만 앞섰을 뿐 심화된 연구 결과를 내놓지 못해 송구하기 그지없다. 이 책에서 연구가 미진한 부분은 전적으로 저자의 寡聞한 탓이므로 앞으로 정진하여 문제점을 보완할 것을 다짐한다. 선학제현의 질정을 바라며 임란의병 연구에 작은 보탬이라도 될 수 있기를 바랄 뿐이다.

이 책을 내기까지 많은 분들의 도움이 있었다. 학문이 일천한 저자가 미흡하나마 이 책을 낼 수 있었던 것은 오로지 주위의 훌륭한 분들 덕택이었다. 지면을 통해 그 분들께 감사의 인사를 드리고 싶다. 임진왜란사 및 의병연구에 매진해 오신 선학제현께 敬意를 표하며, 이 책은 전적으로 선행 연구자들의 연구 성과를 토대로 하여 만들어 질 수 있었음을 밝힌다. 방대한 분량의 경상좌도 의병활동을 빠짐없이 서술할 수는 없었기에 저자의 능력이 미치지 못하는 분야는 기존 연구자의 연구 성과를 대폭 반영하였다. 선학들께서 축적해 놓은 연구 성과가 없었다면 이 책은 나올 수 없었을 것이다.

박사과정의 지도교수님으로서 치밀한 가르침과 연구 자료의 안내로 저자를 응원해 주시고 박사학위 논문을 세세히 지도 편달해주신 노대환 선생님의 정성어린 보살핌에 깊이 감사드린다. 선생님은 조선시대사의 연구 방법론을 세심하게 일깨워 주셨고, 만학도로서 많은 분량의 연구 과제에 힘겨워 하는 저자에게 끊임없는 조언과 격려로 용기를 북돋워 주셨다. 다시 한 번 머리 숙여 감사드린다.

의병 연구에 있어서 객관적 시각을 유지할 것을 깨우쳐 주시고 학위 논문의 내용을 구성하는데 열정적인 지도를 아끼지 않으신 노영구 선생님, 폭넓은 역사 연구의 필요성과 역사서술의 방법론을 명확하게 제시해 주신 서인범 선생님, 수업에서 조선지성사의 흐름을 정치하게 제시하여 역사적 안목을 넓혀주신 손성필 선생님, 논문의 완성을 위해 관련 저술과 자료의 타당성을 세심하게 살펴 주신 송웅섭 선생님께 깊이 감사드린다. 선생님들의 배려 덕택에 논문의 전체적인 체제와 연구 방향을 잡을 수 있었다. 수업을 통해서나 논문을 통해서 역사연구의 방향을 제시해 주신 이 분들은 저자에게 학문하는 방법을 일깨워 주신 고마운 분들이셨다.

그리고 저자로 하여금 의병연구의 길로 들어설 수 있도록 지도해 주신 김강식 선생님께 깊이 감사를 드린다. 선생님은 일생을 임진왜란 의병운동의 복원, 특히 경상우도의 의병운동 연구에 매진해 오시면서 저자에게 의병연구의 방향과 방법론을 자상하게 제시해 주셨으며, 오늘날 임란의병 연구자가 줄어드는 현실을 안타깝게 여기며 저자의 의병연구 과정에 애정 어린 조언과 격려를 아끼지 않으셨다.

석, 박사 과정에서 다양한 역사 이론을 제시하시며 거시적인 안목으로 보편적 역사관을 갖도록 깨우쳐 주시고, 직장인이자 만학도인 저자를 다잡아 연구자의 길로 이끌어 주신 박용희 선생님께 감사드린다. 선생님은 급변하는 오늘날의 대학에 있어서도 학문의 순수성과 끊임없는 진리 탐구의 자세는 견지되어야 함을 강조하심으로써 저자에게 학문 연구의 의의를 일깨워 주셨다. 선생님의 깊은 배려가 있었기에 저자의 오늘이 있다고 여긴다.

늦깎이로 역사연구자의 길에 들어선 저자를 열성적으로 도와주신 김희영 선생님께 고마움을 표하고 싶다. 선생님은 언제나 소탈한 인품과 꾸밈없는 진솔함으로 배움을 구하는 저자를 정성으로 대하셨으며 직장

생활을 핑계로 연구를 게을리 할 때도 기꺼이 자료를 찾아주시고 충고와 조력을 아끼지 않으셨다. 그리고 다양한 수업을 통해 역사 인식의 폭을 넓혀 주신 여러 선학들께 감사의 인사를 드리고 싶다. 중국사 연구의 필요성을 인식시켜 주신 강문호 선생님, 삼국시대사를 자상하게 지도해 주셨던 김복순 선생님, 근·현대사를 세심하게 지도해 주신 김신재 선생님, 한국 선불교의 맥락을 인식시켜 주신 오경후 선생님, 한일교류사를 포함한 조선의 대외관계사를 심도있게 지도해 주신 김태훈 선생님, 조선 후기의 통혼 관계망과 보학의 형성과 전개에 대한 이해도를 높여주신 권기석 선생님께 감사드린다.

또한 대학과 대학원에서 동문수학하며 많은 추억을 쌓고 끈끈한 우정을 지속하고 있는 동기 동학들께도 그 변함없는 우의에 고마움을 표한다. 언제나 저자를 가장 가까이에서 보살펴 준 가족들에게도 감사의 마음을 전하고자 한다. 저자의 성취를 위해 헌신적인 삶을 사셨던 양가 부모님과 늘 관심으로 지켜봐준 형제자매들에게 부족하나마 이 책으로 보답하려 한다. 고희를 맞기까지 믿음으로 동고동락 해온 삶의 동반자로서 그동안 교직에 종사하며 화목한 가정을 꾸려온 아내 금순옥 선생, 그리고 묵묵히 각자의 앞길을 개척해나가는 아들 윤범, 창범, 며느리 최원필, 탁인하, 손자 성원에게도 고마움을 전한다.

끝으로 이 책의 출판을 맡아 주신 경인문화사 관계자들께 감사드린다. 연구자들을 위해 방대한 문집의 영인 사업에 진력해오시면서 어려운 여건에도 불구하고 기꺼이 출판을 맡아주신 경인문화사의 한정희 사장님과 도판 및 원고 정리에 정성을 다해주신 한주연 편집장님, 이다빈 편집위원님, 관계 직원 여러분께 감사의 뜻을 전하고 싶다.

2023. 7.

박 순 진

목 차

서문

제1장 서론
제1절 연구의 목적 ··· 3
제2절 연구의 범주 및 방법 ·· 14
제3절 연구 내용 ··· 17

제2장 임진전쟁의 발발과 경상좌도 창의의 배경
제1절 임진왜란 발발 전 동아시아 삼국의 상황 ···················· 23
제2절 조선의 군사체제와 일본의 군사적 상황 ····················· 36
제3절 일본군의 경상좌도 침략과 그 실상 ·························· 53
제4절 영남사족의 존재 양상과 창의의 기반 ······················· 72

제3장 개전 초기 관군의 대응과 의병의 봉기
제1절 관군의 응전과 그 한계 ·· 92
제2절 의병의 등장과 관군과의 관계 ·································· 128
제3절 관군의 재정비와 의병의 성격 변화 ························· 140

제4장 임란초기 경상좌도의 의병활동(1592. 4.~1593. 4.)

제1절 大邱鎭 권역의 의병활동 ··· 153

제2절 慶州鎭 권역의 의병활동 ··· 245

제3절 義兵聯合 및 軍事活動의 강화 ··· 319

제4절 安東鎭 권역의 義兵活動 확산 ··· 335

제5장 강화교섭기 및 정유재란기의 의병활동

제1절 강화교섭기 의병운동 (1593. 4.~1597. 7.) ······························· 377

제2절 정유재란기 의병 활동의 재개 (1597. 7.~1598. 11.) ················ 387

제6장 경상좌도 의병의 성격과 특색

제7장 결론

참고문헌 ··· 431

찾아보기 ··· 444

제1장
서론

제1절 연구의 목적

7년에 걸친 임진왜란은 조선왕조의 정치·경제·사회 및 사상 등 사회 전반에 걸쳐 많은 변화를 가져온 일대 사건이었다. 뿐만 아니라 전쟁 결과로 동아시아의 국제질서에도 상당한 변화를 가져왔다. 즉, 중국에서는 명·청 왕조 교체의 결과를 낳았고, 일본에서도 도요토미 히데요시(豊臣秀吉)에서 도쿠가와 이에야스(德川家康)로 정권의 교체를 가져왔다. 임진왜란은 1592년에 일본의 침략에 의해 일어났던 만큼 일본은 전쟁의 목적이 달성되지 아니하자 정유년(1597)에 조선을 재침공하였다. 흔히 전자를 임진왜란, 후자를 정유재란으로 부르고 있으나 일반적으로 두 개의 난을 합하여 「임진왜란」이라 칭하고 있다. 또 전쟁이라는 보편적 관점에서 볼 때 동아시아의 세계전이라는 시각에서 이를 「임진전쟁」이라 칭하기도 한다. 이 전쟁은 단순히 일본이 조선을 침략한 사건에 그치지 않고 그 이전시기까지 명나라가 주도해온 동아시아의 지배질서에 대항하는 일본의 도발이었기에 가히 명과 조선, 일본 간의 국제전 양상을 띠었다. 따라서 이 전쟁에 대한 평가 또는 명칭도 나라마다 다양한 양상을 보여주고 있다.[1]

---

1) 우리나라에서는 통상 임진년에 왜구가 쳐들어온 변란으로 보아 흔히 '壬辰倭亂'으로 부르고 있고, 북한에서는 '壬辰祖國戰爭'이라 호칭하며, 일본에서는 과거에 朝鮮陣·高麗陣·征韓·朝鮮役 등의 명칭을 사용하기도 했으나 공식 명칭으로 '文祿慶長의 役'이라는 용어를 사용하였다.(北島萬次, 『토요토미 히데요시의 조선침략』, 김유성 역, 경인문화사, 서울, 2008) 문록과 경장은 당시 임진년과 정유년의 천황의 연호로서 문록과 경장시대의 조선정벌이라는 의미를 담고 있다. 그리고 중국의 시각은 명나라 입장에서 '東援一役', '萬曆東援之役' 등으로 불러왔으며 일본의 침략에 저항하는 조선을 돕는다는 의미의 '抗倭援朝'라고 칭하기도 하고 있다(李光濤, 『조선 임진왜화 연구』 2, 중앙연구원 역사

이 연구는 임진왜란 의병활동[2] 가운데 가장 먼저 일본군의 침략을 받고 그에 대항한 경상좌도지역 의병활동의 실상과 그 역사적 의의를 규명하기 위한 것이다. 임진왜란 시기 의병활동은 임란 발발 직후 관군의 군사활동이 부진했던 시기부터 관군-의병 간의 연합과정을 거쳐서 관군의 재정비에 이르기까지의 약 1년 6개월 동안과 정유재란 시기 1년여 기간에 집중되었다. 임란초기 의병활동은 일찍이 경상우도를 중심으로 치열하게 전개되었고, 그 결과 경상우도 의병들은 일본군의 예봉을 꺾고 전라도 곡창지대로의 침략을 저지하였다. 그들은 조직적이고도 대규모적인 방어활동으로 일본군의 식량보급선을 차단함으로써 전방진격군의 활동범위를 축소시킨 획기적인 공적을 남기기도 했다. 경상우도 의병의 활동은 임란의병사에서 일본군을 상대로 대규모 전쟁을 치르면서 조선 사민들의 잠재력을 여실히 보여준 사례라 할 수 있을 것이다. 그러했던 만큼 지금까지의 임란 의병 연구는 대체로 경상우도 의병활동에 집중되었고, 그에 따른 연구 성과도 상당히 축적되었다.

본 연구에서는 먼저 그동안 축적된 전체 임진왜란에 대한 연구 성과

언어연구소, 대북 1972 참조). 이것은 임진왜란 후 조선이 명나라를 再造之恩의 나라로 떠받들던 태도를 중국의 입장에서 바라보는 것과 같다고 하겠다. 이처럼 하나의 전쟁을 두고 이를 바라보는 3국의 시각이 각기 다른 것은 16세기 말경 동아시아의 정세가 변환점을 맞고 있었음을 의미한다 하겠다.

2) 의병의 사전적 의미는 '나라가 위태로울 때 정부의 명령이나 소집을 기다리지 않고 자발적으로 일어나 싸우던 '民兵'(『새국사사전』, 교학사, 2009, 963쪽)을 말한다. 즉 의병이란 전란 등의 유사시에 外敵의 침입을 물리치기 위하여 백성들이 自發的으로 조직한 軍隊, 또는 그 군대의 병사를 지칭한다 하겠다. 따라서 의병의 구성원은 여러 계층, 다양한 종류의 직업을 가진 사람들이 모일 수밖에 없다. 『조선왕조실록』에서는 의병을 민병, 의병, 의사, 의인, 촌병, 토병, 향병 등으로 다양한 표현을 하고 있는데 일반적으로 의병장과 그 휘하의 병을 합친 개념으로 볼 수 있을 것이다.(김강식, 『임진왜란과 경상우도의 의병운동』, 도서출판 혜안, 147쪽) 이들은 군대가 기본적으로 갖추어야 할 軍事와 軍器, 軍糧을 스스로 해결해야했기 때문에 그 활동에 있어서 일정한 한계를 가질 수밖에 없는 것이 현실이었다.

를 시대별로 구분하여 개괄적으로 살펴본 다음, 경상좌도 의병에 대한
연구 성과를 검토해 보고자 한다.3)

---

3) 임진왜란에 대한 연구를 개괄하면, 일제 강점기에는 거의 일본인 학자들이 연
　구를 주도하였고, 주로 정한론적 역사인식을 바탕으로 한 식민사관적 관점에서
　이루어졌다. 이후 1950~1960년대 국내에서도 임란 연구가 시작되었는데, 대표
　적으로 한우근의 「임진란 원인에 관한 검토, 1952」에서 풍신수길의 전쟁도발
　동기를 일본의 국내정세와 연결지어 파악하였다. 이후 최영희는 임진왜란시의
　의병활동과 임란중의 조선의 사회동태 등에 관한 전반적인 연구를 시도했다.
　1960년대에 들어와 차문섭의 조선 중기 군역의 붕괴상과 훈련도감 설치를 다룬
　연구, 이형석의 전쟁사적 측면에서의 임진왜란을 분석한 연구, 허선도의 조선
　중기 화약 무기의 발달상에 대한 연구가 연이어 이루어졌고, 이장희는 의병과
　승군, 사회동태 등 임진왜란과 관련된 여러 측면을 고찰한 바 있다. 특히 이형
　석의 『임진전란사』는 방대한 분량의 전쟁사서로서 주목할 만한 성과물이라 할
　수 있겠다. 1970년의 임진왜란사 연구는 새로운 도약의 전기를 마련하였는데,
　육군본부에 의하여 조선전기의 군제 전반과 국방체제의 변화상, 무기의 발달,
　군사복식제도 등을 종합 정리한 『韓國軍制史』가 발간되는 등 외교·문화·사회
　적 측면에서 주목할 만한 다양한 연구가 이루어졌다. 최영희의 『임진전란중의
　사회동태』, 임진왜란기 군량 조달 실태를 파악한 이장희의 연구, 임진왜란을 대
　외관계사의 시각에서 살펴 본 이현종의 연구가 있다. 1980년대 이후 임진왜란
　연구는 임진왜란 발발 400주년이 되는 1992년을 기점으로 하여 더욱 다양하고
　지속적으로 이루어졌고, 개별 전투사 외에도 사회, 문화, 경제, 사상 등 각기 다
　른 측면에서의 다양하고 깊이 있는 연구가 이루어졌다. 한편 1995년에는 국사
　편찬위원회에서 『韓國史』29 (조선중기의 외침과 그 대응)를 발간하였는데, 여
　기에는 일본군을 격퇴할 수 있었던 조선측의 전략·전술에 이르기까지 그때까
　지의 연구 성과를 폭넓게 담고 있다. 2000년대에 들어와 한·일간의 역사공동연
　구위원회가 중심이 되어 펴낸 방대한 저술은 전쟁의 종결처리문제, 전쟁 기간
　중의 양국 내의 반전의식 등 다양한 분야에서 연구 성과를 내는 등 한·일 연구
　자들의 구체적이고 객관적인 연구가 이루어짐으로써 기존의 일본 역사학계가
　가지고 있던 시각과 인식에 변화를 가져왔고 임진왜란 연구의 수준을 한 단계
　높이는 계기를 이루었다고 평가할 수 있다. 특히 北島萬次(기타지마 만지)는 「풍
　신수길의 조선침략과 그 역사적 고발」이라는 부제로 펴낸 『朝鮮日記·高麗日
　記』 등의 연구를 통해 일본의 조선침략의 목표가 1차적으로 명나라 정복이었고
　2차적으로 조선영토 탈취였음을 규정함으로써 과거의 일본측 학자들과는 연구
　의 시각이 크게 다름을 보였다. 또한 貫井正之는 『풍신정권의 해외침략과 조선

그동안 경상좌도 의병에 대한 연구는 임진왜란 의병활동 전체상을 구성하는데 일정 부분 기여한 바 있지만 지역적 의병활동의 구체적인 실상을 규명함에 있어 경상우도에 비해 상대적으로 미흡한 상태에 놓여 있으며, 일정 부분 연구의 한계성도 보여주고 있다.[4] 기존의 대표적인 경상좌도 의병 연구 성과를 살펴보면, 시기적으로 1980~1990년대에, 문수홍의 「임란 중 경상좌도 지방의 의병활동」(1983), 경상북도 교육위원회편 『경북의병사』(1984), 영남대학교 민족문화연구소편 『경북의병사』(1990) 등에서 경상좌도의 의병활동 전반을 다루면서 각 지역별 의병활동과 주요 의병장들을 개괄적으로 살폈다. 그리고 정진영은 「안동지역 임란의병」(1990)에서 김해의 '안동향병'을 포함한 안동지역의 임란의병을 중점적으로 고찰한 바 있다. 한편, 허선도는 「임진왜란사론-임란사의 올바른 인식」을 통해 임란사에서 의병활동이 차지하는 비중이 관군에 비하여 과도함을 지적하며 임란 중의 의병의 역할에 대하여 제한적으로 파악할 것을 주장하기도 하였다. 1990년도 중후반에 이르러 이수건 등 다수의 연구자들이 분석, 논증한 월곡선생 창의사업기념회편, 『월곡 우배선 선생의 생애와 義兵活動』(1994)에서는 임란 당시 화원현의 의병장으로서 소수정예의 부대로 낙동강과 비슬산을 중심으로 게릴라전을 펼쳐 많은 전투성과를 남겼던 우배선 부대의 조직과 활동을 고찰하였다.

의병연구』를 통하여 풍신수길의 조선침략이 조·일 양국의 민중생활에 어떤 영향을 끼쳤는지를 밝힘으로써 연구의 폭을 넓혔다. 박재광, 「임진왜란 연구의 현황과 과제」, 『임진왜란기 한일관계』, 한일관계사 연구논집5, 경인문화사, 2005, 23~36쪽 참조.

4) 2015년 이후에 종합 연구서로서 (사)임진란정신문화선양회가 발행한 『대구지역 임진란사』(2017)와 『경북지역 임진란사』(2018)가 있다. 이 연구에서는 그동안의 경상좌도 각 지역의 의병활동의 실상을 밝히는 작업에 집중하여 많은 성과를 축적하였다. 그러나 경상좌도의 각 지역별 분포를 보면, 사실상 경상우도 의병연구의 분야인 상주·성주·문경·선산(구미) 등의 연구를 제외하고 나면 제1권에 영천·경주, 제2권에서 봉화지역, 제3권에서 청도·안동지역의 활동을 대상으로 하였다는 한계가 있다.

그동안 家藏으로 내려오던 『월곡실기』를 분석함으로써 의병활동의 실상을 파악하였고 특히 우배선 부대에서 직접 작성한 「화원의병군공책」을 통해 임란 당시의 군소의병진의 조직과 전공의 관리 등 군사관리의 실태를 세밀하게 분석하기도 했다. 또한 최효식은 『임란기 경상좌도의 의병항쟁』에서 경상좌도 임란의병 전반을 개괄적으로 고찰하기도 했다. 그러나 이 연구는 군소의병들의 활동에 대한 보다 세밀한 검토가 이루어지지 않았고, 특히 임란 초기에 있어서 의병과 관군 간의 연계성 검토에 충분하지 않은 한계성을 보여 주었다.

2000년 이후 임란 의병연구는 이전보다 더욱 활발하게 이루어지면서 기존의 연구 성과를 재검토하려는 경향도 보여 주었다. 노영구는 「임진란 초기 양상에 대한 기존 인식의 재검토」(2003)에서 기존의 임란극복의 요인으로 의병의 역할을 지나치게 강조하는 것은 마치 관군 부재의 상황에서 의병이 중심이 되어 초기 상황을 극복해 나간 것 같은 인식을 심어줄 수 있음을 지적하였다. 임란 초기의 대일항전에는 조선의 수령 및 관군의 방어활동이 지속되었음을 확인할 수 있고, 조선군의 초기 패전을 조선의 군사체제의 문제와 군사력 미확보의 측면에서 인식하던 그 이전의 견해에서 탈피하여 조선군의 초기 대응과 동원체제는 적절히 가동되었으나 전술적 취약성으로 인해 패배가 불가피하였다는 견해를 제시하기도 하였다. 이러한 시각은 관군의 역할에 대한 부정적 시각을 재고하도록 하며, 특히 경상좌도의 경우에 義兵史를 관군과의 연계선상에서 파악하도록 하는 인식의 전환 계기가 되었다. 이 후 경상좌도 임란의병사의 올바른 복원을 위한 많은 후속 연구가 이루어졌다.[5]

---

5) 대표적으로 이욱의 「임진왜란기의 경상도 의병 양상」, 『임진의병의 역사적 의의와 현재적 가치』, 선인, 2009; 장준호, 「임진왜란시 박의장의 경상좌도 방위활동」, 『군사』 76, 2010; 김진수, 「임진왜란 초기 경상좌도 조선군의 대응양상에 대한 검토」, 『군사』 84, 2012; 정해은, 「임진왜란 초기 경상도 수령의 동향과 의병지원 활동」, 『조선시대사학보』 70, 2014; 김경태, 「임진전쟁 초기 경상좌도 일

　그동안 경상우도에 비하여 그 성과가 현저하게 미흡했던 임란기 경
상좌도 의병연구는 앞에서 언급한『경북의병사』(1990)를 계기로 개괄적
인 지역별, 인물별 접근에서 탈피하여 외연을 확장하고 있다. 대표적인
연구성과가 대구와 경상북도 지역 임란의병에 대한 종합적인 연구인
『대구지역 임진란사』(2017),『경북지역 임진란사』(2018)이다.『대구지
역 임진란사』에서 김강식은「임진왜란 시기 대구권역의 의병운동과 변
화 -낙동강 유역을 중심으로-」란 연구를 통해 임란 시기 대구권역이 차
지하는 전략적 위치와 구체적인 전투 상황을 중요 의병을 중심으로 살
피고 있다. 낙동강 중심의 의병활동을 화원현의 우배선과 현풍의 곽재
우, 고령의 김면, 합천의 정인홍 등을 연계하여 고찰함으로써 경상좌도
와 경상우도의 전투적 연계성을 규명하였다. 이욱은「임진왜란 초기 대
구지역의 의병활동」에서 임란 초기 공산의진이 결성되기 이전과 이후
로 나누어 대구 의병의 활동을 살폈는데, 공산의진 결성 이전의 해안현
의 최동보, 하빈현의 정여강, 수성현의 전계신, 손처눌 등이 팔공산에
웅거한 대구부민을 공격하려던 일본군을 방어해 나간 과정을 규명하였
고, 서사원이 중심이 된 공산의진군의 활동도 살폈다.『경북지역 임진란
사』는 영천지역의 임진란사를 영천지역의 의병들의 활동, 영천의 유학
과 학맥, 임란초기 영천지역 수령의 대처, 영천성 수복, 일본군의 주둔
상황과 동향 등을 중심으로 고찰하였다. 경주지역임란사에 관해서는 경
주지역의 유학과 학맥, 지방관의 전쟁 대응과 민의 전쟁체험, 경주성 복
성전투, 경주에 주둔한 명군과 일본군의 동향, 경주성 탈환 이후의 동향
등을 중심으로 고찰하였다. 안동지역의 임진란사는 김해가 중심이 된 ‘
안동열읍향병’의 활동과 안동지역 유학의 철학적 특징과 실천정신을 유
성룡과 김성일을 중심으로 살피고, 예안지역의 유학과 학맥, 안동지역

　　본군의 동향과 영천성 전투」,『군사』95, 2015; 김진수,「임진왜란기 박진의 군
　　사활동과 평가」,『한국사학보』60, 2015; 우인수,「『樂齋日記』를 통해본 대구지
　　역 임진왜란 의병의 활동과 성격」,『대구사학』123, 2016 등을 들 수 있다.

지방관과 그 역할, 그리고 조호익의 사상과 구국활동 등을 중심으로 고
찰하였다. 청도지역의 연구에서는 청도지역의 유학과 학맥, 청도지역의
항왜활동, 청도지역의 수령의 전쟁대응, 고성이씨의 임란활동, 그리고
이운룡의 구국활동과 전후 군사체제강화에 대한 노력 등을 연구하였다.
봉화지역의 임진란사 연구에서는 봉화지역의 유학과 학맥, 봉화 소천
전투와 항쟁활동, 봉화지역 의병활동과 일본군의 동향, 그리고 의병장
김중청의 임란활동 등을 구명하고 있다. 주로 2010년도 후반부터 이루
어진 이러한 종합적 연구에서는 다수 연구자들의 공동 집필로 해당 지
역의 유학적 연원과 지역별 의병활동의 실상을 밝혀 경상좌도 의병 연
구의 폭을 넓히고 경상좌도 의병사를 보다 충실하게 재구성 하였다는
점에서 그 의의가 크다고 하겠다.

　위에서 언급한 다양한 연구에도 불구하고 경상좌도 의병운동 연구의
현재는 다음과 같은 몇 가지 문제점을 보여주고 있다. 첫째로, 경상좌도
의 의병활동에 대한 기존의 연구들은 대체로 개별 의병진의 독자적 활
동에 집중해왔다. 그러나 근래에 점차 관군의 역할과 대응이 강조되고
의병-관군의 연합 활동 내지 협조 활동에 초점이 맞추어지고 있기는 하
나 아직은 충분히 경상좌도 의병의 실상이 드러나지 않았다.[6] 그 이유

---

6) 최근 임란기 경상좌도의 의병연구의 경향은 난의 초기에 있어서 관군의 무기력
　　상태를 보충한 의병들의 활동에 비중을 두면서도 일정부분 관군의 역할을 재평
　　가하려는 움직임도 보이고 있다. 특히 경상좌도의 의병들은 우도에 비하여 관
　　군과의 협력관계가 긴밀하였고 관군 또한 열악한 여건 하에서도 조직적인 활동
　　을 하였음에 주목한 것으로 생각된다. 이러한 경향은 난의 초기 경상좌병사로
　　임명된 박진의 활동 및 안집사로 활동했던 김륵의 활동에서 흩어진 관군들을
　　수습하고 의병들과의 연대를 도모하였다는 점에 그 초점을 두고 있는 것으로
　　보인다. 우인수의 팔공산 중심의 대구지역 의병활동에 대한 연구와 정해은의
　　안집사 김륵의 활동, 그리고 한영우의 한효순 연구, 노영구의 선산부사 정경달
　　의 활동에 관한 연구와 임진란 초기 양상에 대한 기존 인식의 재검토, 김진수의
　　좌병사 박진의 활동에 관한 연구는 임란의병사의 해석에 있어서 임란 초기 관
　　료·관군의 역할 및 이들과 의병의 관계에 대한 새로운 시각을 보여주기도 한다.

는 임란직후의 경상좌도가 처한 특수한 상황 때문으로 보인다. 경상좌
도가 개전초기부터 일본군의 진격로에 위치하여 일찍 점령당하였기 때
문에 경상우도의 곽재우, 김면, 정인홍의 경우에 볼 수 있는 조직적이고
집중적인 의병활동이 불가능하였고, 좌도의 의병활동이 영천성, 경주성
등의 큰 전투성과를 제외하고는 뚜렷한 성과를 달성하지 못했기 때문일
것이다. 뿐만 아니라 좌도의 각 의병진의 규모가 상대적으로 그렇게 크
지 않았던 점에 기인하는 것이기도 하다. 그러나 임란직후 적의 점령 치
하에 놓인 암울한 상황에서도 비록 주목할 만한 커다란 성과를 낳지는
못했지만 경상좌도의 군소 의병진들의 열성적인 활동은 꾸준히 이어졌
다. 이러한 좌도 의병의 끈질긴 노력으로 이후 의병연합군을 형성하고
영천성 및 경주성 탈환 등과 같은 대전과를 거두었던 것이다. 따라서 경
상좌도의 의병연합군이 형성되기까지 경상좌도의 지엽적인 군소 의병
활동은 임진의병운동사에서 적지 않은 비중을 차지하며, 이는 결코 간
과되지 말아야 할 측면일 것이다.

둘째로, 경상좌도 군소 의병진 활동에 대한 기존의 연구는 대체로 유
명 전투와 명망 있는 의병장에 초점을 맞추고 있어 다양한 의병활동의
세부적인 실상을 놓치는 한계성을 보여주고 있다.[7] 그 이유는 우선적으

정해은, 「임진왜란 초기 경상도 수령의 동향과 의병 지원 활동」, 『조선시대사학
보』 70, 2014; 정해은, 「임진왜란 초기 경상좌도 안집사 김륵의 역할과 활동」,
『영남학』 28, 2015; 노영구, 「임진란 초기 양상에 대한 기존 인식의 재검토」, 『한
국문화』 31, 2003; 노영구, 「임진란 초기 선산 일대 일본군 동향과 부사 정경달의
활동」, 『경북지역 임진란사』, (사) 임진란정신문화선양회, 2018; 김진수, 「임진
왜란기 박진의 군사 활동과 평가」, 『한국사학보』 60, 2015 등을 참조.

7) 임진왜란에 대한 대표적인 연구로는 이형석, 『임진전란사』, 임진전란사간행위
원회, 1974; 최영희, 『임진왜란 중의 사회동태』, 한국연구원(한국연구총서)28,
1975 등이 있으며, 경상좌도 의병활동에 관해서는 영남대학교 민족문화연구소
편, 『경북의병사』, 경상북도, 1990; 이장희, 「임진왜란 의병성격의 분석」, 『한국
사론』 22, 1992; 김강식, 「임진왜란 의병활동과 성격」, 『부대사학』 17, 1993; 국
사편찬위원회, 『한국사 29, 조선 중기의 외침과 그 대응』, 1995; 이욱, 「임진왜란

로는 사료의 부족에 기인한다. 임란 관련 여러 사료에 군소 의병활동에 관한 언급이 이루어지고 있지만 이를 구체적으로 파악할 수 있는 사료는 매우 빈곤하다. 아울러 실기류 등의 기록이 지니는 객관성 여부도 연구의 주요 장애 요인으로 작용하고 있다. 대부분의 실기류가 의병활동의 업적을 부각시키고 정당화하려는 경향을 보여주고 있고 상당수가 임란 200~300년 후에 발간되어 임란 당시의 것과 교차 검증할 자료의 부족으로 그 객관성을 담보하지 못하고 있다.

임란 의병운동에서 주목할 만한 전과를 거둔 주요 전투와 이른바 명장들이 이룩한 성과의 이면에는 군소 의병진들의 끊임없는 노력들이 곁들여 있음을 부정할 수 없다. 경상좌도에 있어 임란극복의 한 요인은 오히려 역사적으로 주목받지 못하고 잊혀져 가는 소규모 의병들의 노력의 결실일 수도 있다. 이러한 각 지역의 항적 사례연구가 충분히 축적되어야만 임란사 전체에 대한 올바른 이해가 가능할 것이다. 이를 염두에 둔다면 군소 의병진 활동에 관한 발굴과 그들의 노력에 대한 역사적 평가는 전체 임진왜란사, 구체적으로는 임란의병사를 새롭게 정립하는 계기가 될 것이다. 나아가서 이들 소규모 의병진 활동에 관한 연구는 임란시기 경상좌도 지역사회의 재지사족과 중·하층민들의 상호연계성, 그리고 임란을 극복하려는 민초들의 삶의 모습을 좀 더 구체적으로 조명해보는 계기도 될 것이고, 조선사 연구의 외연 확장에도 일정 부분 도움을 줄 것이다.

이 연구는 경상좌도의 의병활동이 초기의 대응 여건, 의병활동의 사

초기 경상좌도 조선군의 대응양상에 대한 검토」, 『임진란연구총서』 2, 임진전란사간행위원회, 2012; 김진수, 「임진왜란 초기 경상좌도 조선군의 대응양상에 대한 검토」, 『임진란연구총서』 2, (사)임진전란사간행위원회, 2013; 최효식, 『임란기 경상좌도의 의병항쟁』, 국학자료원, 2004; 『대구지역 임진란사』, (사)임진란정신문화선양회, 2017; 『경북지역 임진란사』, (사)임진란정신문화선양회, 2018 등을 들 수 있다.

상적 배경, 관군과의 협력관계 등의 여러 측면에서 경상우도 의병활동
과는 다른 특색을 가진다는 점을 강조하려 한다. 즉, 임란 초기에 경상
우도 의병이 적의 침략을 사전에 막아내는 현저한 공적을 기록했다면,
좌도의 의병은 적의 점령치하에서 끈질긴 투쟁으로 성을 탈환하고 향토
를 지켜낸 나름의 구별되는 역사적 의미를 지닌다는 것이다. 임란직후
일본군이 경상좌도를 초토화시켰기 때문에 경상좌도 의병은 난의 초기
에는 전라·충청지역과 같은 근왕활동이 불가능하였고 향촌사회를 지키
기에도 역부족이었다. 그 이유는 경상좌도 지역은 임란초기에 우도와는
달리 일본군의 주요 진격통로에 놓여 있었고 일본군 주력군의 거점 확
보와 약탈의 주요 대상이 되었기 때문이다. 임란 초기, 일본군은 경상우
도를 통한 전라도 곡창지대의 점령이 불가능해짐으로써 경상좌도에서
군량 등 보급품을 약탈하여 전방으로 조달하였다. 뿐만 아니라 주둔 일
본군은 납치한 조선인을 일본으로 데려가거나 주둔지에서 그들의 향도
로 삼아 약탈의 강도와 범위를 넓혀나갔다. 임란 초기 주요 거점주둔군
의 절반이 조선민으로 채워질 정도로 많은 경상도민들이 왜적에게 부화
뇌동하였다.[8] 따라서 좌도 지역은 일본군이 개전 초기부터 종전 때까지
지속적으로 주둔하였고 그들의 충원된 군사력에 의해 사민들이 끊임없
이 고통을 받은 지역이었다.

  초기의 경상좌도 의병은 이러한 열악한 여건 속에서 주둔일본군과
싸웠기 때문에 향토방위에 집중할 수밖에 없었다. 이러한 불리한 상황
에도 불구하고 경상좌도 군소 의병들은 주둔 일본군의 약탈과 부왜인들
의 토적행위에 대항하며 전쟁이 끝날 때까지 향토 방어의 역할을 수행
하였다. 경상좌도 의병운동은 적의 점령 치하에 있으면서 주로 적의 후
방 보급로 및 교통·통신을 차단하는 효과를 가져왔고, 낙동강을 중심으
로 좌도와 우도간의 상호 연대를 이끌어 내기도 했다. 전세에서 불리해

---

8) 조정, 『壬亂日記』 임진년 6월 27일.

진 일본군이 서생포, 울산, 부산 등 경상좌도 동남지역에 성을 쌓고 강
화교섭을 진행하며 하삼도의 분리점령을 획책하는 가운데서도 경상좌
도 의병활동은 꾸준히 이어져 정유재란기의 화왕산성과 울산성 전투까
지 끈질기게 지속되었고 그 결과 영토할양 없이 국토를 지켜내는데 기
여했던 것이다. 경상좌도의 의병 활동은 순수한 의병 중심의 활동 외에
관료나 관군으로부터 지원을 받았고 그에 따른 관군과의 협조체제를 통
해 조선군의 전력 증강을 가져올 수 있었다. 전투가 계속되면서 일부 유
공자들은 전공에 의해 관직을 제수 받는 등 관군의 체제에 편입되었다.
따라서 의병활동 후반기로 갈수록 관군의 재정비에 따라 의병활동이 축
소되면서 관군화 되어간 점은 부인할 수 없다. 좌도 의병은 난 초기의
방어위주의 소규모 전투경험을 바탕으로 자신감을 회복하여 점차 지역
간 의병연합의 필요성을 인식하게 되었고 임진년 7월과 9월에 이르러서
는 연합의병활동으로 영천성 및 경주성 탈환의 성과를 이루어낸 것이
다. 따라서 그들은 일본군에 끝까지 저항하며 군사 활동을 멈추지 않음
으로써 전황을 유리하게 끌어내는 성과를 거둘 수 있었다. 경상좌도 의
병이 담당한 이러한 역할은 임란의병운동사에서 마땅히 재평가 되어야
할 부분이다.

제2절 연구의 범주 및 방법

이 연구의 시간적 범주는 정유재란을 포함한 임진왜란 전체 기간이다. 임란 의병활동은 대체로 임란 발발 초기부터 약 1년 6개월 사이의 기간에 집중되었다가 강화 회담시기에는 소강상태를 보인 후 일본군의 재침이 있었던 정유재란시기에 다시 전개된다. 시간적 범위를 임진왜란 7년의 전 기간을 대상으로 한 것은 임진왜란 시기의 의병활동이 임란 초기의 약 1년 여 기간에 집중된 것이 사실이나 일본군이 남하하여 조선의 동남해안에 왜성을 구축하고 조선 영토의 분할을 요구하며 약탈과 파괴를 일삼았고, 그에 따라 경상좌도의 의병들은 정유재란까지 지속적인 활동을 했기 때문이다. 특히 경주와 울산의 의병들은 울산을 방어선으로 하는 적과의 최전선에 놓인 상황에서 의병활동을 멈추지 않았던 것이다.

지역적으로는 이 연구는 경상좌도 의병운동을 대상으로 하였다. 일반적으로 임진왜란기의 의병활동의 연구는 크게 지역별 의병활동과 의병장 중심의 의병활동으로 나누어 고찰해 왔다. 이 연구는 임진왜란시기의 경상좌도 각 지역별 의병활동을 중심으로 하면서도 지역별 의병 활동의 상호 연관성에 주목한다. 따라서 이 연구에서는 상대적으로 비중 있는 의병장을 중심으로 파악하되 군소 의병장들의 활약 및 그들 상호 간의 연합활동에 주목한다. 이는 기존의 인물중심 연구가 지니는 한계성을 극복하기 위한 것이다.

방법론적으로 이 연구는 임진왜란에 대한 관찬기록인 『宣祖實錄』과 『宣祖修正實錄』, 그리고 『懲毖錄』 등의 사찬사료, 『征蠻錄』, 권응수의 『白雲齋實記』, 유정의 『松塢遺集』, 서사원의 『樂齋日記』, 김해의 『鄕兵日記』 등을 비롯한 여러 의병장들과 참전 의병들이 남긴 임란 체험 개인 실기류(實記類) 등의 사료를 근거로 이루어진다.[9] 아울러 기존의 임란 관련연구 성과를 충분히 고려하되 그러한 연구가 갖는 한계점을 보완하는 방향으로 이루어진다. 임란을 겪으며 경상좌도 사족들이 남긴 일기·문집과 당시의 방백과 수령들이 조정에 올린 狀啓 등은 경상좌도 의병활동에 관한 미시사적 접근의 주요한 자료가 된다. 물론 이들 실기류는 임란 당시의 것도 있으나 대부분 약 200여 년이 지난 19세기에 편찬된 것이 많아서 후대인들의 과도한 현창의욕으로 말미암아 가필과 윤색이 이루어진 흔적이 보여 그 객관성을 담보하기 어려운 난점이 없지 않다. 따라서 인용 사료의 객관성 확보를 위해서는 1차, 2차, 3차 사료를 상호 대조하는 등 사료의 취사·선택에 신중할 필요가 있을 뿐 아니라 인용할 사료에 대한 비판적 검토도 동시에 요구된다.

이 연구는 그동안 임란의병운동사에 크게 주목받지 못한 경상좌도의 군소 의병운동에 관한 지방사적 차원의 연구이다. 본 연구에서 다루는 대구진 지역의 최동보, 우배선, 최문병과 안동진 지역의 유종개, 그리고 경주진 지역의 유정 등은 그 예시적 사례가 될 것이다. 군소의병들의 활동을 좀 더 면밀히 살펴 그 실상을 드러냄으로써 경상좌도 의병의 실제 모습에 다가가는 계기가 될 것이며 의병 지도부와 중하층부가 전쟁이라는 위기 상황을 타개해 나가는 국면을 생생하게 확인할 수 있을 것으로 여긴다. 따라서 이 연구는 기존의 '위로부터의 역사'라기 보다 '아래로부터의 역사'를 지향한다. 그것은 이 연구의 대상이 대부분 잊히어져 드

---

9) 임진왜란에 대한 연구 사료로는 크게 보아 관찬사료와 개인의 임란 경험을 기술한 사찬사료로 나누어 볼 수 있겠다. 대표적인 관찬사료로는 『선조실록』과 『선조수정실록』이 있으며, 주요 사찬사료로는 임진란에 대한 회고 기록인 유성룡의 『징비록』과 임진란체험기인 김성일의 『학봉집』, 이탁영의 『정만록』, 신경의 『재조번방지』, 조경남의 『난중잡록』, 오희문의 『쇄미록』, 조정의 『임란일기』, 박동량의 『기재사초』 등이 있고, 난후 임진왜란에 대한 역사서로는 이긍익의 『연려실기술』 중 「선조조고사본말」임진왜란의 부분이 있다. 본 연구에서는 이들 사료 외에도 사실 규명을 위해 필요한 임진란 관련 개인의 실기류를 보충적으로 활용한다.

러나지 않은 보통사람들의 의병운동이기 때문이다. 그들 의병운동의 일
상적인 측면은 의병운동사의 지평을 넓히는데 기여할 것으로 본다. 또
한 이 연구는 사료를 근거로 군소 의병활동의 근거지 및 전투 현장을
일일이 답사하고 그 현장을 도면으로 재구성하여 이를 본론의 각 의병
활동의 전개 부분에 드러냄으로써 의병활동의 실상을 보다 구체적으로
형상화시키려 한다. 이는 이제껏 의병운동사에서 시도해 보지 못한 방
식으로 임란의병활동을 보다 사실적으로 파악하는데 도움이 될 것이다.

제3절 연구 내용

이 연구의 본론 구성은, 제2장에서는 임진전쟁의 발발과 경상좌도 창의의 배경을 살핀다. 아울러 임란 무렵의 일본과 조선의 정세, 국방현황 및 전술을 살피면서 경상좌도 창의의 상황적 조건을 조명해 본다. 조선의 군사체제와 일본의 전술 등을 파악하며 창의의 배경으로 영남사족의 형성과 의병 창의의 사회·경제적 기반을 살피고, 일본군의 경상좌도 점령 및 일본군의 점령정책10)과 좌도민의 실상을 확인하고자 한다. 이러한 고찰을 위해 『宣祖實錄』과 『宣祖修正實錄』, 유성룡의 『懲毖錄』과 『西厓集』, 김성일의 『鶴峯集』, 조경남의 『亂中雜錄』등의 사료를 활용한다.

제3장에서는 개전초기 관군의 대응과 의병의 봉기를 상호 관련시켜 살피고자 한다. 여기에서는 임란 초기 관군의 대응에 대하여 첨사 鄭撥과 부사 宋象賢, 좌병사 朴晉, 경주 판관 朴毅長, 안집사 金玏, 초유사 金誠一의 활동을 중심으로 파악하면서 그 한계성을 극복하기 위한 창의의 불가피성을 부각시키려 한다. 또 이 장에서는 경상좌도 창의의 배경 파악을 위해 재지사족의 경제적·사상적 근원이 되는 영남 사족의 형성과정과 영남사림의 혈연적, 학문적 경향이 경상좌도 의병활동에 어떻게 작용하였는가를 살핀다. 주지하듯이 경상좌도는 여말선초의 주자 성리학이 전래된 이래 유교문화가 향촌공동체에 잘 정착된 고장이었다. 유학을 통한 의리관과 충의심으로 다져진 경상좌도의 문화풍토는 임란 시기 자력방어활동으로 나아가도록 하는 동인이 되었던 것이다. 아울러 의병활동의 근저에는 향촌공동체에 대한 애민의식과 향민보호, 그리고

---

10) 일본군의 점령정책의 실상은 나베시마 나오시게의 종군 승려인 제타쿠(是琢)의 「泰長院文書」에 실린 '일본에서 온 사신 도요토미 요시나리의 보고'에서 확인할 수 있다. 이에 대하여는 김경태, 「임진란기 봉화지역의 의병활동과 일본군의 동향」, 『경북지역 임진란사』 2권, (사)임진란정신문화선양회, 18, 245~246쪽 참조.

향촌사회의 안정된 질서를 구축해온 좌도 사림의 문화적 역량이 자리 잡고 있다. 그러므로 경상좌도 의병의 연구에는 좌도 의병의 배경이 되는 영남유학의 정신세계와 여기에 이르는 영남사림의 형성과정이 함께 고찰되어야 할 것이다. 그것은 개전 초기에 초토화된 경상좌도에 김륵이 안집사로 파견되어 의병활동을 유도함에 있어서도 그 특색이 드러나기 때문이다. 경상우도 초유사 김성일이 의병 자체의 조직과 활동을 자율에 맡겨 지원한 점과는 달리 좌도의 안집사 김륵은 의병장 또는 지도자를 전·현직 관료를 중심으로 촌락 단위에 이·정 등의 대표를 정함으로써 사림과의 협력관계를 도모하였다는 점을 부각시키려 한다.

제4장과 제5장은 본 연구의 중심 내용에 해당한다. 먼저 제4장에서는 임진왜란의 각 시기 및 상황에 따른 경상좌도 각 지역 의병활동의 전반적인 흐름을 살펴 본 다음, 각 지역 의병장들의 세부적인 활동을 구체적으로 살피고자 한다. 경상좌도의 의병활동은 그 범위가 넓어 이를 지역별로 구분하여 검토하지 않을 수 없다. 임란 전부터 경상좌도의 사족과 지식인들은 전쟁에 대한 대비를 해왔다. 전쟁 발발의 정황을 포착한 경상좌도의 사족과 지식인들은 빈번하게 詩會, 講武會 등의 회합을 가졌는데 대부분이 왜구가 침입할 경우에 창의 구국할 것을 결의하는 만남이었다. 이러한 지식인들의 모임들은 대체로 생활권을 중심으로 편제된 진관체제에 따라 이루어졌고, 실제로 임진왜란이 발발 하였을 때 의병활동을 전개함에 있어서도 진관의 구역에 따라 이루어진 점을 고려할 필요가 있다고 판단된다.

조선시대의 진관체제는 경상좌도에서는 크게 경상좌도의 상도지역을 포괄하는 안동진, 동남해안을 포괄하는 경주진, 낙동강 중류 중심의 대구진으로 나누어 유사시에 대비해왔다. 진관체제의 특징은 군사 방어조직이 생활권역을 중심으로 각 지역을 방어하도록 편제되었던 점이다. 경상좌도에서는 각 지역의 의병들이 학연, 혈연을 따라 의병을 조직하거나 활동을 전개한 경우도 있으나 대체로는 각 진관의 권역내에서 생활권 위주로 의병연합활동의 상호연계성이 이루어지고 있음을 볼 수 있다. 따라서 경상좌도의 각 진을 중심으로 권역별 구분하여 그 활동상을 살피는 것이 합리적이며 타당할 것이다. 구체적으로 우선은 지역별로 크게 3분하여 경상좌도 북부지역의 안동진과 중부내륙지역의 대구진, 그리고 동남지역의 경주진으로 나누어 안동진 권역에서는 봉화, 안동을 중심으로 살피고, 대구진 권역에서는 대구, 경산, 청도, 자인을 중심으로 살피며, 경주진 권역에서는 영천, 경주와 동해안지역 및 울산 의병에 대하여 고찰하고자 한다. 임란기의 의병활동은 명군의 참전 및 일본군의 움직임과도 관련성이 있다. 그러므로 시기 및 상황별, 지역별로 나누어 살피되, 시기 및 상황에 따른 구분은 크게 개전 직후부터 일본군의 한성 철수 시점인 임란초기(1592. 4~1593. 4)와 의병활동의 소강기인 강화교섭기(1593. 4~1597. 6), 그리고 정유재란기(1597. 7~1598. 11)로 구분하고, 지역별로는 3분하여 경상좌도 중부내륙지역의 대구진 권역, 북부지역의 안동진 권역, 그리고 동남지역의 경주진 권역으로 나누어 각 지역별 의병활동을 살핀다.

이 연구는 경상좌도의 의병활동을 임진왜란사 전체사의 흐름 가운데를 고찰하기 위해 세 시기의 활동상황을 좀 더 세분하여 구체적으로 파악하려 한다. 임란 초기는 의병활동이 상대적으로 가장 활발히 전개된 시기이다. 경상좌도의 경우, 의병활동은 이 지역에 거점 주둔해 있던 후방주둔군으로부터 약탈을 막고 북상한 일본군과 후방의 거점 주둔군과의 교통 및 보급선을 차단함으로써 일본군의 점령정책에 조선의 민이 동화되지 않도록 예방하는 일이 무엇보다 급선무였다. 임란 초기의 일본군의 이동상황에 따른 주력군의 북상기와 명군의 참전에 따른 남하시기의 경상좌도 각 지역별 의병활동을 진관체제를 중심으로 나누어 살피려는 거진 권역 중심의 범주 설정은 의병활동의 세부적인 측면을 살피기 위한 것이며, 특히 지역적 연계 상황을 파악하고 그 특징을 보다 분명히 하기 위한 것이다. 따라서 연구내용의 구성은 지역별 의병운동을 시기별, 상황별로 개괄적으로 규명하고, 각 지역의 주요 의병장 및 군소 의병장들의 활동을 개별단위의 의병활동과 연계시켜 살피게 된다.

　제5장에서는 강화교섭기와 정유재란기의 의병활동에 대하여 살핀다. 먼저 강화교섭기의 의병활동은 전황에 있어서 열세에 몰린 일본군이 남하하여 주로 경상도 해안 지역에 왜성을 구축하고 잔류 병력만 주둔하고 주력군은 일본으로 철수한 시기로서 의병활동은 소강상태였고 의병의 성격 또한 관군화 되어간 시점이었다. 그러나 강화회담의 실패가능성이 높아지면서 잔류 일본군의 침탈이 지속되었고 조선군은 일본군의 재침을 대비하여 팔공산 지역 등 요충지를 방어하기 위한 관군과 의병의 연합활동이 전개되었다. 이후 강화교섭의 실패에 따라 일본군은 재침하였으며 정유재란기에는 일본군이 하삼도의 조선 영토를 분할받기 위해 조명연합군에게 저항하는 상황이 전개된다. 따라서 이 시기 경상좌도 의병의 주요 활동으로 화왕산성의 수비와 울산성에 웅거한 일본군 공격에 참여함으로써 조명연합군의 전력 증강에 기여한 점을 주목한다. 정유재란기의 경상좌도 의병은 지리적으로 최전선에 위치하여 울산성의 일본군에 대항하며 조명연합군의 선봉의 역할을 수행해 나간 과정을 살펴보고자 한다. 마지막으로 제6장 결론에서는 본론에서 살핀 경상좌도의 의병활동이 임진왜란사, 특히 의병운동사에서 어떠한 역사적 의의를 지니는가를 새롭게 정립해 보려 한다.

제2장

임진전쟁의 발발과 경상좌도 창의의 배경

제1절 임진왜란 발발 전 동아시아 삼국의 상황

1. 일본의 상황

조선왕조가 척신정치의 폐해로 진통을 겪고 있던 16세기 중반 무렵, 중국과 일본 등 동아시아 해역에서는 변화의 조짐이 나타나고 있었다. 임진왜란이 일어나기 전의 일본은 약 100여 년에 걸쳐 내전이 지속되다가 오다 노부나가(織田信長)를 거쳐 도요토미 히데요시(豊臣秀吉)가 전국시대를 종국시키고 통일의 단계로 접어들었다. 은을 축적한 일본의 경제가 국방력의 강화를 가져왔으며 도요토미 히데요시는 조선과 명나라, 나아가서는 인도까지 정복하겠다는 야망을 드러내며 쓰시마 도주를 통해 일본이 중국대륙을 정복할 때 조선이 정복군의 향도가 될 것을 간접적으로 전하기도 하였다. 중국 주변의 지나해 무역권에서는 중국, 조선, 일본, 유구, 북베트남을 중심으로 하여 중국산의 생사(生絲), 견직물, 도자기 등과 조선의 면포, 일본의 금과 은이 주로 교역되고 있었다. 명나라는 무역의 이익독점을 위하여 해금령을 내리고 조공관계를 맺은 나라에 한해 무역을 허락함으로써 일본의 왜구[11]들은 조선과 명을 노략질하는 빈도가 높아졌다.

16세기 동아시아 사회는 국제교역의 결제수단으로 은을 사용하면서 은의 유통에 관여하는 유럽세력의 등장이 확대되어 가는데, 이런 상황에 편승하여 15세기 후반부터 동아시아로 밀려왔던 포르투갈인과 스페

---

11) 왜구의 개념에 대하여는 일본인 이외에도 중국 남부 연안지역의 상인과 향신, 나아가 포르투갈 상인까지도 포함된 다양한 집단의 구성체로 보는 견해도 있다. 미야지마 히로시(宮嶋博史), 『한중일 비교통사-역사상의 재정립이 필요한 때』(박은영 역), 너머북서, 2020, 72~73쪽 참조.

인인들도 일본을 대상으로 국부를 쌓는 활동이 증가하였다. 포르투갈은 16세기 초부터 말라카를 점령하고 이를 기점으로 대중국무역에 참여하기 위해 다양한 노력을 기울였고, 중국으로부터 꽝조우와 마카오에서의 통상을 허용 받았고 나아가 일본의 나가사키(長崎)에도 거점을 확보하여 일본과 명나라를 연결하는 교역루트를 장악함으로써 대량의 일본 은을 명나라에 반입하였다. 동시에 그리스도교 선교활동도 동아시아에서 펼쳐나갔다. 이런 예로는 예수회 선교사 프란시스코 사비에르의 일본 다네가시마(種子島) 표착도 이러한 활동 가운데 일어난 한 사건이었다.

명나라는 포르투갈의 주선으로 일본에서 대량의 은을 수입하였음에도 '일조편법'의 시행으로 말미암아 여전히 그 수량이 부족하였으며 그 부족분은 아메리카 대륙의 은으로 충당되었다. 아메리카 대륙의 식민지화를 추진하던 스페인이 포토시(Potosi) 은산을 발견하여 아말감법 (amalgam process) 정련술로 대량의 은을 생산하여 필리핀의 마닐라항을 통해 명나라에 수출하였다. 이렇게 하여 16세기 전반에 걸쳐 동아시아 지역에는 방대한 양의 은의 유입과 유통이 이루어지고 있었다.

이에 대하여 먼저 조선의 경우를 살펴보면, 조선은 16세기 전기에 회취법(灰吹法)[12]을 사용하여 은의 산출량이 획기적으로 증대하였다. 명이 조선에 대하여 조공품으로 과도한 은을 요구하였고 이에 은의 조공에 부담을 느낀 조선왕조는 은 생산을 금지하는 조치를 내렸다. 이처럼 조선이 은 생산을 중단하자 조선을 대신하여 은의 생산에 주력한 나라는 일본이었다. 일본은 조선에서 도입한 회취법을 이용하여 이와미 은산(石見銀山) 등에서 은을 대량 생산하였으며 이를 명에 수출하고 명으로부터 생사를 수입하였다. 이런 무역형태가 지속될 수 있었던 것은 명나라의 북방 여진족에 대한 군사비 지출의 증대에 따른 것이었다.[13] 그

---

12) 회취법(灰吹法)은 납을 정제하여 은을 생산해내는 방법이었다.
13) 앞의 책(미야지마 히로시 저), 62쪽 참조.

러나 명이 16세기 후반에 이르러 일본의 무로마치 막부와의 담합무역을 취소하고 해금정책을 취함에 따라 이러한 교역이 불가능하게 되었고 일본-명 간의 교역담당자로 등장한 세력이 왜구와 포르투갈 상인이었다.

한편 일본국내에서는 임진왜란 발발 2~3년 전부터 전국을 통일한 도요토미 히데요시가 국내의 각 영주 및 유구국 등에 머지않아 일본이 조선, 중국 및 동남아시아를 정복하겠다는 의지를 공표하고 침략전쟁을 위한 준비를 하고 있었다. 이에 대한 1차적인 조치로 쓰시마 도주 소 요시토시(宗義智)로 하여금 조선에 이러한 사실을 전달하게 하였고 소 요시토시는 부산에 있는 왜관의 일본인 거주민에게 이를 알림으로써 임진왜란 직전에는 왜관의 일본인들이 거의 일본으로 철수한 상태가 되었다. 대마도주 소 요시토시는 이 당시 조선과 일본의 양국을 상대로 중계무역을 추진하며 번의 생존을 도모하고 있었다. 대마도의 입장에서는 가능하면 조선과 일본 간에 전쟁이 일어나지 않아야 그들의 중계무역의 이익을 증대시킬 수 있었기 때문에 어떻게 하든 양국간의 전쟁을 막아야 할 필요가 있었다. 그래서 일본을 통일한 도요토미 히데요시가 조선을 정벌하려는 일본의 정세를 조선에 미리 알려 조선정부가 일본과 화친하게 함으로써 전쟁을 사전에 방지하려 하였다. 대마도는 조선정부를 상대로 일본의 정세를 직·간접적으로 인식시키는 한편 통신사 파견을 유도하여 양국 간의 인식의 폭을 좁히고자 하였으나 이 무렵 도요토미는 이미 왜관을 통하여 조선의 군사상황이나 조선 정부의 정세에 대하여 상당한 정보를 축적하고 있는 상태였다. 이에 소 요시토시 등은 일본의 당시 상황을 있는 그대로 받아들이지 않는 조선을 설득하여 일본 국내에 들어가 그 현장을 파악하도록 조선 조정으로 하여금 통신사의 파견을 추진케 하였다. 한편 일본 정세에 어두웠던 조선으로서도 도요토미 정권의 실상을 파악할 필요가 있었고 사태의 심각성을 확인하기 위해 일본에 통신사를 파견하여 직접 그 정황을 살펴야 한다는 여론이 조성되어 마침내 통신사의 파견으로 이어지게 되었다. 조선에서 이러한 움직임이 있기 이전에 도요토미 히데요시는 일본 전국의 통일을 완성할 무렵인 1588년경에 대마도주에게 조선국왕을 일본에 '입조(入朝)시키라'는 명령을 내린 바 있었다.[14] 이것은 당시 일본의 상황을 모르는 조선의 입장에서는 터무니없는 일이었다. 몇 차례 대마도주 소 요시토시와 그의 장인 고니시 유키나가가 조선을 방문하여 도요토미의 그러한 명령이 있었다는 사실은 숨긴 채 양국 간의 평화를 유지시키려 노력했으나 실패하였다. 그것은 기본적으로 조선국왕을 일본에 입조시키라는 명령 자체를 조선측에 전달할 수 없었기 때문이다. 그들이 겨우 할 수 있는 일이라고는 '곧 도요토미가 침공할 수도 있으니 대책을 세우라'는 정도의 정보를 제공하는 데 그칠 수밖에 없었다. 그래서 조선으로 하여금 일본에 통신사를 보내도록 제안을 하였던 것이었다. 결국 1590년 조선 조정은 일본에 통신사를 파견하게 되는데, 대마도주는 이때 조선통신사가 일본에 오는 것이 '일본에 항복을 하여 입조하는 것'으로 도요토미에게 보고함으로써 실상을 속였던 것이다.[15] 차마 조선의 입조를 통신사 파견이라고 바른대로 보고하지 못한 것이다. 그것은 곧 그들의 생명과 직결된 명령불복종이기 때문이었다. 이러한 양국의 정세를 종합해보면, 일본과 조선은 상호 상대국에 대한 정세의 인식에 있어서 극대극을 이룰 정도로 아전인수식으로 상대국을 파악하고 있었음을 알 수 있다. 이것이 당시의 현상이었다.

---

14) 參謀本部編, 1924, 『日本戰史 朝鮮役』, 村田書店, 65~73쪽; 參謀本部編, 1924, 『日本戰史 朝鮮役』, 附記, 村田書店, 71쪽.
15) 임진왜란사, 국방부전사편찬위원회, 1987, 15~16쪽.

2. 명나라의 상황

임진왜란이 발발하기 전의 명나라의 상황은 복잡 미묘하였다. 16세기 말 지주-전호제가 보편화되고 명은 조세 수입의 간소화를 위해 일조편법을 시행하였다. 일조편법은 부역과 조세를 하나로 하여 납세자의 토지 소유 면적과 정(丁)의 수에 따라 은으로 납세케 하는 제도였다. 이로써 명은 은이 유통되어 상품화폐 경제시대가 열리고 사회전반에 걸쳐 은의 유통이 활발하게 이루어짐으로써 대량의 은이 필요하였다. 또 대토지 소유제가 확대되고 군사목적의 둔전이 사유화되어 위소제도가 붕괴될 조짐을 보이고 있었다. 대학사 장거정(張居正)이 실권을 쥐고 있던 1572년~1582년 사이에 다소 개선되는 기미를 보였으나, 장거정이 사망한 뒤에는 동림당과 반동림당으로 갈라져 관료 간의 정쟁이 심화되었는데 이로 인하여 인하여 명의 재정 적자는 더욱 커졌다. 한편 이 시기 명나라를 중심으로 한 동아시아 해역에서는 새로운 변화가 일어나고 있었다. 기존에 명나라가 취했던 책봉-조공정책에 의해 중국산의 생사, 도자기 등과 조선의 면포, 일본의 금과 은이 주로 교역되고 있었다. 이러한 교역의 추세가 시간이 흐르면서 무역에 대한 욕구의 증가로 인하여 해금정책에 반발한 왜구의 문제가 발생하기도 하였다. 또한 16세기 중반에 이르러서는 서양 세력의 진출이 뚜렷해지고 이른바 大航海時代의 흐름이 동아시아까지 밀려옴으로써 중국의 태도에도 점차 변화의 물결이 일어났다. 16세기 중반에는 포르투갈 상인들에 의해 그들이 소지하던 조총이 중국과 일본으로 흘러들어갔다. 선교사와 조총을 앞세운 포르투갈의 아시아 진출은 명나라와 일본 등 아시아의 무역구조를 변화시키는 계기로 작용하기 시작한 것이다. 16세기 중반부터 개발되기 시작한 페루의 포토시 은광에서는 다량의 은이 생산되었으며 포르투갈 상인들의 손을 거쳐 필리핀의 마닐라를 경유해 중국으로 유입이 되었다. 이러한

유럽인들의 동양 진출의 추세에 따라 명나라는 1567년 종래의 해금정책
을 완화시켜 민간인들의 해상무역 종사를 허락하였고, 국내정세의 안정
을 위해 1571년에는 몽고와 '융경화의(隆慶和議)'를 체결하고 조공무역
을 허락하여 북변의 평화를 도모하는 한편 이 무렵 빠른 속도로 성장하
던 여진의 군사적 위협에도 대처하지 않을 수 없었다.[16] 이 같은 대처
에도 불구하고 명나라의 내정은 신종 만력제(1572~1619)의 계속된 폭정
에다 전반적으로 동림당 대 반동림당의 당쟁이 지속되면서 재정적자가
확대되었고 관료와 민의 반발이 확산되어 사회불안이 가중되었으며 임
진왜란이 발발할 무렵에는 명의 상황이 점차 불안한 징후를 나타내기
시작하였다.[17] 즉 지주-전호제가 보편화되고 사회 전반에 은의 유통이
확대됨에 따라 대토지 사유제가 확대되면서 군사용의 둔전마저도 사유
화되어 갔고 변방의 방어를 위한 위소제도(衛所制度)가 붕괴의 조짐을
보이기 시작하고 있었던 것이다.

　그리고 이 무렵 명에 전해진 일본의 동향은 관백 도요토미 히데요시
가 대륙침략의 야욕을 드러내고 있다는 사실이었다. 조선과 명, 그리고
일본을 상대로 중계무역을 하고 있던 유구국(流求國)에서는 당시 일본
의 정황과 도요토미 히데요시의 대륙침략의 계획을 조선과 명나라에 각
각 사신을 파견하여 통보하였고 이때 유구국은 도요토미 히데요시의 침
공 계획에 대하여 명나라와 조선이 공동으로 방비책을 강구하는 것이
좋을 것이라는 조언까지 하였다. 이러한 유구국의 통보에 대하여 조선
조정에서는 이 사실을 사전에 명에 알려야 할 것인지를 두고 논의가 분
분하였다.[18] 그 이유는 첫째 도요토미 히데요시가 과연 조선을 거쳐 대

---

16) 한명기, 『임진왜란과 한일관계』, 「임진왜란과 동아시아 질서」, 한일관계사연구
　　회 편, 경인문화사, 2005, 116~117쪽 참조.
17) 위의 책, 117쪽.
18) 『임진전란사』, 상권, 이형석, 임진전란사간행위원회, 1994, 106~107쪽; 『임진왜
　　란사 연구』, 이장희, 아세아문화사, 1999, 33~35쪽 각 참조.

륙을 쳐들어온다는 소문이 사실인지 여부를 확실히 알 수 없었고, 둘째로는 만약 이러한 사전 정보를 알고 있으면서도 시간을 지체할 경우 상국인 명나라로부터 일본과 통모하여 명을 공격하려는 것이 아닌지 의심받을 우려가 있기 때문이었다. 한편 유구국 사신으로부터 일본의 관백 도요토미 히데요시가 조선을 앞세워 명나라를 침략하려 한다는 풍문을 접한 명에서는 이러한 정보의 사실여부에 대한 확인절차에 들어가는 동시에 조선의 태도를 관망하고 있는 실정이었다. 그러므로 이 시점까지 명나라 또한 일본이 과연 중국을 쳐들어 올만큼의 군사력을 보유하고 있는지에 대하여는 충분한 대외정보가 축적되어 있지 못하였던 것으로 보인다. 만약의 경우 조선이 일본의 앞잡이가 되어 조선-일본 연합군이 명을 침공할 가능성도 배제하지 않고 있었던 것 같다. 그뿐만 아니라 이 당시의 명나라는 주변의 여진족의 흥기가 매우 우려되는 시기이기도 하였다. 여진족은 압록강 하류의 건주여진과 송화강 하류의 해서여진, 그리고 두만강 북쪽의 야인여진이 각기 그 세력을 확장하면서 명나라의 변방을 지속적으로 침범하고 있었기 때문에 명나라는 가장 세력이 강성한 건주여진을 견제하기 위해 다른 여진족으로 하여금 또 다른 여진족을 견제케하는 이이제이(以夷制夷)의 정책으로 대처하고 있었다. 즉 두만강 북방 지역의 야인여진을 지원함으로써 최대의 강성 세력인 건주여진의 흥기를 누르는 국방정책을 유지하고 있었다. 따라서 일본이 명나라를 침공해올 경우 명으로서는 여진과 일본을 동시에 상대해야 하는 부담을 안고 있었다. 거기에다 명 내부의 동림당과 반동림당의 분열된 혼란스러운 정국의 상태에서 조선이 일본과 연합해 쳐들어온다면 국방의 위험성은 매우 커질 상황이었다.

3. 조선의 상황

1) 국내 정국

조선은 1555년(명종 10)에 을묘왜변을 겪은 이래 관방체제를 종전의 진관체제에서 제승방략체제로 전환하였다. 종래의 진관체제는 주로 북방지역의 여진족 침입에 대비한 기마병 전술이었는데 이를 남쪽의 왜구의 침입에도 적용해 왔었다. 진관체제는 왜변의 규모가 조선군의 동원인원이 10,000명을 넘지 않는 소규모의 방어전에 유용한 체제라고 할 수 있다. 일본에 비하여 조선의 군사들은 병농일치제의 농민이 대다수의 병력이었고 전문적인 직업군인에 해당하는 무관은 소수에 불과하였다. 이에 비하여 일본군은 약 100여 년에 걸친 내전을 통해 양성된 전문적인 군인이었다. 군사지휘관 또한 그 수와 질에 있어서 조선보다는 훨씬 앞서 있었다. 따라서 단기의 대규모전에서는 일본이 조선을 압도할 수 있는 군사력을 보유하고 있었던 것이다.

이러한 상황이었음에도 불구하고 조선 정부는 일본군에 대한 정보가 턱없이 부족했다. 임진왜란 이전부터 국가비상시를 대비해 존치했던 비변사의 판단 또한 일본군에 대한 잘못된 정보를 가지고 있었음이 확인된다. 임란 무렵 조선 조정은 일본 육군 정규군의 군사력에 대하여 '왜군은 수전에는 강하지만, 육지에 오르면 약하므로 조선은 왜군의 침입에 대비하여 육지의 방어에 주력하면 된다'는 방어전략을 가지고 있었다. 즉 종래의 을묘왜변 등의 경험에 비추어 일본이 조선을 쳐들어오더라도 기존의 왜구의 침입 때와 같거나 약간 상회하는 수준의 병력이 침입할 것으로 파악하고 있었던 것으로 보인다. 이러한 인식에 근거하여 통신사가 일본을 다녀온 이후로는 그 대비책으로 영호남의 주요 지역에 평지성을 축성하거나 기존의 성곽을 증축하고 수리하는데 집중하는 정도였다. 아래 실록의 기록을 통해 이를 알 수 있다.

　　호남, 영남의 성읍을 수축하였다. 비변사가, 왜적은 수전에는 강하지만
육지에 오르면 불리하다는 것으로 오로지 육지의 방어에 힘쓰기를 청하니,
이에 호남, 영남의 성곽을 증축하고 수리하게 하였다. 그런데 경상감사 김
수는 더욱 힘을 다해 봉행하여 축성을 많이 하였다. 영천, 청도, 삼가, 대구,
선산, 동래, 진주, 안동, 상주, 좌우병영에 모두 성곽을 증축하고 참호를 설
치하였다. 그러나 크게 하여 많은 사람을 수용하는데 힘을 써서 험한 곳에
의거하지 않고 평지를 취하여 쌓았는데 높이가 겨우 2~3장에 불과했으며,
참호도 겨우 모양만 갖추었을 뿐 백성들에게 노고만 끼쳐 원망이 일었는
데, 식자들은 결단코 방어하지 못할 것을 알고 있었다.[19]

　　그러나 이러한 성곽의 수축 사업에도 농민이 대부분 투입됨으로써
부역에 동원된 농민들이 농사를 그르치는 등 생업에 많은 지장을 초래
하였다. 따라서 백성들의 원성이 높았기 때문에 성곽의 수축 또한 충분
히 이루어지지 못했다.

　　한편 조선의 국내 정국은 그동안 성장한 사림이 정국을 주도하면서
붕당정치가 이루어지고 있었다. 1572년 죽음을 앞둔 전 영의정 이준경
(1499~1572)이 붕당의 조짐이 있다는 유소를 남긴 지 3년 후인 1575년
동인과 서인으로 분당되어 조정의 세력은 대체로 동인이 주도하는 형국
이었다. 이에 국왕 선조는 왕권강화를 위한 방편으로 동인과 서인의 파
당적 정쟁을 정치적으로 이용하려는 측면이 없지 않았다. 율곡 이이는
이러한 당파간의 정쟁을 조정하려는 노력을 기울이기도 하였으나 이이
의 사후 1589년 정여립의 난을 계기로 서인의 반격이 있었다. 이때 송강
정철이 동인과 정여립 간의 결탁여부를 추궁하는 수장으로 발탁되어 동
인세력의 척결을 대거 단행하였는데, 동인 1,000여 명이 희생되자 선조

---

19)『선조수정실록』, 선조 24년 7월 1일, "修築湖嶺城邑, **備邊司議 倭長於水戰 若**
　　登陸 則便不利 請專事陸地防守 乃命湖嶺大邑城增築修備 而慶尙監司金睟 尤
　　致力奉行 築城最多 永川 淸道 三嘉 大丘 星州 釜山 東萊 晉州 安東 尙州 左右
　　兵營 改增築設塹 然以齡大容衆爲務 不據險阻 迁就平地 所築高者不過二 三丈
　　壕塹僅存模樣 徒勞民興怨 而識者知其決不能守禦矣"

는 정철의 동인에 대한 과도한 척결에 불안을 느끼고 동인의 핵심세력인 유성룡을 두둔하는 한편 광해를 세자로 책봉하자는 정철의 건저의(建儲議) 주청을 빌미로 정철을 유배하는 것으로 동·서간 붕당의 정쟁을 일단 가라앉혔다. 이러한 조선의 국내 정국의 불안정은 일본을 통일한 도요토미 히데요시의 대륙침략 욕구를 자극하는데 영향을 미쳤을 것으로 여겨진다. 임진왜란 3년 전에 있었던 국내 상황을 좀 더 자세히 살펴보면, 이 당시 '정여립 모반사건'이라 불리는 기축옥사로 인하여 동인계열의 많은 지식인들이 처형을 당함으로써 민심이 어지러운 상태에 놓여 있었다. 조선의 국내사정은 동인과 서인의 대립으로 당쟁이 격화되어 갔는데, 이 시기 선조는 당시 정국을 주도하던 유성룡 등 동인세력이 비대해지는 것을 견제하면서 왕권을 강화할 필요가 있었다. 이에 정철, 윤두수 등의 서인세력에 힘을 실어주는 한편 정철로 하여금 정여립과 동인세력 간의 연대 여부를 추국하여 양당 간의 세력 균형을 도모하고자 하였다. 그러나 이 기회에 정철은 추국의 최고책임자라는 직위를 이용해 수사권을 과도하게 행사한 결과 국정의 혼란을 초래하기에 이르렀다. 이러한 조선 국내의 정세는 조선을 출입하던 일본 사신 및 부산 왜관의 일본인들을 통해 일본으로 전해졌고 히데요시의 조선 정벌 의지를 더욱 가중시킬 우려가 있었다. 선조 또한 국내의 위기 상황을 인식하고 주변국의 정세를 살피기 위해 일본에 통신사 파견을 결행하였는데, 이 무렵은 조선의 불안정한 정치 상황과 일본 도요토미의 조선 정벌 야욕이 점차 확고해지는 과정이 맞물린 시기라고 할 수 있다.

2) 조선통신사와 도요토미 히데요시의 국서

기축옥사의 후유증으로 국내의 정국이 어수선한 가운데 일본의 정황을 탐지할 목적으로 일본에 들어간 조선 통신사 일행은 1590년 11월 일본국 관백 도요토미 히데요시가 내린 국서를 보았다. 그 내용인 즉,

"일본국 간파쿠(關白) 히데요시는 조선 국왕 각하에게 바칩니다. ……
… 비록 사람이 세상에 살면서 오래 산다 해도 예로부터 백 년을 넘지 못
하는 데 어찌 답답하게 이곳에만 머무를 수 있겠습니까? 나는 나라가 산과
바다로 막혀 멀리 있음에도 개의치 않고 한 번에 뛰어서 곧바로 대명국에
들어가 우리나라의 풍속을 400여 주에 심어놓고, 교토의 다스림과 교화를
억만년토록 시행하고자 하는 것이 나의 마음입니다. 귀국이 앞장서서 입조
한 것은 앞일을 깊이 헤아린 처사이므로 이제는 근심하지 않아도 되는 것
이 아니겠습니까? 먼 곳의 작은 섬에 있는 무리라도 늦게 복속해온다면 용
서하지 않을 것입니다. 내가 대명에 들어가는 날 사졸을 거느리고 군영에
나온다면 더욱 이웃으로서의 맹약이 굳게 될 것입니다. 나의 소원은 삼국
에 아름다운 명성을 떨치고자 하는 것일 뿐입니다. …… "

위의 국서내용은 한 마디로 기세등등한 도요토미 히데요시가 일본이
동양을 지배하는 것은 필연적인 사실이며, 자신의 의도를 사전에 간파
하고 미리 자신을 방문해준 것은 다행이라는 의사를 내비치고 있다. 또
조선이 명을 정벌하는 일본군의 앞잡이가 되라는 노골적인 요구를 표현
한 것이다. 때마침 조선이 미리 자신(히데요시)의 뜻을 알아차리고 일본
을 찾아왔으니 잘 한 일이라며 추켜세우는 한편 중원을 공격하는 일본
군의 향도가 되라는 요구였다. 당시의 조선통신사들은 예상치 못한 황
당한 일로 여겼을 것이다. 이에 대하여 김성일 등 조선 통신사는 "한 번
에 뛰어서 곧바로 대명국에 들어가", "귀국이 앞장서서" 등의 문구에 대
하여 강력한 항의를 함으로써 이를 수정 받기는 하였다. 그러나 이 당시
도요토미의 국서내용은 도요토미 히데요시가 조선을 앞장세워 명나라
를 정복하겠다는 의사를 명백히 밝혔고, 뒤늦게 항복하는 나라들에 대
하여는 용서치 않겠다는 것이었다.

여기서 주목할 점은 이 당시 히데요시의 조선에 대한 인식이다. 히데
요시는 조선이 자신의 명나라 정복 의지를 알고 조선통신사를 파견하여
항복의 의사와 함께 일본의 명나라 정복에 협조할 의도로 찾아온 것으

로 오해하고 있다는 점이다. 여기서 도요토미 히데요시의 아시아 각국에 대한 정세 판단의 오류를 알 수 있다. 여기에는 조선의 사정을 관백에게 사실대로 전달하지 못한 영주와 쇼군들의 태도에도 문제가 있었다. 대마도주 소 요시토시(宗義智)와 그 통역관이 어떤 식으로 도요토미에게 전달했는지는 명확히 파악할 수는 없으나 조선과 일본의 태도를 상대국에게 그대로 전달했다가는 양국의 어느 쪽에서도 신변의 위협을 느끼지 않을 수 없는 것이 이들의 입장이었을 것이다. 조선과 명나라를 정복하겠다는 의욕에 불타는 도요토미의 정책을 그대로 조선에 전달했다가는 조선으로부터 강한 질책을 받을 것이고, 한편 히데요시에게 조선의 입장을 그대로 전달했다가는 목숨을 보전하기 어려웠을 것이다. 관백의 의도를 정확히 모르고 있는 조선의 입장을 있는 그대로 히데요시에게 전할 수도 없는 상황에서 일단 조선통신사가 히데요시를 접견한 이후를 대비하여 국서 조작의 계획을 세울 수밖에 없었을 것이다. 대마도주 소 요시토시는 궁여지책으로 일단 히데요시에게 조선 통신사들을 접견시켜 일본의 실상을 알아채도록 하고, 그래도 조선의 태도가 완강할 경우에는 대마도는 책임 회피의 목적으로 마치 조선이 미리 일본에 항복하여 도요토비 히데요시의 대륙정복 정책에 앞장서겠다는 의사로 통신사를 파견한 것처럼 전달했을 가능성을 추정해 볼 수 있을 것이다. 또는 도요토미의 노골적인 정복욕을 인식한 조선국이 일본에게 잘 보여 일본의 명나라 정벌에 자진 협조하도록 통신사에게 심리적 압박을 가한 것으로 파악할 수도 있을 것이다. 이러한 정황은 "늦게 복속하는 나라는 가만두지 않겠다"는 도요토미의 내심을 밝힌 국서의 내용에서 이를 쉽게 짐작할 수 있기 때문이다.

여기서 우리는 일본국서의 작성 주체인 도요토미에 대한 조선통신사들의 판단을 분석해 볼 필요가 있다. 도요토미가 "명나라를 단번에 쳐들어가겠다"는 표현을 국서에 나타내었고, 명나라 정벌 의도를 미리 알고 조선 조정이 협조할 의사로 통신사를 파견한 것으로 도요토미가 이해하고 있음을 국서를 통해 일어낼 수 있다는 점이다. 부사 김성일 등 우리 측 통신사들은 도요토미의 국서내용이 있을 수 없는 일로서 당장 국서를 변경할 것을 요구한 사실로 미루어 볼 때, 두 가지 사실을 짐작해 볼 수 있을 것이다. 하나는 도요토미가 조선을 잘못 이해하고 있음을 강력히 항의하였다는 점이고, 다른 하나는 조선 또한 일본의 군사력을 어느 정도 파악하고 최대한 마찰을 피하려는 외교적 판단을 했을 것으로 추정된다는 점이다. 사실 조선은 이때까지 일본에 대한 각종 정보가 턱없이 부족하여 그동안 일본이 약 100년 간 내전을 치르는 과정에서 전쟁에 매우 숙련된 군대와 조총 등으로 무장한 강력한 군사력을 가지고 있다는 점을 인식하지 못하고 학문적으로나 문화적으로 저급한 일본을 얕잡아 보았을 수도 있다. 어쨌든 조선이 통일된 일본의 국력에 대해 정확한 정보를 갖고 있지 못했던 것은 사실이었다. 전란 이전에 왜관에 거주하던 일본 상인을 통해 입수된 조총에 대하여도 그 성능 시험마저 해보지도 않은 채 방치했을 정도로 일본 조총병의 전술이나 파괴력을 체득하지 못한 것이 임란 발발 전까지의 조선의 대일 군사정보 수집의 현황이었다. 따라서 이때 일본에 간 조선 통신사들도 도요토미가 그들의 군사력을 과시하며 교만한 태도로 나오자 한낱 허세를 떠는 것으로 파악하였을 수도 있다. 그러나 정사 황윤길과 서장관 허성은 분명히 도요토미의 사람 대하는 태도와 눈빛에서 그가 전쟁을 일으킬 의지와 군사력을 갖춘 것으로 판단하였으며, 통신부사 김성일 또한 도요토미가 통신사를 대하는 태도에서 내심 전쟁을 서슴치 않을 야심가임을 파악하였을 것이다.[20]

---

20) 『西厓全書』 본집 권16, 「書任辰事始末示兒輩」 참조.

제2절 조선의 군사체제와 일본의 군사적 상황

1. 조선의 관방체제

조선전기의 관방체제는 여진과 일본에 대한 군사대응책으로 각 군·현 단위의 지역자체방어를 기본으로 하는 진관제도를 운용하였다. 그러나 이러한 자전자수(自戰自守)를 기본으로 하는 진관체제는 왜구의 침략이 규모가 커지자 한계를 드러냈다. 삼포왜란 시에도 경상도 지역의 병력은 군적에 등재된 군인 수에 비해 실제 가동할 수 있는 병력이 현저히 부족하였다. 이러한 현상은 경상도의 각 진관에 소속되어 있던 군인들이 대부분 농민들로서 군역이 끝나면 농사에 복귀해야 하는 데 과중한 군역을 피해 군복무 대신 포(布)로써 대신하는 방군수포(放軍收布)와 대역납포제(代役納布制)가 성행한 때문이다. 그러나 대립제 또한 대립가가 높아 이를 기피하여 도망, 유리하는 사태가 벌어졌다. 『중종실록』은 이러한 부실한 국방의 현실을 기록하고 있는데, "경상도의 군사가 10여 만인데, 직접 와보니 겨우 2만여 뿐이다. 방어할 곳이 33곳인데 2만여 군사로써 3번으로 나누어 번을 서니 한 곳에 겨우 100명이 방어한다."[21]는 것이다. 이에 따라 중종 36년(1541)에는 군적수포제를 실시하여 대립가를 통일하기도 하였으나 경상도 지역의 각 진관에서는 수령과 장수들이 방군수포로 받은 포를 횡령하는 등의 부정이 자행되기도 하여[22] 총체적으로 관방체제가 흔들리는 상황이었다.

종래의 진관체제에 따라 경상좌도는 15세기 말 경주진, 안동진, 대구진을 중심으로 편제되었다. 그 후 16세기 초 경상도는 중종 연간에 지역이 넓고 관할 업무가 번거로움을 이유로 좌도와 우도에 각각 관찰사를

---

21) 『중종실록』 권15, 중종 7년 2월 무술조.
22) 『중종실록』 권93, 중종 35년 9월 병진조.

두어 관리하다가 곧 바로 이를 통합하여 하나의 경상도로 환원한 바 있었다. 이후 1592년 임진왜란이 발발하자 일본군에 대응하기 위하여 경상좌도와 우도를 나누어 좌·우도 감사를 각각 임명하는 등 행정의 원활과 군사 통제를 위해 분리-통합-분리를 거듭하다가 1594년에 군령의 통일을 이유로 다시 합치기도 하였다. 조선 전기 진관체제하의 경상좌도의 군현은 아래의 <표 1> 과 같다.

〈표 1〉 경상좌도의 郡縣[23]

경상좌도 37개 군현	
경주진 (慶州鎮)	울산(蔚山) 양산(梁山) 영천(永川) 홍해(興海) 동래(東萊) 청하(淸河) 영일(迎日) 장기(長鬐) 기장(機張) 언양(彦陽)
안동진 (安東鎮)	영해(寧海)·청송(靑松)·예천(醴泉)·영천(榮川)·풍기(豊基)·순흥(順興)·의성(義城)·영덕(盈德)·봉화(奉化)·진보(眞寶)·군위(軍威)·비안(比安)·예안(禮安)·영양(英陽)·용궁(龍宮)
대구진 (大邱鎮)	밀양(密陽)·청도(淸道)·경산(慶山)·하양(河陽)·인동(仁同)·현풍(玄風)·칠곡(漆谷)·자인(慈仁)·신녕(新寧)·의흥(義興)·영산(靈山)·창녕(昌寧)

위와 같은 경상좌도의 군현은 한양에서 낙동강을 기준으로 바라볼 때 낙동강의 좌측에 위치한 군현을 말한다. 낙동강은 큰 변란을 대비할 때 자연적인 방어선의 역할을 할 수 있었기 때문에 조선 초기부터 군사제도의 정비 과정에서 좌·우도를 분리시켜 편성하였던 것으로 보아진다.

명종 때의 을묘왜변 이후에는 왜구의 침략을 대비한 관방체제로서 제승방략이 검토되기 시작하였다. 제승방략은 외적의 침입시 각 진관의 수령이 관할의 군사를 이끌고 지정된 지역으로 이동하여 중앙에서 파견되는 主將의 지휘를 받는 집중적 방어체제였다. 임진왜란 무렵에 이르러서는 진관체제로의 복귀를 거론하기도 하였으나 경상도 관찰사 金睟의 주장에 의하여 제승방략제도를 채택하는 방안을 확정하였다. 그러나

---

23) 『경상도 지리지』를 참조하여 도표화하였다.

이때까지의 조선의 국방 전략은 중소 규모의 일본군 침략을 전제로 한 방어체제였음에 비하여 임란 직후 물밀듯이 밀려오는 수십만의 일본군의 공격을 막기에는 제승방략체제는 부적절하다는 것이 여실히 드러났다. 일본군이 진격해오는 길목에 우리의 병력이 집결할 틈도 없이 군사들은 궤멸되어 뿔뿔이 흩어졌다. 제승방략을 주장한 경상도 관찰사 김수 또한 전투를 치르지도 못한 채 피신하고 말았다.[24)

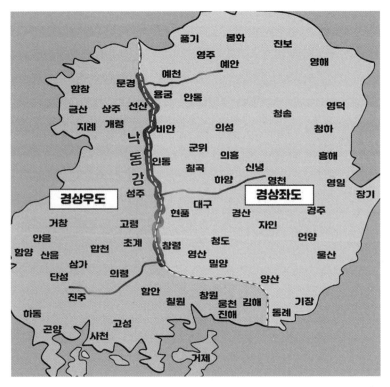

〈그림 1〉 경상도 군현 위치도[25)

---

24) 이탁영, 『역주 정만록』(김호응 역주, 의성군, 2002), 38쪽.
25) 위 배치도는 국립진주박물관편 『새롭게 다시 보는 임진왜란』, 삼화출판사, 1999, 21쪽을 참고로 하여 재구성하였다.

경상좌도의 방어체제와 관련하여 창의가 갖는 군사적 의미는 좌도 사민의 삶 및 지리적 환경과 밀접한 연관성을 갖는다. 여말·선초에 걸쳐 많은 사족들이 경상좌도로 이주하여 재지사족의 기반을 구축하였다. 임진왜란 당시의 경상도의 지리적 위치를 큰 도읍을 중심으로 살펴보면, 낙동강을 기준으로 그 동쪽에 있는 대구, 안동, 경주, 부산이 경상좌도에 해당하며, 낙동강의 서쪽에 있는 상주, 성주 진주는 경상우도에 해당한다 하겠다.

조선전기 경상도의 경제적 토대였던 인구수와 토지결수를 살펴보면 다음 <표 2>와 같다.

<표 2> 경상좌·우도의 호구수와 토지결수의 변화[26]

연대	지역	호수	인구수	토지결수		
				水田	旱田	합계
1454	경상도	42,227	173,759			261,438 (301,147)
	경상좌도	22,650	93,454			142,813
	경상우도	19,577	80,305	53,930	64,695	118,625
1499	경상도					295,440
磻溪隨錄 (1770)	경상도					315,026
增補文獻備考 (1782)	경상도					430,000

15세기 중반에 경상도 전체의 호구 수는 42,227호, 인구수는 173,759명이었으며 그 중 경상좌도의 호구는 22,650호, 인구는 93,454명이었다. 경상좌도의 토지결수는 142,813결이었다. <표 2>에서 알 수 있듯이 경상도

---

26) 『연산군 일기』권62, 12년 6월 병자조; 『반계수록』(1770), 『증보문헌비고』 (1782); 정구복, 『반계수록해제』, 1974, 경인문화사; 신석호, 『증보문헌비고영인서』, 1959, 동국문화사 각 참조. 위 표는 김강식, 『임진왜란과 경상우도의 의병운동』, 2001, 32쪽을 재인용 보완하였다.

의 호구와 인구수는 전국 8도의 호구 및 인구수에 비하여 그 비율이 높으며, 그 중에서도 경상좌도는 우도에 비하여 다소 높은 것으로 나타난다. 풍부한 물산과 우수한 인재의 배출로 인하여 경상도는 상대적으로 人才의 府庫라 불리게 된 것으로 보인다. 그것은 임란 초기의 피난길에 있던 국왕 선조가 '경상도는 인재들이 모인 곳이므로 반드시 나라를 구할 義兵들이 일어날 것'이라 기대했던 것에서 확인된다.[27] 그러나 국가에서 파악한 토지 규모가 실제와는 차이가 있었던 것으로 보인다. 그 예로 경상좌도 언양 지역의 경우 1518년에 1518결이었던 토지가 1567년에는 진전이 458결이나 되었다.[28] 좌도의 예안현의 경우 인구수가 세조 연간에 2820명에서 1542년 무렵에는 1370명으로 크게 감소하였다.[29] 위와 같은 토지와 인구의 변화는 隱結과 白地徵收가 그 원인으로서 자작농민들이 경작지에 부과되는 각종 조세의 부담을 이기지 못하여 유리, 도망한 것에 기인한다고 하겠다. 이러한 토지제도의 모순은 왕실과 중앙관료의 과도한 농장의 점유, 재지사족의 농장 확대로 말미암은 것이며 이것이 백성들의 유리 현상을 더욱 가속화시켰음을 의미한다. 특히, 이러한 상황은 경상도를 비롯한 하삼도에서 심하였으며 재지 품관들의 착취가 그 원인이 되기도 하였다.[30] 이와 같은 현상이 지속되어 임진왜란에 이르러 백성들의 삶이 곤궁해지자 백성의 유리·도망과 논·밭의 황폐화에 대한 적극적인 대책을 요구하며 성곽 축성의 중단과 폐정개혁

---

27) 조경남, 『난중잡록』 2, 임진년 8월 4일조 「敎慶尙道士民等書」 "… 本道人民信厚 素多忠義 爾多士苟相奮勵 則未必不爲恢復之根柢… 益信本道忠義在今日猶未艾也 …"; 김강식, 『임진왜란과 경상우도의 의병운동』, 2001, 33쪽 참조.

28) 김윤곤, 「임진란 발발 직전의 지방군현 실태-단양군과 언양현의 경우」, 『혜암 유홍렬박사 화갑기념논총』, 1971 참조.

29) 『중종실록』 권93, 중종 35년 9월 병진조.

30) 『명종실록』 권4, 명종 원년 12월 임진 조; 김강식, 『임진왜란과 경상우도의 의병운동』, 2001, 34쪽; 김성우, 『조선중기 국가와 사족』, 역사비평사, 2001, 322~323쪽을 참조.

을 요구하는 목소리가 적지 않았다. 특히 김성일은 민생의 안정과 군사의 정형화를 적극 건의하였다.[31] 그러나 이 같은 개혁안은 받아들여지지 않았고, 임란 직전에는 경상좌도에서 영천성이 신축되고, 청도성은 개축되었다. 좌도에서의 성곽의 신축과 개축은 평지성이었고, 그 높이도 겨우 2~3장에 불과하여 일본의 침략에 대비한 것으로는 부족할 수밖에 없었다.[32]

한편, 조선 개국 이래 유지해오던 진관체제는 을묘왜변 이후 제승방략 체제로 전환되었는데 진관체제의 특징은 군사 방어조직이 생활권역을 중심으로 편제되었던 점이다.[33] 경상도의 경우 낙동강의 지리적 조건을 중요시하여 군사 체제를 갖추었는데 그것은 각 지역의 군사가 국방을 책임지는 체제였다. 조선 전기 경상도에는 육군의 경우 김해, 대구, 상주, 경주, 안동, 진주 등 6개의 진관이 있었고, 각 지역의 수령들이 군사 지휘권을 겸하게 하였다. 그 중 경상좌도의 진관체제는 다음 <표 3>과 같다.

〈표 3〉 경상좌도의 鎭管體制[34]

직책	관할구역	소재지	관할진관	관할지역
관찰사	경상도 전역	안동,상주		
좌병사	경상좌도	울산	경주진관	울산 양산 영천 흥해 청하 영일 장기 기장 동래 언양
			안동진관	영해 청송 예천 영천 풍기 의성 봉화 진보 군위 비안 예안 영덕 용궁
			대구진관	밀양 청도 경산 하양 인동 현풍 의흥 신녕 영산 창녕
좌수사	경상좌도	동래	부산포진관	두모포 감포 해운포 칠포 포이포 오포 서생포 다대포 염포 축산포

31)『학봉전서』,「민정」, "請停築城仍陳時弊訴" 참조.
32) 김강식, 앞의 책, 48쪽.
33) 김강식, 앞의 책, 48쪽.
34)『경국대전』권4, 兵典을 참고로 하여 도표화하였다.

2. 조·일 무기 및 전술 비교

도요토미 히데요시는 조선을 침략하여 한성을 점령한 후 조선 국왕을 앞세워 중국을 쳐들어가겠다는 전략이었다.[35] 임란 전 통신사를 통해 일본의 군사상황과 정세를 살피기는 하였으나 조선의 대외정세에 대한 정보수집에는 한계가 있었다. 일본을 통일한 도요토미 히데요시의 군사력이 어느 정도였는지에 대해서 충분한 정보가 축적되어 있지 않았던 것이다. 그 한 예로 그 당시 조선의 대일 전략으로 '일본은 수전에는 강하나 육전에서는 매우 약하기 때문에 일본군이 쳐들어오더라도 육지에 상륙시켜서 일거에 물리칠 수 있다'는 소문이 나돌기도 했었다.

조선 조정은 임란 훨씬 이전 을묘왜변 등의 국지전 규모의 침략을 가상하여 남해안과 경상도 지역만 방어하면 왜적을 물리칠 수 있을 것으로 생각하고 육전에 약한 일본군이 설사 상륙하더라도 성을 쌓고 우리의 군사력으로 적을 제압할 수 있다는 생각으로 대처하였다.[36] 그러나 조선의 예측과는 달리 1592년에 쳐들어 온 일본군은 일본의 정규군으로서 그 이전의 조선 일부지역을 약탈하던 왜구와는 그 규모와 성격이 전혀 달랐다. 즉 군사의 수나 훈련 상태가 일찍이 조선이 겪은 적이 없는 대규모의 정규군의 침략이었다.

도요토미 히데요시가 일본을 통일하기까지의 일본의 전술의 변천과정을 살펴보면, 15세기 중반의 應人의 亂(1467)부터 종전의 기병 중심에서 평민층이 중심이 된 보병 중심으로의 전환이 이루어졌다. 일본에서

---

35) 北島万次, 『도요토미 히데요시의 조선침략』(김유성·이민웅 역, 해군사관학교, 2008), 33~34쪽 참조.
36) 임란 1년 전부터 경상도 지역을 중심으로 대대적인 성곽의 신축과 보수가 이루어졌는데, 이로 인한 고된 부역은 가정경제의 파탄을 가져와 백성들의 원성을 낳았고 많은 백성들로부터 '차라리 하루 빨리 전쟁이 일어났으면 좋겠다'는 여론이 나돌 정도로 민심이반을 가져오기도 하였다.

보병부대가 등장한 것은 시가전을 치르기 위한 대규모 군사동원의 필요성에 의한 것이었다. 이렇게 하여 등장한 것이 소위 足輕이었다. 이들은 교토 변두리의 몰락 농민이나 부랑자가 다수로서 정예병이 아니고 수시로 동원되는 용병의 성격을 가졌다.[37] 임란 당시 일본군이 사용한 鳥銃[38]은 일본에서는 일명 鐵砲라고도 하였다. 중국을 포함한 동아시아 지역에 조총이 도입된 시기는 16세기 중반으로 알려져 있다. 조총은 일본에서는 1555년부터 전투에 사용되기 시작하여 1573년 나가시노(長篠) 전투에서 그 효용이 드러난 이후 그 이전의 기마무사 중심의 전투양식에서 철포를 사용하는 평민 출신 보병부대인 足輕이 등장하게 되면서 전투 양상의 변화를 가져왔다.

오다 노부나가(織田信長)는 장창으로 무장한 족경을 최대한 활용하여 전투에서 승리하였다. 이 후 철포병 비율은 빠른 속도로 증가해 갔으며 나가시노 전투 이후에는 전국대명들이 철포병의 필요성을 충분히 인식하기에 이르렀다.[39] 직전신장에 이어서 전국을 통일한 도요토미 히데요시(豊臣秀吉) 또한 조선 침략 시 철포병을 중시하여 철포족경의 비율을 전체 전투병의 14%를 차지하게 하였다.[40] 조총은 안전성과 조작성은

---

37) 노영구, 「16~17세기 근세 일본의 전술과 조선과의 비교」, 『군사』 84, 2012, 235~239쪽을 인용하여 부가 서술하였다. 그동안 조선시대의 전술과 군사제도에 대하여는 이태진, 허선도 등이 1980년대 초에 임진왜란을 전쟁사적인 시각에서 바라볼 것을 주장한 이래 강성문의 「한국무기발달사」, 박재광의 「임진왜란기 화약병기의 도입과 전술의 변화」, 정해은의 「임진왜란기 조선이 접한 단병기와 『무예도보』의 간행」 등의 논문이 발표되었다. 이후 노영구는 근세 일본의 전술을 조선과 비교하였으며, 16세기 후반 이후 조선후기의 주요 병서에 나타난 조선의 전술을 분석한 본격적인 연구 논문을 발표함으로써 군사와 전술 연구의 성과를 한층 축적하였다.

38) 宇田川武久, 『鐵砲傳來』, 1990, 中央公論社 참조. 일본에 조총이 도입된 것은 1543년 種子島에 표류한 포르투갈 상인으로부터 습득한 것으로 인식되고 있다.

39) 노영구, 앞의 논문, 241~245쪽.

40) 노영구, 위의 논문, 115쪽.

떨어지지만 명중도가 높다는 이점을 가지고 있었다. 조총은 성능의 한계에도 불구하고 성곽방어에는 큰 위력을 나타냈다. 주로 적의 기마대의 돌격을 성 안에서 방어하거나 목책 등의 장애물을 설치해두고 사격하기에 매우 유용한 무기였다. 특히 임진왜란에서 일본은 조총을 활용함으로써 전투방식의 중요한 전환점을 맞았다고 할 수 있다.

임란 당시의 일본군의 전술을 보면, 먼저 조총과 활(弓)의 지원사격으로 선제공격을 하여 적진을 돌파함으로써 기선을 제압한 다음 후위에서 단병을 소지한 무사들이 돌격하여 적을 가격하는 방식을 주로 사용하였다. 임란시 이러한 일본군의 전술을 파악한 유성룡은 그의 『서애집』에서 우리군이 대처할 군사 용병술을 제시하였는데,

　　병법에는 正도 있고 奇도 있다. 그러나 장수된 사람이 만약 기를 사용할 줄 모르고 단지 정으로만 나간다면, 싸우면 싸울수록 패할 것이다. 무릇 진을 치는데 부대를 나눌 때에는 반드시 중군·전군·후군·좌군·우군이 있다. 때문에 前軍이 적을 당하게 되면 좌군·우군이 두 날개가 되어 적군의 뒤를 포위하고, 중군과 후군은 또한 힘을 합하여 전군을 구원해서 머리와 꼬리가 서로 구제하는 형세가 되는 것이니 이것이 奇·正의 큰 법이다.41)

라고 하였고, 유도대장 이양원의 아들 이시경이 아버지를 따라 양주·포천 지방에서 체험한 일본군의 진법을 소개하면서 일본군과의 전투에서 조선군이 이를 활용할 것을 제안하였다.

　　소춘 찰방 이시경은 죽은 정승 양원의 아들이다. 임진 난리 때에 그는 아버지를 따라 양주·포천 지방에 있으면서 여러 번 일본군이 진을 친 것을 보았다고 한다. 그는 말하기를, "일본군은 군대를 나눌 때마다 반드시 다섯

---

41) 유성룡, 『서애집』 권16, 잡저 「倭之用兵」 "兵法 有正有奇 然爲將者 如不知用奇 而但出於正道 則每擧而每敗 凡兵陣分部必有中前後左右 故前者當敵 則左右爲而翼 而繞敵之後 中與後 又恊力而救前 爲首尾相救之執 此奇正之大法也"

으로 만든다. 일진이 적을 당하면 뒤에 이진은 좌우익을 벌려서 그들을 포위하며, 좌우 두 머리가 적을 당하면 또 뒤의 두 진이 그 바깥으로 둘러 나와서 언제고 우리 군사로 하여금 그들의 포위된 속에 들어 있게 되어, 군사들로 하여금 눈이 어지럽고 마음속으로 겁이 나게 만들어서 싸워 보지도 않고 먼저 저절로 무너져 흩어지게 하였다. 일본군은 가는 곳마다 이런 술법을 써서 승리를 취하였는데도 우리나라의 장수들이 끝내 깨닫지 못하고 매번 군사를 한 곳에 모아 놓았다가 함께 나아가 패전만 당하였다." 하였다. 이것은 다름이 아니라 왜놈들은 군사 부리는 법을 알고, 우리 장수들은 군사 부리는 법을 알지 못했기 때문이라는 것이다.

　이 문제는 이시경이 비변사에 있을 때, 나를 위해서 말해 주었다. 또 항복한 일본군 한 사람이 훈련도감에 있었는데, 그를 시켜 시험 삼아 그 나라의 진법을 해보게 하였더니 아주 간단하고 쉬웠다. 군대를 셋으로 나누어 편성하여 삼진첩을 만들고 행렬을 이루는데, 앞에선 한 행렬은 기치를 가지고 있고, 가운데 행렬은 조총을 갖게 하고 뒤의 행렬은 단병을 가지게 한다. 적을 만나면 앞 행렬의 기치를 잡은 자들은 양쪽으로 나누어 벌려 서서 포위하는 형태를 만들고, 중앙 행렬의 조총을 가진 자들은 일시에 조총을 발사하여 적진을 충돌하니 적군은 많은 피해를 입어 적진이 동요하게 된다. 이때 후군 행렬의 창검을 가진 자들이 뒤에서 추격하여 마음대로 목베어 죽인다. 군사란 일정한 세가 없는 것이고 오직 적을 이기는 것을 주장할 따름이다. 옛날 무목도 말하기를, "진을 친 뒤에 싸우는 것이 병법의 떳떳한 것이요, 운용의 묘수는 한 마음에 있는 것이다. 만약 운용의 마음이 없이 다만 옛날 법만을 고집한다면 조괄처럼 되지 않을 자가 거의 드물 것이다." 하였다. 그러므로 아울러 기록하여 후일의 장수되는 자들에게 주고자 한다.42)

---

42) 유성룡, 『서애집』 권16, 잡저 「왜지용병」 "召村察訪李蓍慶 故相陽元之子 壬辰
隨其父 多在楊州抱川之境 屢見倭陣 凡分軍必爲五 一陣當敵後 二陣張左右翼
圍繞之左右 而頭遇敵 則又後二陣 繞出其外 常使我軍 在其圍中 而使之目眩心
法 故不戰而先自潰散 到處用此術以取勝 而俄國之將 終不悟每聚軍一處 俱進
取敗 此倭之用兵之法 而我將則不知故也 此一效蓍慶 在備邊司爲余言 又降倭
一人 在訓鍊都監 使之試爲其國陣法 極簡易 以見在軍人 分而爲三 爲三疊陣
成行列立 前一行持旗幟 中行持鳥銃 後行持短兵 遇敵 則前行持旗幟者兩邊分
開 而爲圍抱之狀 中行持鳥銃者 一時俱發衝敵陣 敵多爲鳥銃所傷 陣動而又見

라고 기록하고 있다. 그뿐만 아니라 이시경이 임란에 참전하여 보고 들은 경험을 좀 더 자세히 인용하였는데 투항한 항왜를 시켜 일본군의 진법을 재현하게 한 일본군의 전술이다. 맨 앞의 깃발을 든 전위대가 진격하면서 양 날개를 펼치듯 적진의 양쪽으로 벌려서면 그 뒤를 조총부대가 총을 쏘면서 적진을 돌파하고 마지막에 단병부대가 돌진하여 적을 사정없이 찌르고 베는 전술이다. 그것은 곧 일본군의 3단계 포위전법을 구체적으로 제시한 것이었다.

　왜병들은 매양 싸울 때마다 5진으로 나누어서 맨 앞의 1진이 적을 담당하면 그 뒤의 2진은 좌우의 날개를 만들어 적군의 배후를 둘러싸고 나오며 이 좌우 날개가 또 적을 만나면 최후로 2진이 또 일어나 두 奇兵을 만들어 덮치게 하니 적병이 분궤되지 않을 수가 없다. 이것이 1正兵, 4奇兵이라는 것이다. 깃발 사용은 세 가지가 있으니, 첫째는 長蛇旗로 그 모양이 좁고 길어서 기를 들면 군사들이 장사행이 되고, 둘째는 鷄翼旗이니, 그 모양이 부채 같아서 혹 말았다가 폈다가하는데 군사들이 좌우로 열을 지어 마치 닭이 날개를 편 것과 같이 전진한다. 셋째는 燭籠旗로 그 모습이 초롱불 같은데 기를 들면 군의 사면으로 포위를 한다는 것이다.[43]

이와 같은 기록에서 임란당시 일본군은 조총 부대가 전면에 서서 사격을 가하며 중앙을 돌파함으로써 조선군의 기선제압을 한 다음 뒤쪽에

左右已有圍兵 必遁走 於是後行持槍劍者 從後追擊 肆其斬刈云 此雖非古法 而亦要術也 兵無常執 惟主於勝敵而已 昔武穆亦云 陣而後戰 兵法之常 運用之妙 存乎一心 若無運用之心 而惟屑屑於古法 則其不爲趙括者 幾希矣 併記之 欲以胎後日之爲將者"

43) 유성룡, 『서애집』권16, 잡저 「記倭陣法」 "黃山察訪 李蓍慶 故相陽元之子也 自言壬辰之變 從軍久 熟見倭陣之法 每戰 分作五陣 最先一陣當敵 則後二陣爲左右翼 繞出敵後 左右翼 遇敵相持 則最後二陣 又作二奇兵刦之 敵兵無不奔潰 是 一正而四奇也 又用旗只三 一曰 長蛇旗 其狀狹而長 舉則軍而長蛇行 二曰 鷄翼旗 其狀如扇 或捲或張 張則軍左右成列如鷄翼而前 三曰 燭籠旗狀如燭籠 舉則軍四面合圍云"

따르는 단병부대가 집중 공격하는 전술을 취하고 있음을 알 수 있다. 이러한 일본의 전술을 간파한 유성룡은 우리 군이 일본군의 진법과 전투 방식을 신속히 파악하여 대응책을 강구할 것을 제시하기도 하였다. 그 외에도 유성룡은 평시에 사용하던 신기전을 해상전투에서 일본군의 함선을 공격하는 데 사용할 것을 제안하기도 하였다. 또한 임란을 치르면서 당시 유성룡은 조선군의 병법을 보완하기 위해 척계광의 절강병법에다 조선에서의 조총 개발로 조선군의 전술에 변화를 추구하기도 하였다.

조선군은 임란 초기 일본군으로부터 기선을 제압당하였다. 그 원인은 일본군의 조총의 연속사격과 장창족경 및 무사들의 접근전, 그리고 조직적인 전술운용에 기인한다 하겠다.[44] 이 시기 조선에서는 조총을 갖추지 못했으나 명나라에서는 이미 조총이 사용되고 있었으며, 명나라에서 조총이 개발된 것은 1548년경 밀무역의 거점이었던 닝보(寧波)에서 포로로 잡은 왜구로부터 조총을 획득한 이래 조총의 개발에 나선 것으로 보인다. 이후 명이 화기 제작국인 병장국에서 10,000정의 조총을 제작하였고 戚繼光은 절강성과 복건성의 왜구 토벌에 불랑기와 조총을 사용하여 큰 전투성과를 거두었다. 이러한 척계광의 병법을 浙江兵法으로 일컬으며 그가 펴낸 병서가 『紀效新書』였다. 척계광의 전술은 기존의 火箭과 신식 화기인 佛朗機, 호전포 등을 활용하여 왜구를 물리친 것이다.

그러나 임란 무렵의 조선에서는 소형 총통, 활과 창, 검 등에 의존한 무기체제의 열악함으로 인해 일본의 조총대와 단병대를 제압하기 어려웠음을 짐작할 수 있다. 예컨대 탄금대 전투에서의 신립의 기병전술은 진흙탕으로 인한 기동성 저하도 있었지만 일본군의 포위전술과 조총대의 공격에 조선 군사들이 흩어지고 그 틈을 탄 일본의 장창병과 단병들의 기습을 받아 결국 패전한 것으로 보인다.

---

44) 이형석, 『임진전란사』 상, 임진전란사간행위원회, 1967, 269~270쪽; 노영구, 「16~17세기 조총의 도입과 조선의 군사적 변화」, 『한국문화』 58, 2012, 117~118쪽 각 참조.

임란직전까지 조선의 군액은 방군수포와 대역납포의 과도한 시행으로 실제 병력은 군역대장과 큰 차이가 있었다. 軍籍簿 상으로만 정원이 기록되어 있었을 뿐, 실제 병력은 그에 훨씬 못 미치는 인원이었다. 그나마 유성룡, 이순신 등의 노력에 의하여 임란 직전에 남해안을 중심으로 병력과 전함이 일부 보충되기도 하였다. 임란 당시의 군적부상 수군과 전함의 보유 현황은 아래와 같다.

〈표 4〉 전함 보유 현황[45]

병력(명)	전선(수량)
병력 총수: 48,800여 명	722척
대맹선(대형 전선 - 승선인원 80명)	82척
중맹선(중형 전선 - 승선인원 60명)	190척
소맹선(소형 보조전선 - 승선인원 30명)	202척
무군맹선(근무지원 및 수송선)	248척

군적대장에는 위의 현황과 같은 병력과 전함을 보유하도록 규정되어 있었으나 임란 당시의 실제 상황은 대맹선 80척, 중·소맹선 192척, 무군맹선 216척을 보유함으로써 편제상의 보유량에 못 미친 상태였다.[46] 육군의 무기체계 또한 일본에 비하여 열악하였다. 임란 당시 조선군은 소형의 총통으로 승자총통, 별승자총통, 대승자총통, 중승자총통, 소승자총통, 별황자총통 등을 보유하고 있었고 대형의 화포로는 천자총통, 지자총통, 현자총통, 황자총통 등 상당량의 화포를 보유하고 있었다. 그러나 그 성능 면에서 일본의 화포에 비하여 크게 뒤떨어져 있었다. 그 정확성과 신속성을 비교해보면, 조선의 화포가 화약심지에 직접 불을 붙이는 지화식 방식임에 비하여 일본의 조총은 발사 장치의 작동으로 직

---

45) 육군본부, 『한민족전쟁통사Ⅲ』, 1996, 138쪽을 참고하여 작성하였다.
46) 이영석 "임진전쟁시 의병활동의 군사사학적 연구", 충남대학교 박사학위 논문 (2013) 125쪽.

접 화약에 점화되는 화승식 화기였기 때문에 그 성능과 운용의 면에서 상대적으로 일본화기가 장점을 가지고 있었다.[47] 임란 당시의 일본군의 조총과 조선군의 승자총통의 제원을 비교하면 아래 <표 5>와 같다.

〈표 5〉 일본군의 조총과 조선의 승자총통 비교[48]

구분	조총	승자총통
사거리	100-200m	30m
발사속도	분당 2회	분당 1회
가늠자/가늠쇠	있음	없음
격발방식	火繩式	持火式

이와 같이 일본군의 조총과 조선군의 승자총통은 그 사거리에서 큰 차이가 있었고 발사 속도 또한 조총이 승자총통에 비하여 두 배나 빨랐다. 조총의 사거리는 평균 100~150m 정도이나 실제 전투에서는 50m를 적용하여 사용하였고 발사속도는 1분에 4발 정도였다.[49] 무엇보다 전투의 효과를 좌우한 것은 가늠쇠가 있는 조총이 그 정확도에서 뛰어났다는 점이다. 또한 격발의 방식에 있어서 노끈에 불을 붙여 자동발사 되도록 장치된 조총이 불씨를 약선의 구멍에 대고 화약에 점화시키는 승자총통의 점화방식에 비하여 신속하고 효율적이었다는 점이다.

조총의 활용에 대하여는 유성룡이 일본에서 헌납 받은 조총을 우리 군사에게 그 용법을 훈련시키도록 조정에 건의한 바 있었으나 군사관계자들이 큰 관심을 갖지 않아 흐지부지 된 일에 대하여 아쉬움을 나타낸 적도 있었다.[50] 유성룡의 "왜병들은 鳥銃을 잘 쏘는데 우리나라는 勝字

47) 박재광, 「임진왜란기 한·일 양국의 무기체계에 대한 일고찰 -화약병기를 중심으로-」, 『한일관계사 연구』 제30호, 1996, 38~39쪽. 위 이영석의 앞 논문 125쪽 각 참조.
48) 장영호, 「무기체계측면에서의 임진왜란 고찰」, 『군사발전연구』, 2009, 140쪽을 인용하였다.
49) 이영석, 앞의 박사학위 논문 129쪽.

銃筒만 있어서 적을 대항할 수 없었다."51)라는 말에서도 무기체계의 차이점을 확인할 수 있다. 또 임진왜란이 일어나기 바로 직전인 임진년 봄에 조정에서는 申砬과 李鎰로 하여금 지방의 군비를 순시하게 하였는데 이때 유성룡이 신립에게 "멀지 않아 변고가 있으면 공이 마땅히 이 일을 맡아야 할 텐데, 공의 생각에는 오늘날 적의 형세로 보아 그 방비의 어렵고 쉬움이 어떨 것으로 생각하시오?52)"라고 물었다. 신립은 가벼이 여기면서 "그것은 걱정할 것이 없습니다."라고 하였고, 그에 대하여 유성룡이 신립에게 경고하는 말을 하였는데, "그렇지가 않습니다. 전에는 왜적이 단지 칼, 창만 믿고 있었지만 지금은 조총과 같은 무기(長技)까지 있으니 경솔히 보아서는 안 될 것이오."라고 하자, 신립은 "일본군이 비록 조총이 있다하지만 어찌 쏠 때마다 다 적중시킬 수가 있겠습니까?"53)라고 응대함을 볼 때, 임란 이전의 왜구 수준의 침략과 임진왜란 당시의 일본군은 그 양상이 크게 달랐던 것을 알 수 있다. 이때까지 조선의 화포는 육지에서는 별로 사용하지 않았고 전함에 탑재하여 해전의 전투에서 우월성을 보이고 있는 정도였다. 육전에서는 임란 이전의 일본군이 창과 칼을 중심으로 한 短兵이어서 근접전에 능하기는 하였으나 조선군의 궁시, 화기 등의 장거리 원격전 중심의 長兵에 적수가 되지 못하였던 종래의 상황만 생각하고 있었던 것으로 판단된다. 유성룡도 이런 점을 우려하고 있었음이 보인다.

---

50) 유성룡, 『서애집』 권16, 잡저, 「書壬辰事始末我輩」 "時 倭國所獻鳥銃新到 啓請以訓鍊副正李鳳 領京上番軍士 使之訓習鳥銃 而議者皆以爲迂 日久悠悠 竟亦無效"

51) 유성룡, 『서애집』 권16, 잡저 「書壬辰事始末我輩」 "又以 倭兵先容鳥銃 俄國但有勝字銃筒 不可敵"

52) 유성룡, 『징비록』 참조. "早晩有變 公當任之 公料今日賊勢 難易如何 砬甚輕之 以爲不足憂"

53) 위 징비록, "余曰不然 往者 倭但恃短兵 今則兼有鳥銃長技 不可輕視 砬遽曰 雖有鳥銃 豈能盡中"

『서애집』에는 "지금 세상 사람들은 五兵이 서로 보위하는 뜻을 알지 못하고, 또 화기의 우수한 점이 궁시보다 나은 것을 몰랐다. 흔히 사람들이 말하기를, '우리나라가 본래부터 훌륭한 기술을 가지고 있는데 어찌 다른 기술에 기대하겠는가?'라고 하니 참으로 근심스럽고 한탄스러운 일이라 하겠다."[54]라고 적고 있다. 유성룡의 우려대로 임란 초기의 전투에서 일본군은 이미 우리의 궁시와 화포를 능가하는 우수한 군비를 갖추고 있었던 것이다. 따라서 임란 초기에 일본군의 조총 공격에 대하여 우리군은 그 화력에 공포심을 가질 수밖에 없었고 조선군이 보유한 승자총통으로 대응하기가 어려웠다. 신립의 탄금대 전투의 패전도 이처럼 일본군의 달라진 무기와 전술에 대한 사전 대비 부족과 종래 북방족을 상대했던 기마전술로 적을 제압하려했던 데서 패인을 찾아야 할 것이다. 그리고 임란 초기에 참전했던 명군의 총수인 이여송 또한 일본군의 다양한 전술을 무시하고 추격 일변도로 적을 따라 공격하다가 벽제관에서 패배한 사례에서도 일본군의 전술에 대한 구체적 분석이 없었기 때문에 패한 것으로 판단된다.[55]

조선과 일본의 무기체계상의 우열을 살펴보더라도 일본군의 조총이 화승식의 자동발사 장치임에 비하여 조선군이 가진 총통은 지화식 화기였으므로 조준 사격이 불가능하고 명중률도 낮았다. 게다가 총통의 규격이 통일되지 않아 전시 운용에 많은 제한이 있었던 것으로 보인다. 조선군은 임란 초전에서 일본군의 신식 무기인 조총의 위력에 겁을 먹고 흩어진 것이 패배의 한 원인으로 지적될 수 있을 것이다. 그러나 개전 초기의 연패를 겪으면서 조선군도 조총의 기술을 습득하여[56] 임란 발

---

54) 유성룡,『서애집』권16, 잡저「記鳥銃製造事」"今世之人 旣不知五兵相衝之義 又不知火器之利勝於弓矢 每以爲我國 本有長技 何待於他也 殊可悶嘆"
55) 이태진,『조선유교사회사론』, 지식산업사, 1989, 216쪽.
56) 조선은 임란초기 주로 항왜를 이용하여 조총의 제작법과 화약제조법을 전수받았던 것으로 보인다. 김충선,『暮夏堂集』참조.

발 1년 후에는 조총의 국산화를 이루어냈고 이후의 전투에서는 조선의 무기체계에도 상당한 발전을 가져온 것이 사실이다.

제3절 일본군의 경상좌도 침략과 그 실상

1. 일본군의 경상좌도 점령과 주둔

임진왜란 당시 일본군은 9개의 부대로 편성된 약 15만 여 명의 군사가 부산에 상륙한 이래 크게 세 개의 노선을 거쳐 북상했다. 제1로는 고니시 유키나가(小西行長)의 제1군이 진격한 동래-양산-밀양-청도-대구-인동-선산-상주-문경-충주를 통하는 中路였으며, 제2로는 가토오 기요마사(加籐淸正)가 이끄는 제2군의 東路로서 동래-기장-울산-경주-영천-신령-군위-비안-용궁-문경-충주를 통하는 길이었고, 제3로는 구로다 나가마사(黑田長政)이 지휘하는 西路인데 동래-김해-창원-영산-창녕-현풍-성주-김산-영동-청주를 통하는 노선이었다.

제1군은 임진년 4월 19일에 밀양에 입성한 이래 청도를 거쳐 부산에 상륙한 지 8일 만인 4월 21일에 대구부 읍성이 점령되었는데, 대구는 일본군의 북상 통로이자 점령후방군의 주둔지가 되었다. 제2군은 기장, 울산을 거쳐서 4월 21일에 경주성을 접수하였고 22일에는 영천성까지 점령하였다.[57] 제3군은 영산, 창녕, 현풍으로 낙동강을 따라 북상하여 다시 낙동강을 건너 경상우도로 진격해 올라갔다. 따라서 임란 직후 경상좌도는 일본군의 거침없는 북상에 초토화를 면할 수 없었으며 그 피해가 가장 막심하였다. 일본군의 발길이 미치지 않은 북부지역 일부를 제외하고는 거의 장악되어 그들의 통치하에 들어갔다.

경상좌도에 비하여 경상우도의 경우는 상황이 달랐다. 우선 전라도 곡창지대를 확보하기 위한 일본군의 침입을 저지하기 위한 노력이 민에서 일어났다. 의령의 곽재우[58], 합천의 정인홍, 고령의 김면 등의 의병

---

57) 『임란왜란사』, 국방부전사편찬위원회, 1987, 40~43쪽.
58) 곽재우는 임란 7년 전인 선조 18년(1585)에 34세의 나이로 정시에 2등으로 합격

봉기였다. 이들은 낙동강 수로를 통해 전라도로 들어가 곡창지대를 점령하려던 적의 계책을 사전에 막았다. 경과 의를 중시하며 상무정신을 강조해왔던 조식의 후학들인 남명학파가 중심이 된 의병의 결집력은 경상우도를 지켜내는 보루의 역할을 해냈기 때문이었다. 그러나 경상좌도는 우도와는 달리 상황이 매우 열악하였다. 동래성을 함락한 일본군이 부산에서 한양에 이르는 요로마다 거점을 확보하였고 약탈, 방화와 사민들을 수색하여 그들의 치하에 두고 점령지 정책을 실시하였다.

조선에 상륙한 이후 일본군의 초기 점령정책은 토요토미 히데요시(豊臣秀吉)의 지시에 따라 일본 국내에서와 같이 침략지인 조선에서 軍政을 실시하기로 하였다. 이들은 임진년 5월 초 한양을 점령한 후 조선 8도를 나누어 통치하는 분도정책을 실시하였다. 즉 고니시 유키나가(小西行長)가 평안도, 가토오 기요마사(加藤淸正)가 함경도, 우키타 히데이에(宇喜多秀家)가 경기도, 후쿠시마 마사노리는 충청도, 그리고 고바야카와 다카카게(小早川隆景)가 전라도를, 모리 데루모토(毛利輝元)는 경상도를 각각 맡아 다스리기로 하였다. 이들 점령군은 조선백성들로부터 年貢物을 현물납세토록 하였다.59)

경상도의 점령군 수장인 毛利輝元은 부산에서 서북진하여 임진년 5월 17일부터 성주에 주둔하다가 6월 중순에 개령으로 주둔지를 옮겨 경상

하였으나 '唐太宗敎射殿庭論'이라는 시제의 그의 科擧答案에 피해야 할 문장이 들어 있었다는 이유로 국왕 선조의 뜻에 거슬러서 합격자 발표 수일 후에 파방된 적이 있었다. 곽재우,『망우집』, 수권 「연보」 참조. "是歲庭試第二. 其題卽唐太宗敎射殿庭論 放榜數日 自上之命罷之 以論中有觸諱語故也"
국왕에 의해 등용 기피인물로 지목된 상황이었다면 일반적인 경우, 국가가 자신을 인정해주지 않는다는 자책으로 세상을 등지거나 초야에 묻혀 은둔자적하는 것이 일상적인 모습일 수 있다. 그러나 곽재우는 임란을 당하여 가장 먼저 창의에 나섬으로써 스승인 남명 조식의 義중시 사상을 실천에 옮겼다는 점에서 주목된다.
59) 제타쿠(釋是琢),『朝鮮日記』, 「泰長院文書」참조.

도 치안을 담당하였다. 대구점령군의 경우, 대구향교에 본부를 차렸으며 점령군의 수장을 大丘倅, 또는 慶尙道主 등으로 호칭하며 민가에다 대나무를 꽂아 점령지 표시를 하고, 향교에 감옥을 만들고 사방을 돌아다니며 노략질을 계속하였다. 간혹 여인을 납치하면 대나무 상자 안에 가두었다가 낮에는 내보내 논을 매게 하였다. 그들은 점령지 조선 백성들에게 그들의 신민임을 표시하는 대나무로 만든 竹牌를 나눠 주어 일본백성인 것처럼 관리하고, 피난하거나 항거한 백성들과는 차별화를 기하면서 우대화 정책으로 그들의 앞잡이인 附倭人들로 만들어 갔다.[60)

하층민들은 일본군이 침입해 오기 전에는 사회적으로 억눌려 지내며 천시당하다가 일본군들의 점령 이후 후대를 받자 그들의 꼭두각시가 되어갈 수밖에 없었다. 이 앞잡이들 중에는 상당수가 노비 등을 포함한 하층민[61)들이었다. 점령군은 이들을 앞세워 점령지를 돌아다니며 피난민과 비협조자들을 색출하거나 약탈을 자행하였다. 죽패를 받은 일반 평민들에게는 그들이 정한 세율로 납세를 하게 하였는데 이때 일본군은 조선에서 군량을 조달할 목적으로 조선 백성들에게 농사를 지어 40%는 그들에게 납부케 하고 60%는 농민들이 갖도록 하는 소위 四公六民法[62)의 조세정책을 실시하였다.

임진왜란 당시 경상도는 전체 67개 고을로 이루어져 있었는데 그 중 경상좌도가 36개, 경상우도가 31개 고을이었다. 임란 직후 경상도의 다수 군현이 일본군의 침략을 받았으며, 난초부터 그 해 7월 무렵까지 경상도에서는 왜적의 침입을 받지 않은 곳이 22곳 정도였는데 좌도 중에는 안동, 청송, 진보, 영주, 예안, 예천, 풍기, 봉화, 영해, 영덕, 청하, 흥

---

60) 국역 『낙재선생일기』, (박영호 역, 이회문화사, 2008), 43쪽.
61) 권응수, 『백운재실기』 참조. 영천성 탈환전투 당시 일본군의 앞잡이로서 일부 향리들과 결속하여 조선백성을 괴롭히며 약 200명의 대원을 거느리고 일본군과 함께 조선의 군사에 대항한 希孫 또한 노비였다.
62) 『大日本古文書』 淺野家文書, 豊臣秀吉朱印壯.

해, 하양 등이었고, 우도는 거창, 안음, 함양, 산음, 단성, 하동, 곤양, 사천, 진주 등이었다.[63]

임란초기 당시 경상감사(관찰사) 김수의 營吏로서 김수를 직접 수행했던 李擢英(1541~1610)의 『정만록』에 의하면, "경상좌도는 난이 발생한 이후로 4월 21일부터 우도와 좌도의 길이 막히게 되었으며 일본군이 곳곳에서 횡행하여 도로가 막혀 성패를 알 수 없다."[64]고 기록하고 있다. 또 임진년 4월 27일경 경상좌도 안집사로 내려온 김륵은, 그달 29일과 5월 4일, 5월 29일에 각각 국왕에게 경상좌도의 상황을 장계로 올렸으나 이 보고서들은 조정에 전달되지 못한 채 되돌아왔다.[65]

그 외에 4월 말경 대구 팔공산에서 군관민 2,000여 명과 피난해 있던 대구 부사 윤현이 경상 감사 김수에게 보낸 장계도 전쟁이 발발한 지 거의 두 달 만인 6월에 이르러서야 전달된 사실로 보아 난의 초기 경상좌도와 우도 간의 교통과 통신이 거의 마비되었음을 알 수 있다.[66] 이처럼 적의 치하에서 고립된 경상도는 낙동강을 중심으로 좌도와 우도가 소통이 되지 않았고 좌·우도 간의 군사적 연대는 거의 불가능하여 군사기관이나 행정관서에서 군령을 제대로 행사할 수가 없는 상황이었다.

임진년 4월부터 7월 사이에 경상좌도 36개 고을 수령 중 10명이 도주하고, 전사 3명, 포로 1명 행방불명이 2명이었다. 당시 경상좌도의 수령이 도주한 고을은 안동, 예천, 영천, 풍기, 청도, 의성, 현풍, 의흥, 비안,

---

63) 『선조실록』 권27, 선조 25년 6월 병진조; 정경운, 『고대일록』 임진년 7월 24일 조.
64) 이탁영, 『征蠻錄』 임진년 4월 21일 "自此以後 左路已塞 老母妻子 避亂存亡 無路得聞".
65) 김륵, 『백암선생문집』 권5, 장계 '條陳慶尙道軍情賊勢狀啓'
66) 이탁영 저, 『역주 정만록』(이호응 역, 의성군, 2002), 302쪽 참조. 일본군이 대구, 선산, 경주, 영천 등을 점령한 이후에는 驛站과 院의 운영은 거의 마비되어 경상좌우도간의 일반적인 교통이 두절된 것으로 보인다. 김성일이 경상우도에서 좌도 감사로 부임하는 과정을 보면, 부임하는 길이 일반 도로가 아닌 사잇길로서 산지와 계곡을 통한 험로를 이용해 주야로 움직여 우도에서 좌도로 이동한 사실에서도 이러한 사정을 이해할 수 있다.

영산이었다.[67] 이 무렵 조정의 지시가 제대로 전달되지 못하고 있었고 경사좌도의 감사 및 수령의 지휘체계는 거의 마비상태였음을 알 수 있다. 먼저 경상좌도의 감사의 인사발령 및 이동 상황을 보면, 난의 초기에는 경상좌도와 우도의 감사가 따로 있지 않았고 경상도 전체의 도순찰사겸[68] 감사가 김수였다. 김수는 임진년 5월 16일부터 6월 18일까지는 경상도에 있지 않았다. 김수는 근왕군에 합류하기 위해 소수의 병력만 이끌고 전라, 충청 감사와 함께 수원방면으로 올라갔다가 수원에서 패배한 이후로는 다시 내려와 경상우도 함양에 머물고 있었다.[69]

임란초기 경상좌도는 외부와의 연락이 거의 두절된 상태였으며 상황이 매우 위급했다.[70] 경상감사 김수 또한 관내의 수령들에게 피난할 것을 지시하였고 당시 수령들의 도피는 일본군의 진격로 지역에 주재하던 행정책임자들의 불가피한 대처방법의 하나였다.

임란 초기 경상좌도를 침공한 일본군의 경로는 다음의 <그림 2> 와 같다.

---

67) 정해은, 「임진왜란 초기 경상도 수령의 동향과 의병 지원 활동」, 『조선시대사학보』 70, 2014, 145~146쪽을 참조하였다.
68) 경상감사 김수는 임진년 4월 22일 조정으로부터 도순찰사를 겸임하라는 교지를 받았다. 위 『역주 정만록』, 36쪽.
69) 위 『역주 정만록』, 76쪽.
70) 『선조실록』 권27, 선조 25년 6월 28일(병진)조. 영덕현령이 경상감사 김수에게 성을 보전한 경위를 보고한 공문이 20일 만에 도착하였다.

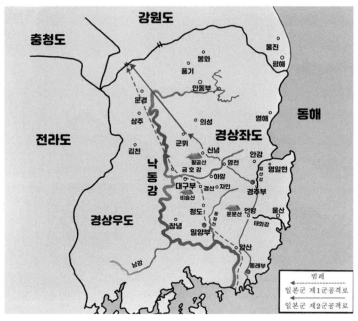

〈그림 2〉 임란초기 일본군의 공격로[71]

　정부에서는 임진년 5월경 경상좌도지역이 함락되어 우도와의 상호
연락이 두절되자 경상좌도와 우도의 감사를 각각 임명하기로 논의하고
우도에는 전 경상도 관찰사 김수를 그대로 우도 감사로 보임하고 이성
임을 좌도 감사로 발령하였다.[72] 그러나 이성임이 함락된 경상좌도로의

---

71) 이형석,『임진전란사』별권, 임진전란사간행위원회, 1994의 부록에 수록된 '피
　　아양군 상황요도'를 참고로 하여 도면화 하였다.
72) 국역『낙재선생일기』, 박영호 역, 이회문화사, 2008, 28~29쪽 참조. 서사원의『낙
　　재일기』에는 임진년 5월 3일자 일기에 이를 적고 있다. 이날의 일기에는 그밖
　　에 광해군을 세자로 삼고 전교하여 이르기를 "내가 도성을 지키며 죽음을 무릅
　　쓰고 떠나지 않을 것을 중외에 효유하노라."라는 국왕 선조의 선포가 있었음을
　　기록하고 있고 김륵을 안집사로, 김성일을 초유사로 삼았다는 사실도 적고 있
　　다. 따라서 이 시점까지는 조정의 조보가 지방의 사족들에게 알려졌음을 알 수
　　있다.

부임을 두려워하여 부임하기를 미루고 있었기 때문에 이때 좌도의 사민들은 이성임의 좌도 감사 사실을 모른 채 피난만 하고 있었다. 결국 이성임은 좌도 감사로 부임하지 않은 사이에 5월 13일 무렵 교체되어 조정으로 복귀하였다.[73]

이러한 공백상태를 거쳐서 8월 7일에 경상우도 초유사 김성일을 좌도 감사로 발령하였고 경상우도 감사로는 영해부사를 지낸 한효순을 임명하였다. 그 후 9월 7일에 김성일을 다시 경상우도 감사로 발령하였다. 김성일은 경상좌도 감사 발령 사실을 직접 전달받지 못한 채 경상우도에서 초유활동을 계속하고 있다가 뒤늦게 좌도감사의 명을 전달받아 산과 계곡을 통한 험로를 이용하여 좌도로 부임하러 갔다가 불과 열흘도 되지 않아 경상우도로 되돌아온 것이다.

이처럼 일본군이 경상좌도를 거점 점령하고 있는 사이에 경상도의 관찰사가 자주 바뀌었고 좌도에는 관찰사의 공백이 생겼으므로 더더욱 행정 및 군사의 지휘체계가 제대로 잡히지 않아 수령과 방백의 영이 전달되지도 못하는 상황이었다. 이러한 사정은 임진년 7월 15일의 기록에도 나타나고 있다. 김수는 경상좌도의 상황을 장계로 보고하면서

> 새 병마절도사 朴晉이외에 기타 장수들은 넉 달이 되는데도 아직 임명이 없습니다. 이미 병마절도사나 수군절도사가 없는데다가 방어사, 조방장, 수령도 없어서 신의 호령과 지휘할 곳이 없으니 와해될 기세가 우도보다 심합니다.[74]

라고 적고 있다. 이때 경상감사 김수는 경상우도에 주재하고 있었다.

---

73) 『선조실록』 권26, 선조 25년 5월 13일 임신조.
74) 이탁영, 『정만록』 임진년 7월 15일조 " 新兵使朴晉外其他將士 今旣四朔本次下送不冬 旣無兵水使 又無防禦使助防將守令 數月之間 了無節制無策應之人 與右道 道路阻隔臣之號令指揮 亦無所及瓦解之勢有甚於右道"; 앞의 『역주 정만록』, 297쪽.

이 시기에 경상좌도에는 안집사 김륵이 이반된 백성들을 상대로 민심을
회복하고 흩어진 피난민과 사족들을 찾아다니며 의병 거사를 독려하고
숨어있던 散卒들을 모으고 있었다.

2. 민의 동태와 그 실상

  조정이 피난해 있는 사이에 경상도 백성들의 삶은 피폐하였다. 특히
임란초기의 경상좌도의 백성들은 대부분 일본군의 점령치하에 들어감
으로써 각 지역의 점령일본군은 감사, 군수 등을 참칭하며 점령지를 통
치하였다. 임란 초기 일본군이 경상좌도를 장악한 이후 피난 중인 사민
들의 삶은 고단하였다. 피난처에서의 생활은 사족이나 일반인들이 그
모습이 크게 다르지 않았다. 사족들은 자신들의 거처에 조상의 신주를
묻기도 하고 더 깊은 산중으로 피해야 할 상황이 되면 처음 피난지의
일정한 곳에 매안하기도 하였다. 말안장과 옷 보따리를 바위틈에 감추
고 양식은 돌 틈에 조금씩 나누어 감추었다가 심부름할 종들에게만 알
게 하여 날마다 꺼내어 쓰면서 산등성이 지점에서 아래 마을의 동향을
살피며 하루하루를 보내는 실정이었다.[75]
  대부분의 읍민들이 산속으로 피난하여 관의 통제력이 상실되고 지역
사림의 향촌 장악력이 떨어진 상태에서 남은 민들은 왜적화 되어갔다.
일부는 일본군이 나누어 주는 신분패를 차고 위세를 보이기도 하고[76]
그들의 앞잡이 역할을 하며 산속에 숨어 있는 사족과 일반민들을 수색
하거나 약탈하는데 동원되기도 하였다. 또는 하층민들 중 일부는 반란
에 가담하거나 사림의 지역 기반인 留鄕所를 습격하거나 관의 창고를
털어 기물이나 양곡을 훔쳐가기도 하였다.[77] 『선조실록』에 보이는 초유

---

75) 오희문, 『쇄미록』(이민수 역주)상권, 해주오씨추탄공파 종중, 1990, 38~39쪽 참조.
76) 조경남, 『난중잡록』 1, 임진년 4월 24일조 "善山道遇七人牌竹牌 … 時嶺人降賊
    受牌者 不知其數云".

사 김성일의 장계에는 난의 직후 경상도 민들의 동태가 여실히 나타난다.

"고성 현령 金絢은 부임한 지가 7년인데 형벌을 너무 가혹하게 하여 민심을 잃은 지 오래이므로 진해에 적이 들어온 뒤에는 배반한 백성들이 사방에서 일어나 현령을 죽이려고 하였습니다. 이에 현령은 그 기미를 알고서 복병을 배치해 놓고 거짓으로 도망한 체하니 배반한 백성들이 앞다투어 성안으로 들어가 관고의 물건을 훔쳐내자 숨겨둔 복병이 엄습하여 50여 명을 사로잡아 참수하였습니다."78)

"근래에 부역이 번거롭고 무거워 백성들이 편히 살 수 없는데다가 형벌마저 매우 가혹하므로 군졸이나 백성들의 원망하는 마음이 뱃속에 가득한데도 호소할 길마저 없어 그들의 마음이 이산된 지 벌써 오래입니다. 그러므로 倭國은 征戍나 요역이 없다는 말을 믿고 마음속으로 이미 그들을 좋아하고 있는데 왜적이 또 민간에 명을 내려 회유하니 어리석은 백성들이 모두 왜적의 말을 믿어 항복하면 반드시 살고 싸우면 반드시 죽는 것으로 여깁니다. 그러므로 연해의 무지한 백성들이 모두 머리를 깎고 의복도 바꾸어 입고서 왜적을 따라 곳곳에서 도적질 하는데 왜적은 몇 명 안 되고 절반이 배반한 백성들이니 매우 한심합니다.79)

임란 직후의 조선백성들의 가장 큰 부담은 조선과 일본군의 양쪽으로부터 각종 부세와 부역을 요구당하는 일이었다. 점령군인 일본군은 주둔지의 조선백성들을 회유하며 세금을 낮추어 준다며 평시처럼 농사를 계속 짓도록 하였으나 이 또한 그들의 전시군량미 수거를 위한 방책이었다. 거기에다가 향토보전을 위해 일어선 조선의 의병들은 일본군에

---

77) 정사성, 『지헌집』 권3, 「임진일록」 5월 11일조.
78) 『선조실록』 권27, 선조 25년 6월 28일 병진조 "固城縣令金絢則到任七年 刑罰太酷 久失民心 而鎭海賊入之後 叛民四起 欲殺縣令 縣令知機 設伏爲遁 叛民爭先入城 偸取官庫 設伏掩擊 擒斬五十餘人".
79) 『선조실록』 권27, 선조 25년 6월 28일 병진조 "且近來賦役煩重 民不聊生 刑罰又從而大酷 軍民怨氣滿腹 無路可訴 其心離散已久 聞倭國無征戍徭役 心已樂之 倭賊又出令民間以諭之 愚民皆信其言 以爲降則必生 戰則必死 故沿海頑民皆剃髮易眼而從之 處處作賊者 倭奴無幾 半是叛民 極可寒心".

부화뇌동하는 민들을 토적으로 몰아 일본의 앞잡이 노릇을 하지 못하도록 제지하였다. 점령군 치하의 피지배 백성들의 고달픔은 여기에 그치지 않았다. 임란 중 조선백성들이 가장 견디기 어려운 것은 기아와 질병이었다. 1592년 8월경에는 점령당한 한양 백성들이 모두 적에게 투항해 들어갔는데 그 주요 원인이 기아를 견디지 못한 때문이었다.[80] 12월경부터 조선에 참전한 명나라 군대의 군량미를 조달하면서 조선 백성들의 삶은 그 한계를 느끼기 시작했다. 각 지방마다 상당수의 조선 백성들은 일본군의 부왜자로 전락할 수밖에 없었다. 계사년(1593) 4월 20일에 한양이 수복되었으나 도성에는 사람과 말의 시체 썩는 냄새가 진동하였고 관과 민가가 모두 불타 없어졌고 숭례문 동편 남산 아래쪽의 일본군이 주둔하던 거처의 일부 건물만 잔존한 정도였다.[81] 살아 있는 사람은 백에 하나라고 말할 정도였다.

李睟光은 이 당시의 상황을 다음과 같이 적고 있다. "계사년에 서울에서 일본군이 물러간 후 하루에 굶어 죽는 사람의 수를 이루 헤아릴 수가 없었으며, 국왕(선조)이 하교하기를, '근래의 굶주린 백성들을 구제할 방법이 없다. 그래서 나는 하늘을 우러러 슬퍼하고 원망하고 민망하게 여겨 내가 먼저 죽고자 하나 죽을 수가 없다.' 관원이 매일 백미 여섯 되를 나의 식량으로 진상하고 있으나 나는 평일에도 하루 새끼를 먹지 않는다. 비록 석 되의 백미일지라도 내 어찌 다 먹겠는가. 이제 마땅히 여섯 되의 진상미 중에서 매일 석 되씩 덜어서 나누어 구휼하는 다섯 곳에 보낸다."[82] 회복된 서울의 참상이다. 국왕마저 하루 새 끼를 먹지 못하는 지경이니 백성들의 식생활은 불가능하였을 것이고 굶어 죽는 사람의 숫자는 산더미처럼 불어나갔다.

---

80) 『선조실록』 권29, 선조 25년 8월 5일 임진조 "上曰:我國人有投降者乎? 尙毅曰: 京城人盡入云 雖同謂之投降 而但以不堪飢困而入 則其情可矜".

81) 유성룡, 『징비록』 권2, 계사년 4월 20일조.

82) 이수광, 『지봉유설』 권1, 천문부 참조.

전란으로 인한 한양도성의 피해 복구는 쉽지 않았다.[83] 전날에는 민간이 곤궁하였다고 하나 그나마 곡식을 저장한 사람이 있어서 소, 말, 잡곡을 명나라 군사에게 팔기도 하고, 관에서 곡식을 제공하기도 하였으나 날이 갈수록 관과 민가의 재물이 모두 고갈되어 시장에는 한 되의 쌀도 없었다.[84] 이러한 극도의 굶주림상태에서도 축성 등 군사시설의 보완이나 요역은 모두 민들의 몫으로 돌아왔다. 백성들이 의지할 조정의 기능은 작동하지 못한 상황이었다. 이와 같은 상황이 지속되자 민중들 사이에는 '人相殺食'의 현상이 나타나기 시작했다. 이 시기에 이런 상황에 처한 민중들은 이미 인륜이나 도의를 지킬 수 없는 한계에 이르렀다. 이때의 모습을 실록은

여러 도에 흉년이 들었는데, 그 중에서도 경기 및 하삼도가 더욱 심하여 사람들이 서로 잡아먹을 정도까지 되었다. 병란이 일어나 군량수송이 잇따른 뒤로 공사 간에 재용이 탕갈되었다. 적의 침탈을 겪은 곳에서는 2년간 경작을 못하였고 완전한 도에는 유민이 몰려들어 주객이 모두 곤궁하였다. 또 무사 및 군공을 세운 사람들이 수령이 되어 가렴주구만을 오로지 일삼았다. 또 성을 쌓고 군사를 훈련하느라 사신이 번잡하게 오갔고, 주현의 모든 요역이 모두 민호에게 집중되었다. 물가가 폭등하여 베 1필이 쌀 몇 되밖에 안되는가 하면, 해마다 가물어 크게 흉년이 들었으니, 백성의 식량이 고갈된 이유는 이 때문이었다.[85]

라고 기록하여 극도의 빈곤과 이를 초래케 한 관리들의 탐학과 과도한 부역을 지적하고 있다.

---

83) 이장희, 『임진왜란사연구』, 아세아문화사, 328~329쪽.
84) 조경남, 『난중잡록』 3, 갑오 6월조 참조.
85) 『선조수정실록』 권28, 선조 27년 정월 초 1일조 "諸道大饑 京畿及下三道尤甚 人相殺食 自軍興轉輸 公私蕩竭 經賊之地 二年廢作 完全之道 流民皆歸 主客俱困 且以武士及軍功人爲守令 專事剝斂 又築城練卒 使臣旁午 州縣百役 皆萃民戶 市價騰貴 一匹直數升 連歲早乾大歉 民食之盡由此".

백성들이 고통 받는 이유는 흉년에다 군량미 조달로 인하여 재물이 고갈된 것이 일차적 원인이기도 하지만 헐벗고 굶주린 백성들을 상대로 한 수령들의 수탈과 축성작업에 동원되는 부역의 부담이 더 컸다. 이러한 부담은 고스란히 민호들에게 돌아감으로써 백성들은 삶의 의욕이 사라지고 인간적인 삶을 단념한 상태에 이르렀다. 또, 임란 중 사헌부가 국왕에게 보고한 내용을 보면,

기근이 극도에 이르러 심지어 사람의 고기를 먹으면서도 전혀 괴이하게 여기지 않습니다. 그러므로 길가에 쓰러져 굶어 죽은 시체에 온전히 붙어 있는 살점이 없을 뿐만이 아니라, 어떤 사람들은 산 사람을 도살하여 내장과 골수까지 먹고 있다고 합니다. 옛날에 이른바 사람이 서로 잡아먹는다고 한 것도 이처럼 심하지는 않았을 것이니, 보고 듣기에 너무도 참혹합니다. 도성 안에 이와 같은 경악스러운 변이 있는데도 형조에서는 무례한 기민이라 하여 전혀 체포하거나 금지하지 않고 있으며 발각되어 체포된 자도 또한 엄히 다스리지 않고 있습니다. 당상과 낭청을 아울러 추고하고 포도대장으로 하여금 협동단속해서 일체 통렬히 금단하게 하소서 하니, 상이 따랐다.[86]

라고 하였다. 이러한 참상은 이성을 잃은 전란 중의 백성들이 최악의 상황을 겪고 있음을 보여준다. 人相殺食의 현상을 관리들의 단속으로 막아낼지도 의문이었다. 임란 이전부터 군역과 부역에 시달려온 백성들은 과도한 부역을 감당하기 어려워 유리걸식하거나 도망간 사례도 적지 않았다.

국가에서는 양인의 부족으로 군역을 조달하기 어려웠고, 탐관오리들

---

86) 『선조실록』 권47, 선조 27년 정월 17일 병신조 "司憲府啓曰:饑饉至極 甚至食人之肉 恬不知怪 非但剪割道殣 無一頑肌 或有屠殺生人 幷與腸胃腦髓而噉食之 古所謂人相食者 未有若此之甚 見聞極爲慘酷 都城之內 有如此可愕之變 而刑曹委以飢民無賴 慢不捕禁 其所現捉者 亦不嚴治 請堂上郎廳 竝命推考 令捕盜大將 協同緝捕 一切痛斷. 上從之."

의 횡포로 백성들은 부과된 조세의 두 배 이상을 포탈당하기도 하였다. 게다가 임란 10여 년 전부터 흉년과 질병으로 백성들은 기아 상태에 이르렀다. 이러한 악재에다 임란 2~3년 전부터는 일본의 침략에 대비하여 성을 축성하거나 보수하는 작업에 백성들이 동원됨으로써 원성이 높았다. 백성들 사이에서는 차라리 왜적이 빨리 쳐들어오는 것이 낫겠다는 말까지 나돌았다.

한편, 정부의 변란대비 정책에 따라 하층민들이 조세와 부역으로 고통 받고 있는 기간에 일본의 침략을 예상한 경상좌도 사족들의 전쟁 대비의 노력이 없지 않았다. 경상도의 재지사족들은 변란의 조짐을 감지하고 변란 발발 시 어떻게 대처할 것인가를 논의하기도 하였다. 그러한 논의는 경상좌도의 경우 사족들이 중심이 되어 경주의 불국사 범영루 시회, 신녕의 불골사 모임 등이 있었고 그 외에도 여러 곳에서 이런 대책회의가 있었다. 그러나 막상 변란이 닥치자 대처하기가 쉽지 않았다.

임진왜란이 일어나자 일부 사족들은 의병을 일으키기도 하였으나, 다수의 사족들은 주로 타지방이나 깊은 산중에 흩어져있던 친인척이나 지인들의 집, 외방 노비의 집, 또는 지방 관아를 찾아 피난하기도 하였다.[87] 그러나 일본군은 피난한 조선 백성들을 샅샅이 수색하며 끊임없이 약탈을 일삼았다.[88] 이들 사족들은 피난 인원수가 많았으므로 가장 큰 문제는 식량의 조달이었다. 그들이 거느리는 노비를 시켜 읍내로 식량을 구하러 보내면 노비는 죽음이 되어 돌아오고, 끝내는 식솔들이 굶어죽거나 또는 뿔뿔이 흩어져 타향을 떠도는 신세가 되기도 하였다.

피난 도중 사망자가 생기면 노비를 팔아 장래를 치르거나 또는 장례

---

87) 오희문, 『쇄미록』제1, 임진 10월 28일~29일자 기사. 오희문은 현의 관아에서 머물며 피난하였는데 돌아갈 때 관아로부터 말 한필을 구입하여 돌아가면서 관청 재산을 이처럼 써버려서 미안하다는 표현을 하였다.

88) 金垓, 『鄕兵日記』(국사편찬위원회 간, 사료총서 43, 2000) 참조. 예천 당교 및 구미 인동의 적들이 관가와 여염집을 무차별 약탈하고 있음을 보여준다.

비를 마련하지 못해 최소한의 유교적 예제도 차리기 어려웠다. 사족의 상황이 이러한데 평민들이나 하층민들의 삶은 짐작하고도 남음이 있을 것이다. 경상좌도의 경우 임란이 발발한지 약 8개월이 지난 1593년 1월경부터 굶주림으로 죽어가는 백성들이 늘어갔고, 특히 아이들의 시체는 더욱 많았다. 노약자들이 굶주려 죽은 시체가 길거리에 나뒹굴고 시체 때문에 길이 막혀 통행하기 불편할 정도였다. 그나마 힘이 있는 젊은이들은 집단을 이루어 가축을 약탈하는 등 도적질을 하여 사회문제가 되었다.[89] 1594년 봄 무렵에는 심한 기근으로 심지어는 인육을 먹는 절박한 상황이 되었고, 굶어 죽은 시체의 살점을 뜯어먹을 뿐 아니라, 살아 있는 사람을 도살하여 내장의 골수를 먹는다는 실록의 기록은 임란 당시의 상황을 짐작케 한다.[90] 부모와 자식 간, 형제간 서로 잡아먹는 유교윤리 국가에서 있을 수 없는 일이 발생하고 있었다.[91]

굶주린 백성들이 구휼청에 배급을 받으러 가면 사족 위주로 우선 배급을 하고, 평민 이하 하층민에게는 제대로 배급이 되지 않아 온갖 부정이 횡행하였다. 따라서 정부의 민에 대한 보호 정책은 그 기능이 제대로 작동되지 않아 형식에 그치고 있었다. 이러한 고단한 삶은 백성들로 하여금 임진왜란 중에도 조정을 향한 민란을 일으켰다. 1594년 충청도의 宋儒眞이 왕의 무능과 관리들의 부정부패를 성토하며 반란을 기도하였고, 1597년에는 李夢鶴이 난을 일으키기도 하였다. 이 때 민중의 동태를 호남 의병장 조경남은 "백성들의 난리와 온갖 침략에 곤궁해지니 풍문을 듣자 따르는 자가 벌떼처럼 많아 수 일이 못되어 군사가 만 여 명이나 되었다."[92]라고 기록하고 있다.

뿐만 아니라 임란 중의 일본군들은 조선 여인 납치를 조직적으로 실

---

89) 『선조실록』 권37, 선조 25년 4월 15일 기해조.
90) 『선조실록』 권47, 선조 27년 정월 17일 병신조.
91) 『선조실록』 권49, 선조 27년 3월 20일 무술조.
92) 조경남, 『난중잡록』 3, 갑오 7월; 이장희, 앞의 책, 342~343쪽 참조.

행하였다.[93] 사족 가문의 여성은 상당수가 일본군에 의해 유린당했으며, 영남지역의 경우 사족 여성 중 얼굴이 고운 자를 뽑아 배 다섯 척에 실어 먼저 일본으로 보내고 이를 거부하는 사녀들은 일본군이 윤간까지 했다고 하였으니[94] 이러한 상황은 당시 사대부 사회에 정신적인 충격을 주었다. 임란 당시 도요토미 히데요시는 여색에 빠져 많은 여인들을 거느리고 있었다. 일본군은 납치한 조선의 사족 여인들을 일본에 보내어 포르투갈 등 외국의 노예시장에 팔거나 또는 일본 국내의 성주들에게 바치기 위한 목적인 것으로 추정된다.[95]

임란 초기 정부는 관군의 패퇴로 국방이 무너지자 의병 창기를 효유하고 국난 타개책을 강구하였다. 그 대표적 정책이 전공을 세운 자에 대한 관직 수여와 납속에 의한 군량조달이었다. 종래에 토지나 노비의 매매에 대한 엄격한 정책을 완화함으로써 조선 사회에는 신분적 변동을 가져오는 계기가 이루어지기도 했다. 우선 부족한 군액을 보충하기 위

---

93) 서사원, 『樂齋日記』 임진년 5월 18일조. "朴景述家屬 亦不得全保 兩女投落 其忿可佳 二妾見捕 其辱甚矣" 대구지역 재지사족의 두 딸과 두 첩이 일본군에게 잡혔는데, 두 딸은 낙동강에 투신하였고 두 첩은 치욕을 당하였음을 기록하고 있다. 그 외 조경남, 『난중잡록』 2, 임진년 4월 28일조 참조 "而年少美女 閭家所儲之物 牛馬載駄道路 繹斬載牛馬 皆使我人牽行 擄掠我人以爲其徒者爲牛此".
94) 조정, 『임란일기』 선조 25년 5월 28일조; 이탁영, 역주 『정만록』, 94쪽 각 참조.
95) 한명기, 「임진왜란과 동아시아 질서」, 『임진왜란과 한일관계』, 경인문화사, 2005, 106쪽; 루이스 프로이스, 『임진란의 기록 -루이스 프로이스가 본 임진왜란-』, 정성화·양윤선 역, 살림출판사, 2016, 152~153쪽.
　　루이스 프로이스(1532~1597)는 일본 주재 포르투갈 출신의 예수회 선교사로서 그의 기록에는 도요토미 히데요시를 관찰한 내용을 상세히 적었다. "관백인 도요토미 히데요시는 임란 당시 자신의 궁전 안에 200명 이상의 여인을 거느리고 있으면서도 교토와 사카이의 백성과 관료들에게 미혼이거나 과부인 여인을 데려오게 하였다. 용모가 수려한 여인들은 대부분 관백에게 끌려갔다."고 기술하고 있다. 임란 당시 일본군이 조선 사대부의 여인들을 납치하여 일본으로 데려갔는데 이들 또한 도요토미 히데요시나 일본의 성주에게 바치기 위한 것으로 추정해 볼 수 있겠다.

해 광취무과를 시행하고 1593년 1월에 무과인원을 1만 2천명으로 늘리
겠다는 정부계획을 발표하였다. 그 해 7월에 전라도에 3천 명, 경상좌도
와 우도에서 각각 1천 명씩, 충청도에서 1천 명을 시험을 치르게 하여
초시 합격한 것으로 처리하고 그 이후에는 왜적의 수급을 베어오는 숫
자에 따라 시험 성적을 매기는 것으로 정하였다.

군의 보충 방법으로는 무관시험 자격 제한을 철폐하여 상민은 물론
서얼, 천민에 이르기까지 모두 응시의 혜택을 주었다. 공사천의 하층민
을 상대로 무술시험을 보게 하여 합격한 자는 즉시 양민으로 삼고, 사천
의 경우 그 주인이 유생이면 벼슬을 제수하고, 서얼은 허통하게 하는 등
노비 본인뿐만 아니라 그 주인에게도 혜택이 돌아가도록 하는 정책을
시행했다. 이러한 정부정책은 하층민의 신분상승의 계기가 되기에 충분
하였다.96) 이 같은 신분제도의 변화에 대하여는 당시의 기득권층들의
비판이 없지 않았다. 상주의 양반 趙靖은 그의 『임란일기』에서 '일본군
의 머리 셋 이상을 베면 사족과 평민에게는 무과 급제한 것으로 인정하
고 공사천은 贖良한다'고 들은 사실을 기록하고 있다. 이와 같은 전시정
부의 인사정책은 기존의 사회제도를 크게 뒤흔드는 신분적 변화로서 사
족들의 불만이 없지 않았다. 그리고 趙靖은 자신이 피난해 있던 상주의
황령사 절에 공무로 방문한 성주목사 諸沫이 서얼 출신으로서 왜란으로
무과를 거쳐 갑자기 성주목사라는 고위 관직에 오른 것을 보고 '전시에
인사행정이 이렇구나.'라며 졸속한 전시 인사를 비판하고 있다.97)

그러나 임란 중의 긴급 상황에 대처하여 공사천, 승속, 서얼, 잡류를
불문하고 군직에 응모할 기회를 주어 관직을 제수하고 면천, 면역을 시

---

96) 『선조실록』권40, 선조 26년 7월 17일조; 문숙자, 「임진왜란으로 인한 생활상의
   변화」, 『임진왜란과 한일관계』, 한일관계사 연구논집 5, 2005, 433~439쪽.
97) 조정, 『임란일기』선조 26년 2월 22일조. "星州牧使諸沫 以假屋柴草藥差使員
   來在右寺矣 諸公金海人 業武取科 門地不顯 而今因賊變 驟登百里之長 人事如
   此夫"

키는 조치는 조선 전기의 경직된 신분제 사회에 있어서 일정부분 신분
차별을 해소하는데 기여하였다. 이 시기의 임란 중 군공에 의한 관직제
수 등의 또 다른 사례는, 선조 25년 12월부터 26년 3월에 걸치는 기간
동안 청도의 조전장으로 활약한 朴慶新을 비롯해 청도에서 의병활동을
한 인사들에 대한 고문서에서도 확인된다. 박경신이 일본군의 수급 4과
를 벤 공에 대하여 순찰사가 전시 공훈 증명서인 교지 절지수를 교부
하였다.98) 임진왜란이 끝난 후 1605년 박경신은 선무원종 1등공신에 책
록 되었는데 정부에서는 전쟁 중에 받은 교지 절지수를 반영한 것으로
보인다. 이와 같이 전쟁 중에 수시로 절지수를 내려 전공을 치하한 것은
백성들의 사기를 진작시키는 방책이었다.

한편, 납속책의 실시는 전시의 군량 등 재정 궁핍과 민의 호구책을
마련하기 위한 재정정책으로서 신분의 고하를 막론하고 실시하였다.
1593년 2월에 발표한 납속사목99)은 사족, 향리, 서얼로 구분하여 실시하
였다. 바치는 곡식의 양에 따라 사족의 경우 납속을 통해 당상관까지 오
를 수 있게 하고, 향리 서얼도 허통을 넘어 동반직까지 진출할 수 있게
하였다.100) 그러나 납속의 남발에 의한 문제점도 없지 않았다. 사족과
서얼, 향리, 공사천에게만 적용되었던 납속을 일반 군사들이 이를 이용
하여 관직을 제수 받은 다음 군역을 면하는 폐단이 생기기도 하였다. 그
럼에도 불구하고 정부는 긴급한 군량문제 해결을 위해 확대 시행할 수
밖에 없는 실정이었다.

전란을 거치면서 조선의 토지와 인구는 종전의 절반 이하로 줄어들

---

98) 이수건 외, 『16세기 고문서 집성』 참조.
99) 『선조실록』 권35, 선조 26년 2월 16일 신축조. 향리는 쌀 80석으로 동반실직, 사
　　족은 100석으로 정3품, 서얼은 100석으로 동반6품을 제수하는 事目을 정하였다.
100) 납속제에 관한 연구로는 김용곤, 「조선전기 군량미의 확보와 운송-임란 당시
　　를 중심으로」, 『사학연구』 32, 1981; 문수홍, 『조선시대 납속제에 관한 연구』
　　성균관대학교 박사학위논문, 1985; 서한교, 「조선 선조·광해군대의 납속제도
　　운영과 그 성과」, 『역사교육논집』 20, 1995를 참조.

고 백성들의 삶은 피폐해졌다. 전쟁으로 인한 토지와 인구의 감소는 국가 조세수입의 감소를 가져옴으로써 국가 경제에 큰 타격을 주었다. 사족들의 경우 전쟁 중 토지와 노비의 매매가 급격히 늘어났고 전란의 장기화로 보유하던 재산은 탕진되는 경우가 많았다. 그러나 전란기를 틈타 사족들이 오히려 재산을 증식한 사례도 있었다. 토지는 약 70% 정도를 양반이 매수하였는데 경주의 이준(회재 이언적의 손자), 이함(영해의 재령 이씨 이애의 자손)등의 경우처럼 전시를 이용하여 다른 사람의 재산을 헐값에 간편하게 매수함으로써 재산을 크게 늘리는 경우도 생겨나는 등 양반 신분도 경제력을 중심으로 양극화되는 현상이 나타나기도 했다.[101]

평민과 하층민 역시 경제력에 따른 신분 구도의 재편이 있었다. 노비의 신분으로 굶주림과 고통을 받던 피난민들을 거두어 보호하면서 유민들을 의탁케 하여 노비로 삼는 경우도 있고, 경제력이 있는 자들은 이러한 기회를 이용하여 노비 증식의 방편으로 삼기도 하였다. 이것은 전쟁 중에 유민을 방지하기 위한 조정의 구활책으로 재력가들에게는 재산 증식의 기회가 되기도 한 것이었다. 이러한 현상은 임란 이후에 가서도 조세를 부담할 평민이 감소되는 결과를 가져왔다.

임란 중의 생활 물자 거래 상황을 보면, 무명이 중요한 물자 교환수단으로 사용되었는데 물가의 폭등으로 인하여 민생은 더욱 어려워졌다. 趙靖의 『임란일기』에서 파악해보면, '무명 한 필을 이웃 노파에게 팔아서 겉조 서 말과 콩 서 말 두되, 팥 한 말을 샀고, 또 무명 반 필을 팔아 도토리 열 닷 말을 바꾸었으며 임란 전에는 군량미 6석의 값이 6~7척짜리 무명 25필과 교환되었고, 무명 한 필의 값이 쌀 7말 2되였던 것이 임란 중인 1593년 7월 25일경에는 무명 한 필의 가치가 보리 두 말(斗)'

---

101) 문숙자, 「임진왜란으로 인한 생활상의 변화」, 『임진왜란과 한일관계』, 한일관계사 연구논집 5, 2005), 433~439쪽.

로 하락하였다. 또 전쟁 중에 피난 생활로 열두 마지기의 논을 팔아 겨우 무명 20필을 받았다.[102] 이처럼 물가의 폭등으로 서민들의 삶이 어려워졌다. 전쟁을 맞아 왜적에 대한 직접적인 공포보다 굶주림과 군대에 대한 식량조달, 각종 조세와 부역의 부담 등이 더 견디기 힘들었던 것이다. 인육을 먹는 극심한 빈곤을 겪으면서 노비로 전락하여 사족에게 의탁하거나, 일본군이 발행한 증명을 지니고 상업 활동을 하는 등 일본군의 앞잡이가 되어 그들의 약탈에 협력하며 생존의 방법을 강구하기도 하였다.

또한 명군의 참전으로 인한 백성들의 고통도 매우 심하였다. 명군을 위한 군량미 운반에 따르는 요역 동원과 각 군현 단위로 부과되는 잡역 부담으로 주민들이 마을을 비우고 도망하는 일이 잦았다. 기강이 해이해진 명군들이 조선의 부락을 약탈하고 부녀자를 강간하는 일도 조선 백성들이 견디기 어려운 고통이었다. 그러나 한편으로는 전시 정부정책에 의하여 긍정적인 방향의 사회변화가 나타나기도 하였다. 무과의 개방, 군공에 따른 관직 수여와 면역 조치, 납속책 등으로 인해 경직되었던 유교적 신분사회에 상당한 신분상의 변화를 가져와 전란 이후 신분구조의 재편 현상이 나타나기도 하였다. 16세기에 50%에 가까웠던 노비 계층이 상당 수 줄어들어 노비제도에 변화가 생겼고[103] 전쟁으로 인한 각종 경제 현상에도 변화가 발생함으로써 사회 전반에 걸쳐 변화의 흐름이 가속화되는 결과를 가져온 것이다.

---

102) 조정, 『임란일기』 선조 26년 1월 10일, 7월 25일조; 『조정선생문집』, 이원종 편역, 삼화인쇄사, 1997, 213쪽, 251쪽.

103) 임진왜란 때의 전공으로 천민의 신분에서 면천(免賤)된 인원은 매우 많은 것으로 나타난다. 1605년에 내려진 『선무원종공신녹권』을 통해 확인해보면, 선무원종 1등공신으로 면천된 김맥(金麥)을 비롯하여 2등공신 면천자 막동(莫同)외 300여 명, 3등공신으로 면천된 사람이 150여 명으로 나타난다. 『선무원종공신녹권』 참조.

제4절 영남사족의 존재 양상과 창의의 기반

1. 영남사족의 형성과 발전

임란 초기에 관군이 일본군을 상대로 방어활동을 펼쳤으나 역부족으로 일본군의 북상을 막지 못하여 경상좌도는 적의 점령하에 놓였다. 이때 영남지방의 사족들은 향리의 사민들을 규합하여 의병활동을 펼침으로써 향토 수호에 나섰다. 임란 발발 직후 경상좌도의 의병활동이 가능했던 배경에는 조선초기부터 영남의 재지사족들이 향촌의 지배질서를 구축해놓은 기반위에서 인적, 물적 동원이 있었음을 주목하지 않을 수 없다.

경상좌도 의병활동을 가능케 한 사족의 형성과정과 그 기반을 살피는 일은 경상좌도 의병의 창의 배경을 파악하기 위한 것이다. 여기서는 임란초기 재지사족들과 향민 간의 공동체의식의 공유와 의병 소모활동에 민이 적극적으로 호응하게 된 배경을 조선전기의 영남사족의 연원에서 찾아보고자 한다. 경상좌도 의병이 의병을 조직할 수 있었던 연원을 파악하기 위해 먼저 영남 사족의 정착 과정과 영남사림의 형성과정, 그리고 재지사족들이 향민을 통솔하여 의병활동을 전개해나갈 수 있었던 사상적, 사회·경제적 기반을 살펴볼 필요가 있다. 경상좌도 의병의 배경이 되는 경상좌도 재지사족들의 형성과정은 다음과 같다.[104]

조선시대의 경상도는 조선 8도 중 그 勢가 가장 큰 군현이었고 전국 75개의 거족 중 26개를 차지하였다. 경상도 출신 거족 26개의 姓貫으로

---

104) 여기서는 이수건,『영남사림파의 형성』, 영남대학교 민족문화연구소, 1984를 주로 인용하였고, 일부 추가 서술하였음을 밝힌다. 그 외에 지배세력으로서의 사족에 대한 개념 및 기원에 대해서는 김성우,「조선시대 '사족'의 개념과 기원에 대한 검토」,『조선후기사 연구의 현황과 과제』, 창작과비평사, 2000; 김성우,『조선중기 국가와 사족』, 역사비평사, 2001을 각 참조.

대표되는 이들 성씨들은 15세기를 대표하는 명문대족이었다. 이들은 고려 중기부터 문벌귀족의 지위를 유지해온 토성도 있었으나[105) 대부분은 고려 후기 이래 郡縣吏族에서 성장한 新興家門들이 많았다. 주로 戶長層에서 과거를 통해 상경종사하면서 가문을 키웠으며 여말 선초에는 中小郡縣 土姓의 진출이 활발하였다.[106)

고려-조선의 왕조 교체기에 세력을 형성한 경상좌도의 재지사족들은 크게 세 부류로 나누어 볼 수 있다.[107) 첫째는, 고려후기에서 여말에 걸쳐 군현의 토성향리에서 가문을 일으킨 경우이다.[108) 고려말에 이미 권문세족으로 성장한 정도전의 아버지 정운경은 호장의 증손으로 처가를 따라 영주에 이주하였는데, 鄭道傳 가문은 봉화에서 영주를 거쳐 상경종사하면서 재경사족이 되었고 영주에는 그 일족이 잔류하고 있었다. 이 부류는 14세기말에 재경의 기성세력으로서 혹은 신왕조의 집권세력이 되기도 하였고, 혹은 '不事二君'의 절의를 지키며 순절하거나 낙향한 세력도 있었다.

둘째는, 여말의 신흥사대부 계열에 드는 세력이다. 이들은 왕조교체기에 양분되어 정도전, 권근 등은 집권세력으로 남고, 정몽주, 이숭인, 길재 등은 순절하거나 낙향하여 재야세력이 되었다. 특히 재야세력 가

---

105) 이러한 예로는 경상좌도 봉화의 琴儀를 들 수 있겠다. 이수건, 『영남사림파의 형성』, 영남대학교 민족문화연구소, 1984, 26~27쪽 참조.
106) 이수건, 위의 책, 1984, 26~27쪽 참조. 그러나 이러한 통설적 견해에 대해서는 반론이 없지 않다. 송웅섭은 통설이 말하는 여말 선초 향촌사회에서 사족의 형성과정과 이족과 사족의 분화 과정이 명확하지 않음을 지적하였다. 또한 사족이 이족을 압도할 수 있었던 과정을 사족이 관권과 타협하면서 보편적 가치를 수용해가며 향촌사회에서 그들의 위상을 강화시켜 나간 것으로 보고 있다. 송웅섭, 「고려 말~조선 전기 '정치 세력의 이해' 다시 보기」, 『역사비평』 120, 2017 가을, 27~28쪽 참조.
107) 이수건, 위의 책, 28~91쪽 참조.
108) 이와 같은 부류로는 김방경계의 안동김씨, 권부계의 안동권씨, 안향, 안축계의 순흥 안씨, 이제현계의 경주이씨, 박송비계의 영해박씨 등이 있다.

운데 여말에 갓 성장한 안동지역의 權軫, 하양지역의 許稠, 영천지역의
皇甫 仁, 예안의 金淡, 李賢輔, 영덕의 鄭自英, 진보의 趙庸, 예천의 權孟
孫, 선산의 金叔滋, 부계의 洪貴達, 경주의 孫昭 가문이 이러한 부류에
속한다. 이후 선초이래로 상경종사하며 향리에도 일족이 가문을 형성하
고 있던 李滉 가문이 족세가 커지면서 조목, 김성일, 유성룡 등을 배출
하며 예안에 터를 잡았다.

    셋째는, 경상도 지방을 본관으로 하지 않는 타도 출신의 사족이다. 이
들은 처향, 외향, 농장 소재지를 따라 경상좌도에 정착한 부류이다. 이
들은 화순 최씨로서 금산(김천)에 정착한 崔善門·崔善復 가문, 서흥김씨
로서 현풍에 세거한 金宏弼 가문, 여주이씨로서 경주에 세거한 李彦迪
가문, 광주김씨로서 예안에 거주한 金緣 가문, 청주정씨로서 예천에 거
주한 鄭琢 가문, 재령이씨로서 영해에 거주한 李玄逸의 선대 가문 등이
있다. 이들의 경상도 거주과정을 좀 더 거슬러 올라가 살펴보면, 조선
태종은 정몽주를 고려의 대표적인 충신으로 추숭하는 한편 고려 말에
낙향한 재야사림을 적극 수용함으로써 왕조교체기에 중립적인 입장을
지키고 있던 경상좌도의 인사들이 대거 정계에 진출하도록 유도하였다.
이 같은 신왕조의 적극적인 인재등용정책과 민심수습정책에 힘입어 재
야세력의 제2세대부터는 상경종사가 다시 활발해져 갔다.[109]

    사림이라 함은 사족, 사류, 또는 사대부 등으로 불리기도 하였는데,
무신정권으로 고려의 문벌귀족이 쇠퇴하고, 能文能吏의 향리 자제들이
과거를 통해 중앙정계에 등장하면서 형성되기 시작했다.[110] 경상도에는
이들이 과거를 통해 상경 종사하는 과정에 토성은 士族과 吏族으로 분
화되었다. 영남의 지역을 크게 나누면 경주지역, 안동지역, 상주지역, 진
주지역의 4개 단위로 파악할 수 있다.[111] 경상도에서 사족과 이족의 분

---

109) 조용, 허조, 권진, 김담, 신적이 태종조에서 문종조까지 조선왕조의 문물제도
    정비에 참여한 것으로 보아 이들의 활동이 비중이 있었음을 알 수 있다.
110) 李奎報도 이러한 부류의 출신이다.

화과정을 보면, 여말선초에 걸쳐 토성 이족에서 성장한 사족 가문으로
는 김종직, 김일손, 정여창, 박한주, 정성근, 홍귀달, 조위, 이황, 이현보,
김담, 유성룡, 손중돈 등의 토착적인 가문이 있다.[112] 이들은 15세기 이
전에 재경 사족으로 성장했다가 15세기 이후에 다시 영남지방으로 낙향
한 가문이었다. 한편, 영남 외에 타도 출신 사족이 처향, 외향, 농장 등
의 연고지를 따라 경상도에 자리 잡은 가문들도 있었다.[113] 이들 타도
출신들은 여말선초의 교체기를 거치면서 그들과 인적관계에 있던 세력
을 따라 낙향한 경우가 많았다.

경상도 지역의 주요 토성들도 각 읍의 호장층을 확보하면서 지방 영
도권을 유지해나갔다. 고려 초 이래에 상경 종사한 가문은 대개 군현의
호장층의 자제였고, 후세의 명문 사족의 시조 가운데에는 호장이 많았
다.[114] 사족과 이족의 분화는 14세기 이후부터 촉진되어 토성 출신임에
도 상경 종사하여 士族이 되는 그룹이 있었던 한편, 향리에 거주하며 행

---

111) 경주지역에는 경주부, 흥해군, 영일현, 밀양부, 울산군, 대구군, 창녕현이 소속
　　되었다. 안동지역에는 안동부, 예안현, 영해부, 순흥부, 예천군, 영천군, 청송
　　부, 인동현, 진보현 등이 속하였다. 상주지역에는 상주목, 함창현, 성주목, 선
　　산부, 합천군, 고령현 등이 속하였다. 진주지역에는 진주목, 김해부, 함안군,
　　고성현, 거창현, 하동현, 의령현 등이 속하였다.
112) 이와 함께 진주 강씨(회백), 진주 하씨(하륜, 하윤), 고성 이씨(이윤), 안동 김씨
　　(덕우), 안동 권씨(권진, 권벌), 창녕 조씨, 창녕 성씨, 경주 이씨, 상주 김씨 등
　　도 토성 이족에서 사족으로 성장한 가문들이다.
113) 최선문(김천), 김굉필(현풍), 양희지(대구), 이언적(경주), 김연(예안), 어효첨,
　　노수신, 정탁(예천), 정구(성주) 등의 가문이 있다. 이들 가문 가운데에는 후에
　　훈구 세력이 된 가문도 있고, 반대로 훈구 세력에서 사림세력으로 바뀐 가문
　　도 있었다.
114) 영남 사림이 사족화하기 시작한 시기는 공조전서, 판도판서 등의 첨설직과 영
　　동정, 사동정, 검교직 등의 영직을 발판으로 해서 신분을 높여나간 시점부터
　　이다. 이들은 조선 초에 개국을 주도한 세력들로부터 한량 계층으로 분류되어
　　토지와 노비 등을 분급받기도 하였다. 이러한 조정의 조치는 신진사대부의 후
　　예들을 포섭하기 위한 정책적 배려에서 나온 것이었다.

정 중심인 吏事를 담당하여 吏族으로 머무는 경우도 있었다. 이러한 현상이 가장 뚜렷하게 나타난 곳이 영남이었고, 이는 곧 영남사림 형성의 사회적 배경이 되었다.

개전 초기의 초토화된 경상좌도에서 의병봉기로 나아갈 수 있었던 것은 선세대 사족들로부터 이어온 향촌주도 세력의 유지와도 관련성이 있다. 영남사림의 학문적 배경을 살펴보면, 영남사림은 주자학을 수용하고 보급하는 과정과 함께 성장하였다. 고려시대부터 경주 최씨, 경주 김씨 계열의 문신이 중앙 정계에서 크게 활약하였고, 무신난을 계기로 재경 문신들이 경상도 지역으로 낙향함에 따라 영남지방의 문풍이 일어났다.115) 고려시대의 무신 난과 몽고 침략 등으로 무공에 의하여 영남지방의 중소 군현에서 상경 종사자가 많이 배출되었고116) 무신 난 이후에 임춘, 오세제 등이 영남지방에 문풍을 보급시켰다. 김부식 가계의 김군수, 최해(경주), 이승휴(성주 가리현), 김창(안동) 등이 출현하여 과거 준비의 필수 과목인 시부사장을 중시하였다. 이들이 고시관과 지공거를 맡음에 따라 영남 이족들은 자기 군현을 실질적으로 지배하면서 자제들의 교육에 열중하여 과거로 진출하도록 노력하였다.117)

특히 영남지방의 토성은 원의 지배시기에 활발하여 순흥 출신인 안향을 비롯하여 고려와 원을 왕래하던 사대부에 의하여 주자학이 수용되었고, 이들은 서로 스승과 제자 관계 및 인적관계를 이루었다. 15세기에

---

115) 이들 가문에는 고려 중기에 진출한 김부식 가문, 신숙 가문(고령), 김수자 가문(상주), 김전중 가문(용궁), 권적 가문(안동), 정습명 가문(영일), 김현 가문(안동), 장유 가문(인동) 등이 있었고, 이들 중에는 본관지에서 낙향 생활을 한 경우도 많았다.

116) 예를 들면 금의(봉화), 김지대(청도), 안유(순흥), 김훤(의성), 신천(영산), 이조년(성주) 등의 사대부가 영남 각 지역에서 배출되었다.

117) 대표적으로 안향, 안축 등 순흥 안씨, 이재현 부자의 경주 이씨, 김방경 등의 경주김씨, 권부의 안동 권씨 등 가문이 있었다. 이들은 주로 토성 이족의 가학을 기초로 상경종사 하였던 것이다.

형성되기 시작한 영남사림을 16세기에 와서 크게 발전시킨 사람은 조광
조의 동문이자 김굉필의 제자인 경상도 관찰사 김안국이었다. 김안국은
관찰사로 재직하면서 경상도의 재지사류를 발굴하여 조정에 적극 추천
하였으며 사림을 영도해 나가는 위치에 있었다. 그의 문하에 이언적, 권
벌, 이황 등의 영남학파에 속하는 학자들이 배출되었는데, 이들의 상계
인 손소·손중돈의 계열에서 이언적이 배출되고, 권벌, 이우, 이현복 등
의 계열에서 이황이 배출되었으며, 정여창, 김굉필, 김일손 등의 학문적
전통 위에 경상우도에서 조식이 배출되었다.

경상좌도의 의병 봉기는 대부분이 영남의 각 지방 재지사족을 중심
으로 이루어졌다. 그러므로 이들 의병 주체세력의 학연, 지연, 혈연관계
는 의병활동과 상관성이 있다. 임진왜란시기 경상좌도의 의병지도층은
주로 영남사림의 후예들이었다. 좌도 의병들이 적의 치하에서도 빠른
시기에 의병활동을 펼칠 수 있었던 것은 선초 이래로 형성되어 온 이들
재지사족의 사회·경제적 기반과 학문적 바탕이 있었기에 가능하였다.
이들 경상좌도 사족들의 경제력은 우선 노비가 사족의 경제에 있어서도
중요한 기반이 되었다. 그것은 여말선초의 대다수의 쟁송이 노비소송이
었음을 통해 확인된다. 영남 사족들의 분재기나 호구 단자를 통해 이들
의 노비 수가 상당히 많다는 것을 알 수 있다. 사족이 노비를 늘리는 방
법도 토지를 늘리는 방법과 비슷한데, 관료로서 관직을 매개로 하여 노
비를 획득하거나 부변, 모변 및 처변 등으로부터 취득한 것도 있고 사고
팔기도 하였다. 또한 良賤交婚을 통해 노비 수를 늘리기도 하였으며, 사
족의 노비의 상속과 분배는 친손, 외손의 구분 없이 균분제로 실시되었
다.118) 이러한 관습은 이이, 김성일 등이 살았던 16세기 말까지도 존속

---

118) 15세기의 토지 및 노비의 균분제는 17세기 이후에는 변화된다. 즉, 엄격한 적
    서구분, 적장자 봉사, 자녀의 차등 상속, 딸의 출가외인 취급, 절손의 경우 양
    자의 철저한 입양 등의 사례로 변화되는데 15~16세기까지는 이러한 현상이
    나타나지 않았다. 이 시기까지는 고려 때의 관습을 그대로 따르며, 친아들이

되었다.

좌도 사족 가문의 토지와 노비 보유현황을 살펴보면, 이황 가문은 고려 말에 진보현으로 이적하여 사족으로 성장한 대표적 가문으로 볼 수 있다.[119] 이황은 당대의 대유학자로서 검소하고[120] 절약하였으나 빈한한 것은 아니었다. 그의 생존 시에 도산 서당을 짓고, 齋舍를 건립하는 등 위선 사업이 이루어진 점 등으로 보아 이미 상당한 경제적 기반을 가지고 있었음을 짐작할 수 있다.[121] 16세기 말에 이르러서는 그는 안동 일대에 거주하는 사족들과 인적 관계를 맺으면서 외가 또는 처변 재산이 전래되어 계속 증식되었던 것으로 보인다. 이황의 인적관계를 보면, 고조모가 좌의정 권진의 여동생이었고, 그의 어머니는 의성 김씨 김성일의 종고조였다. 이황의 전처는 김해 허씨 허찬의 딸이었으며, 장인인 허찬은 경상우도 의령의 부유한 재지사족이었다. 이황의 후처 안동 권씨는 권질의 딸로서 많은 재산을 상속받았다.

없을 경우 외손봉사를 하였고 제사 또한 아들과 딸이 번갈아가며 지내는 풍습을 유지하였다.

119) 이황의 선대는 공민왕대에 그의 5대조 李子脩가 홍건적을 물리친 공적으로 국가로부터 2등 공신에 봉해지고, 논밭 50결과 노비 5구를 하사받으며 가세가 커지기 시작했다. 그의 삼촌인 송암 이우와 형인 이해 등의 세대에 이르러 예안 지방의 대표적 사족으로 성장하였다.

120) 퇴계의 검소함은 그가 고향에서 향민들과 함께 소박한 삶을 영위한 데서 찾아볼 수 있다. 관직에서 물러나 안동에서 은거하며 후학을 가르칠 무렵, 병조판서로 재직하던 권철(권율의 父, 퇴계와 동방급제자)이 도산으로 퇴계를 방문하였다. 이때 퇴계는 평소대로 시골에서 향민들이 먹는 간소한 상찬을 대접하자 권철이 음식을 거의 먹지 못하였다. 그러자 퇴계는 권철에게 '일국의 대사를 맡은 사람이 백성들의 형편을 헤아리지 못해서는 안 된다'는 충고를 하였다고 한다. 퇴계는 향촌에서 향약을 실시하여 향민들의 생활의 안정을 기하고자 노력하였다.

121) 이황 가문의 화회 문기에 의하면 남의 전지를 빌려서 경작하는 경우도 보이고, 다른 사족의 토지를 임대차하여 자기 노비로 하여금 소작하기도 하였으나, 당시로서는 적지 않은 토지와 노비를 소유하였던 것으로 보인다.

또한 유성룡 가문은 안동부 풍산현의 사족으로서 그의 선대는 풍산현의 호장을 지내다가 여말에 6대조 유종회가 하회에 살기 시작하면서부터 대지주로 발전한 것으로 보인다. 그는 많은 전답과 노비를 소유하였는데 유성룡이 보유한 전답은 약 1600마지기 정도였고 소유한 전체 노비는 146명 정도였다.

위와 같은 가문 외에도 영천 이씨의 이현보, 의성 김씨의 김성일 등의 16세기 영남학파 가문과 15세기에 외가 및 처가를 따라 경상도로 내려온 타도 출신의 사족들도 위와 같은 규모의 노비와 전답을 가졌던 것으로 보인다. 사림의 성장은 성리학의 보급과 사족들이 향촌 사회를 영도하는 과정과 그 흐름을 같이 하였는데, 이것은 곧 재지사족인 사림의 사회적 지위와 경제적 기반이 확고히 다져지는 것을 의미한다.

의병의 봉기에는 학문과 인품을 구비한 지도층 인물과 병기, 보급품 등 물적 자원을 필요로 하였는데 재지사족들의 역할이 컸다. 의병활동의 배경에는 그들의 활동을 가능하게 한 영남사족 先世代들의 기반이 작용하였다고 볼 수 있다. 특히 의병지도층은 의병대원들을 정신적으로 무장시키고 동시에 군량, 무기 등을 지원함으로써 정신적, 경제적 후원자의 역할을 동시에 수행해야 했다. 좌도 의병의 성격적 특징을 살피기 위해서는 향민들과 일체감을 유지하며 유대를 이끌어낸 의병지도층의 실상을 파악하는 일이 필요하다. 임란 이전부터 시행되었던 향촌의 향약, 유향소, 향교, 서당, 서원 등을 통해 사족들은 상호 결속을 다졌고, 향민들도 평소에 자신들을 인도하며 상호 협조체제를 유지해온 재지사족들에게 신뢰를 가지고 있었다. 의병지도층은 이러한 향촌의 기반을 토대로 의병활동을 지속할 수 있었다. 이런 배경 하에서 경상좌도 의병들은 향촌공동체의 절대적 협력과 민의 지지를 이끌어냈고 민과 함께 호흡하며 항왜 투쟁을 지속할 수 있었던 것이다. 요컨대 적의 침탈에 대항하여 의병지도층이 충군애민을 기치로 민의 협조를 구하였으나 기본적으로 의병활동이 가능했던 근저에는 재지사족들의 향촌에서의 기반 유지 및 확보와 민의 자기보존 의식이 상호 결합된 결과였음을 부정할 수는 없을 것으로 판단된다.

2. 창의의 사상·사회경제적 기반

1) 사상적 기반

임란기의 의병운동은 거주지의 군현이나 지역단위로 진행되었다. 경상우도 의병의 정신적 기반이 남명의 사상에 기인하듯이 경상좌도 의병의 정신적 기반은 퇴계학에 그 뿌리를 두고 있다. 경상우도 의병의 정신적 기반이 남명학파에 뿌리를 둔 것처럼 경상좌도 의병의 정신적 기반은 일정 부분 퇴계학파의 성리학적 철학관에서 비롯된 것으로 보인다. 물론 의병 창의의 사상적 기반은 특정학파의 도통을 찾는 일과는 관련이 없다고 여겨진다. 단지 의병의 성격에서 그것은 시대적 상황변화에 따른 현실인식과 대응자세에서 다르게 나타날 수 있을 뿐이다. 일례로, 남명의 현실정치 비판과 실천을 통한 개혁의지는 義중시 사상으로 구체화 되었는데 그것은 강건한 기질의 尙武情神으로 이어지고 군사제도에도 직접적 관심을 가졌으며 그 후학들은 임란시에 남명의 사상을 의병활동으로 실천하였다.122) 이러한 남명의 사상은 임란 시 경상우도에서 의병활동을 적극적으로 펼쳐나갈 수 있는 정신적 기반이 되었으며, 남명의 民에 대한 적극적인 인식은 재지사족과 민을 하나로 결합할 수 있는 기반이 되었다.123)

---

122) 신병주, 「남명 조식의 학풍과 남명문인의 활동」, 『남명학연구』 3, 남명학연구원, 1995 참조.

123) 김강식, 『임진왜란과 경상우도의 의병운동』, 혜안, 2001, 100~101쪽; 최효식, 『임진란기 경상좌도의 의병항쟁』, 국학자료원, 2004 각 참조.

한편, 퇴계는 남명과는 달리 비록 현실정치에서 모순이 있더라도 구법과 신법의 조화를 바탕으로 점진적으로 개선해 나갈 것이며 백성들이 이를 직접 바꿀 수 있는 주체로 보지는 않았다. 16세기 중반에 이르러 주자 성리학이 조선사회에 정착되면서[124] 퇴계는 생전에 서원의 설립을 통해 성리학적 질서와 윤리를 향촌사회에서 실현하고자 하였는데 심신을 수련하고 덕을 쌓아 민을 교화할 것을 주장하였다. 향촌공동체의 안정과 발전을 향한 퇴계의 이러한 노력은 그의 후학들에게 전수되었고 이것은 경상좌도의 재지사족들에게 향촌사회를 이끄는 하나의 지표가 되었다.

퇴계학의 학풍은 경상좌도 의병장들에게 직·간접적으로 영향을 미쳤다. 그러나 좌도 의병장들이 퇴계학의 도통을 이어나간 인물들로 특징지을 수는 없으며 다만 이들의 사상적 기반이 퇴계학에 연원한다는 의미로 보아야 할 것이다. 안동·영주·봉화 권역에는 유종개, 김해, 임흘, 김중청, 배용길 등이 있고, 대구의 서사원·전계신·손처눌 등도 퇴계의 제자인 전경창의 영향을 받은 의병장들이었으며, 이언적의 손자인 경주의 이의잠, 경산의 최문병 등도 퇴계학의 영향을 받은 인사들이었다. 또한 영천의 정세아, 정대임 등도 정몽주의 후예로서 퇴계의 제자인 정구, 조호익, 장현광과 도의 교유한 인사들로 퇴계학의 영향을 받은 의병장들이었다. 이러한 사상적 영향의 핵심은 '향촌 수호, 향민 보호, 관에 대한 후원' 등으로 요약 될 수 있을 것이다. 즉 퇴계가 '禮安鄕約'에서 강조한 愛民意識의 실천이라 할 수 있다. 여기서 향촌수호와 향민보호는 경상좌도 만의 특별한 의병정신이라 보기 어렵겠으나 관에 대한 충실한 지원이 강조된 점은 그 특징이라 할 수 있을 것이다. 안동향병 대장 金埈는 '의병의 역할은 향촌의 義士들이 향촌을 스스로 지킴으로써 향민

---

124) 손성필, 『16·17세기 조선 사회와 불교』, 동국대학교 박사학위 논문, 2013, 17쪽 참조.

들을 보호하고 충의를 다해 官을 후원함으로써 국가의 위기를 극복하는
데 그 목적이 있음'을 召募鄕兵文에서 밝혔다.125) 요컨대 퇴계학으로 이
어지는 실천철학은 임진란에 있어서 경상좌도 의병의 사상적 기반이 되
었던 것이다.

한편, 퇴계와 남명의 양문을 출입하며 경상좌도와 우도의 복합적 학
문 체계를 수립한 인물들도 있었다. 김우옹, 정구, 오운 등이 대표적이
다. 그 중 吳澐(1540~1617)은 호가 죽유이며, 본관은 고창으로서 경상우
도 함안 모곡리에서 출생하였다. 그러나 그는 경상좌도와 우도를 넘나
들며 깊은 인적 유대를 가지고 있었다. 고창오씨와 진성이씨 이황의 가
문과는 이전부터 혼맥이 형성되어 있었고 학문적 교감도 충분히 이루어
지고 있었다.126) 오운의 조부 吳彦毅가 퇴계의 4촌 누이(송암 이우의 딸)
와 혼인함으로써 경상좌도 사림과의 혼맥이 형성되었다. 오언의는 퇴계
와 남명 사이에 있었던 오해를 해소하는 노력을 기울이기도 하였다.127)
함안에서 태어난 오운은 경상우도에 살면서 19세에 조식의 제자가 되어
남명학의 학풍을 체득하였을 뿐 아니라 그의 조모의 친가인 예안의 이
황으로부터도 학문을 익힘으로써 남명학과 퇴계학을 복합적으로 수용
한 인물이었다.

오운은 퇴계의 처남인 金海의 許士廉128)의 사위가 됨으로써 퇴계와는
혼인을 통한 이중적 인맥이 형성되었다. 오운은 임란 때에 경상좌도의

---

125) 이숙량,『매암문집』임진년 6월 11일조「論告列邑士民文」
126) 설석규,「16세기 영남사림의 분화와 오운의 역할」,『죽유 오운의 삶과 학문세
계』, 역락, 2007, 138~139쪽.
127)『퇴계서집성』59세 편, 答黃中擧 "曹楗仲之言 頃因碧梧翁示以所得盛書 書末
言及故略之 又吳仁遠在京見曹 以書喩及其言 亦與來示同之 所云諸公之責滉
果似然矣"
128) 허사렴의 아버지 허찬은 김해지역의 대지주로서 퇴계의 장인이자 곽재우의
외삼촌이었다. 따라서 퇴계는 경상우도 김해지역과의 혼맥으로 처변을 통해
많은 재산을 상속받았을 것으로 판단된다.

영주와 예천 등지에서도 농장을 통해 군량을 조달하는 등 좌도와 우도
의 사림들과의 폭넓은 교유관계를 통해 많은 활동을 할 수 있었다. 특히
오운은 牧使를 지낸 연로한 관리였음에도 경상우도 의병장 곽재우를 도
우는 소모관의 직책을 자원하며 의병활동 지원에 나섰다. 이처럼 퇴계
학과 남명학으로 대별되는 경상좌도와 우도 의병의 사상적 기반은 학맥
및 혼인관계를 통해 복합적으로 나타나기도 하였다.[129]

2) 사회·경제적 기반

임진왜란 이전부터 경상도의 재지사족들은 학연, 통혼 등을 통하여
연대를 구축하고 향촌공동체를 운영해왔다. 임란 당시에 경상좌도의 의
병장들은 향리의 재지사족과 농민, 가노와 전호 등을 의병으로 소모하
고 군량을 조달함에 있어서 향촌자치조직을 활용하였다. 사족들의 향촌
조직은 향약의 보급, 유향소의 이용, 그리고 서당 및 서원을 통해 상호
의견을 교환함으로써 재지사족간의 결속을 다질 수 있었다. 또한 향촌
조직의 운영에 있어서 각 지역에서 실시한 향약과 촌계, 동계 등을 통한
자치규약은 민의 지지를 얻어내는 기반이 되었다.

재지사족의 향촌 지배의 방향은 재지사족의 결속과 하층민의 지배에
있었으며, 특히 하층민의 노동력의 확보는 사족들에게 중요한 과제였
다. 재지사족들은 자치조직을 통하여 향민들과의 유대를 강화하는 한편
통제력을 행사함으로써 향권을 장악하였다. 임란 이전부터 재지사족들
은 애민의식을 가지고 향촌사회의 구성원인 농민들에 대한 수탈을 자제
하고 농민의 안정화에 주력하였다. 이러한 향촌운영책의 일환으로 기층
민을 위한 촌계와 동계를 운영하였다.[130] 동계는 사족간의 유대강화와
하층민에 대한 재생산 기반을 확보하기 위한 방안이었다.

---

129) 설석규, 앞의 책, 역락, 2007 참조.
130) 김강식, 『임진왜란과 경상우도의 의병운동』, 혜안, 2001, 119쪽.

의병 구성원 중 상층부는 주로 재지사족들로 구성되어 있었으므로 서원, 향교 등을 통해 의병활동의 인적·물적 자원을 확보하였고, 의병의 하층부는 상민, 농민, 노비층으로 이들에게서 의병활동에 필요한 자원을 충당하는 데는 주로 동계가 그 기반이 되었다. 이들 하층부의 의병 참여의 동기에는 신분해방의 측면도 고려될 수 있다.[131] 이 같은 사족들의 강력한 향촌지배력은 임란을 당하여 곧 창의할 수 있는 토대가 된 것이다. 임란기에 경상좌도 의병은 특히 퇴계학맥을 통한 문인들의 호응을 기반으로 하여 노비와 거주지의 향민들을 의병으로 모병하여 의병활동을 주도해 나갔다. 퇴계는 향촌자치를 위한 향약의 실시를 강조하였는데, 예안향약은 퇴계의 향민보호정책이 반영된 것으로서 여씨향약 중 과실상규 부분을 가족제도를 위주로 향촌에 시행하고자 한 것이다. 그 내용을 보면, 효제충신과 예의염치를 바탕으로 향민들이 수신제가할 수 있도록 지도하고 향당의 합의에 의해 향민 상호간 화합할 수 있도록 유도하였다. 그뿐 아니라 患難相恤을 강조함으로써 농민의 유리를 방지하고자 하였다.

퇴계의 향약은 향민을 상대로 직접적인 교화를 실시하기 보다는 사족들의 수기치인을 통해 하층민을 교화함으로써 향촌사회의 안정을 기하고자 하는 방안이었다.[132] 요컨대 사족들의 유교적 생활규범의 확립, 관권에 대한 시비의 엄금, 하층민에 대한 무단적 행위의 규제를 주요내

---

131) 김강식, 위의 책, 163쪽.
132) 이에 비하여 율곡은 향약의 시행에 있어서 '先養民, 後敎民'을 주장하였다. 민의 부담 중 가장 컸던 공물과 군역의 폐단 방지책으로 중간 관리의 배제와 지역 통합을 통해 민의 부담을 경감하고자 했다. 율곡은 퇴계와는 달리 하층민을 지배와 교화의 직접적인 대상으로 파악하여 엄격한 신분질서를 확립하고자 하였다. 율곡의 '서원향약'은 향약을 향민에게 직접 실시하는 것을 주요 골자로 하였고 그 지역 수령이 중심이 되어 실시할 것을 주장하였다. 오환일, 「율곡의 향약관과 사회계약속의 성격」, 『중대사론』 6, 2001; 김강식, 위의 책, 106~107쪽 각 참조.

용으로 한다고 할 수 있다. 여기서 '관권에 대한 시비의 엄금'은 경상좌도 의병의 특징 중의 하나로서 의병-관군의 연합과 협조의 토대가 되는 항목이라 할 수 있다.

임란 전의 경상도의 재지사족들은 상경종사하면서 노비와 전답을 증식해갔고, 게다가 부변·모변 및 처변 등의 균분상속제로 인하여 거주지 읍을 중심으로 광범위한 전답을 소유하였다. 이러한 여건 하에서 의병 창의의 기반이 되는 인적·물적 자원은 대지주인 사족들이 향촌공동체를 위한 향약류의 시행을 통해 향민의 노동력을 확보할 수 있었다. 이것은 지주제의 발달과 상관성이 있다.

경상좌도의 재지사족들은 지주로서 많은 노비와 전답을 가지고 있었으며 이러한 경제력을 바탕으로 의병의 소모와 군량 조달이 가능하였다. 사족들이 거느린 가동과 전호들은 지주와의 결속관계로 인하여 의병 창의에 쉽게 모병 될 수 있었다. 경상우도의 의병장 곽재우는 난의 초기에 그의 매형 허언심의 넉넉한 경제력과 소모관으로 활동했던 전 목사 오운의 물적 지원에[133] 힘입어 창의할 수 있었다. 이때 오운 가문의 토지 소유의 규모는 54석 18두락지였는데 실제로는 이보다 많은 1,300여 마지기로 추정된다.[134] 경상좌도에서도 임란 전후 재지사족들의 일반적인 토지 소유 규모가 오운과 비슷한 정도였다.

---

133) 오운은 처음 곽재우를 도와 경상우도에서 의병활동에 가담하여 많은 군사를 모병하고 군량을 조달하였다. 충주목사, 광주목사 등을 역임하고 경상좌도의 영주(당시 지명은 榮川) 栗溪에서 만년을 보내다가 생을 마감하였다. 오운의 사승관계와 교우관계의 폭은 매우 넓은 편이었다. 남명, 퇴계의 양문을 출입하며 학문과 사상을 전수받음으로써 강좌학파와 강우학파의 융합을 이룰 수 있었다. 그는 퇴계, 남명, 곽재우, 김성일 등과 학맥 및 혼맥을 가지고 있었고, 유성룡, 정구 등과는 사우관계로 학문적 유대를 가졌다. 그는 경상좌도와 우도의 사족들과 연결된 중첩적 네트워크를 통해 복합적인 학문체계를 수립하는 계기를 만들었다. 저서로는 『東史纂要』가 있다.
134) 김강식, 위의 책, 116쪽 참조.

안동향병을 창기한 예안의 김해의 경우에도 많은 재산을 보유하였다. 김해의 의병활동의 경제적 기반이 된 그의 상속된 재산을 파악해보면, 광산김씨 가문에 학문적 기반을 놓았던 그의 조부인 金緣(1487~1544, 문과, 관찰사 역임) 대부터 처변·모변 등의 재산을 받음으로써 집안의 가산이 넉넉하였으며, 김해는 그의 양부 김부필과 생부 김부의가 이미 처가 쪽에서 많은 재산을 상속받은 데다 양부와 생부의 재산까지 모두 상속함으로써 그의 경제력은 화회분재기를 통하여 추산할 때, 소유한 노비가 236명 이상이며 전답은 모두 1,000여 두락(마지기)에 달했던 것으로 보인다. 임란 전후의 김해의 노비와 전답의 보유현황은 1601년 그의 아들 김광계 남매의 분재기를 통해 알 수 있는데 아래의 <표 6>과 같다.

〈표 6〉 김광계 남매 1차 분재 현황[135]

재산항목 분재자	奴婢			田畓		
	新奴婢	例得秩	계	畓	田	기타
長女 朴檜茂妻	(8)	(9)	(17)	?	?	
次女 柳崇妻	8	9	17	?	?	
長子 光繼	8	10	17	54斗落이상과 27卜6束	48斗落	奉祀條 토지와 노비가 있었을 것임
次子 光實	8	9	17	39斗落	43斗落과 30卜3束	
次子 光輔	8	11	19	66斗落	41斗落과 26卜	집 1채
季女 李時明妻	8	9	17	65斗落과 30卜3束	32斗落	瓦家 1채와 代田
季子	8	10	18	72斗落과 26卜4束	3斗落	
庶母	奴 1名		1명	10斗落	26斗落	집 2채와 代田
계	48	58	107 (124)	306斗落 이상과 84卜	233斗落과 56卜 3束	

---

135) 정구복, 『고문서와 양반사회』, 일조각, 2002, 84쪽을 인용하였다.

제3장

개전 초기 관군의 대응과 의병의 봉기

　앞서 살핀 바와 같이 개전 초기의 조선관군은 군사의 수, 무기와 전략 전술의 차이로 인하여 일본군을 맞아 고전하였으며 부산진 첨사 정발과 동래 부사 송상현의 항전에도 불구하고 적의 공격을 막아낼 수 없었다. 그러나 조선 관군의 대응은 시차적인 간격에 따라 부산에서 양산, 밀양에 이르기까지 지속적인 항전이 전개되었다. 즉 조정의 『임란일기』나 이탁영의 『정만록』에 의하면, 진주에 주재하던 경상감사 김수가 즉시 동원령을 내렸고, 좌병사 이각과 밀양부사 박진, 경주 판관 박의장 등이 신속히 병력을 소집하여 동래성으로 출동한 사실에서 임란초기에 조선의 전체적인 보고체계는 적절히 이루어졌으며 초기의 군사동원 체제도 정상적으로 작동되었다.[136] 다만 일부 師臣들의 도피와 전술의 미흡에서 패전의 요인을 찾을 수 있을 것이다.

　한편 경상좌도의 각 지역에서는 일본군의 점령하에서도 관군과의 연합을 도모하여 의병활동을 전개함으로써 향토 수호와 적의 보급선 및 통신망의 가동을 저지하려는 노력이 이어졌다. 또한 임란 전부터 전쟁 발발의 가능성을 인식한 일부 경상좌도의 사족과 지식인들은 빈번하게 詩會, 講武會 등의 회합을 가졌는데 이는 전쟁에 대한 대비를 해온 것이었다. 이처럼 경상좌도의 사족과 지식인들이 가졌던 일본 침입 시를 대비한 자체방어 목적의 결의 모임들이 대체로 생활권을 중심으로 편제된 진관체제에 따라 이루어졌다. 그리고 실제로 임진왜란이 발발 하였을 때 의병활동의 전개 또한 각 진관의 구역에 따라 이루어진 점을 고려할 때 경상좌도의 의병활동은 각 진관별로 나누어 고찰할 필요가 있다고 판단된다.

---

136) 노영구, 「임진왜란 초기 양상에 대한 기존 인식의 재검토」, 『한국문화』 31, 172~173쪽.

  조선시대의 진관체제는 경상좌도에서는 크게 경상좌도의 상도지역을 포괄하는 안동진, 동남해안을 포괄하는 경주진, 낙동강 중류 중심의 대구진으로 나누어 유사시에 대비해왔다. 진관체제의 특징은 군사 방어조직이 생활권역을 중심으로 편제되었다는 점이다. 경상좌도에서는 각 지역의 의병들이 학연, 혈연을 따라 의병을 조직하거나 활동을 전개한 경우도 있으나 대체로는 각 진관의 권역내에서 생활권 위주로 의병연합활동의 상호연계성이 이루어지고 있음을 볼 수 있다. 따라서 여기에서는 임란 개전 초기와 이후 조선에 상륙한 일본군의 이동상황 및 명군의 참전에 따른 상황의 변화에 따라 전개된 관군의 대응과 경상좌도 의병들의 활동을 시기별, 지역별로 살펴보고자 한다. 그것은 경상좌도의 각 진을 중심으로 권역별 구분하여 그 활동상을 살피는 것이 합리적이며 타당하다고 여겨지기 때문이다. 그래서 구체적으로는 지역별로 크게 3분하여 경상좌도 북부지역의 안동진과 중부내륙지역의 대구진, 그리고 동남지역의 경주진으로 나누어 안동진 권역에서는 봉화, 안동을 중심으로 살피고, 대구진 권역에서는 대구, 경산, 청도, 자인을 중심으로 살피며, 경주진 권역에서는 영천, 경주와 울산 의병에 대하여 고찰하고자 한다. 구체적으로는 안동진 권역의 의병활동은 좌도 북부지역에서 이른 시기에 창의하여 활동을 해오던 유종개가 일본군의 경상좌도 내륙지방 진입에 대항한 봉화 소천 전투를 중심으로 살펴보고, 이어서 안동권역의 향병으로서 경상좌도 북부 및 중부권역까지도 포괄한 예안 출신 김해를 중심으로 한 「안동열읍향병」의 활동을 살필 것이다. 그리고 대구진 권역의 의병활동은 대구를 중심으로 공산의진군 활동, 해안현 최동보 등 최씨일가의 의병활동 및 수성현·하빈현의 소규모 의병활동과 화원현의 우배선의 활동을 살펴보고, 대구 인접 지역인 경산의 최문병과 청도의 박경전의 의병활동을 살필 것이다. 또한 경주진 권역의 의병활동으로는 영천성 탈환과 경주성 복성전투를 중심으로 고찰하고자 한다.

아울러 경상좌도 동남해안의 의병활동으로 영일·울산 의병의 활동을 살펴보고자 한다. 임란 발발 시부터 임란이 끝날 때까지 일본군에 항전한 울산의병을 중심으로 하되 울산과 경주에 걸쳐서 의병활동을 전개한 柳汀과 전직 무관출신으로 울산지역을 사수하는데 크게 기여한 金太虛, 그리고 김태허와 함께 임란초기의 경상좌도 울산과 남부지역 의병활동을 지원한 항왜출신 김충선의 활동도 함께 고찰하고자 한다.

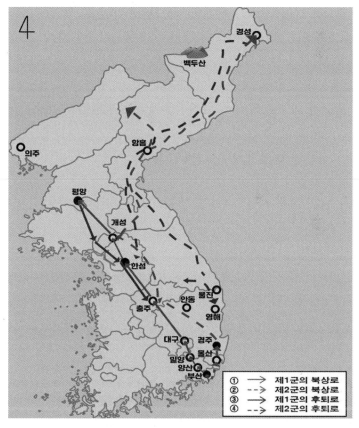

〈그림 3〉 일본군 이동 상황(1592. 4~1592. 12)

제1절 관군의 응전과 그 한계

임란초기 일본군의 기습적 공격에 대하여 관군부재였다는 관군의 대응에 대한 부정적인 시각이 없지 않았다. 이러한 인식은 임진왜란을 국난극복사의 관점에서 고찰함으로써 의병활동이 강조된 나머지 조선 관군의 방어활동에 대하여 충분한 검토가 이루어지지 않았던 데에 기인하였던 것으로 판단된다. 개전 초기의 조선 관군은 정상적인 군사동원체제와 보고체제를 유지하여 적절히 대응하였으나 일부 장수들의 도피와 전술의 미흡으로 패전하였다. 즉 개전 초기 관군의 활동에 대하여는 일본군의 군사력과 무기 및 전술상의 우세를 극복하려던 조선관군의 대응에 그 한계가 있었다고 보는 것이 타당할 것으로 여겨진다. 개전 초기의 조선 관군의 대응 상황과 그 문제점을 살펴보면 다음과 같다.

1. 첨사 鄭撥과 부사 宋象賢의 대응

먼저 임란 직후의 일본군과 조선군의 전투상황을 살펴보면, 임진년(1592) 4월 13일 아침 일본군 제1대 대장 고니시 유키나가(小西行長)와 부장 소 요시토시(宗義智)는 대마도 대포항에서 출발하여 그날 오후 6시경 약 700여 척의 배를 타고 군사 1만 8천 700명으로 부산 앞바다에 이르렀다. 적장 소 요시토시는 절영도 앞바다에 배를 임시 정박케 하고 일몰 후에 부산진성[137]을 정찰한 결과 경계가 삼엄함을 확인하였고, 다음날 아침을 기하여 부산진성을 일제히 공격하기로 하였다. 4월 14일 이른 아침에 안개가 짙은 틈을 이용하여 일본군은 우암동 방면에서 부산

---

137) 오늘날의 부산시 동구 좌천동으로 추정된다. 『신증동국여지승람』 관방조에는 '둘레 1,689자 높이 13자의 견고한 성으로 해수가 남문 부근까지 와 닿았다.'라고 기록되어 있다.

진성 쪽으로 상륙하여 조선군의 수비상황을 점검하며 접근하였다. 전날 부산진 첨사 정발은 부산진성에서 병선 9척을 이끌고 절영도에 군사훈련차 나가 있었다. 정발은 4월 14일 아침 이른 시간에 절영도에서 일본군의 무수한 배의 움직임을 발견하고 통상적인 일본 배가 아님을 확인하고 즉각 사태가 위중함을 인식하였다.

급히 부산진성으로 회귀하여 전투태세에 돌입하고 성내의 약 1천 명의 군관민에게 일본군 침입 사실을 알리고 성내를 이탈하지 말고 적군과 대항하여 싸울 것을 명령하였다. 고니시군이 부산진성을 겹겹이 포위하고 첨사 정발에게 항복을 권유하는 서신을 보내었으나 정발은 거절하며 검은 갑옷을 착용하고 성 안의 군사들을 독려하며 항전하였다. 그러나 병사의 수가 절대 열세인 아군은 세 군데에서 공격해오는 적군을 막아내지 못한 채 성은 함락되고 정발을 포함한 대다수가 전사하였다. 부산진성을 함락한 적군은 소수 병력을 남긴 채 낙동강 하구 쪽의 다대포진과 동래 사하지역의 서평포로 공격해 들어왔다. 다대포 첨사 윤흥신과 서평포의 군사들도 거의 전사하였다.

이어서 고니시군은 이튿날 동래성을 공격하였다. 4월 15일 일본군 주력군은 오전 8시경 제1진이 동래성에 이르렀고 경상좌병사 이각은 동래성에 들어와 양산군수 조영규에게 적을 공격하라고 명령하였다. 군사 수백 명을 거느리고 동래성 주변을 탐색한 조영규는 적의 군사가 너무 많아서 감당할 수 없음을 보고하였다. 적의 대군에 겁을 먹은 좌병사 이각은 동래부사 송상현에게 "부사는 이 성을 지키시오. 나는 뒤에 가서 원병을 보내겠소"라고 말하고 성문을 나가 북쪽에 있는 소산역으로 도주하였다. 일본군은 성주인 송상현에게 '싸우려면 싸우되 싸우지 않으려면 길을 비켜달라'는 패목을 남문밖에 세워 항복을 권유하였으나 송상현은 이를 거부하고 '싸워서 죽기는 쉬워도 길을 빌려주기는 어렵다'는 팻말을 적에게 전했다. 이어서 조방장 홍윤관, 양산군수 조영규, 울산군수 이언성, 군관 송봉수, 김희수, 교수 노개방 등과 성내의 군관민을 독려하며 공방전을 전개하였으나 역부족으로 장열하게 전사하였다.[138]

이어서 일본군은 북진하여 소산역으로 공격해왔다. 이때 밀양부사 박진은 경상감사 김수의 군사동원령에 의하여 부산진성과 동래성을 함락한 일본군과의 전투를 벌이기 위해 밀양의 병력을 이끌고 동래부성의 북쪽 20리에 위치한 소산역[139]으로 갔다. 동래성 전투를 포기하고 도주해 온 경상좌병사 이각의 군사와 합류하여 소산역에서 박진이 500명의 군사로 적의 전면에 나서고 이각의 군사는 후방에서 박진의 군을 후원하면서 일본군의 공격을 방어하기로 하였다. 그러나 이각이 전투의지를 잃고 언양으로 후퇴하는 바람에 박진의 군사 또한 밀양부로 퇴각해 버렸다. 소산역에서 퇴각한 박진은 4월 16일 군사를 재정비하여 황산에 군사들을 배치하고 黃山棧道[140]에서 일본군의 공격을 막아내려 했으나 패하였고 이어서 작원관 전투에서도 패배함으로써 작원관을 통과한 일본군은 4월 18일에 밀양부[141]를 점령함과 동시에 주둔군을 남긴 채 청

138) 이형석, 『임진전란사』 상권, 임진전란사간행위원회, 1994, 234~244쪽을 참조하였다.
139) 소산역은 동래부의 휴산역에서 약 20여 리 떨어진 역으로서 오늘날의 부산시 금정구 선두구동 하정마을이 있는 곳이다. 조선시대에는 黃山道에 속하여 영남대로의 종착역인 휴산역과 낙동강 하구의 양산을 잇는 중간 지점에 있었다. 여기에서 약 30여 리 북상하면 양산의 황산역에 이른다. 임란초기 북상하던 일본군은 소산역을 점령한 다음 선발대를 황산역으로 파견하여 황산역의 상황을 살핀 후 황산잔도로 공격을 개시하였다.
140) 오늘날의 양산시 물금읍에 위치했던 황산역은 그 산하에 16개역을 관할하는 경상도 남부의 큰 역이었다. 황산잔도는 황산역에서 낙동강을 끼고 양산 원동 및 밀양 삼랑진의 작원관에 이르는 좁은 벼랑길이었으며, 물금에서 원동에 이르는 오봉산과 그 아래의 낙동강 사이의 험산의 바위를 깎아 잔돌과 나무로 길을 낸 소로로서 영남대로 중 가장 험로였다. 산 아래의 강물을 끼고 거슬러 올라가면 약 20km의 위쪽지점에 작원관이 위치하였다. 오늘날은 경부선 철로가 놓여 있고 낙동강 쪽으로 부교를 설치하여 도보를 설치해두고 있다.

도-대구로 북상했다. 이 당시 박진은 작원관 전투에서 패배하기는 하였으나 적군과의 치열한 교전으로 인하여 적의 진격을 2-3일 지연시키는 효과를 가져왔다. 조정에서는 고군분투한 전공[142]을 높이 평가하여 박진을 경상좌병사로 임명하였다.

한편 임진년 4월 말경부터 경상좌도의 영주, 안동지역에는 일본군 가토오 기요마사 부대가 안동을 거쳐서 죽령을 넘으려고 시도하였다. 이때 안동에서 풍산으로 진입하려던 일본군이 안동의 投石軍에게 일시 저지당하자[143] 예천의 다인으로 우회하였다. 이로써 죽령을 넘어 북상하려던 일본군의 진로는 바뀌게 되었고 안동과 영주권 지역민들은 적의 침입으로부터 일단 피할 수 있게 되었다. 경상좌도 북부지역이 일본군의 직접적인 침탈의 화를 면하였는데 이 당시 안동의 투석군은 주목된다.

2. 좌병사 朴晉의 군사 활동

박진(1560~1597)은 세종대에 김종서의 종사관을 역임하고 평안도 판관을 지낸 청재 박심문의 5대손이다.[144] 박심문은 성삼문 등과 함께 단

---

141) 이 무렵 후퇴한 박진은 일본군이 밀양부를 점령하기 전에 관내의 각종 시설과 군기고 및 군량 창고를 불태우고 성을 탈출하여 영산 방면으로 퇴각하였다.
142) 『선조실록』 권27, 선조 25년 6월 병진조. 그러나 한편 작원관 전투에서의 박진의 동향에 대해 부정적인 평가도 없지 않다. 경상우도 방어사 조준의 종사관이었던 李睟光은 박진이 '밀양부사로서 일본군의 북상 소식을 듣고 도망할 생각으로 황산잔도에서 적을 막겠다고 핑계를 대고는 밀양성을 포기하고 도주하였다'고 평하면서, 영남사람들이 밀양의 방어만을 믿고 있었는데 젊은 武夫가 국가의 은혜를 저버리고 성을 버렸으니 주살해야 마땅하다고 하였다. 이에 대해서는 김진수, 「임진왜란기 박진의 군사 활동과 평가」, 『한국사학보』 60, 2015, 251쪽 참조.
143) 노영구, 「임진왜란 초기 봉화 소천 전투의 전개와 전쟁사적 의미」, 『영남학』 62, 2017, 385~386쪽; 이호준, 「임진왜란 초기 조선의 군사체제 연구」, 국방대학교 석사학위논문, 2009 각 참조.
144) 『밀성박씨청재공파세보』 상권 46쪽 참조. 지금까지 임란 당시 경상좌병사였

종 복위운동을 도모한 바 있었다. 박진의 아버지 박인수는 중종때 무과 별시에 급제하여 경상병사를 역임하였으며, 박진 또한 선조 17년(1584) 별시무과에 급제한 후 1589년 병조판서 심수경의 천거로 등용되어 훈련 부정을 거쳐 33세에 밀양부사로 재직하면서 임진왜란을 맞았다.

대체로 박진의 군사 활동은 밀양부사로 있었던 임란 직후와 경상좌 병사로 보임 받은 이후 시기의 활동으로 나누어 볼 수 있겠는데, 개전초 기의 무너졌던 경상좌도 지역의 군사력을 수습하고 좌도의 여러 지역을 수복하는데 기여한 점을 들 수 있을 것이다. 그는 개전초기 밀양부사로 서 경상감사 김수의 군사동원령에 의하여 부산진성과 동래성을 함락한 일본군과의 전투를 위해 밀양의 병력을 이끌고 동래부성의 북쪽 20리에 위치한 소산역에서 경상좌병사 이각의 군사와 합류하였다. 당시 소산역 에서는 박진이 500명의 군사들로 적의 전면에 나서고 이각의 군사는 후 방에서 박진의 군을 후원하면서 일본군의 공격을 방어하기로 하였다. 그러나 이각이 일본군의 위세에 눌려 전투의지를 잃고 언양으로 후퇴하 는 바람에 박진의 군사 또한 밀양부로 퇴각하였다. 소산역에서 퇴각한 박진은 4월 16일 군사를 재정비하여 양산과 밀양의 중간 지점인 작원관 부근에 군사를 배치하고 먼저 황산잔도에서 일본군의 공격을 막아내려 했다.

작원관에서 약 50여 리 남쪽에 위치한 黃山棧道는 영남대로로 북상하 는 일본군이 반드시 거쳐야 하는 요충지로서 아래로는 낙동강이 내려다 보이는 산 중허리에 바위를 깎고 돌을 쌓아 만든 좁은 벼랑길이었다. 따

던 박진에 대한 연구는 김강식의 「임진왜란 시기 밀양지역의 의병항쟁과 의 미」, 『부대사학』 28, 29(2005)와 김진수의 「임진왜란 초기 경상좌도 조선군의 대응양상에 대한 검토」, 『군사』 84 (2012)에서 각각 다룬 바 있었다. 그 후 김 진수는 「임진왜란기 박진의 군사 활동과 평가」, 『한국사학보』 60 (2015)를 통 하여 박진의 가계부터 그의 개전초기 및 1597년 사망하기까지의 전투활동에 대하여 전반적인 연구결과를 내놓았다. 본 연구에서는 위 김진수의 연구 성과 를 참고로 하여 박진의 활동을 살폈다.

라서 일본군의 많은 병력이 한꺼번에 통과하기 어려운 험한 곳이었다. 이처럼 강과 접하는 산 아래에 험한 소로를 둔 것은 조선시대에 민간인과 왜의 상인 및 사절을 통제하기 위한 검문·검색의 용이점 등을 고려한 국방 목적이 있었던 것으로 생각된다.

황산잔도에서 박진은 지리적 이점을 이용해 적 공격을 방어할 계획 하에 아군을 투입하였다. 그런데 이때 일본군의 선봉이 박진의 군에게 막혀 진군이 되지 않자 주력부대는 황산잔도를 우회하여 금병산 위로 올라가 아래의 박진 군사들을 공격함으로써 박진의 부대는 결국 패배하여 퇴각하였다. 그 후 양산과 밀양의 중간 지점인 작원관에서 다시 방어전을 펼쳤으나 역부족으로 적의 진격을 막지 못하였다. 이로써 작원관을 통과한 일본군은 4월 18일에 밀양부145)를 점령하였고 주둔군을 남긴 채 청도-대구로 북상했다.

당시 박진은 작원관 전투에서 패배하기는 하였으나 적군과의 교전으로 인하여 적의 진격을 2~3일 지연시키는 효과를 가져왔다. 이 과정에 좌병사 이각, 좌수사 박홍 등이 도주한 상황에서 박진의 고군분투한 전공146)을 높이 평가한 조정에서는 그를 경상좌병사로 임명하였다. 박진의 좌병사 임명에는 선전관 민종신이 선조에게 올린 보고가 중요한 역할을 한 것으로 보인다. 민종신은 "당초 접전한 곳은 김해, 상주, 밀양, 충주뿐인데 이각과 유숭인이 박진을 도와주었다면 절대로 패하지 않았

---

145) 이 무렵 후퇴한 박진은 일본군이 밀양부를 점령하기 전에 관내의 각종 시설과 군기고 및 군량창고를 불태우고 성을 탈출하여 영산 방면으로 퇴각하였다.

146) 『선조실록』 권27, 선조 25년 6월 병진조. 그러나 한편 작원관 전투에서의 박진의 동향에 대해 부정적인 평가도 없지 않다. 경상우도 방어사 조준의 종사관인 이수광은 박진이 '밀양부사로서 일본군의 북상 소식을 듣고 도망할 생각으로 황산잔도에서 적을 막겠다고 핑계를 대고는 밀양성을 포기하고 도주하였다'고 평하면서, 영남사람들이 밀양의 방어만을 믿고 있었는데 젊은 무부가 국가의 은혜를 저버리고 성을 버렸으니 주살해야 마땅하다고 하였다. 김진수, 「임진왜란기 박진의 군사 활동과 평가」, 『한국사학보』 60, 2015, 251쪽.

을 것입니다."147)라는 보고였다.

이에 대해 선조는 "瑨(박진)이 죽는다면 의사가 아니다. 영남에 진이 없다면 국가가 보전될 수 없는데 … 어찌 초야에서 죽어서야 되겠는가?"라고 한 것으로 보아 박진을 경상좌병사로 중용하여 무너진 경상좌도의 군사 지휘체계를 바로 잡고 일본군에 대한 반격을 개시하여 좌도를 안정시키려는 뜻으로 보여진다.148) 그 이전에 박진은 밀양부사로서 소산역과 작원관의 전투에 패전하고 도주한데 대하여 경상감사 김수로부터 책임을 추궁 당하자 김수에게 '목숨을 걸고 적을 방어하겠다'는 맹세로 구명을 받았고, 김수를 따라 근왕군에 합류하여 충청도 온양에 이르렀을 때 좌병사의 임명을 받게 되었다. 이 과정에서 김수는 선조에게 "박진이 비록 패하였으나 충의심으로 용맹분투하고 있다."는 장계를 올림으로써 국왕을 비롯한 조정대신들의 신임을 얻는 계기가 된 것으로 보아진다. 좌병사로 임명받은 박진은 김수의 수행을 마치자 개전 초기의 무너진 지휘체계를 확립하고 혼신을 다해 그의 능력을 발휘하였다.

6월 15일경 군관 이시언 등 30여 명과 함께 경상우도의 고령으로부터 밤에 낙동강을 건너 경상좌도로 들어갔다. 먼저 일본군을 반격하기 위해 안동으로 들어가 안동진관 관내의 각 수령들에게 군사들을 수습하여 복병을 배치할 것을 하명하였다.149) 박진은 6월 19일경에는 대구부사 윤현에게 군사를 이끌고 좌병사의 군진에 합류할 것을 통보하였다가 그 다음날 경산에서 매복한 일본군의 기습을 받아 퇴각함으로써 대구의 군사를 인수하지 못하였다. 이 후 경산을 거쳐 신녕에 도착한 다음 안동이 함락된 소식을 듣고 전직 군관이자 무과의 동방급제자인 신녕 출신 권

---

147)『선조실록』권26, 선조 25년 5월 6일(기축) 조.
148) 김진수, 「임진왜란기 박진의 군사 활동과 평가」,『한국사학보』60, 2015, 253쪽.
149) 이때 경상좌도에서는 적에게 차단되어 각 수령들은 박진이 좌병사로 부임한 사실을 알지 못했고 박진의 전령이 허위인 것으로 오인하기도 했다. 영해부사 한효순이 직접 박진을 만난 후에 부임 사실을 확인할 수 있었다.

응수를 조전장으로 삼아 7월 5일에는 청송 진보에 당도하였다. 따라서 박진이 경상좌병사로 부임한 이래 경상좌도 중부지역의 관군을 수습하려던 계획은 쉽게 이룰 수가 없었다. 이런 사실로 볼 때 좌병사 부임 초기에는 경상좌도를 회복하기 위한 박진의 노력이 좌도민들에게 제대로 인식되지 못한 상황이었음을 알 수 있다.

한편, 개전초기 일본군의 치하에서 혼란을 겪은 좌도의 재지사족들은 향촌을 방어하는 소극적인 의병활동을 펼쳐나가다가 차츰 각 지역 의병 간의 연합활동을 추진해나갔다. 이 시기에는 의병들이나 민들은 관군에 대하여 도피자들이라는 인식을 갖고 있었기 때문에 좌병사 박진의 군사활동을 진지하게 받아들이지 않는 실정이었다. 게다가 임란초기 도주하였던 전임 좌병사 李珏이 印信을 잃어버렸기 때문에 새로 부임한 좌병사 박진이 傳令을 보내어도 적의 점령치하에 들어가 있던 좌도의 다수의 사족이나 의병들은 박진의 군사수습활동에 따른 전령을 잘못 전달된 것으로 오인하기도 하였다.150) 영해부사 韓孝純이 청송에 있던 박진을 직접 만나 확인한 후에야 비로소 좌병사 박진의 움직임과 하명사실을 알게 되었다. 그런 후에야 박진은 청송, 진보 등지에서 흩어진 관군들을

---

150) 최문병, 『성재선생실기』, 「年譜」 임진년 8월 20일조에 "兵史朴晉之來過慶山 也 錯認爲賊獎率軍伍馳圍三匝 兵史使從事李擢英書請見 乃知兵史之行數語 相傳一席酬酌 精忠自露凜凜有向賊意 兵史嘉之曰 君之軍容兵勢伽賊不摧前 日克捷之事 曾有所艶聞不圖今日得見將軍 兵史卽馳 啓'라고 기록한 것으로 보아, 이 무렵에 좌병사 박진이 좌도의 흩어진 군사를 수습하면서 각 지역을 순회하고 있었음을 알 수 있다. 한편 박진의 군사를 세 겹으로 포위했던 자인 의병장 최문병은 영천성 전투에 참여하는 등 영천, 청도, 경산, 경주지역 의병 진들과 연합전선을 구축하여 의병 활동을 전개하고 있었다. 이와 같은 정황으로 볼 때, 이 시기까지 박진은 경상좌도의 중부이남에서 활동하고 있던 군소 의병장들과의 소통은 미흡했던 것으로 보인다. 여기에 보이는 좌병사 박진의 종사 이탁영은 『정만록』의 기록자인데, 본래 경상감영의 영리로서 임란초기에 경상감사 김수를 수행하다가 김수의 체직으로 이 당시에는 좌병사 박진을 수행한 것으로 보인다.

모아 안동부에 이르렀고 이때 영주에 있던 안집사 김륵과 만나 안동부
의 일본군을 몰아내기 위한 전략을 수립하였다. 그리고 치열한 전투 끝
에 안동부의 일본군을 몰아내었으며 7월 19일에 김륵으로부터 안동진
의 軍政을 인수받았다.[151] 안동부에서 물러났던 일본군은 풍산현 구담
으로 이동하여 약 10여 일간 갖은 약탈을 일삼았다.

안동부의 재침략을 시도하던 일본군을 박진은 정예병들을 배치하고
포를 쏘아 막아내는 한편 강원도에서 남하하던 일본군에 대비하였다.
이로써 안동부 관내의 민심을 수습함으로써 경상좌도 북부지역의 군사
지휘체계를 확립하는 한편 조선군의 전투양상을 지역 단위의 방어에서
전면적이고 조직적인 반격으로 전환할 수 있었다. 경상우도와의 연락체
계도 가능하게 되어 일본군을 양면에서 협력 공격할 수 있게 되었다.[152]

전력을 재정비한 박진은 임진년 7월 하순경 좌도 의병대장 권응수를
중심으로 신녕, 영천, 하양, 자인, 의흥 등의 의병부대의 연합군으로 약
1,000여 명의 적군이 주둔하고 있던 영천성을 공격한다는 사실을 전해
들었다. 박진은 군관 변응규를 시켜 화약과 병장기를 지원하여 영천성
탈환전의 승리에 도움을 주었다.[153] 박진은 이러한 조선군의 승세를 몰
아 경주성 탈환전을 구상하였다. 그 해 8월 20일 경주 판관 박의장을 중
심으로 16개 읍의 의병 및 관군 도합 군사 10,000여 명을 동원하여 경주
성 탈환전에 나섰다. 그러나 적에 대한 정보 부족으로 언양 방면에서 지
원된 일본군에게 배후 공격을 받았고 경주성 내에 있던 일본군의 협공

---

151) 김륵, 『백암집』, 「연보」, 만력 20년 7월.
152) 김진수, 앞의 논문, 『한국사학보』 60, 257쪽.
153) 이때 영천지역 의병들은 병사 박진보다는 의병장 권응수의 지휘를 받기를 원
하였으며, 이러한 사실을 우도에 있던 초유사 김성일에게 고하면서 김성일의
지휘를 요청한 바 있었다. 이러한 당시의 상황을 미루어 볼 때 영천성 공격에
있어서 좌도의병 연합군은 좌병사 박진의 위압적인 지휘 태도를 싫어하였고
현지 사정을 잘 아는 신망 받는 의병장인 권응수를 좌도의병대장으로 지명하
였던 것으로 생각된다.

에 의하여 막대한 병력 손실을 입고 패전하였다. 이때 의병들 사이에는
병사 박진이 적을 얕보았고 무리한 작전으로 실패하였다는 여론이 있었
다.154)

그 후 박진은 재차 경주성 탈환의 기회를 노려 박의장을 중심으로
1,000여 명의 결사대를 조직하고 화포장 이장손이 개발한 비격진천뢰포
를 집중적으로 쏟아 부어 임진년 9월 8일경 마침내 경주성의 탈환에 성
공하였고 이 후 일본군은 경주에서 울산 방면으로 퇴각하였다. 이로써
언양에서 울산으로 통하는 교통로와 울산에서 부산으로 통하는 교통로
를 차단할 수 있었고 경상좌도 중남부에 주둔하던 일본군은 주요거점을
잃고 남으로 이동하지 않을 수 없었다. 국왕 선조는 이러한 박진의 공로
를 치하하며 가선대부로 승차시켜 행재소로 불러올려 부원수로 삼아 여
러 장수들을 독전케 하고자 했다. 좌병사로서의 박진의 활동이 경상좌
도를 안정케 하는 방향으로 전개되자 좌도의 의병과 민이 관과 협조체
제를 유지할 수 있는 계기가 만들어졌다.155)

계사년 4월에는 밀양의 민들이 동지중추부사로 승차한 박진을 다시
좌도의 장수로 차임시켜 주기를 청하는 소를 올리기도 하였다. 이 시기
까지의 영남에서의 박진의 군사 활동은 조정을 비롯한 경상좌도의 도민
들에게 상당히 긍정적 평가를 받은 것으로 보인다. 그러나 박진의 경상
좌병사 시절의 화려한 무공에도 불구하고 명군의 개입 이후에는 그의
무장으로서의 활동에 제동이 걸렸다. 그것은 계사년(1593) 6월 9일에 당
시의 좌도감사 한효순과 협의하여 인동의 적을 공격하였으나 적의 매복
에 걸려 실패하였고 뒤이어 다시 인동의 일본군을 포위 공격하던 중 일
본군의 탄환을 맞아 이후 활을 잡을 수 없을 만큼 건강이 나빠져 오랜

---

154) 국역 『14의사록』, 십사의사록간행소, 1993, 173쪽.
155) 물론 박진과 초유사 김성일, 그리고 의병장 권응수와의 사이에 약간의 마찰은
    있었으나 점차 해소되었고 경주성 탈환 이후에는 거의 협조체제를 이룬 것으
    로 보인다.

濕症에 시달렸기 때문이다. 그런 와중에도 조정으로부터 督捕使의 임무를 부여받아 밀양에서 명군 주둔에 따른 극심한 군량미 부족과 탈영병의 발생 등 열악한 여건 하에서도 승전하였다.[156]

　무장으로서의 상당한 무공에도 불구하고 박진에 대한 평가는 긍정적인 면과 부정적인 면이 엇갈린다. 긍정적인 평가로는 임란초기에 일본군의 점령으로 영남지방이 초토화 된 열악한 여건 속에서도 목숨을 바칠 각오로 싸웠으며, 박진의 끈질긴 투쟁으로 영남을 보전하였다는 점을 들 수 있다. 한편 부정적인 시각은 박진이 밀양부사 시절 소산역이나 작원관 전투에서 패배하였고 밀양성을 버리고 도주한 점, 그리고 경상좌병사 시절의 영남의병장들에 대한 위세가 주요 원인인 것으로 보인다. 그 배경에는 난의 초기에 일본군에게 빌붙은 문사들[157]에 대하여 좋지 않은 이미지를 가지고 있었던 데다 밀양부사에서 일약 경상좌병사가 된 후에 초유사 김성일과 군통제권의 행사를 두고도 다툼이 있었기 때문으로 보인다. 이에 대해 『선조실록』에서는

---

156) 이 후 박진은 누차 승진하여 조정의 중책을 맡기도 하였으나 명군과의 갈등을 겪기도 하였다. 계사년 12월경 무군사 호위대장으로 세자 호위 임무를 맡았다가 갑오년(1594) 2월에 경상우병사, 을미년(1595) 8월에는 전라병사를 겸직하며 전라도 지역의 방어활동에도 기여 하였다. 병신년(1596) 11월에는 황해병사 겸 황주목사로 임명되었으나 이때는 박진이 경상좌병사 시절의 부상 후유증으로 인한 극도의 건강악화로 직접적인 전투 수행이 어려워졌다. 이듬해인 정유년(1597) 3월에는 명군 장수 婁承先으로부터 구타를 당해 가슴뼈가 부러졌으며 그 후유증으로 38세의 나이에 사망하고 말았다.

157) 『선조실록』 권27, 선조 25년 6월 28일 병진조. 박진은 작원관 전투에서 패배하여 밀양으로 돌아오는 도중에 굶주려 허기를 면하려고 민가에 들어갔다가 때마침 언양의 선비 세 사람이 왜적을 영접하기 위해 성대히 상을 차려 놓은 것을 발견하였다. 그 중 1인은 전일에 학행으로 조정에 천거된 적이 있는 사람이므로 이를 본 박진은 그 즉시 3인을 처단하였으며, 이 뒤로부터는 선비를 만나면 반드시 놀리기를 "학행으로 칭송된 자가 위급할 때를 만나 이 모양이니, 그 학행이라는 것을 내가 알 만하다"라고 했다고 한다.

金誠一이 초유사가 되어 온 道의 관병을 전관하면서 진(朴晉)에게 통제
권을 행사하지 못하도록 금하려고 공문을 보내 꾸짖자, 晉이 회보하기를
"나이가 적은 武夫라서 事體를 모릅니다만 본직을 제수한 官敎를 보니 '경
상도 병마절도사로 삼는다'고 하였으니 本道의 병마를 본인이 統制해야 합
니까? 초유사가 통제해야 합니까? 반드시 이 문제를 논하여 결정한 뒤에야
일이 하나로 귀착 되겠습니다"라고 하니, 김성일이 화를 내었다. 곽재우가
의병을 일으켜 김수를 공격하려고 할 때 晉이 병사로서 좌도에 있었는데
수(金睟)와 재우에게 공문을 보내기를, "광생이 본성을 잃어 이런 불궤한
말을 한 것이니 모두 사실이 아닐 것입니다. 만약에 정말로 이와 같다면 병
사가 아무리 용렬하지만 군관 10여 명을 보내어 재우를 結縛하여 산 채로
휘하에 바치겠으니 巡相은 염려하지 마십시오."하였다. 이 때문에 본도의
선비들이 대부분 晉을 좋아하지 아니하여 단점을 헐뜯는 사람이 많았다.
그러나 그 중에 유식한 사람들은 모두 "영남에 진이 없었다면 결국 왜적의
소굴이 되었을 것이다."고 하였다. 만약 晉이 局量이 협소하여 많은 무리를
다스릴 만한 재주가 없다고 한다면 모르지만 종시에 세운 일체의 공까지
모두 허망한 것이라고 한다면 옳지 않다.[158]

라는 사관의 견해가 실려 있다. 사관의 평을 통해서 보면, 박진은 좌
병사의 보직을 받은 후 경상좌도에서의 자신의 군사지휘권을 초유사 김
성일로부터 이관 받고자 하였다. 이것은 관군 간의 권력배분에 대한 의
견대립이었다. 이 시기는 박진이 밀양부사로서 난의 초기부터 양산의
황산잔도 전투와 밀양 작원관 전투에서 패배한 이후 경상좌도 일원을
다니며 산졸을 수습하여 겨우 정신을 차릴 즈음이었다.

---

158) 『선조실록』 권27, 선조 25년 6월 28일 병진조. "金誠一爲招諭使 專管一道官兵
禁晉不得節制 移文責之, 晉回報曰 年少武夫 不識事體 但伏見除本職官敎 則
曰爲 慶尙道兵馬節度使云 本道兵馬 卑職節制乎? 招諭使節制乎? 須先講定此
事 然後事有歸一 誠一怒之. 及郭再祐起兵 欲公金睟 晉時以兵使在左道 移文
睟及再祐曰 狂生失性 有此不軌之言 皆非實事 若果如此 則兵使雖庸劣 當遣
軍官十餘 結縛再祐 生致麾下 願巡相勿慮也. 以此本道士人 多不悅 毁短者衆
然其中識者 皆以爲 嶺南無晉 終爲賊藪 若曰量少無禦衆之才 則可 至以終始
一切之功 盡爲之虛妄 則不可"

　그동안 경상우도에서 초유사활동으로 의병을 지원하며 우도 방어에 상당한 기반을 다져온 김성일은 의병들의 성격과 기질을 잘 파악하고 있었다. 때문에 병사로 승차한 박진에게 지휘권을 맡기는 것이 염려되는 바 없지 않았을 것이다. 게다가 박진이 무장으로서의 위엄을 내세우며 좌도 의병들과 불화를 일으키지나 않을까하는 우려도 내포되어 있었을 것으로 여겨진다. 이와 같은 사관의 견해를 참작하건대, 박진은 장수로서 용맹함을 지녔고 죽음을 무릅쓰고 임란초기 영남지역을 보전하는데 기여했음을 인정하였다. 한편 경상좌도의 사족과 의병장들에게 군의 위엄으로만 병력을 다스리려한 점에서는 박진의 도량이 넓지 못하였다는 비판의 여지가 있음을 지적하였다. 특히 경상좌도의 경우 학식과 덕망 그리고 지역민들의 지지를 기반으로 거병한 추앙받는 의병장들이 많았다. 젊은 좌병사 박진의 일방적 지시나 고압적인 자세는 관군-의병의 연합활동에 장애가 될 소지가 있었다. 그래서 김성일은 좌도감사로서 팔공산 동화사에서 박진을 만나 의병장들에게 상호 인격과 존중으로 화합할 것을 권유하였다. 이후 박진은 좌도 의병들과 관계가 원만해 진 것으로 볼 수 있고, 이때의 좌도 의병들도 박진이 젊은 혈기로 좌병사의 직책을 맡았기에 의욕이 넘친 결과로 헤아리고 용감선전한 점을 들어 양해를 함으로써 좌도의병은 관군과의 친밀성을 유지해 나갈 수 있었다.

3. 경주 판관 朴毅長의 대응

　박의장(1555~1615)은 선조 10년(1577) 무과에 급제하여 1588년에 진해현감을 거쳐 임진왜란 발발 당시에는 경주 판관이 되었다. 판관인 박의장은 절제도위로서 임란 발발과 동시에 경상감사의 군사동원령에 의해 동래성 전투의 지원을 위해 군사를 이끌고 동래에 이르렀으나 부사 송상현의 순절과 함께 동래성이 함락되고 고니시가 이끄는 제1군이 북상

함에 따라 조선군은 소산역에 집합하였다가 경상좌병사 李珏의 후퇴로
인하여 다시 언양으로 물러났다. 이때 언양에서 좌병사 이각과 좌수사
朴泓이 적을 방어하려하였으나 싸우기도 전에 적세에 눌린 이각이 다시
울산의 좌병영으로 퇴각하려 하자 박의장은 이각에게 언양에서 항전할
것을 강력히 주장하며 이각의 태도를 질타하였다.[159]

한편 일본군 제2군 가토오 기요마사의 병력은 임진년 4월 20일에 양
산을 경유하여 언양에 입성하였고, 울산의 좌병영으로 진격했다. 이각
은 언양에서 울산에 이르는 인근지역이 함락되고 적병이 접근해오자
'지금 적세가 이러하니 병영성을 지키기는 어려우니 속히 (경주성으로)
돌아가 차후의 대책을 마련하라'는 명령을 박의장에게 내렸다.[160] 박의
장은 동래성 방어를 위해 인솔해 갔던 군사를 이끌고 다시 경주성으로
복귀하였다. 이 당시 울산의 좌병영에는 13읍의 군사들이 집합해 있었
으나 좌병사 이각은 병영성의 외곽인 서산에 진을 칠 것을 명하였다.[161]
성내에 집합해 있던 관군들은 이각의 판단에 대하여 납득하기 어려운
전략·전술이라는 부정적인 시각으로 바라보았고 관군 내부에서도 의견
이 분분하였다. 좌병영성에 집합한 군사들은 전시동원령에 의해 정상적
으로 모였으나 이를 지휘할 장수가 전투의지를 보이지 않고 성밖에 진
을 침으로써 적에게 등을 보인 것이었다. 좌병영에 소집된 경상도 관군
병력은 자중지란에 빠져 적과의 전투를 제대로 치르지 못한 채 일본군
의 공격에 무너져 흩어진 것이었다. 이각은 좌병영을 포기하고 도주하
였고, 좌수사 박홍은 경주성으로 퇴각하였다.

박의장이 경주성으로 돌아왔을 때는 일본군의 북상 소식에 많은 부
민들은 흩어져 피난가고 경주부윤 윤인함이 성에 남아 있었다. 그러나

---

159) 朴毅長, 『觀感錄 附東槎錄』, 「行狀草記」
160) 朴毅長, 『觀感錄 附東槎錄』, 「行狀草記」
161) 趙慶男, 『亂中雜錄』 권1 "左道之賊進向蔚山左兵營等地 李珏出陣于西山 時
十三邑兵齊到入城".

윤인함은 곧이어 판관 박의장에게 경주성의 수비를 위임하고 포망장의
임무를 수행한다는 명목으로 성을 나갔다. 따라서 경주성은 박의장과
장기현감 이수일이 지휘하여 적을 상대해야 했다. 박의장은 이수일과
반드시 경주성을 지키기로 하고 장수와 군사들에게 성문을 굳게 닫고
성 안에서 농성전에 돌입하였으나 일본군이 진입하자 흩어지는 군사들
을 막아낼 도리가 없었다. 이 당시의 상황을 살펴보면,

　　성내에 피난 가는 사람이 집에 불을 질러 연기가 온 하늘에 가득하여 적
　병이 오는지도 알 수 없었다. 정탐자 또한 달아났다. 그래서 적이 이미 주
　계에 침범하였음에도 성 안에서는 알지 못하였다. 갑자기 10리 밖에서 포
　성이 들리니 모든 장수와 군사들이 무기가 견고하지 못함을 보고 적의 칼
　끝이 갑자기 이르니 모두 성을 넘어 도망가서 무너지고 성에 있는 사람은
　몇 사람이 되지 않았다.[162]

　　라고 한 것으로 임란 초기의 경상도 관군은 나름대로 진관을 보전하
려고 최선을 다했으나 무기체계나 군사의 수에서 중과부적이었던 것으
로 보인다. 결국 일본군을 맞서 싸웠으나 박의장은 패하여 경주성에서
퇴각하여 영일 죽장현으로 들어가 흩어진 군사와 백성들을 수습하며 군
량미를 비축하고 대장간을 설치하여 무기를 제조하는[163] 등 전열을 재
정비하고 전력을 보강하며 경주성 복성전을 대비해 나갔다.
　　이어 임진년 7월경에 영천의 의병장 권응수로부터 영천성 탈환을 위
한 군사 지원요청을 받고 관군을 이끌고 영천성 복성전에 참전하여 전
공을 세웠다. 영천성 탈환전은 비록 의병장인 권응수를 중심으로 전개

---

162) 朴毅長, 『觀感錄 附東槎錄』, 「行狀草記」 "時境內避難人 焚燒其盧舍 煙焰漲天
　　不能後望 偵探者亦走不服 故賊已犯州境 而城中不知 忽聞砲聲在於十里外
　　諸將士見其器械未固 而賊鋒猝至 皆緣城遁潰 在城者無幾".
163) 포항시 죽장면 가사리에는 임란 당시 무기를 제조했던 터가 남아 있다. 『경상
　　북도 지명유래총람』, 경상북도 교육위원회, 1984, 447쪽 참조.

되었지만 관군에게도 의병의 역할을 재인식하는 계기가 되었던 것으로 보여진다. 영천성 탈환전을 통하여 연합의 필요성과 효율성을 인식한 경상좌도의 관군과 의병은 이 후 대규모 전투에서는 거의 공동작전을 펼쳐 나갔다. 임란시 경상좌도의 대일 군사활동에 있어서 박의장은 이러한 의병과의 협조체제를 유지해간 대표적인 관군의 장수라고 할 수 있을 것이다.

박의장은 영천성 전투에서의 경험을 토대로 경주성 탈환전에 나섰다. 제1차 경주성 탈환전은 임진년 8월 21일에 좌병사 박진이 관군과 의병의 협력체제로 1만여 명의 군사로서 복성전을 전개하였으나 패배하였다. 이어서 9월 7일부터 전개된 제2차 복성전에서는 경상좌도 감사로 부임한 김성일을 만나기 위해 대구 동화사로 출타한 박진을 대신하여 박의장이 주도하였다. 박의장은 제1차 복성전 때와는 다른 전술을 구사하여 정예병 위주의 야간 기습작전으로 화전을 쏘는 한편 비격진천뢰를 발포하여 경주성 안의 일본군을 효과적으로 제압하여 승리를 거두었다. 이로써 일본군을 울산 남쪽의 서생포로 이동시킬 수 있었다. 박의장의 군사활동은 강화교섭기에도 이어졌다. 1593년 4월경 군사 300명을 거느리고 대구의 파잠(오늘날의 수성구 파동)에서 퇴각하는 일본군 2,000여 명을 격파하여 수급 31급과 말 123필을 노획하는 전과를 올렸다. 이 전공으로 조정으로부터 판관에서 일약 경주부윤으로 승차하였다.

4. 안집사 金玏의 활동

김륵(1540~1616)은 임란초기인 1592년 4월 말경부터 다음 해 4월까지 경상좌도의 안집사로 활동하였다. 임진왜란 직후 가장 먼저 적에게 무너진 경상도를 구제하기 위하여 조정에서는 김륵과 김성일을 경상도의 좌도와 우도로 각각 내려 보냈다. 김륵이 맡은 안집사 직책은 국왕의 명

을 전하고 민을 다독이며 의병을 소모하는 것이었다. 물론 이러한 안집
사의 임명에는 당시 전시 정국의 주도적 세력이었던 유성룡 등 남인정
권의 영향력이 어느 정도 작용하였을 것으로 여겨진다.

　김륵은 임란 발발 초기인 임진년 4월 하순경 국왕 선조의 명을 받고
경상도 지역의 민심을 다독이기 위해 경상좌도로 내려왔다. 김륵을 조
정에서 안집사로 내려 보낸 이유는 임란직후 일본군에게 짓밟혀 산간으
로 피난해 있는 사민들을 상대로 민심을 수습하고 의병의 거사를 이끌
어내어 적에게 항전하도록 독려하는 임무를 맡기기 위해서였다. 이 후
김륵은 고향인 경상좌도 영주로 내려와 초토화 된 경상좌도의 사민들을
상대로 효유문을 각지에 유포하고 일본군에 대항할 의병을 모으며 항전
을 독려하는 활동을 벌였다.[164] 김륵은 안집사의 명을 받고 4월 27일경
경상좌도에 내려온 이래 국왕 선조에게 당시 좌도의 상황을 보고하였는
데, 좌도의 풍기와 영주 등지를 순찰하였으나 양반들이나 일반 민들 대
부분이 산으로 들어가 찾아간 마을마다 사람 그림자도 보이지 않았다고
첫 장계를 올렸다. 이 당시의 이러한 정황을 영주지역의 사족 이여빈은
그의 일기 『용사록』에서,

　　방어사가 영주에서 풍기로 돌아가면서 전령을 내어 창곡을 모두 흩어지
　게 하여 쌓아놓은 곡식을 불태우고 심지어 민가에 쌓아둔 곡식도 다 흩어
　지게 했다. 이 명령이 한번 내리자 숨어있던 민들이 일어나 도적이 되어 관
　곡을 탕진하고, 또 부민이 쌓아둔 것을 공공연하게 모여 얼굴을 맞대고 덜

---

164)　정해은, 「임진왜란 초기 경상좌도 안집사 김륵의 역할과 활동」, 『영남학』 28,
　　　2015, 359~360쪽. 경상좌도 의병활동을 고찰함에 있어서 지금까지 개전초기의
　　　경상좌도 안집사로 활동한 영주출신의 백암 김륵에 대하여는 연구가 거의 없
　　　었으나 위 저자는 영남사족들의 일기와 문집을 살펴 매우 상세하게 고찰해두
　　　었다. 아마도 저자는 임진왜란 초기의 의병 연구에 비하여 관군의 역할에 대
　　　하여 소홀했던 점을 보충할만한 연구가 없었던 점을 유념한 것으로 생각된다.
　　　본 저서에서는 위 저자의 김륵에 대한 연구를 참고로 하였음을 밝혀둔다.

어내고 훔쳐갔다. 관에서는 그 아랫사람에게 명령을 내릴 수도 없고, 주인
은 하인을 제어할 수 없었다. 마치 오랑캐처럼 기율이 쓸어버린 듯 했다.
妻叔 참의 金玏이 안집하라는 명을 받아 이날 비로소 도착했는데 무너지
고 흩어진 것이 이와 같아 착수할 곳이 없었다.[165]

라고 적고 있다. 이 무렵 경상좌도 북부지역인 영주에는 일본군의 직
접적인 침략을 받지 않은 곳임에도 불구하고 산속에 피난한 민들의 처
참하고도 무질서한 생활상을 엿 볼 수 있다. 비록 김륵이 고향지역에 파
견되었어도 사람이 없는 곳에서 안집사로서의 활동은 결코 용이하지 않
았던 것 같다.

선조는 김륵을 안집사로 파견하면서 영남이 연달아 왜적에게 함락된
것은 '병력의 부족이 아니라 전쟁이 갑자기 일어났기 때문'으로 보았다.
그래서 백성들을 두루 효유하고 유식한 사람들을 설득하여 관군과 협력
해 결사적으로 대적한다면 지금이라도 경상도를 구제할 수 있다고 생각
했던 것이다. 게다가 김륵은 퇴계 이황의 제자[166]였고 그 때까지 일본
군의 침략에서 벗어나 있던 영주지역이 그의 고향이었기에 지역 사정에
밝고 이 지역에 상당한 영향력을 가지고 있었으므로 김륵을 믿었던 것
이다. 선조는 김륵을 통해 퇴계학맥의 영남 유력 인사들의 거병을 도모
할 생각이었던 것으로 볼 수 있다. 그래서 선조는 김륵으로 하여금 이곳
을 중심으로 영남 지역을 회생함으로써 일본군에 대한 반격을 시도하려
했던 것으로 보인다.

---

165) 이여빈, 『용사록』 임진년 4월 27일조. "防禦使 自榮川歸豐基傳令 盡散倉穀
燒其積聚 至於民家儲穀 亦令盡散 此令一下 隱民起爲盜賊 蕩盡官穀 又及富
民儲蓄 公然聚衆 對面攘竊 官不能令其下 主不能制其奴 如蠻如獠 紀律蕩然
金參議玏 受安集之命 是日始到 而潰散如此 無復着手處" 용사록의 기사는
정해은의 위 논문(2015) 363~364쪽을 인용하였다.
166) 김륵은 1600년의 『퇴계전서』 발간시 연보의 교정에 참여하였다. 김륵, 『백암
선생문집』, 「연보」 참조.

그러나 실제의 상황은 국왕 선조가 예측한 것보다는 훨씬 열악하였
고 백성들은 조정을 불신하고 있어 경상좌도 지역이 김륵의 통제권 밖
에 있었던 것이 실정이었다. 김륵은 안집사 활동의 초기에 좌도에 도착
하자 국왕 선조의 선유문을 베껴 좌도의 각 고을에 배포하였는데 이때
金隆(1549~1594)과 金大賢(1553~1602)의 도움으로 의병거사를 성공시키
기도 하였다. 그의 안집사 활동 초기에는 경상좌도의 관찰사가 체직되
어 공백이었으므로 김륵이 임시로 좌도의 업무를 주관하는 위치에 있었
다. 그는 때로는 관찰사의 일을 대행하기도 하고 비어 있는 수령의 업무
도 수행하면서 관내를 순시하여 크고 작은 업무를 처리해 나갔다. 그의
활동 반경은 주로 영주와 안동지역에 한정될 수밖에 없었다. 왜냐하면
대부분의 경상좌도 지역이 일본군의 영향력이 미치고 있었고 상당수의
민들이 일본군의 눈치를 살피며 일본군의 점령정책에 자의반 타의반으
로 따르고 있었기 때문이다. 이러한 사정은 경상감사 김수, 초유사 김성
일 등의 장계에서도 나타나고 있다.[167] 그는 안집사로서의 활동 중간에
잠시 안동부사직을 맡기도 하였는데, 이는 임란 직후의 4월경에 부사
정희적이 도주한 이래, 김륵이 임진년 8월부터 9월에 걸친 2개월 동안
공석으로 있던 안동부사직[168]을 맡았다가 다시 좌도 안집사의 임무를
계속하였던 것으로 보인다.[169] 김륵의 후임 안동부사는 용궁현감으로

---

167) 『선조실록』 권29, 선조 25년 8월 1일 무자조 참조.
168) 김륵이 안집사 활동 중에 임진년 8월경 안동부사로 임명받자 경상감사 김수에
    게 서장을 올렸는데, "뜻하지 않게 지금 갑자기 안동부사를 명하시니 사람들
    이 놀라고 황망하여 마치 아랫사람이 우두머리를 잃은 것 같고 자제들이 그
    부형을 잃은 듯합니다. 어린 아이와 여자들까지 안집사(김륵)를 잃었으니 누
    가 우리의 거처와 우리의 읍과 우리 도를 편안히 지켜주는 임무를 감당할 수
    있겠습니까?"라며 탄식하였다는 내용이다. 이와 같은 정황으로 보아 김륵이
    좌도 북부 지역민들을 보호하고 인근지역을 잘 지킨 것으로 생각된다. 김륵,
    『물암선생문집』 권2, 書, '上方伯書' 참조.
169) 『선조실록』 권29, 선조 25년 8월 1일 무자조 참조. 경상좌도에서 안집사의 임
    무를 수행하던 김륵은 다음 해인 계사년(1593) 4월 말경 경상우도 관찰사 김

제3장 개전초기 관군의 대응과 의병의 봉기   111

있던 우복룡170)이 보임되어 1592년 10월 3일부터 1596년 8월 23일까지 안동부사를 역임하였다.

5. 초유사 金誠一의 활동

임란 직후 김성일은 4월 15일경 경상우병사로 임명되어 창원의 우병영으로 부임하던 중 국왕의 나포명령에 의해 상경하다가 선조로부터 경상우도의 초유사로 다시 명을 받아 경상우도로 도로 내려왔다. 지금까지 임진왜란을 전후한 김성일의 활동에 대하여는 긍정적 평가와 부정적 평가가 동시에 이루지고 있는 것으로 보인다.

먼저 부정적인 평가는 임진왜란 전인 1590~1591년 사이에 일본행 통신사의 부사로서 일본을 다녀온 귀국보고에 주로 기인하는 것으로 보인다. 당시 일본의 침략 가능성에 대한 그의 판단이 잘못되었다는 점에 집중이 되고 있는데, 김성일이 어전에서 왕의 물음에 "신은 그들이 반드시 쳐들어오리라는 것을 보지 못하였습니다(臣則不見其必來)"라는 귀국보고를 문제 삼았다. 여기서 '不見其必來'는 반드시 침입할 기미를 보지는 못했다는 것이었다. 한편 긍정적인 평가는 그가 임란 초기의 전시지휘관으로서 일신을 바쳐 위기 상황을 극복해냈다는 점에 비중을 둔 것으로 보아진다. 김성일은 임진년 4월 말경부터 다음 해인 계사년 4월 29일까지 경상도의 초유사 및 좌·우도의 감사로서 의병과 관군을 조정하면서 전란을 수습하는 일에 전념하였다는 점이다

그는 난의 초기에 경상우도에서 주로 활동하던 중 잠시 좌도감사의

성일이 사망한 후 그 후임으로 경상우도 관찰사에 임명되었다.
170) 우복룡은 개전 초기에 좌병영으로 군사를 인솔해 가던 중 영천에서 하양의 의병군 수백 명을 오인 사살하였는데, 우복룡은 이를 토적의 척결로 감사 김수에게 보고하였고, 경상감사 김수는 조정에 우복룡이 반란군 퇴치의 공로가 있음을 馳啓함에 따라 우복룡은 일약 승차하게 되어 이때 안동부사에 임명되었다.

직을 맡았다가 마지막에는 경상우도의 전시관리 총책임자로서 생을 마감하였다.[171]

김성일은 임란 직후 선조로부터 일본군의 침략 가능성을 잘못 보고한 책임을 물어 체포하여 압송하라는 명령을 하달 받았다. 조정의 명령에 따라 상경하던 중 중도에 직산에서 압송 명령이 풀리고[172] 경상도 초유사로 임명받아 경상우도로 내려가 활동을 하게 되었다. 그의 초유활동이 기본적으로는 왕조체제의 정책을 실현하는 관료의 역할이라는 한계성을 띠고 있으나 국난극복을 위한 활동에는 당파와 체제를 초월한 것으로 보인다. 난의 초기 지방관들이 민심을 잃고 역할 수행을 옳게 하지 못하는 상황에서 경상도 士民들을 상대로 일본 점령군의 회유책에 의한 민심이반을 막고 그들의 충성과 지지를 확보하는데 초유활동의 중점이 있었다.[173]

『선조실록』 임진년 5월 3일조의 기사에는 선조가 도성을 떠나 피난길에 오르면서 조정신료들과 나눈 대화에서 "경상도 백성들이 다 배반했다는데 그것이 정말인가? 충청 감사 역시 공주로 피신했다고 한다. … 유식한 사람도 이러한데 다른 사람들을 어떻게 믿겠는가?"[174] 라고

---

171) 이재호, 「경상우도에서의 학봉의 토적구국활동」, 『학봉의 학문과 구국활동』, 이강출판사, 1993, 300쪽 참조.

172) 당시 조정에서는 전시 행정의 총책임을 맡고 있던 유성룡이 선조에게 "무엇보다도 흩어진 군사들을 모아 결집하는 일이 시급하오니 초유사와 안집사를 파견해서 군사를 재정비해야 합니다. 먼저 경상도 백성의 마음을 잘 아는 김륵을 안집사로, 경상우도에는 김성일을 초유사로 배치하소서."라는 주청을 올리자, 선조는 "김성일은 안 된다. 이번 사태를 일으킨 장본인이다."고 비답을 내렸고, 이에 유성룡은 "김성일만큼 경상우도의 민심을 다독일만한 인물이 없습니다. 김성일은 어느 누구보다도 왜적의 동향을 잘 알고 있습니다. 기회를 준다면 기꺼이 목숨을 바쳐 임무를 수행할 것입니다."라고 진언을 하였다.

173) 이태진 외 6인 공저, 『김성일과 임진왜란』, 보고사, 2019, 62쪽.

174) 『선조실록』 권26, 선조 25년 5월 임술조. "上曰: 慶尙道人皆叛云,然耶? ⋯⋯金晬監司結怨 將不能保全 而大臣喪性 低頭而坐 收合人心難矣 金晬遞之爲當⋯⋯ 上曰:忠淸監司 亦遠避公州 有識人尙如此 他何可侍?"

한 것으로 보아, 일본군의 점령으로 수령·방백들은 다수가 피신하고 일반 백성들은 일본 점령군의 치하에서 附倭人으로 변해가고 있음을 장계를 통해 확인한 것이다. 국가로부터 보호받지 못한 백성들은 왜적의 탄압을 못 이겨 그들의 정책에 따를 수밖에 없었고 차츰 왜적의 앞잡이가 되어 우리의 사민들을 수색하거나 의병활동에 가담한 동족을 찾아내는 일에 앞장서고 있었던 것이 현실이었다.

임진왜란 초기 전쟁에서의 패인으로 거론되는 사유로는 주로 통신사 간의 의견대립, 군정의 문란과 민생의 피폐, 국방 태세의 해이, 실정으로 인한 민력의 수탈, 조총 등 신무기의 미확보 등이 논의되고 있다.[175] 그런데 여기에서 통신사 간의 의견 대립의 문제는 결국 김성일의 귀국 보고에서 일본의 침략이 없을 것이라는 말만 믿고 무방비 상태로 있다가 변을 당했다고 볼 것인가 하는 점이다. 그렇지는 않았던 것으로 판단된다. 왜냐하면 이미 1590~1591년경에 왜란을 대비하여 경상도 주요지역에는 성을 수리하거나 새로 성을 쌓는 등 국방태세를 강화하고 있었기 때문이다. 이로 인해 과중한 부역에 시달리던 경상도 인민들은 수차에 걸쳐 조정에 민력의 징발을 감해줄 것을 청원하였고, 김성일 또한 국왕 선조에게 이런 상소를 올린 바 있었다.[176] 따라서 임란 전이나 이후에도 김성일의 관심은 민심의 이산 방지에 있었음을 알 수 있다.

여기서는 이러한 관점에서 경상좌도 의병활동에 있어서 김성일의 역할을 살펴보고자 한다. 임란초기 초유사의 명을 받은 김성일이 고려한 전시상황 타개의 핵심은 의병활동 지원을 통한 경상도지역의 복구를 도모하는 것이었다. 임란초기의 의병들은 일본군의 후방주둔군 교란 및

---

175) 최영희,『임진왜란 중의 사회동태』, 한국연구원, 1975; 서인한,「임진왜란 초기의 패인과 그 교훈」,『군사』 12, 국방부 전사편찬위원회, 1986; 이겸주,「임진왜란전 조선의 국방실태」,『한국사론』 22, 국방부 전사편찬위원회, 1992 등을 참조.
176)『학봉전서』,「민정」, "請停築城仍陳時弊訴" 참조.

전방 진격군과의 통신과 보급선 차단의 역할에 집중되었다. 이들이 비록 근왕활동에는 이르지 못하고 있었으나 경상도 각 지역에서 크고 작은 연합전선 활동으로 향토를 방어하며 의병부대 간의 통합과 협업을 추구해 나가고 있었기 때문에 초유사의 활동은 의병들을 모집, 지원하고 이반된 민심을 되돌리는 招兵諭民에 중점이 두어졌던 것이다.

이러한 초유활동은 그가 전란 전부터 어전에서 民生安定을 강조하며 강직한 주장을 하여 '殿上虎'라는 별명을 얻었던 만큼 전시에 이르러서는 도탄에 빠진 백성들을 보살피는 것으로 나타났다. 난의 초기 민의 삶을 보장하는 시급한 대안은 우선 적의 침략과 약탈을 막고 민생을 안정시키는 일이었다. 백성들이 관을 불신하는 상태에서 점령군의 치하로 들어가는 것을 막기 위해서는 민심을 하나로 모으고 의병들을 지원하고 격려하여 사기를 진작시킴으로써 점령군과 싸워 이기도록 하는 것이 현안이었다. 그는 경상좌도의 퇴계학파의 일원이었음에도 임진왜란을 당해서는 그의 학문과 인품으로 경상우도의 남명학파의 학맥을 네트워크로 활용하여 의병활동의 효과를 높였다. 그가 경상우도에서 초유사로서 동분서주하던 중 뒤늦게 경상좌도 감사로 임명된 사실을 알고 좌도로 부임코자 했을 때, 초계지역의 유학 강위, 의병장 이대기, 진사 박이문, 정유명 등 경상우도 사민들의 우도감사 유임을 청하는 간곡한 상소가 있기도 하였다.177) 임란초기에 대체로 관료들이 백성들로부터 불신과 배척을 받고 있었던 점과는 대조적으로 그의 애민사상이 민의 지지를 받고 있었음을 알 수 있다.

먼저 임란 초기의 김성일의 전시군사체제 운용에 대해 살펴보기로 한다. 임란 직후 경상감사 김수가 도주하였고 의병을 일으킨 곽재우가 김수를 처단할 것을 주장하면서 관·의병 간의 갈등이 고조되었다. 이때

---

177) 『학봉속집』부록 권4, 「慶尚右道儒生願留訴」; 조경남, 『난중잡록』임진년 8월 27일조.

김성일은 직접 당사자들을 만나 중재를 하기도 하고 조정에 장계를 올려 이들의 알력을 調整해 나갔다. 이 당시 김수는 휘하의 군사도 거의 없이 약간의 牙兵(수행 군병)만 데리고 경상도 땅을 떠돌며 피난하고 있었다. 김성일은 곽재우의 과격한 태도를 꾸짖기도 하였으나 한편으로는 경상감사 김수의 태도를 매우 못마땅하게 여겼다. 일본군의 주요 진격로에 놓인 경상도 지역을 지켜야 할 최고 책임자가 오히려 피난 다니고 경상도 각 수령들에게도 알아서 피난하라는 통첩을 보낸 것은 국가의 녹을 먹는 관리로서 용납되기 어려운 행위라고 여겼기 때문이다. 이러한 생각은 김성일의 성격과 공무 수행자로서의 가치관을 나타낸다.

조정에서 관직을 맡았을 때의 김성일의 강직한 품성은 임란이라는 전시상황에서도 여실히 나타났다. 그가 경상우도 병마사의 임명을 받아 난의 초기 경상우도 창원의 병영성으로 부임하던 중에 연로한 전임 우병사 조대곤이 김해가 함락되는데도 방치한 채 달아났는데, 적의 동태를 조대곤에게 거짓 보고한 13명을 그 즉시 참수하였다. 그리고 주둔지 약탈을 다니던 일본 척후군이 금가면을 쓰고 칼을 휘두르며 다가와 그의 행차를 가로막았을 때 김성일은 말에서 내려 繩床(관리들이 말을 탈 때 사용하던 휴대용 의자)에 꼿꼿이 앉아 수행군관들에게 공격 명령을 내리고 군관 김옥에게 명하여 앞장서게 하였다. 이어서 그는 의연한 자세로 그의 군관 이승인에게 "너는 용감한 군사이니 즉시 가서 일본군을 물리쳐라."라고 명하여 이승인이 왜적의 선봉을 쏘아 넘어뜨리고 2명의 목을 베고 말과 안장, 보검을 빼앗았다. 김성일은 부임과 동시에 거둔 전과로 적병의 수급과 함께 승전보를 군관 이승인을 보내어 행재소에 전하였다. 눈앞의 일본군을 맞아 당당히 자리를 지키고 앉아 전투에 임하는 그의 의지를 읽을 수 있다.[178]

김성일은 무장이 아닌 문관이었으나 문약한 지식인이 아니었다. 당당

---

178) 『선조실록』 권60, 선조 28년 2월 기유조 참조.

함과 위엄을 잃지 않는 자세로 일관하며 관료의 길을 걸어간 인물이었
다. 아마도 일본 통신사로 갔을 때도 이와 같은 자세를 견지한 것이 아
닌가 추측이 된다. 김성일의 이러한 강직성은 당시 관료 사회에서는 유
연성이 부족한 답답한 인사로 비치기도 했다. 그러나 전시에 임한 그의
이러한 자세는 국난극복에 기여하는 바가 되었다. 그는 유성룡과 더불
어 퇴계의 수제자이면서도 한편으로는 義를 중시한 남명 조식과 유사한
기질의 소유자였다. 시비분별과 불의를 눈 감지 못하는 성격은 친분을
넘어 일 처리의 엄정성에서 나타났다. 이러한 기질은 경상우도 의병들
과 의기투합 할 수 있는 요인이 되기도 하였다. 김성일은 년 전에 남명
의 제자 崔永慶이 정여립의 옥사에 연루되어 처형되자 그의 伸冤을 구
하는 차자를 올린 바 있었다.

　김성일의 학파를 초월한 의리관은 강우학파에게도 그의 업무처리 태
도에 공감대를 갖게 했다. 이러한 연유로 김우옹, 정구, 이로 등 남명의
문인들과도 인맥을 형성할 수 있었고 기질적으로도 그는 남명이 생전에
강조한 실천적 지식인의 소양을 가진 사람이었다. 경상우도 유학의 종
장인 조식의 義중시 사상은 尙武情神으로 이어져 행동을 요구하는 난세
에 남명의 후학들은 의병활동으로 스승의 사상을 몸으로 실천하였다.
임란 초기 초유사로서 경상우도에서의 그의 의병 지원활동이 성과를 거
둘 수 있었던 것도 이와 같은 남명학맥과의 공감대 형성을 통해서 이루
어낸 것이었다.[179]

　김성일이 통신부사로서 일본에 갔을 때 도요토미 히데요시(豐臣秀吉)
가 수개월 동안 만나주지도 않았고,[180] 통신사들을 접견하고도 무엄방
자한 태도로 조선통신사들을 능멸하고 국서를 함부로 작성한데 대해 일
본의 문화적 천박성과 외교의례상의 오만함을 준엄하게 질책하였다. 그

---

179) 김강식,『임진왜란과 경상우도의 의병운동』, 혜안, 2001, 80~85쪽 참조.
180) 이때 도요토미 히데요시는 전국통일을 위한 마지막 전투를 독려하기 위해 지
　　방으로 일시 나가 있었다.

뿐만 아니라 같은 통신사 일행이 풍신수길의 행위에 겁을 먹고 몸을 낮추
는 데 대해서도 그는 정사를 비롯한 통신사의 태도에 분노한 바 있었다.

그러나 임란 전에 통신부사로 일본을 시찰했을 때 그가 본 바와는 달
리 조선에 침략해온 일본군은 막강한 군사력을 가진 데에 대해 놀라지
않을 수 없었을 것이다. 그래서 그의 임란 초기 전란대응의 자세는 신중
하고도 치밀함을 보였다. 그가 가장 중시한 것은 의병들의 역량강화와
의병활동의 지원에 전력을 다하는 것이었다. 평시와 같은 관의 위엄과
권위로 민병들을 지휘하는 것은 불가능하다는 것을 깨닫고 있었던 것
같다. 이때의 관을 바라보는 민들의 시각은 난의 발발 전부터 가혹한 수
탈자라는 이미지를 가지고 있었던 차에 난의 초기부터 관은 패주하거나
뿔뿔이 흩어져 피난하며 가족이나 살피는 믿을 수 없는 존재로 인식되
고 있었기 때문이다.

김성일은 이러한 민의 의중을 정확히 파악하고 의병구성원의 다수를
이루는 민을 위무하는데 힘을 쏟았다. 그리고 난의 직후 도주하거나 흩
어졌던 散卒과 사족들을 피난처에서 이끌어내어 의병진에 가담케 하는
성과를 거두었다. 그가 임진년 5월 초순경 배포한 경상도의 사민을 대
상으로 한 초유문인 「招諭一道士民文」[181]에 의하면, "이처럼 빠른 속도
로 일본군이 조선 땅을 짓밟고 있는 데 산속에 피난한 들 얼마가지 않
아서 굶어죽거나 일본군에게 붙잡혀 치욕을 당하게 될 것이다."라고 경
고하고, 하루 빨리 산속에서 나와 의병을 일으킬 것을 촉구하였다. 이러
한 김성일의 노력으로 조금씩 경상도 지역의 의병활동은 조직화되고 체
계가 잡혀가고 있었다. 이러한 김성일의 조치는 임란초기에 관군이 궤
산되고 민이 관을 불신하는 상태에서 의병군에게 창의의 명분을 주고
사기를 드높이는 방안이 되었을 것이다.

김성일의 초유활동은 임란 초기의 경상우도의 의병봉기를 촉발하였

---

181) 김성일, 『학봉집』 권4, 書 참조.

고 이반된 민심을 되돌려 일본군의 노략질과 활동반경을 위축시키는 효
과를 가져왔다. 이러한 김성일의 의병지원의 노력은 경상좌도에도 파급
되었다. 경상좌수사 박홍의 막하에 있다가 고향으로 돌아온 무관출신인
신녕의 권응수[182]나 대구의 전계신 등은 김성일로 인하여 적극적으로
의병활동을 벌이는 명분을 얻을 수 있었다.

관군의 의병지휘는 관군-의병 간의 알력의 요인이 되고 군사력의 저
하로 나타난다는 전시 경험을 가지고 있던 김성일은 그 나름의 전시행
동지침을 적용하였다. 즉 가능하면 의병들의 지휘자로는 兵使 등 관군
출신을 임명하지 않고 그 지방의 사정을 잘 아는 사족출신들을 의병대
장 겸 전체군사지휘자로 임명하는 것이었다. 그가 일본군의 공격으로
초토화된 경상도 지역의 전투활동을 지켜보면서 전쟁에서 승리할 수 있
는 방안을 깊이 모색한 결과였다. 즉 그는 학문에 능한 고위직의 문관보
다는 지역민의 신망을 받고 있는 무예가 뛰어나고 군사상의 전략 전술
에 능한 무장에게 의병지휘권을 맡기는 것이 승전의 요체임을 인식하였
다. 그래서 전·현직 무장 중에서도 의병과의 갈등의 여지가 있는 지를
세밀히 검증한 것 같다.[183]

김성일의 의병지원 활동은 경상좌도에서도 나타나고 있다. 그는 경상
우도에서 초유활동을 하면서도 고향인 안동의 조카 김용·김약·김철과
생질 유복기, 유인영 등에게 서신을 보내 안동지역에서 의병을 모집하
고 창기할 것을 종용하였다. 즉 임진년 6월경 보낸 서신에서

---

182) 권응수는 선조 17년(1584)에 치르진 별시무과에 급제하였으며, 이때 동년급제
  자 220명 중에는 임란 당시 밀양부사에서 전공으로 경상좌병사로 승진한 박
  진, 진주목사로 진주성 전투에서 활약한 김시민, 수군통제사를 역임한 이운룡
  등이 있었다. 『萬曆二十年 甲申秋別試文武榜目』; 김진수, 「임진왜란기 박진
  의 군사활동과 평가」, 『한국사학보』 60, 2015, 246~247쪽을 참조.
183) 이러한 결정은 임진년 7월 하순경 영천성 탈환전의 지휘를 박진이 아닌 의병
  출신 권응수에게 맡긴 것에서도 찾아볼 수 있다.

"국사가 여기에 이르렀으니 통곡을 할 뿐 무슨 말을 하겠느냐, … 나는 4월 중에 명을 받들어 이곳으로 왔는데 다행히도 의병들의 힘에 의지하여 10여 개의 고을을 보전할 수 있어서 오늘에 이르렀다. 그러나 적들이 사방에 꽉 차 있으므로 아무래도 지탱하기 어려울 듯하다. 그러나 죽고 사는 것을 이미 결단하였으니 무슨 걱정을 하겠느냐, … 애통하고 애통하다. 그곳(경상좌도)에는 의병이 일어나지 않았다고 하는데 안집사가 불러 모으고 있지 않은가? 열읍에서 도망하여 숨어만 있는 것은 적에게 항복하거나 붙는 것과 같은 것으로, 그러다가 온 나라가 마침내 오랑캐가 되고 말 것이니 어쩌면 생각이 그리도 얕다는 말인가? 본도(경상우도)는 의병이 사방에서 일어났으므로 적에게 대항할 수 있는데, 좌도는 그렇지 못하니 또한 부끄럽지 않다고 할 수 있겠는가? 살아서는 열사가 되고 죽어서는 충혼이 되도록 힘써야 할 것이다."[184]

라고 하였다. 이후 김용, 유복기 등 김성일의 조카와 생질들은 임진년 6월 11일경 金堉를 중심으로 '安東列邑鄕兵'을 조직하여 경상좌도 북부지역의 의병대열에서 적극적인 활동을 하였다.

김성일의 인맥, 학맥을 통한 의병 초유활동은 경상좌·우도를 초월하여 상당한 영향력을 미쳤음을 알 수 있다. 임진년 7월 하순경의 영천성 탈환전투 당시의 김성일의 지휘방침을 보기로 한다. 임진년 6월경부터 영천과 인근의 경산, 하양, 자인, 신녕, 군위 등의 의병진들은 서서히 각자의 향리 중심 의병활동을 펼치면서 소규모 전투를 통해 점령일본군을 상대로 국지전에서 승리하며 전과를 올렸고 자신감을 얻었다. 이러한 과정에서 의병연합전선 형성의 필요성을 느끼고 적군의 동태 파악과 정보를 교환하면서 점령된 영천성의 수복을 위한 집중공격의 계획을 착수

---

184) 『학봉집』 권4, 書, 寄諸姪甥涌瀹澈 柳復起 柳仁榮 (壬辰) "國事至此 痛哭何言 吾則四月中 奉命來此 幸賴義兵之力 得保十餘邑 以至今日 然賊四面充斥 恐難支吾 然死生已決 …… 痛哉痛哉 其處義兵不起云 安集使不爲之倡耶 列邑鼠伏 有同降附 擧國終必爲袵矣 何不思之甚也 此道則義兵四起 故得以抗賊 左道不亦可羞哉 生爲烈士 死作忠魂 汝等亦宜勉之"; 정해은, 「임진왜란 초기 경상좌도 안집사 김륵의 역할과 활동」, 『영남학』 28, 2015, 375쪽.

하기에 이른다. 이때 경상좌도 10여 개 읍의 의병연합군은 무과 출신의
권응수를 중심으로 전체의병군의 지휘를 누가 맡을 것인가를 놓고 의병
군 내부에서 논의가 오갔다. 당시 의병들은 관군의 방해를 걱정하였고
가능하면 그 지역의 重望받는 의병대장의 휘하에서 활동하기를 바라는
추세였다. 즉 엄한 군율만 내세우는 수령이나 관군보다는 평소부터 대
원들의 사정을 잘 이해하고 감싸줄 수 있는 사족출신의 의병장을 선호
하는 경향이었다. 김성일은 전투의 승패를 좌우하는 것은 군율보다는
신뢰와 포용력임을 인식하고 군의 사기를 높이는 일에 집중하였다. 경
상좌도 연합의병진에서는 현역 관군의 장으로서 밀양부사에서 승진한
젊은 경상좌병사 박진의 지휘를 받을 것인가를 결정하기 위해 경상우도
에 머물고 있던 김성일을 찾아가[185] 박진의 지휘를 꺼린다는 의병들의
여론을 전달하였다. 박진은 무관으로서 판단력과 용맹을 겸비한 장수였
으나 젊다보니 직위에 따른 권위와 휘하의 병력에 대한 위엄과 자신감
을 내세우는 경향이 있었다. 이러한 박진의 태도는 관 우위의 태도로 전
투를 수행함으로써 민심에서 멀어지고 의병들의 사기를 떨어뜨리는 약

---

185) 『학봉집』의 「연보」에 의하면, 김성일은 임진년 4월 하순경 초유사 임명을 받
　　은 이래 그 해 8월경까지 초유활동을 하였고, 조정의 경상좌도 관찰사 임명은
　　6월 1일이었으나 임란 직후의 교통 두절과 경상도 지역의 혼란으로 인해 8월
　　11일에 가서야 경상좌도 관찰사 임명 사실을 알게 된다. 그러므로 경상좌도
　　관찰사로 임명된 사실도 모른 채 경상우도를 비롯한 경상도 일원에서 초유활
　　동에 전념하고 있었던 것으로 생각된다. 그래서 경상좌도로 부임하기 위해 좌
　　도로 건너갔다. 그러나 얼마 지나지 않은 그 해 9월 4일에는 다시 경상우도 관
　　찰사로 임명됨에 따라서 도로 경상우도로 나아간다. 이 무렵 임란 직후의 일
　　본군의 경상도지역 주둔으로 교통과 통신이 막혀 조정의 명령 하달이 즉시 전
　　달되지 못하였고 경상좌도와 우도 간의 상호 연락이 매우 어려운 상황이었음
　　을 알 수 있다. 임란 기간 중의 경상도의 관찰사는 처음 김수 1명으로 보임하
　　였다가 중간에 좌도와 우도의 관찰사를 각각 임명하기도 하였으나 나중에는
　　다시 1명으로 보임하는 등 전시상황에 따라 유동적으로 대처해 나간 것으로
　　보인다.

점으로 작용할 가능성이 있었다.

김성일은 영천성 탈환전투의 전체지휘관으로 신녕 의병장 권응수를 경상좌도 의병대장으로 지목하고 약 4,000명에 달하는 의병연합군에게 권응수의 명령에 따를 것을 통보하였다.[186) 김성일의 이러한 판단은 좌병사 박진의 관군과 경상좌도 의병연합군 간의 불화와 알력이 군사력을 약화시킬 수 있다는 우려와 그가 초유사로서 경상우도에서의 의병활동 지원과 의병들의 전투상황을 지켜본 경험이 반영된 것으로 보아진다.

자칫 대규모 의병군의 병력이 동원되는 큰 전투에서 김수·곽재우와 같은 갈등과 분열의 상황이 생길 경우를 염두에 두었을 것이고, 또한 김성일은 임란 직후의 용궁현감 우복룡과 하양의병들 간의 사태를 참작하였을 가능성도 고려했을 것으로 여겨진다. 영천성 탈환전의 준비과정에서도 의병들의 여론을 반영한 것이다. 즉 영천연합의병군 중 정세아, 조희익 등 60여 명의 의병들이 당시 경상우도에 있던[187) 김성일을 찾아가 그들의 의견을 전하자, 김성일은 좌도 의병들의 견해를 받아들인 것이다. 이 당시 좌도 의병들 또한 단순히 좌병사 박진을 기피하는 차원을 넘어 전쟁의 승패를 두고 지휘관을 정하는 일이 좌도의 운명과 직결되는 일임을 고려한 것이었다. 이러한 측면을 감안한다면 좌도 의병들이 관군과의 협조체제를 우선시 하면서도 그것은 매우 신중하고 합리적인 판단을 하고 있다는 점에 주목하지 않을 수 없다.[188)

---

186) 이 무렵 권응수를 비롯한 영천의병연합군은 먼저 안동에 주둔하고 있던 경상 좌병사 박진을 찾아간 사실이 있었다. 이때 좌병사 박진은 권응수를 자신의 휘하에 두고 작전을 개시하려는 의도를 보였고 박진의 진영에서는 의병들을 하찮게 대우하며 함부로 다루는 태도를 보인 사실이 있었다. 최효식, 『임진왜란기 영남의병연구』, 국학자료원, 2003, 204~205쪽 참조.

187) 김성일은 그 당시 임진년 6월 1일자로 이미 경상좌도 감사로 임명되어 있었음에도 일본군의 성주·대구·청도 주둔군에 의한 전란 중의 교통장애로 임명장을 전수받지 못한 채 여전히 경상우도의 감사로 활동하고 있었다.

188) 경상좌도 의병의 이러한 신중함은 그 후 임진년 8월 21일경에 제1차 경주성

김성일은 이미 곽재우-김수 간의 알력을 경험한 바 있어 영천성전투
에 있어서 만약 좌병사 박진을 최고지휘자로 내세웠을 경우, 관군의 일
방적 지휘를 의병들이 거부하거나 전투지휘체계에 발생하는 혼선을 염
려하였을 것으로 여겨진다. 관군이 우월감과 위압적 태도로 의병연합군
을 지휘하여 전투를 수행하는 것이 자칫 관-의병 간의 갈등과 민심이반
을 가져올 우려가 있기 때문이었다. 이것은 그의 경상도 지역 의병의 일
원적 지휘·통제방침을 보여주는 것이다.

『선조실록』을 중심으로 임란초기의 국왕 선조의 김성일에 대한 시각
을 살펴보면, 선조는 임진년 5월경 조정 대신들을 상대로 임란초기의
무너진 경상도 지역을 회복할 방안을 하문하였다.[189] 유홍이 "강직하고
강개한 것은 김성일의 장점이니 시험해보는 것이 어떻겠느냐'고 아뢰
자 윤두수, 심충겸이 모두 동의하였다. 그러나 선조는 "김성일이 이런
일을 할 수가 있겠는가? 반드시 성심이 있는 사람을 얻어야만 이 일을
할 수 있을 것이다."라고 믿음을 보이지 않았다. 다만 "나는 이미 종사

복성전투에서 나타난다. 좌병사 박진이 영천성탈환 이후 경주성 탈환을 위한
1차 복성전에서 관-의병군을 총괄 지휘하였는데, 박진은 상당수의 의병을 희
생하고도 패전한 바 있었다. 좌도의 군소의병들은 지역 정서와 지리에 밝았기
때문에 임란 발발 이후 연합의병활동을 통해 의병들 상호간의 협력과 정보교
환이 전쟁의 승패에 중요한 변수로 작용한다는 점을 충분히 인식하고 있었던
것이다. 이러한 정황은 임란 초기의 청도-자인 의병들의 연합활동에서도 찾아
볼 수 있다.

189) 먼저 승지 유근이 산속에 숨어 있는 경상도민들을 초유하여 義士를 얻을 것을
주청하자, 윤두수는 경상도는 길이 멀어 조정의 호령이 통하지 않는다고 하였
다. 이에 선조는 김성일과 김륵을 내려보냈다고 하였고, 대신들은 경상감사
김수는 체직하여야 하는데 적임자를 구하지 못하고 있음을 고한다. 이어서 이
항복이 감사를 교체하지 않더라도 경상좌도와 우도에 각각 감사를 설치할 것
을 건의하였고, 선조는 길이 멀어 감사를 보낼 수가 있겠느냐고 물었다. 이항
복이 이미 경상도에 내려가 있는 김성일을 임명할 것을 건의하였으나 윤두수
는 김성일이 너무 강직하여 인애로써 군민을 무마할 적임자가 되지 못한다고
아뢴다. 『선조실록』, 선조 25년 5월 23일조.

의 죄인이 되었으니 경들은 조종의 은덕을 생각하여 국가를 회복하도록 힘써주기 바란다."라고 비답하였다.[190]

이 당시 어전회의의 내용을 보면 난의 직후 적에게 짓밟힌 경상도를 구하는 일은 국운이 달린 일이며 재지사족을 독려하여 의병을 일으키도록 초유할 적임자를 찾는 것이 시급한 상황임을 알 수 있다. 선조는 이때까지도 김성일에게 완전한 신뢰를 보이지 않았다. 김성일이 강직하기 때문에 의병 초유의 일을 감당하지 못할 것이라는 회의적 시각을 가지고 있었던 것 같다. 그러나 임란 이후 약 1년간의 의병지휘 및 지원활동을 통하여 김성일의 전시업무 수행능력은 뛰어났음을 그 스스로 입증하였다.

그의 관-의병간의 갈등 조정과 관-의병의 연합을 이끌어낸 업무수행은 결국 경상도를 지켜내는 기반을 마련했다고 평가할 수 있을 것이다. 경상좌도 영천성 탈환전투에서 의병연합군의 총책임지휘관으로 무관출신의 권응수를 경상좌도 의병대장으로 임명한 것도 향토의 사정을 잘 아는 의병장들과 이를 따르는 의병부대원들의 단합된 힘을 인정하고 이를 전투에 반영한 것으로 볼 수 있다. 좌병사 박진은 의병연합군의 영천성 탈환전투에서 군관 변응규를 통해 화약과 무기를 지원한 사실은 있으나 직접 참전하지는 않았다. 박진은 이후 8월 21일경의 1차 경주성 탈환전투에서 관군의 수장으로서 관군 및 의병연합군을 총지휘하여 경주성의 일본군을 공격하였다가 700여 명의 아군 전사자를 낸 채 패전하고 만다. 이때의 의병연합군의 여론은 박진의 전략·전술의 실패를 패전의 요인으로 꼽았다.[191] 김성일은 이때의 박진의 조치에 대해 불만을 내보이기도 했다.[192]

---

190) 『선조실록』, 선조 25년 5월 23일조 참조.
191) 정세아, 『호수실기』 권5, 事實; 최효식, 「임란초 경주 의병활동 연구」, 『경주사학』 16, 1997.
192) 『학봉집』 참조.

　　박진은 1차경주성탈환전에 직접 지휘권을 행사하면서 연합의병군과의 상호 정보교환 등을 제대로 하지 않은 채 무리하게 공격을 감행했다. 결국 적의 전술에 속아 경주성을 공격하던 의병군이 언양 방면에서 지원 나와 경주성 외곽에 매복해 있던 일본군 병력에게 몰살당하고 패전하였다.[193] 이는 관과 의병 간의 상호 소통과 정보교환의 부재에서 발생한 일이었던 것으로 여겨진다. 이처럼 박진은 경주성의 일본군의 동태를 오랫동안 살펴온 연합의병의 견해를 무시하고 무리한 공격을 감행하여 경상좌도의 사족들로부터 좋지 않은 평판을 듣는 계기가 되기도 하였다.

　　요컨대 김성일이 임진년 4월에서 다음해인 계사년 4월 죽음에 이르기까지 경상도 초유사 및 경상좌·우도 감사로서 그가 임란 의병사에 남긴 흔적은 긍정적 평가를 받기에 족하다고 판단된다. 우선 그는 임란 직후 적극적인 초유활동을 펼쳐 흩어진 관군을 불러 모아 군사조직을 재편성하였고, 각 군현에 소장된 관곡과 무기를 적절히 관·의병군에게 보급하여 항전의지를 고양시켰다.

　　무엇보다도 수령 및 관군과 의병장 간의 갈등을 조정하고 화해시켰으며, 관군이든 의병장이든 그 능력에 따라 假將, 假守 등에 임명함으로써 전시군사행정의 공백을 메꾸었다. 그리고 당시까지 왜적의 침입을 덜 받았던 호남의 감사·수령 및 호남 좌·우의병장인 최경회와 임계영으로부터 군량과 병력의 지원을 유도하여 영·호남의병이 합동작전을 전개할 수 있도록 조처함으로써 제1차 진주성 전투에서 승리하였고 임란 초기의 일본군의 전라도 곡창지대 점거를 막아낸 점 등은 그의 공적으로 평가할 수 있을 것이다.

---

193) 1차 경주성 탈환전에서 패한 박진은 2차 경주성 전투에서는 각 지역의 의병장들과 조율하면서 신중을 기하였으며 화포장 이장손의 비격진천뢰를 사용하여 승리하였다.

지금까지 임란초기를 중심으로 관군의 대응과 경상좌도의 상황을 살펴보았다. 임란 초기 경상좌도의 관군은 경상감사의 동원체제의 작동으로 정상적인 방어활동을 펼쳤다. 동래성과 소산역, 황산과 작원관 그리고 밀양부에서의 방어활동으로 일본군과의 전투를 치열하게 전개하였으나 아군 병력보다 월등한 일본군의 대규모 병력과 100여 년의 내전에서 단련된 전술과 우수한 무기에 조선군의 군사활동은 그 한계를 드러낼 수밖에 없었던 것이 개전 초기의 조선군의 현실이었다. 적의 대군을 막기에는 역부족이었으므로 민병의 협조가 반드시 필요한 상황이었다. 여기서 임란 초기의 관군을 지원한 민에 대하여 살펴보기로 한다.

개전 초기 적에게 밀린 관군은 전력을 보강하고 지휘체제의 재건을 위해서는 관할지역의 民의 협조를 구할 수밖에 없었고 후퇴하던 관료와 장수들은 지역사회의 중망 받는 재지사족들에게 병력의 召募와 의병활동을 독려하는 상황이 전개되었다. 도피나 전사로 인하여 수령이나 장수가 비어있는 군현에서는 민의 지지를 얻은 인사가 代將 등의 직함으로 수령과 관군의 역할을 대신하여 지역민들의 보호와 적군의 방어에 나섰다.

먼저 소산역에서 좌병사 이각이 지원군을 퇴각시키는 바람에 밀양으로 후퇴한 밀양부사 朴晉은 밀양지역의 유력 인사인 김태허, 김유부, 박수, 박수춘, 손기양 등에게 남은 병력으로 북상하는 일본군을 저지하도록 지휘하였다. 이때 밀양부사 박진을 도와 의병을 일으킨 사람은 밀양인 박수, 김유부 그리고 인근 울산의 유백춘 등이었으며 이들은 의병을 조직하여 관군을 지원하였다. 김유부는 관군이 일본군과 싸울 때 정병 300명을 대동하고 양산의 황산역 부근에 매복작전으로 적에게 대항하였고, 김태허는 그의 조카 김수인과 함께 밀양성에서 후퇴하는 박진을 엄호하며 밀양에서 울산방면으로 나아가 의병을 모집하여 울산으로 진출하는 일본군에 항전하였다.[194] 이 과정에 밀양성을 비우고 피난민들이 밀양의 동쪽 운문산 자락의 석동에 운집하였고 김태허, 손기양, 이경호, 이경승, 김선홍 등의 사족들은 피난민들을 상대로 의병을 모집하여 청도의 의병군과 연결하면서 항전하였다.[195] 밀양부사 박진이 이때 밀양의 재지사족들에게 창의하여 적과 항전하도록 부탁한 이유는 경상감사 김수의 호출에 대비한 것이 아닌가 여겨진다. 밀양부사 박진이 소산역, 황산잔도, 작원관 전투에서 모두 패배하고 후퇴하여 밀양성에 이르렀고 밀양성 마저 포기한데 대하여 경상감사 金睟로부터 패전에 대한 문책을 당할 위기에 처해있었다.[196] 박진은 이러한 위기상황에서 밀양의 사족들에게 지원을 요청하였고 손기양, 박수춘, 김태허 등은 관군의 열세를 보충하는 역할을 수행해 나갔다.

관군의 대응 한계를 보충해나간 민의 활동은 개전초기 임진년 4월 19일 경상우도의 金海城 수성전에서도 찾아볼 수 있다. 김해부사 徐禮元과 초계군수 李惟儉은 밀려드는 구로다 나가마사(黑田長政)의 일본군 제3군을 방어하던 중 일본군의 화력에 기가 눌린 이유검이 야간을 틈타 서문으로 도주하고 부사 서예원 마저 이유검을 잡으러 성에서 나가자 김해 사족들이 의병 수백명을 모집하여 잔류 관군들과 함께 그 공백을 메웠다. 의병 송빈이 남문을 방어하고, 이대형이 북문, 김득기가 동문, 류식이 서문을 각각 맡아 성 안에 있던 관군과 함께 3일간 항전하다가 결국 전사하였다. 경상우도를 향해 북진하던 구로다군을 저지한 이때의 전투는 관군의 군사력 열세를 민이 지원한 것이었다. 달아난 초계군수 이유검은 경상감사 김수가 군율에 의해 참형으로 처단하였다.

---

194) 金守訒,『九峯集』,「난중잡록」참조.

195)『어초와 양세삼강록』권2, 부록 행장. 어유구는 이때 밀양지역의 창의를 주도한 사족으로 김태허, 손기양, 박수춘, 안국보, 조이복, 박종민, 손찬선 등으로 기술하고 있다. 김강식, 「임진왜란 시기 밀양지역의 의병항쟁과 의미」,『부대사학』28·29합집, 22~23쪽 참조.

196) 개전 초기 김해성 전투에 참전했다가 도주한 초계군수 이유검을 김수는 처단한 적이 있었다.

그리고 난의 초기에 경상좌도 안집사로 내려온 김륵은 예안의 사족 배용길과 김용에게 피난한 사민들을 상대로 의병을 모집하도록 요청하였으며 배용길 등은 지속적으로 의병 소모에 진력하여 좌병사 박진이 안집사 김륵으로부터 안동진의 군사를 인수하여 관군의 재정비를 할 수 있도록 지원하였다. 또한 경상우도에서 개전 초기 의병의 지원에 힘을 쏟고 있던 김성일은 좌도에 있는 그의 조카 김용, 김철 등과 생질 유복기 등에게 편지를 보내 좌도에서도 의병 봉기하도록 촉구하여 경상좌도에서의 관군과 의병의 협조체제를 유지할 수 있도록 유도하였다.

경주진에서는 경주성이 함락되자 경주 부윤 윤인함과 판관 박의장이 안강 도덕산과 죽장현으로 후퇴하여 무기를 제조하며 관군의 전열 정비를 도모하고 있을 무렵 경주의 의병들은 부윤과 판관을 관내로 들어와 의병과 연합활동을 할 것을 제안하고 이를 실행시켰다. 개전 직후 기룡산 묘각사로 후퇴했던 영천군수 김윤국 또한 영천의병장 정세아 등의 제안에 따라 복귀하여 후일 창의정용군이라는 연합군을 구성하여 영천성 탈환전에서 승전하였다. 이와 같이 경상좌도에서는 관군의 전열 정비에 초기 의병의 원조가 이루어짐으로써 관군과 의병의 협조체제를 가져올 수 있었다. 민의 지지를 기반으로 창의한 의병의 지원으로 개전 초기의 관군의 열세를 만회하고 위기상황을 타개해 나갔다.

제2절 의병의 등장과 관군과의 관계

1. 의병과 관군의 갈등과 그 원인

임란초기의 경상좌도에서 관군은 일본군의 파죽지세의 공격에 밀려 패퇴하여 도주하거나 흩어졌다. 관군이 패퇴한 상황에서 의병의 군사력은 열악한 무기로 적과 백병전을 펼치는 것이나 마찬가지였다. 게다가 의병이 거병하더라도 독자적인 활동을 펼치기가 쉽지 않았다. 그 원인은 관군과의 갈등 때문이었다. 임란 직후 일본군에 의해 초토화된 경상좌도 지역에서는 대부분의 관군이 산일하여 帥臣(監司와 兵使)의 군사 지휘권 발동이 어려웠고 난 직후에는 조정의 의병봉기 촉구나 의병활동을 효유하는 대책도 없었다. 그런데도 좌도 각 지역마다 주둔지 일본군의 노략질은 극심하여 이를 방어해야 할 필요성은 커지고 있었다. 이러한 상황에서 일부 지역에서 힘겹게 봉기한 의병들은 관군에 의한 방해 활동으로 상당한 제약을 받기도 하였다. 임란 전부터 백성들에게 수탈과 노역으로 부담을 준데다 막상 왜란이 일어나자 관군은 패퇴하거나 도주함으로써 권위가 무너졌고 백성들은 관군에 대한 불신으로 그들의 명령을 들으려 하지 않았다. 임란 초기의 이러한 난맥상은 다수 보이는데 경상좌도에서는 그 일례로 임진년 4월 30일경 경상좌도 영천에서는 수백 명의 하양의병이 관군에 의해 학살된 사건이 벌어졌다. 임진왜란 당시 군사 및 행정 최고책임자였던 유성룡은 그의 『징비록』에서 이를 소상히 기록하고 있다.

경상도 용궁현감 禹伏龍은 자신의 고을 군사를 거느리고 경상 좌병영으로 가다가 永川의 모양리 길가에서 식사를 하던 중 河陽 군사 수백 명과 마주쳤다.197) 하양 군사들은 경상방어사의 소속으로 상도로 가던 중

---

197) 문수홍, 「임란 중 경상좌도지방의 의병활동」, 『소헌 남도영박사 화갑기념 사

우복룡의 군대 앞을 지나가면서 군사들이 말에서 내리지 않았다. 이를
괘씸하게 여긴 우복룡이 하양 군사들을 붙잡아서 "너희들 반란군이지?"
하고 꾸짖었는데 놀란 하양 군사들이 慶尙左兵使의 公文을 내보이며 변
명하려 들자, 우복룡은 자기의 군사들에게 눈짓하여 그들을 포위하여
모두 쳐 죽여서 시체가 들판에 가득하게 되었다.[198] 이에 대하여 우복
룡은 경상감사 金晬에게 토적을 섬멸한 것으로 보고하였고, 순찰사 김
수는 우복룡이 큰 공을 세운 것으로 조정에 보고함으로써 우복룡은 일
약 통정대부로 승진하고 안동부사에 임명된 일이 있었다.

　이 후 하양 군사들의 가족인 고아들과 과부들이 중앙의 고위관료들
이 내려올 때마다 말 머리를 가로막고 원통한 사정을 호소하였다. 그러
나 이미 우복룡이 직위나 명성이 높아졌기 때문에 이들의 원통한 사정
을 대변해주는 사람이 없었다.[199] 유성룡은 임진왜란 당시 영의정을 지
내고 군사·정치적 총책임자로서 전쟁을 지휘한 관료이기도 하다. 유성

학논총』, 1983, 400~401쪽 참조. 이 부분을 河陽代將이 500여 명의 군사를 이
끌고 경주를 구원하러 가다가 兵使가 명령을 하달하기를 '물러가 하양의 방어
를 절제하라'는 지시를 받고 되돌아오는 길에 노상에서 점심을 먹고 있던 우
복룡의 군사와 마주친 것으로 기술하고 있다.

198) 유성룡, 『징비록』, "龍宮縣監禹伏龍 領邑軍赴兵營 食永川路邊 有河陽軍數百
屬防禦使 向上道 過其前 伏龍怒軍士不下馬 拘之責以欲叛 河陽軍出兵使公
文示之 方自辨 伏龍目其軍 圍而殺之皆盡 積尸滿夜 巡察使以功聞 伏龍爲通
政 代鄭熙績 爲安東府使 後河陽人孤兒寡妻 每逢使臣之來 遮馬首號寃 伏龍
有時名 故無伸理者云". 유성룡, 『징비록』, 이재호 역주, 역사의 아침, 2007,
61~62쪽, 81쪽 참조.

199) 이탁영, 앞의 역주『정만록』, 61~62쪽. 위의 하양의병과는 좀 다른 경우이기는
하나 임란초기에는 관군간의 위계질서도 흔들렸음을 볼 수 있다. 경상감사 김
수는 근왕군으로 나가 충청도 지역에서 적을 만나 진흙탕에서 의관을 잃고 피
난 군에 휩싸여 후퇴하였다. 이때 김수를 수행하던 영리 이탁영이 비인현감에
게 '이 분이 영남우병영 순찰사이신데 黑笠을 잃어버려 난군 속을 헤치고 나
가기가 어려우니, 흑립을 며칠 만 빌려주십시오' 하고 청하였으나 비안현감은
못 들은 체하고 피하였다.

룡이 군이 하양군사들의 몰살 기사를 『징비록』에 남긴 것은 임란 초기의 혼란상을 역사적 사실 그대로 기술함으로써 전시 백성들의 고충을 후대인들에게 경계하는 의미를 가진다고 하겠다. 이 당시 하양의 군사들이 순수한 의병들이었는지는 확인되지 않으나 민에서 모집한 병사들로서 방어사의 소속으로 하여 경주지역의 일본군을 대적하기 위한 지원병력으로 보아진다.

이와 같은 사례를 통해서 볼 때, 임란 초기에 비록 관군이 패퇴하기는 하였으나 남아 있던 수령이나 관군은[200] 지휘체계를 유지하려 하였다. 이 시기까지 관군은 관군대로 의병들의 독자적 활동을 인정하지 않으려 했고, 의병들은 패퇴한 관군의 지휘를 쉽게 받아들이려 하지 않은 데서 상호간의 알력과 갈등은 피할 수 없었던 것으로 보인다.

위의 하양군사 사례에서는 용궁현감 우복룡이 하양의병이 말에서 내리지 않은 채 경상좌병사의 명령이라며 공문을 내보인 데 대하여 수령권을 발동하여 하양의병들을 반란군으로 취급하여 몰살을 시킨 것으로 보인다. 임란 직후 일본군의 침략을 받지 않은 일부 지역의 관군들은 여전히 수령권을 내세워 민병들을 지휘하고자 하였을 것이다. 이런 와중에 발생한 것이 바로 하양의병들의 희생이었을 것으로 보아진다. 임란 초기 혼란한 가운데 군과 민 또는 의병들 간의 상호불신과 알력을 엿볼 수 있는 사례이다.[201]

---

200) 전시에는 각 진관 소속의 군수, 현감 등의 수령이 절제사, 첨절제사 등의 군직을 겸직하면서 군사지휘권을 행사하였다.

201) 이러한 사정은 임진왜란이 일어나기 전부터 왜란에 대비하여 일본군의 침입이 예상되는 경상도지역에 민을 동원하여 대대적인 성곽의 신축 및 수리를 하면서 경상도 사민들에게 혹독한 부역을 시킨 바 있었다. 특히 경상감사 김수는 이러한 경상도지역의 축성사업 공적으로 조정으로부터 상을 받기까지 하였다. 그러한 축성 사업으로 경상도의 민들은 가정이 파탄될 정도로 고통을 받았다. 따라서 국가와 관료들에 대한 불만이 쌓여 있었다.
어려운 상황 하에서 하양 의병들은 전란 직후 관군이 패퇴하여 흩어진 공백을 임란초기의 관군은 그들 나름대로 정규군인 자신들이 있음에도 불구하고 민간인이 의병봉기를 하는 것을 국법에 어긋난 행동으로 여겼을 것이다. 그렇기 때문에 그들의 명령에 따르지 않는 의병들을 군율에 의해 처단하거나 의병들이 관의 식량이나 무기를 이용하지 못하게 하고 위반하는 경우 역도로 몰아붙이는 실정이었다. 반면에 의병들은 대다수의 수령이나 관군이 적을 피해 도주하거나 피난하였기 때문에 관료와 관군을 신뢰하지 않았고 호의적으로 보지도 않았다. 이 같은 현상은 임란 직후의 경상도 외에도 전국적인 현상으로 여겨진다. 그뿐 아니라 조정의 입장에서도 지방 세력의 자의적 무장에 대한 우려가 없지 않았다. 그러나 경상도 사민의 절반이 왜적의 편에 섰다는 보고를 받은 후에야 비로소 의병창기를 효유한 것으로 판단된다.[202] 이 같은 조정의 의병봉기를 권유하는 포고문이 있기 전에는 징병 대상자들은 관군에 지원하게 되어 있었다. 그러나 믿고 따를 관군이나 지휘관이 없는 상태였다. 설사 믿을 만한 관군이 있다고 해도 세력이 약해서 지원하려 하지 않고 피난해버렸다. 이런 상황에서 관군과 의병은 서로 갈등을 빚을 수밖에 없는 것이 임란초기 실정이었다.

메우기 위해 소집된 병사들로서 경주지역을 방위하기 위해 지원하러 나갔다. 경상좌병사가 써 준 '하양군사는 방어사 소속이니 복귀하여 경상방어사의 명을 받으라'는 공문을 내보이자, 우복룡이 이를 확인하는 과정에서 일어난 충돌로 추정된다. 용궁현감 우복룡이 자신의 휘하 병력으로 하여금 하양군사들을 검열하면서 도주 병력으로 의심하여 체포하여 사살한 사태는 임란초기 관군과 의병의 충돌 사례 중의 하나로 볼 수 있을 것이다. 경상우도 의병장 곽재우가 의병들의 여론에 따라 경상감사 김수를 처단하려 했던 사례가 그러하였고, 임란초기 청도 군수 배응경이 최정산에 피신해 있다가 약 3개월 후에 의병들이 복구해놓은 청도읍성에 복귀하자 군수를 처단해야 한다는 의병들의 주장을 의병장이 설득하여 무마한 것도 비슷한 예이다. 임란초의 혼란한 시기에 의병들과 관군의 갈등 상황을 보여주는 예는 여러 곳에서 발생하였다. 조경남, 『난중잡록』 권1, 임진년 4월 21일조 참조.

202) 김강식, 앞의 책, 혜안, 2001, 192~193쪽.

가장 먼저 있었던 경상감사 김수와 우도 의병장 곽재우 사이의 알력
은 심각하였고, 함창현감 이국필의 경우에는 상주지역 의병들의 활동을
적극적으로 방해한 사실이 보인다. 즉, 임진년 8월 19일의 상주 사족 趙
靖의 일기에서

　　함창현감이 말과 글을 자기 나름대로 꾸며 순찰사에게 거짓 보고하기를
"이봉 등이 서생들을 거느려 의병이라 거짓 칭하면서 관군을 의병으로 삼
고 관군이 포획한 왜적의 수급을 자기들의 공적으로 하며 현감으로 하여
금 손을 쓸 수 없게 한다."라고 하였으니, 이 사람의 거듭되는 사특한 험담
의 모습은 입으로는 비유하기 매우 곤란하다. 이러하니 장래에 계속될 무
상한 어투는 헤아릴 수 없는 화난을 꾀할지 알 수가 없다. 통탄할 일이다.203)

라는 기록을 남기고 있다. 이러하듯 임란초기의 관군의 상황은 민들
의 눈에는 무기력한 존재로 보였을 것이고 관은 관대로 상명하복을 강
요하는 상황이 이어지고 있었다.

　　임란초기 경상도 지역의 창의활동은 자발성이 강하였는데 초기 의병
의 봉기를 어렵게 한 요인의 하나는 관군의 방해 작용이었다. 의병의 응
모와 의병들에 대한 군사적 재원의 조달을 막은 것이었다. 자발적으로
일어난 의병들이 전투를 위하여 관의 무기나 곡식을 이용할 경우 곳곳
에서 수령이나 관군이 반역 등의 죄명으로 고변하는 사례가 적지 않았
고 의병의 모집에 호응하지 못하도록 막기도 하였다.204) 그러면서도 적
을 맞아 싸워야 할 관군은 일본군을 직접 상대하기에는 절대적인 약세

---

203) 조정,『임란일기』, 임진년 8월 19일조. "聞咸昌倅修飾說辭 誣報于巡察使曰 李
　　逢等 率年少書生 冒稱擧義 以官軍爲兵 以官軍所捕首級 爲已功 使縣監不得
　　措手云云 此人反覆邪險之狀 極口難喩 將來構出無狀之語 謀成不惻之禍 亦
　　不可料 痛憤痛憤",『조정선생문집』, 이현종 편역, 삼화인쇄주식회사, 1977,
　　184~185쪽 참조.
204) 위『조정선생문집』, 180~183쪽.

였기 때문에 軍勢가 강한 의병들에게 의탁할 수밖에 없었던 것이 임란 초기의 상황이었다. 관료나 관군들은 그들의 지위를 내세우며 위세를 부리고 사족 출신 의병장들로부터 지휘받기를 거부하였기에 잦은 충돌이 생길 수밖에 없었다. 의병장들은 도피한 산졸들을 의병으로 모집하려 했으나 수령들은 이를 불법행위로 간주하고 순찰사에게 의병을 모함하는 보고서를 올리는 상황이었다.

우선 임란초기 난을 피해 다니던 경상도 관찰사 金晬와 경상우도 의병장 郭再祐와의 갈등을 들 수 있을 것이다. 이 시기에 招諭使 金誠一이 이들 간의 갈등을 조기에 조정205)함으로써 영남의병들이 궐기할 수 있는 여건을 조성시켰다. 이런 점에서 임란초기의 영남의병의 활성화를 위한 김성일의 노력은 주목할 만하다. 이 같은 김성일의 노력은 추락한 관의 권위를 회복하고 戰功이 있는 의병들을 관직제수 등으로 포상할 것을 조정에 건의하여 의병들의 사기를 높임으로써 거병의 명분을 갖게 해주었다고 판단된다.

한편, 정부의 의병정책은206) 당시 정국을 운영하고 있던 남인정권과도 연관성이 있다. 사태의 긴급성으로 보아서는 의병을 독려하여 난국을 타개해야 했고, 다른 한편으로는 패배하거나 도피한 관군에 대한 처

---

205) 임란초기 경상도 지역 의병활동에 대한 지원 및 의병-관군의 조정역할에 대하여는 김강식, 『임진왜란과 경상우도의 의병운동』, 2001, 도서출판 혜안, 124~140쪽을 참조하였다. 저자는 초기 의병의 실상과 김성일의 초당적 지원 및 활동에 대하여 매우 세밀한 분석을 해 두었다. 그 외 종합적인 연구서로 경상대학교 남명학연구소 발간, 『김성일과 임진왜란』, 2019, 보고사, 남명학연구총서 21(이태진 외6인 공저)를 참고하였다.

206) 정부는 난의 초기에는 의병 장려정책을 취하다가 관군이 재정비 되는 시기에 이르러서는 정책의 변화를 꾀하였다. 특히 선조는 의병의 폐단을 내세워 관군으로의 흡수 또는 해체를 강력히 주장하였다. 따라서 의병장 등 상층부는 관직제수 등으로 관군으로 편입하여 해결하였으나 실제 의병 구성원의 대부분을 차지한 하층부에 대해서는 뚜렷한 보상을 내놓지 못함으로써 불만을 가졌던 의병하층부는 반감을 가지고 반란군에 가담하기도 하였다.

벌의 문제가 놓여 있었기 때문에 산졸들을 의병으로 흡수시킬 것인지에
대하여는 고뇌해야 하는 상황이었다. 이 과정에서 관군과 의병의 대립
은 불가피한 현상이었다.

2. 의병과 관군간의 협조체제 구축

경상좌도 의병의 경우 대체로는 관 및 관군과의 알력이나 갈등의 상
황은 보이지 않고 있다. 또한 좌도의병은 우도와는 달리 의병의 독자노
선을[207] 고집하지도 않았고 오히려 좌도 북부의 안동권역의 의병은 관
및 관군과의 관계가 상호 협조적인 특색이 있다. 따라서 좌도에 있어서
는 의병의 모병과정에 있어서의 召募와 自募의 구분도 그만큼 의미가
약해진다 하겠다.

안동권 영역에서는 임란 발발 이전부터 사족들의 지방에 대한 영향
력이 강하였다. 그들은 향촌의 주도적 세력을 형성하고 있었기 때문에
사족 주도의 의병 활동 또한 관군과의 상호보완적인 관계설정이 가능하
였다. 또한 임란초기에 의병-관군의 갈등으로 인한 소모가 적었기에 일
본군에 대하여 좀 더 효율적으로 대처할 수 있었다는 점은 주목할 만하
다. 산졸을 모으고 의병을 규합한 유종개, 김해, 금응훈, 김용, 배용길,
신흘, 김중청 등 안동권 영역의 의병장들이나 신지제, 김륵 등 관군지휘
부의 경우 퇴계문하에서 수학한 사림들이거나 그 후학 또는 친인척의
관계로 형성되어 있었다. 난의 초기 좌도의 수령들이 다수 도피한 상황
에서 의병을 모으고 산졸을 수습하던 예안현감 신지제와 안집사 김륵도
퇴계의 제자이자 동방급제한 동문으로서 충돌 없이 상호협조적임을 볼
수 있다.

---

207) 좌도에 비해 경상우도의 의병장들은 의병의 독자적 노선을 강조한 측면이 있
　　었다. 특히 정인홍의 경우 정부의 의병 흡수정책에 소극적이었고 향촌공동체
　　를 기반으로 한 自募義兵을 관군화 하는데 반대하였다.

또 이들과 함께 의병에 나선 좌도 북부지역의 의병장 및 지휘관들은 향민보호와 심신수양을 강조한 퇴계의 가르침에 따라 上敬下愛하며 겸허한 자세로 내면적 수양에 치중해온 인사들이었다. 따라서 이들은 향촌공동체의 유지와 상하계층 간의 결집을 통해 의병활동이 빠르게 이루어질 수 있었고 관군과의 협력관계도 원만하게 유지될 수 있었던 것이다. 그러므로 좌도의 의병지도층에서는 관료나 관군을 대하는 예절과 법도를 존중하는 풍토가 이미 정착되어 있었다. 안동권 출신의 관료들은 상당수가 의병 지휘자들과는 학맥 또는 혼맥으로 이어져 있어서 상호 존중하는 관례가 정착된 데다 안동이 임시 감영으로 설치되어 감사, 병사 등 관료들과의 잦은 접촉과 교류가 있었던 점도 관-의병 간 상호협조체제 구축의 요인이 되었을 것이다. 그리하여 의병의 거사 또는 병력의 운용에 있어서도 관-의병 간에 상호 논의하고 의병에게 부족한 보급품이나 무기 지원 등 관의 협조를 통하여 의병활동을 하기도 하였다.[208]

이처럼 경상좌도 의병이 관군과의 긴밀성을 유지할 수 있었던 것은 당시 전시 군권의 실질적 책임자로서 이조판서 겸 도체찰사였던 유성룡이 의병-관군의 연계를 도모한 영향도 작용한 것으로 볼 수 있다.[209] 유성룡은 국가전체의 입장에서 난국의 타개를 위한 방안으로 의병의 독려를 고려하였다. 이러한 영향은 남인으로서 유성룡과 같은 퇴계의 문인인 안집사 김륵이 경상좌도에서 취한 조치에서도 나타나고 있다. 김륵

---

208) 이러한 점은 경상우도의 곽재우, 김면, 정인홍 등이 관보다는 의병 중심의 독자적 활동을 강조한 점과 대비된다고 볼 수도 있다. 임란초기 우도의 초유사로 활동하던 김성일은 김면, 정인홍 등의 의병 독자노선의 주장에 대하여 상당한 고심을 한 흔적을 볼 수 있다. 김성일은 이러한 환경을 우도의 인맥을 활용하여 적절히 조제하며 이를 극복해 나갔다. 특히 의병장 곽재우에게 민의 私儲를 징발할 수 있도록 권한을 부여해 준 점은 우도의병의 활성화에 박차를 가한 것으로 볼 수 있다. 이에 대하여는 李魯의 『용사일기』 참조.

209) 이태진, 「임진왜란 발발기의 관군과 의병」, 『김성일과 임진왜란』, 보고사, 2019, 34~35쪽.

이 임란 초기에 그의 고향인 영주지역에 내려와 의병을 모집할 당시에 전직 관료나 생원·진사 등의 식자층을 里長으로 삼아 관군의 조직과 유사한 형태로 의병을 조직하고 의병의 관리 또한 관군에 준하는 조직형태를 유지하게 하였으며 만약 의병으로 모집된 자가 이에 위반할 경우 이장 등에게 강력한 처분권을 부여하고 이를 반드시 지킬 것을 강조한 점도 이를 반영한다 하겠다.210)

또 한 가지 임란초기 좌도 의병의 소모에 있어서 빠른 시일 내에 구성원 충원을 가능하게 했던 요인은 도망하거나 패퇴한 관군들의 협조였다. 도망병과 패전병에 대한 정부의 관대한 조치의 영향도 있었겠으나 산졸들의 협력이 중요한 변수로 작용하였다. 이러한 산졸들은 난의 직후에는 관찰사 김수와 각 고을 수령들의 이산으로 어쩔 수 없이 도피하였으나 관군-의병의 연합활동이 이루어지면서 특히 많은 인원이 의병군으로 복귀한 것이었다. 이처럼 좌도 의병의 빠른 성장에는 이들 패잔 관군들의 의병 편입이 의병 부대의 규모를 증가시키는 요인으로 작용하였던 것으로 볼 수 있다.211) 고급 장수인 중군이 포함된 화원현의 우배선 부대가 소수의 병력이었음에도 많은 전과를 올릴 수 있었던 것도 이런 측면을 짐작케 한다.

한편 안동 등 좌도 북부지역과는 달리 좌도 영천지역의 의병은 안동권의 의병과는 약간의 차이점이 보인다. 안동권역의 경우 안집사 김륵과 예안 현감 신지제 등이 예안, 안동지역의 유림과 긴밀한 관계를 유지하며 상호 협력하는 모습을 보인 반면, 좌도 영천지역에서는 임진년 7월 하순경의 영천성 탈환전투에 있어서 관군과 약간의 마찰이 있었다. 당시 관군을 거느리고 안동에 주둔해 있던 병사 박진의 지휘를 꺼려한 점이다. 이에 따라 의병진과 병사 박진의 갈등을 우려한 김성일은 권응

---

210) 정해은, 앞의 논문, 영남학 28, 2015, '김륵의 역할' 부분 참조.
211) 노영구, 「임진왜란 초기 경상우도 의병의 성립과 활동 영역 -김면 의병부대를 중심으로-」, 『역사와 현실』 64, 한국역사연구회, 2007, 40~45쪽 참조.

수를 영천성 탈환전투의 총대장으로 지명하였고, 병사 박진은 영천성 전투에서는 지휘권을 행사하지 못하고 화약과 병기를 지원하는 정도에 그쳤다.

그러나 좌도의병 전체의 특성으로 볼 때, 지역별 관·의병 간의 긴밀성의 차이는 있으나 대체로는 경상좌도 의병은 관군과의 협조체제를 잘 유지하고 있었다는 점은 인정된다고 하겠다. 예를 들어 안동에 입성한 좌병사 박진이 안집사 김륵으로부터 안동부를 넘겨받아 군사지휘권을 행사할 수 있었던 배경에는 안동지역의 관료나 의병진이 박진의 군사권 행사에 크게 반발하지 않았다는 점이다. 이것은 기본적으로 좌도의병이 가지고 있는 관군과의 상호 협조적인 태도에서 기인하는 것으로 봐야 할 것이다. 그리고 관과 의병의 사이를 적절히 조제하였던 김륵의 조치도 중요한 역할을 하였다고 볼 근거가 된다. 김륵은 각 고을 단위로 이장과 유사를 정하여 이들을 중심으로 지역의 전 계층이 참여할 수 있도록 하여 연대의식을 통한 일체감을 갖도록 한 것이다.[212] 그뿐 아니라 경상우도에서 초유활동을 하던 김성일이 좌도 감사로 부임차 대구 팔공산 동화사에 이르렀을 때 좌병사 박진에게 좌도의병들을 관군의 위세로 대하지 말 것을 경고함으로써 좌도의병과 좌병사 박진 사이를 조정한 때문이기도 하였다.

그 외에도 경상좌도에서는 관과 의병간의 갈등을 사전에 고려한 경우로서 임란초기 대구부 전체 의병장 서사원에게서도 찾아볼 수 있다. 서사원은 임란초기 팔공산에 피난해 있던 대구부사 윤현에게 거병하여 적을 칠 것을 조언하였으나 부사가 미온적인 태도를 보인데 대하여 불만을 나타내기도 하였다. 그러면서도 대구부 지역의 독자적인 의병 거사를 미루고 있었다. 그리고 대구부 전체 의병진인 공산의진군이 결성된 다음에도 대구부사와 함께 의병진을 점검하는 등 관군과의 협력체제

---

212) 이탁영, 앞의 역주 『정만록』, 373~374쪽 참조.

를 유지하려 했다. 그것은 가능하면 관군과의 마찰을 피하여 관군의 협력에 의한 창의활동을 도모하였기 때문이다.213)

좌도의병의 관군과의 협조체제는 임란 직후의 좌도회복을 위한 합리적인 선택에서 나온 것이었다는 점에도 주목할 필요가 있다. 그 일례로 영천성 탈환전투 당시의 상황을 고려해볼 때, 의병연합군의 지향점은 적을 몰아내는데 있었기 때문에 전쟁의 승패를 좌우할 지도자의 선택에 있어서 관군의 지휘를 받을 지의 문제를 두고 고뇌한 데서 찾을 수 있다. 단순히 좌병사 박진의 관군으로서의 위세에 대한 거부감보다는 대전을 앞두고 최고지휘자를 관군으로 할 것인지, 의병장으로 할 것인지의 판단이 전쟁의 승패를 좌우하는 중요한 관건임을 명확히 인식하고 내린 결정임을 알 수 있다. 그러한 배경에는 임진년 6월 초의 좌도의병진의 결의회합인 慶州蚊川會盟에서 약 4,000여 명의 군소의병들이 단결력을 과시하였으며, 영천성 복성전 이전에 영천, 경산, 하양 등의 영천성 외곽의 일본군 교통로 차단을 위한 박연전투, 한천전투 등에서 나타난 군소의병진의 전투성과로도 이미 의병의 역량이 확인되었고 또한 이 무렵 의병장 권응수 등 좌도연합의병 지도층이 청송에 주재하던 박진을 찾아가서 이 문제를 두고 협의를 한 적도 있었던 것이다.214) 이때 의병장 권응수를 영천성 탈환전의 최고지휘관으로 내정한 것은 좌도 각 지역 의병들의 단합으로 결정된 중론이었으며 단순히 좌병사에 대한 기피나 불신에서 나온 것이 아니었음을 알 수 있다. 그들의 결정은 곧 의병군의 분열과 전력 손실을 막고 고조된 사기와 축적된 역량 결집으로 전투력을 증강하려는 목적에서 나온 것이었다. 그 결과 우도 초유사 김성일을 통하여 의병연합군 중심의 병력으로 영천성 전투를 치르도록 관의 협조를 구했던 것이다. 이러한 사례를 통해 좌도의병의 관군과의 협력

---

213) 우인수, 「대구지역 임진왜란 의병의 활동과 성격」, 『대구지역 임진란사』, (사)임진란정신문화선양회, 2018, 295~296쪽 참조.
214) 조경남, 『난중잡록』 임진년 9월 5일조.

관계는 관군에의 의존 보다는 전쟁의 승리를 위한 합리적 선택이었음을 확인할 수 있고 이러한 사실은 주목되어야 할 것이다.

이처럼 관군과의 연합과 협조체제를 통한 의병활동은 경상좌도 의병의 보편적인 모습으로 볼 수 있으며 경상우도 의병과 비교될 수 있는 경상좌도 의병이 갖는 특색이라 하겠다. 따라서 좌도 의병은 대체로 의병활동의 전개에 있어서도 관군과의 갈등을 고려하여 수령, 병사 등 관군과 함께 의병을 점검하는[215] 등 관군의 의견을 존중하며 사전 조율해 나갔다는 점에 주목할 필요가 있다. 이런 사실로 보아 경상좌도 의병은 관과 상호 협력적인 관계를 유지해나갔던 것으로 규정지을 수 있을 것이다.

---

215) 임란 초기 임진년 7월경 대구 팔공산에서 창의한 의병대장 서사원과 대구부사 윤현이 함께 부인사 아래의 배점리에서 의병군을 검열하였다. 서사원, 『낙재선생일기』 임진년 7월 24일조.

제3절 관군의 재정비와 의병의 성격 변화

1. 정부의 의병 장려와 통제

임진전쟁 초기의 의병은 관군의 지휘체제를 보충하는 의미가 있었다. 특히 경상좌도의 경우 감사 겸 순찰사였던 김수가 각 군현의 수령들에게 피신할 것을 지시함으로써 많은 수령들이 부임지를 떠나 산간으로 피난한 경우가 많았으므로 각 향민들은 전시행정지침을 하달 받을 수 없었다. 따라서 향중의 사족들이 향토수호의 지휘자로 나설 수밖에 없었고 이들은 의병활동으로 일본군 주둔군의 점령정책에 항거하며 향민들의 왜적화를 막아내려 했다. 한성에서 피난하여 북으로 이동한 정부는 민의 지지와 협조가 전쟁의 승패를 좌우하는 요인임을 인식하고 효유문을 통해 개전 초기 의병 창의를 독려하여 관과의 협력관계를 유지하려 하였다.

경상좌도에서는 어려운 여건 하에서도 정부의 의병 독려에 고무된 사족들이 창의하여 의병간의 연합과 관군과의 협조체제를 유지하며 점령 일본군에 대응하는 항전을 이어감으로써 적의 교통로를 차단하고 영천성, 경주성 등 빼앗긴 성을 되찾는 성과를 거두었다. 그러나 정부의 의병에 대한 권고와 독려 정책은 일정 시점에 이르러 의병군을 관직 제수 등으로 국가의 군사로 흡수하기 위한 관군화 정책을 추진해 나갔다. 이러한 정부의 정책이 가능했던 것은 개전 초기의 국가 위기에서 벗어나 전쟁 극복의 자신감이 생긴 상황에서 관군을 재정비하고 의병 세력을 축소할 필요가 있었기 때문이다. 그러나 정부의 의병에 대한 통제책은 지역에 따라 그 반응이 다르게 나타나기도 하였다. 경상좌도의 경우 1592년 7월 하순경 영천성 탈환전에서 대승을 거둔 권응수는 임란 이전에 훈련원 봉사로서 수영의 군관을 지내다가 의병활동에 나섰다. 그 해 10월에는 전공에 의하여 경상도 병마사 겸 방어사로 임명되었으며 또한 이러한 관직을 수용하고 부임하였다. 한편, 경상우도의 정인홍의 경우에는 전공에 의해 제수된 관직을 대부분 사양하고 의병의 소강기에는 군사를 관군에게 소속시키고 향리에 머물렀다.[216] 대부분의 의병장들이 정부의 관직제수 등 관군화 정책에 호응한데 반하여 의병의 독자성을 강조하며 정부의 정책에 따르지 않은 경우도 있었다. 이와 같은 의병의 자발성과 독자적 활동을 중시했던 세력에게는 임란 이후 정국을 주도할 수 있는 명분으로 작용하기도 하였다.[217]

임란기 정부의 의병해체 정책의 주요인은 의병의 폐단이 드러났기 때문이다. 임란초기의 의병과는 달리 후기에 창의한 의병들은 많은 문제점을 내포하고 있었다. 의병진을 갖추는 것이 마치 자신의 향촌에서의 위상을 나타내는 것으로 정부에 위세를 드러내는가 하면 관군에게 비협조적인 태도를 보이기도 하였다. 이는 난 초기의 100여 진에 불과하던 의병진이 그 수가 늘어남에 따라 난립하였고 관군과의 불화와 마찰이 생기면서 국왕 선조와 대신들 사이에서도 부정적인 시각을 나타냈다. 정부에서 의병 상층부는 관직제수로 관군화를 유도할 수 있었으나 실제로 전투에서 몸으로 싸운 의병 하층부에게는 큰 보상을 해주지 못하였고 설사 면천 등의 혜택을 주었다 하더라도 이에 대한 제도상의 모순을 제기하는 세력이 증가하였다.[218] 그 뿐 아니라 의병 세력이 증가하면서 하층부의 불만을 의병 지도층에서 반란 등 정부를 공격하는 방향으로 돌릴 경우에는 위협적인 존재가 될 수도 있음을 가상할 때 정부의 의병 축소 및 해체정책은 점차 강구될 수밖에 없었다.[219] 의병 후기

---

216) 『선조실록』 권154, 선조 35년 9월 갑신조.
217) 김강식, 『임란왜란과 경상우도의 의병운동』, 혜안, 2001, 184~185쪽.
218) 조정, 『임란일기』 참조.
219) 김강식은 정부의 관군화 정책이 봉건왕조의 유지를 위한 조치였음을 지적하고 의병 하층부에 대한 충분한 배려가 없었던 점에 대하여 문제점을 제기하였다. 김강식, 『임란왜란과 경상우도의 의병운동』, 혜안, 2001, 190~191쪽.

에 해당하는 1592년 11월경에는 禹性傳으로 하여금 남방의 의병을 통제
하게 하고, 1593년에는 權慄로 하여금 경기·충청·전라도 의병을 그의
휘하로 예속케 하려는 논의를 하기도 하였다.[220]

한편 정부의 의병통제 및 해체의 또 다른 배경에는 국가의 의병에 대
한 군량미 조달의 한계에 따른 어려움이 있었다.[221] 김덕령 의병의 경
우, 초기에는 정부에서 일본군의 토벌을 위해 의병에게 군량을 제공하
며[222] 의병의 세력 확장을 독려하여 일본군의 전라도 침탈을 방어하는
효과를 가져왔으나 의병의 수가 증가하면서 정부의 군량 조달이 한계에
이르자 의병장 김덕령에게 翼虎將이라는 사호를 내리고 그의 군사를 관
군으로 편입하는 정책으로 전환하였다. 이러한 정책은 결국 의병 조직의
약화를 가져와 해체의 길로 유도하는 것이었다. 또 한편으로는 사병인
김덕령 의병의 규모가 커지는데 대한 정부의 부담도 의병해체의 요인으
로 작용하였을 것이다. 이러한 경향은 임란 발발 6개월이 지난 시점에는
국왕 선조의 입장이 난의 초기에 의병을 대하는 것과는 많은 변화가 있
었던 데서도 알 수 있다. 실록에서도 이러한 입장을 찾아볼 수 있다.

　　각 도에서 난으로 흩어진 사람들이 스스로 모여들어 혹은 영세한 적을
　　소탕하고 스스로 의병이라 칭하였으나 공을 세운 것을 보지 못했으며 많
　　은 폐단을 자아내어 물의를 일으키고 있다.[223]
　　의병장 중에는 자신의 보신을 위하여 의병을 조직하고 (관의)통섭과 절
　　제를 받지 않음이 현재의 폐해이다.[224]

물론 의병 후기로 갈수록 일부 의병 중에는 의병 조직을 자신의 세력

---

220) 『선조실록』 권32, 선조 25년 11월 임신조.
221) 임란기 의병의 군량조달에 대하여는 김강식, 「송암 김면의 의병활동과 역할」,
　　『남명학연구』 2가 참고가 된다.
222) 『선조실록』 권32, 선조 25년 7월 계유조.
223) 『선조실록』 권32, 선조 25년 11월 갑술조.
224) 『선조실록』 권32, 선조 25년 12월 무오조. 순찰사 성영(成泳)의 상소문 참조.

확장이나 관의 통제 배제, 경제적 치부의 수단으로 악용하는 등 사리사욕을 위하는 경우도 있었다. 그러나 그 보다도 정부에서 우려한 바는 의병 세력의 반정부화와 반란에 대한 우려가 가장 컸다고 볼 수 있을 것이다. 실제로 난 중에는 생활고에 시달리던 의병 하층부 민들이 반란에 가담한 경우도 나타났다.[225]

2. 경상좌도 의병의 관군화

영천성 탈환전 당시 의병대장으로 활약했던 무관 출신의 權應銖는 정부의 관직제수에 의하여 의병 후기에는 관군으로 활동을 하였다. 여타의 경상좌도 의병들의 반응은 어떠했는지를 각 지역 의병들의 사례를 위주로 살펴보면 다음과 같다.

경상좌도 의병은 개전 초기 일본군에 의해 점령된 후 많은 핍박 속에서 의병을 창기하였으며 이러한 열악한 상황은 관군과의 협조체제 구축으로 전력 증강을 도모하는 방향으로 의병활동이 전개되었다. 그러므로 경상좌도 의병은 의병의 독자성을 내세우며 정부의 관군화 정책에 대하여 반발하는 사례도 보기 어렵다. 이러한 추세는 임란 당시 전시정국을 이끌던 남인 세력의 중심이 경상좌도 지역을 연고로 하고 있었던 배경과도 상관성이 있는 것으로 볼 수 있다. 안동향병의 대장이었던 金垓는 창의 격문에서 "의병의 존재는 국가를 위한 것이며 의병의 소임은 다만 관군을 도와 위기극복을 하는데 있을 뿐 다른 의도를 가질 수 없음"을 천명하였다. 그러나 그는 약 1년에 걸쳐 치열한 활동을 하고도 정부로부터 관직을 제수 받거나 관직에 나아간 사실이 없다. 경상좌도 의병이 정부의 포상과 관군화 정책을 수용해 나가는 과정은 각 지역 의병의

---

225) 1594년 아산에서 일어난 '송유진의 난'이나 1596년의 '이몽학의 난'에는 불만을 가진 하층민들이 다수 가담하였다.

의병장과 그 대원들의 義兵觀에 따라 약간씩의 차이를 보인다. 순수한 유학자 출신 의병장들이나 전직 관료 및 무관의 경우는 대체로 정부의 의병정책에 순응하는 것으로 파악된다.

먼저 청도 의병을 이끌던 의병장 朴慶傳의 경우, 청도군수 배응경이 대구와 청도 사이의 최정산에서 피난했다가 임진년 7월 9일 청도로 돌아와 수령권을 복귀하려 했을 때, 성을 이탈한 배 군수를 처단해야한다는 의병대원들의 반대에도 "백성과 관리의 분수는 법에 따라야 하는 것이니 군수를 맞이하여 함께 적을 쳐야하지 않겠는가"라고 설득하여 군수 배응경의 수령권을 회복하게 하였다. 이 후 의병장과 의병의 칭호를 버리고 관군으로 자처함으로써 자발적으로 관군화의 길을 택한 경우이다. 이 시기 이전에 박경전은 군량과 군기를 자급자족하였으며 국가의 지원을 받지 못했으나 이후 그의 종형 박경신이 현직 무관으로서 그 다음 달에 청도 조전장으로 부임함으로써 의병활동에 관의 지원을 받게 되었다. 그러므로 관군과 의병의 혼합체 형식의 준관군화 체제로 의병진을 운영한 것이다.[226] 박경전은 전공으로 3년 후인 1595년 창녕현감으로 부임하였다.

다음으로 울산·경주지역의 의병장 柳汀은 의병 창의 시부터 임란 전에 미리 준비해 두었던 군량미와 군기를 자체 조달하였으며, 유정은 오히려 자가 군량미를 관군에게 지원한 사례이다. 유정 의병부대가 비축하고 있던 의병 군량미를 관군에게 지급할 군량미가 부족했던 경주 판관 박의장에게 긴급히 지원해 준 예도 있었다.[227] 유정은 약 5년간 의병활동에 전념하였을 뿐 관직을 제수 받거나 관직에 나아가지 않았다. 이와 유사한 사례는 경산지역의 의병들에게서도 확인된다. 자인현의 최문병은 창의 당시 자신의 창고 곡식으로 군량미에 조달하였고 자인현의

---

226) 『14의사록』, 「창의일기」, 7월 9일조.
227) 유정, 『송호유집』 하, 임진년 11월 19일조.

관의 창고 곡식은 그대로 보존하였다.[228] 최문병은 영천성 탈환전의 전 공으로 박진의 장계에 의해 장기현감에 제수되었으나 관직에 나가지 않 고 의병활동에 전념하였다. 그는 처음부터 관직에 뜻을 두지 않았고 학 문에 전념한 처사형 의병장으로 파악된다. 하양 의병장 黃慶霖 또한 전 공으로 인한 관직을 받지 않았으며 崔大期도 영천의병장 권응수와 함께 영천성 탈환전투에 참여하여 훈련부정의 직을 받았으나 관직에 나가지 않고 의병활동에 전념하다가 전상으로 사망하였다.[229] 그러나 무과 출 신의 하양의병장 申海는 관직에 나아가 고위직에 오른다.

한편 화원현의 禹拜善은 백면서생에서 전공으로 일약 군수의 직에 나 아가 관군으로 활약하여 가선대부에 올랐으며, 울산의병장 金太虛의 경 우 전직 무관으로서 산관으로 지내며 임란을 맞아 좌병사 박진을 도와 울산, 밀양 등지에서 의병으로 활약하였다. 울산가군수에 임명된 후 전 공에 의하여 울산 실군수로 임명되어 관군으로서 공산회맹과 정유재란 기 울산 도산성 전투에 참여하여 군의 요직인 오위도총관에까지 이른다.

위와 같이 경상좌도의 의병들은 처음부터 관군과의 협조체제를 유지 하며 의병활동을 펼쳤기에 관군과의 알력이 별로 없었으며 정부의 관군 화 정책에도 반대한 사례는 거의 보이지 않는다. 따라서 경상좌도 의병 의 경우 개인적 가치관에 따라 관직을 사양하고 의병활동에만 전념하는 경우도 있었으나 대체로는 정부의 정책에 순응하는 과정을 거친 것으로 파악된다. 그러나 경상우도의 경우에는 좀 다른 양상을 보였다. 임란 초 기 정부는 경상우도 의병의 역할과 공적을 긍정적으로 평가하면서 먼저 곽재우를 관군으로 임명하였고 이어서 金沔을 영남 의병도대장으로 명 하여 영남 의병을 관군으로 흡수하려는 정책을 펴고자 하였으나 鄭仁弘 은 그에게 내려진 관직을 사양하며 의병의 일선에서 스스로 물러나는

---

228)『선조실록』권44, 선조 26년 11월 5일 을묘조. "晉對曰:慶州 崔文炳 把截慈仁 縣 守護國穀 自四月至八月 拒守不退 …"
229) 최대기,『晦堂實記』,「年譜」참조.

경향을 보이기도 하였다. 정인홍은 정유재란기까지도 자신이 거느리던 합천의병 조직을 그대로 유지하였으므로 정부에서는 이원익으로 하여금 정인홍을 향병장으로 명하여 전란 극복에 기여케 하였다. 정인홍의 향촌을 중심으로 한 강력한 의병 조직은 전후 정국을 주도하는 기반이 되기도 하였다. 임진전쟁기 경상좌도 지역의 의병장 현황은 아래의 <표 7>과 같다.

<표 7> 임란 시기 경상좌도 지역 의병장 현황[230]

지역	의병장 성명	의병장수	비고
경주	견천지, 권복시, 권복흥, 권사악, 김광복, 김 호, 김덕추, 김자평, 김란서, 김응택, 이용각, 손 로, 이의잠, 백이소, 이천류, 이시립, 서사적, 이삼한, 이선조, 남의록, 손 시, 이여성, 권응생, 손 엽, 이 종, 신사충, 이승금, 이희룡, 이경home, 이방린, 안천서, 최진립, 최계종	33	
안동	김호의, 유 심, 유동룡, 이주도, 권사도, 권사민, 이재성, 정사성, 남윤선, 남자훈, 이 추, 김 태, 안 발, 김 익, 김덕렴, 김극후, 김봉조, 권탁연, 윤탕민, 남덕인, 남덕배, 김희맹, 김 원, 이인충, 이혈(경유), 이선충, 안 우, 김시추, 남봉한, 권순민, 신경립, 박태회, 박 협, 안종래, 김 영, 유복기, 유원직, 손 박, 손윤남, 노의현, 김충국, 이영충, 김극종, 김열사	44	
예안	이 예, 손홍효, 금응각, 금응우, 금응훈, 금 경, 금 결, 구찬조, 김 용, 김 철, 김 해, 김 기, 조수명, 조석명, 남의각, 남인각, 유영문, 유 의, 이 열, 이광성, 임 흘, 조 목, 손홍재, 이형남, 이 율, 조득로, 이인복	27	
영천	정세아, 정대임, 조의성, 조의정, 정사상, 정사진, 조 경, 노귀종, 서도립, 조이절, 이덕봉, 김 연, 이일장, 조덕기, 정안번, 정수범, 전삼성, 이 설, 곽구탁, 박은구, 전 익, 김 호, 이몽성, 최산룡	24	
신녕	권응수, 권응전, 권응평, 권응심, 이온수, 정응거, 정응서, 김근성, 권치겸, 표충화, 이원수, 권덕시, 이응춘, 박 황, 김응배, 김응신	16	
영해	남사필, 남사명, 조 검, 조 전, 조광의, 주 식, 오수눌, 조 건, 박응장, 백인경, 이 숙, 백중립, 이시청, 남경생, 이태운, 신준민, 이 함, 신원영, 신덕룡, 권선범, 박희안, 정승서, 남 표, 신원걸, 이번갑, 신정립, 이형연, 남사문, 백견룡, 권사수, 김응추, 오 관	32	
청송	이덕수, 김성원, 정 운, 김성달, 조종악, 조향도, 조동도, 윤영호, 김몽기	9	
의성	박무선, 김사정	2	

지역	의병장 성명	의병장수	비고
대구	서사원, 서승후, 채몽연, 성낙선, 이최배, 배덕일, 채선수, 민 겸, 채응구, 이종택, 박충후, 정광선, 손처눌, 손처약, 최 인, 최 계, 최동보, 박충윤, 이응두, 유기춘, 이대수	21	
하양	김 거, 황경림, 신 해, 박능정, 박 붕, 허응길, 허대윤, 허경윤	8	
자인	최문병, 최희지, 최경지, 김우련, 김우용, 김응광, 전극창, 박몽량, 박 춘, 안천민, 이파준, 이승증, 이억수, 이춘암	14	
경산	최대기, 박응성, 남 중, 정변함, 정변호, 정변문, 정섭호, 정섭문, 진 성, 진 엽, 승 적, 이 간	12	
청도	박경전, 박 형, 이 렴, 이 철, 이운룡, 김 진, 김명원, 이문해, 이문연	9	
영일	김현룡, 김원룡, 권여정, 김우정, 김우결, 김천목, 심희청, 이 추	8	
장기	이대임, 서방경, 서극인	3	
청하	김교룡, 김덕경, 이 겸	3	
흥해	정삼외, 정인헌, 이 질, 권응복, 박몽서, 최홍국, 이 열, 이대리, 이대인, 이 화, 진봉호	11	
영덕	신 철, 신규년, 정의성, 윤사휘, 김사지	5	
진보	문희공, 문희현, 권 완, 김선계, 이응의	5	
의흥	홍천뢰, 홍경승, 박종남	3	
군위	이영남, 장사진	2	
영천(영주)	금약붕, 황덕형, 안해룡	3	
풍기	우룡, 주목린	2	
예천	장여획, 장여한, 장세희, 안시수, 이향남, 이진남, 이경남, 신경회, 이진도, 박유의, 박수겸, 이계립, 이영문, 이형곤	14	
용궁	박성렬, 조언방, 윤 숙, 이 돈, 이 형, 이세웅	6	
현풍	곽재우, 김응현	2	
밀양	김태허, 손기양, 박수춘, 김유부, 손응산, 현 인	6	
울산	장희춘, 유 정, 유백춘, 유태영, 서인충, 박봉수, 윤홍명, 이경연, 이응춘, 이봉춘, 이응벽	11	
동래	김정서	1	

230) 최효식, 『임란기 경상좌도의 의병항쟁』, 국학자료원, 2004, 230쪽을 참고로 하였으며, 여타의 실기류인 『구재실기』, 『동계실기』, 『화암실기』, 『송호유집』, 『복재실기』 등을 토대로 재구성하였다.

제4장

임란초기 경상좌도의 의병활동

(1592. 4.~1593. 4.)

임진전쟁기의 의병활동은 명군 및 일본군의 움직임과 관련성이 있는데 임란 초기는 의병활동이 가장 활발히 전개된 때이다. 경상좌도의 경우, 거점 주둔해 있던 적으로부터 약탈을 막고 후방군과 전방군 간의 교통로를 차단하는 일이 무엇보다 급선무였다.

임란 발발과 함께 일본군의 상륙 후 부산진성에서 첨사 정발이 일본군을 상대하여 결전을 벌였으나 성이 함락되었고, 이튿날 동래성에서 부사 송상현과 양산 군수 조영규, 울산 군수 이언성 등이 항전하였으나 패전하였다. 이후 일본군은 밀양, 청도, 대구를 거쳐 북상하여 1592년 5월 3일에는 고니시 유키나가의 제1군과 가토오 기요마사의 제2군이 한성에 입성하였고, 제3군과 제4군도 후속하여 입성하였다. 이로써 일본군 본영은 우키타 히데이에(宇喜多秀家)를 총대장으로 하여 한성을 점령 통치하였다. 이후 고니시의 제1군은 개성, 평양으로 북진하여 7월 2일에 평양성을 점령하였고 가토오의 제2군은 개성 부근에서 함경도 방향으로 진군하여 안변, 함흥, 길주, 단천을 거쳐 경성에까지 이르렀다.

한편 평양성을 점령하고 있던 일본군은 명나라의 요동부총병 조승훈 군과의 제1차 평양성 전투에서 명군을 물리쳤으나 1593년 1월 4일 명군 총대장 이여송이 지휘한 제2차 평양성 탈환전에서 패한 후 남하하였다. 이 무렵 함경도로 진격하였던 가토오 기요마사군도 한성으로 철수하였다. 이 시기 일본군은 한성을 사수하며 점령지 분할정책을 시행하려 했으나 조명연합군의 공격과 권율이 지휘한 행주산성 전투에서 패전함으로써 한성에서 철수하여 남쪽으로 퇴각하였다. 이때의 퇴각 결정은 한성의 일본군 장수들이 1593년 2월 29일 작전회의를 열어 당시의 상황을 도요토미 히데요시에게 건의한 것이다. 철수 이유는 전황의 불리함과 군량의 부족으로 군량미의 보급 지원이 용이한 전라·경상 양도 지역에 축성하여 장기전 계획을 수립하려는 것이었다.

1593년 4월 8일에 일본군은 한성에서 철수하겠다는 의사를 명군 측에 전달하고 강화를 요구하였다. 명군은 이러한 일본의 제의를 받아들이고 조·명 연합군의 총지휘자인 경략 송경창은 조선군에게 일본군 공격을 중단하라고 요구하였다. 이때 조선군 측은 일본군과의 강화를 거부하고 독자적으로 한성을 공격하여 수복하겠다는 의지를 표명하였으나 명군은 이를 받아들이지 않았다. 이에 일본군 5만 3천여 명은 안전하게 죽산-충주조령의 中路를 경유하여 경상도로 철수하였다. 이때 한성은 수복되었으나 춘궁기로서 식량난이 악화되었고 전염병이 만연하였으므로 국왕 선조는 1593년 10월에 환도하였다.

경상도로 남하하던 일본군은 충주에서 조령을 넘어 문경의 당교에 거점 주둔하며 충청도와 경상도를 연결하는 보급선을 유지하고자 하였으나, 경상좌병사 한효순을 비롯한 관군과 안동 의병대장 김해가 이끄는 안동열읍향병 등 경상좌도의 주요 의병진들이 연합하여 당교의 일본군을 수개월에 걸쳐 집중 공격하여 승리함으로써 일본군은 경주와 밀양 등지로 퇴각하였다.

이 기간 동안 경상좌도의 중·남부지역 임란 직후 일본군에게 점령되었던 각 지역에서 의병봉기를 하여 주둔 일본군의 침탈을 방지하고, 북상했던 일본군과의 보급로와 통신망을 차단함으로써 일본군의 활동 반경을 위축시켰다. 이러한 활동 중에는 군소 의병들이 연합하여 이루어낸 영천성 탈환전도 있었고, 의병과 관군의 연합으로 성취한 경주성 탈환 등의 승리도 있었다.

제1절 大邱鎭 권역의 의병활동

경상도 관찰사 김수가 임진년 4월 20일에 대구 인근의 금호강에서 왜적의 북상을 막으려는 시도를 하다가 전세의 절대적 불리함을 깨닫고 八莒지역(칠곡)으로 퇴각하였으며 일본군 제1대는 4월 21일에 대구읍성을 점령하였다. 일부 주둔군을 남기고 일본군은 제2로인 中路, 즉 동래-양산-밀양-청도-대구-인동-선산-상주-문경-충주를 통하는 영남대로를 이용하여 주력군은 북상하고 대구지역에도 일부 병력을 후방군으로 주둔시켰다.

그 이전에 대구부사 尹眩은 청도가 이미 함락되었다는 첩보를 사전에 입수하고 함창현감을 지낸 유진장 박충후에게 대구읍성을 맡긴 채, 부민과 관군을 대동하여 八公山 桐華寺로 진을 옮겼다.[231] 임란 초기 당시 대구와 성주지역의 일본군 총지휘자는 경상도의 영주로 내정되어 있던 제7대장 모리 데루모토(毛利輝元)였다. 대구와 청도·밀양의 주둔 병력은 지역을 다스리면서 한양과 평양에 이르는 전선의 군수보급기지 역할을 담당하였다. 일본군은 임진년 6월 중순경에는 경상도 지역 대부분을 점령하여 치안을 장악하고 병참업무와 주둔지 후방경비의 역할을 담당하고 있었던 것이다. 이처럼 대구와 성주는 일본군 제7군의 후방점령 기지로서 중요한 곳이었다.

한편, 대구지역 전체를 아우르는 의병 봉기가 인근의 청도나 자인[232]에 비하여 늦어진 이유는 당시 팔공산에 피난한 대구부사 윤현이 약 2,000여 명의 民官軍을 대동하고 있으면서도 함부로 군사운용을 하지 못하고 있었기 때문이다. 이 후 임진년 8월 20일경 부사 윤현이 일본군

---

231) 『국역 낙재선생일기』, 박영호 역, 이회문화사, 2008, 19쪽.
232) 청도의 朴慶傳이나 자인의 李承曾은 임진년 5월 초에 이미 봉기하여 대구 유림의 대표격인 서사원에게 함께 창의할 것을 통고한 바 있었다. 『국역 낙재선생일기』, 박영호 역, 이회문화사, 2008, 19쪽 참조.

을 공격했다가 약 700여 명의 아군 전사자를 낸 후로는 군사를 움직이는데 매우 신중하였다.[233] 이런 상황에서 대구 유림의 대표적인 서사원이 팔공산에 함께 있던 부사 윤현에게 수차례에 걸쳐 병사를 움직여 일본군을 토벌할 것을 권유하면서도 독자적인 의병활동에 뛰어들지 못한 것은, 관군이나 수령과의 마찰을 염려하였기 때문이었다.[234]

그러나 대구부 속현인 해안현의 최동보, 하빈현의 정여강, 수성현의 전계신, 손처눌 등은 대구 외곽에서 점령군들과 소규모의 전투를 전개하고 있었다. 또 화원현의 우배선은 비슬산과 낙동강을 중심으로 독자적인 활동을 하고 있었다. 화원현은 임란 당시에는 우도의 성주목 소속이었으나 생활권이나 지리적으로 사실상 대구권역에 속해 있었고 대구의 서남단 낙동강을 사이에 두고 성주, 고령, 현풍과 경계를 접하는 중간 지역에 위치해 있어서 이 지역에서의 의병활동은 사실상 대구부를 방어하는 역할을 하는 것이었다. 우배선을 중심으로 한 화원현의 의병활동이 생활권역을 중심으로 볼 때 실질적으로 대구진 권역의 활동으로 인식된다. 따라서 본 연구에서는 화원현의 의병활동을 대구진 권역의 범주에 포함시켜 규명하고자 한다.

이 무렵 경상우도에는 이미 일본군의 상당수가 주둔하여 약탈과 방화 등 많은 민폐를 끼치고 있었으나 곽재우, 김면, 정인홍 등 경상우도 의병장들의 치열한 대응으로 정암진 전투, 무계 전투 등에서 승전함으로써 일본군을 몰아내고 있었기 때문에 낙동강을 보전할 수 있었다. 우배선이 창의한 화원현은 지역적으로는 일본군의 출몰이 잦아 의병봉기를 하기에 위험한 곳이었으나 한편으로는 낙동강을 따라 이동하는 일본

---

233) 『학봉속집』 권3, 「우감사시 장계」 참조. 이때 대구의 관군이 제1차 경주성 탈환전투에 지원하러 나갔다가 패배한 것으로 보인다.
234) 이 점에 대하여 우인수는 대구부 전체의병의 조직을 관군과 의병의 협의를 통한 연합활동으로 파악 하였다. 「낙재일기를 통해본 대구지역 임진왜란 의병의 활동과 성격」, 『대구사학』 123집, 2016. 2쪽.

군을 유인하여 유격전을 펼치기에 유리한 지리적 이점도 동시에 가지고 있었다.

1. 대구부와 그 속현지역의 의병활동

1) 해안현 崔東輔 등의 의병활동

1592년 4월 21일 대구부는 부사 윤현 외 민관군 약 2,000여 명이 대구 읍성을 비우고 금호강을 건너 대구부 북동에 위치한 팔공산에 웅거해 있었다. 대구부 읍치와 인근의 각 현과는 교통이 차단되어 있었고 일본 군은 팔공산 침공을 위한 노력을 계속했기 때문에 사실상 의병활동이 어려운 상황이었다. 그러나 대구 외곽의 금호강 동쪽에 거주한 대구부 해안현의 최씨일가 崔認(1559~?), 崔誠(1567~1622), 崔東輔(1560~1625) 3 인의 의병장은 대구부가 일본군의 점령치하에 있었음에도 이른 시기에 창의하여 금호강과 팔공산 자락 및 경산, 영천에 걸쳐서 치열한 의병활 동을 펼침으로써 대구부 방어에 기여한 군소의병진이다.[235]

숙질간이었던 이들 3인의 경주최씨는 최인이 최동보의 중부, 최계는 계부로서 최동보와는 삼촌과 조카 사이이다.[236]

---

235) 그동안 대구의병사에서 최동보 등 최씨일가의 활동상이 충분히 드러나지 않 았고 그에 대한 연구조차 많지 않아 연구성과 또한 미약하였다. 최동보 등의 의병활동은 울산에서 '海上神狹日記'가 발견됨으로써 그 실상을 알 수 있게 되었다. 이에 대한 국역 자료로는『우락재실기』를 번역한 최오영의『내가 겪은 임진왜란』, 경주최씨전적보존회, 1992이 있었다. 최근 장준호는 그의 논문「임 진왜란기 대구지역 의병활동과 그 의의 -최씨삼충 최인·최계·최동보를 중심 으로-」에서 이들이 전개한 의병활동의 전모를 구체적으로 밝힌 바 있다. 최동 보 등의 의병활동은 경상좌도 군소의병들의 임란초기의 실상을 확인할 수 있 는 활동 사례로서 그 고찰의 의미가 있다고 생각한다.
236) 이들 숙질간은 나이 차이가 크지 않은데 최동보의 중부인 최인은 최동보 보다 한 살 위이고 계부인 최계는 오히려 조카인 최동보 보다 여섯 살이나 아래였

이들이 이른 시기에 창의할 수 있었던 배경을 살펴보면, 이들은 임란이 일어나기 2~3년 전부터 일본군의 침입을 예견하고 대구, 영천, 경주 등 인근의 사족들과 詩會 등을 통해 전쟁에 대비한 결의를 다져왔기 때문에 이른 시기에 창의할 수 있었다. 즉 이들은 임란 4년 전인 1588년 9월 9일에 용문현에서 지역의 인사들인 대구의 채몽연, 서재겸, 서영복, 영천의 정세아, 조형도 등과 회합을 가졌고,[237] 같은 해 9월 25일에도 가흥사[238]에서 최현[239]을 만났으며, 1591년 5월 15일에도 해안현의 대송정에서 신녕의 권응수 등과 만나 전란에 대비한 계책을 논의하였다. 최동보는 영남의 유학자로서 임진년 6월 경주의 문천회맹에도 참가하는 등 꽤 넓은 교우관계를 가지고 있었는데 특히 영천의 정세아, 조덕기, 경주의 유정 등 영남의 인사들과 폭넓은 교유관계를 유지하였다.

임진왜란 직전인 1592년 2월에는 친인척들과 읍민이 모인 자리에서 동래, 양산, 청도의 읍민들이 왜구의 침략을 우려해 피난을 간다는 소문이 흉흉해지자 최동보는 일본군이 침입할 것을 예견하고 사전 준비를 하였다. 그는 집안의 가노 福守를 시켜 각 집안에 가지고 있는 철 그릇과 야철 덩어리 200근을 모으게 하고 마을의 대장장이 花石으로 하여금 장창과 대검 300여 자루를 만들게 하였다. 그리고 집에 보관 중인 곡식 500곡과 각 가정에 비축된 곡식을 거두어들여 모두 800여 곡을 보관케 했다.[240]

다. 최종옥의 차남 崔認은 자가 達夫 호는 寒川이며, 삼남 崔誠는 자가 士訓, 호는 太洞으로 임란 1년 전인 1591년에 별시무과에 급제하였다. 최동보는 자가 子翼, 호가 憂樂齋이며 퇴계의 제자였던 외조부 盧遂에게 수학하였으며 천문과 병법에 능하였다.

237) 위의 용문현 회합에 참석한 사람들은 모두 대구와 그 인근 지역의 재지사족들로서 명망이 있는 文士들이었다.

238) 가흥사(架興寺)는 팔공산의 가산산성에 있었던 절로 추정된다.

239) 崔晛(1563~1640)은 호가 訒齋이며 학봉 김성일의 제자로서 천문, 지리, 병법에 능하였다.

240) 최동보, 『憂樂齋實記』「倡義事實」임진년 4월 5일조. "卽命家奴福守 收各家所

임란 바로 직전인 4월 5일에는 친척과 향인들이 모인 자리에서 향인들이 "그대의 예감이 남보다 뛰어난 줄은 알지만 정말 그런 일이 생길 것인가?"[241] 라고 묻자 최동보는 좌중을 안정시키며,

　　다른 읍의 사람들은 비록 사방으로 흩어지더라도 우리 이 좌중은 망동하지 말고 한결같이 내 말대로 하면 가히 생명을 부지할 것이고, 여러 세대를 지켜 온 가묘와 부모 처자를 온전하게 보전할 수 있을 것이다. 모든 일에 대비가 있으면 지킬 수 있으니 경거망동하지 말고 내 말대로 하시오. 병기를 만들어 준비해서 적의 선봉을 만나면 토적하는 것이 어떻겠소.[242]

라고 함으로써 전란이 일어나더라도 병기를 만들고 난에 대비할 것을 강조하였다.

임란이 발발하자 최동보는 4월 19일 친척과 마을 사람, 가노 등 70여 인에게 창과 칼을 나누어 주고 大松亭 아래에서 편대를 정돈하고 스스로를 大松將軍이라 칭하고 대나무 퉁소로 대원들을 호령하였다.

4월 20일에는 최인이 최동보에게 신녕의 무과출신 권응수가 의병을 모집하고 있으니 권응수와 합진할 것을 권유하였으나 최동보는 향리의 보전이 더 시급함을 이유로 독자적 의병군을 유지하였다.[243] 4월 21일에 의병대원들을 모아놓고 붉은 비단치마 아홉 폭으로 큰 깃발을 만들고 흰 글씨로 대송장군이라 쓰고 자신의 허벅지를 찔러 피를 군사들에

　　用鐵塊二百斤 又命家奴 冶匠花石 鑄長槍大劍三百餘柄 又出家藏".

241) 최동보,『우락재실기』「창의사실」임진년 4월 5일조. "君之知鑑 已知超衆然 何若是丁寧也".

242) 최동보,『우락재실기』「창의사실」임진년 4월 5일조. "他邑之人 雖爲四散 唯我座中 勿爲妄動 一如吾言則 庶何以圖生 累世家廟 父母妻子 亦可以保全 凡事預則立 勿爲妄動 一如吾言 造備軍器 當鋒討賊如何".

243) 최동보,『우락재실기』「창의사실」임진년 4월 20일조. "叔父曰 聞新寧權應銖 方倡義兵 以禦賊云 往附同討何如 對曰 先退虜略之賊 以保家廟父母 然後 當往附焉"

게 보이고 맹세하며 말하기를 "그대들이 만약 나의 명령을 어긴다면 이
와 같으리라"라고 엄히 호령하였다.[244]

임란초기 피난민들이 운집해 있던 팔공산 동화사를 중심으로 한 대
구부와 해안현의 지리적 위치는 아래의 지도와 같다.

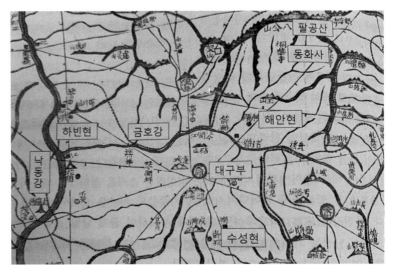

〈그림 4〉 대구부 부근 지도[245]

최인과 최동보는 향리인 해안현에서 거병의 토대를 마련하였다. 그러
므로 최인과 최동보는 일본군이 대구부에 입성하기 전에 이미 창의할
준비를 마친 것이었다.[246] 최동보 등이 활동한 해안현의 지리적 위치는
대구부의 동쪽에 위치하여 금호강을 건너 팔공산으로 진입하는 길목에

---

244) 최동보, 『우락재실기』「창의사실」임진년 4월 21일조 "以紅羅裳九幅 製爲大旗
　　 其上白而書之曰 大松將軍 刺股出血 以誓衆曰 汝等 若違吾令 有如此"

245) 출처: 서울대학교 규장각한국학연구원 소장, 「대동여지도」

246) 장준호, 「임진왜란기 대구지역 의병활동과 그 의의 -최씨삼충 최인·최계·최동보
　　 를 중심으로-」, 『대구지역임진란사』, (사)임진란정신문화선양회, 2017, 450~453쪽
　　 참조.

해당하였다. 해안현은 남쪽으로는 경산과 접해 있고 동쪽으로는 영천과 접경해 있었다. 또한 해안현의 앞쪽으로는 영천에서 흘러오는 금호강이 있고 북쪽으로는 팔공산이 있다. 대구읍성을 점령한 일본군이 피난민들이 운집한 팔공산으로 진입하려면 금호강을 건너 해안현을 거쳐야 했다. 따라서 해안현의 방어는 팔공산에 피난한 대구부민들의 안전이 달려 있었다.

임진년 4월 22일에는 군사를 거느리고 반야(班野)[247]에 진을 치고 적을 방어하였고, 다음 날에는 삼구(三衢)에서 적과 싸워 대승하여 왜적의 머리 수십 급을 베었다. 4월 24일에는 향리인 대송정으로 환군하여 전날의 승리를 축하하며 군의 사기를 북돋우었다.[248] 이어서 4월 26일에는 적병 수백 명이 해안에 주둔하고 있다는 정보를 입수하고 적병을 추격하여 화담(花潭)[249]에서 쳐부수고 장창 50자루와 진귀한 보물[250]들을 포획하여 군사들에게 상으로 나누어 주었다.

이와 비슷한 시기에 하양과 경산에서 각각 창의한 申海와 崔大期가 보내온 서신에서

---

247) 해안현과 하양현의 접경지로서 오늘날의 반야월로 추정된다.
248) 최동보, 『우락재실기』「창의사실」임진년 4월 24일조 "還軍大松亭下 殺牛置酒 以勞諸軍曰 爲人臣 豈忍待死於賊手乎 嗟我諸軍 勉之哉"
249) 여기서의 花潭은 팔공산 자락에 위치하며 花園이라고도 불리었다. 이곳은 빼어난 경치로도 유명하다. 팔공산에서 발원하는 동화천이 파군재 못 미친 지묘동에서 무태 쪽으로 굽이쳐 서쪽으로 흐르는 지점의 절벽을 낀 沼로서 금호강과 합류하기 전 연경서원 부근에서 큰 소를 이루는 석벽지점이다. 같은 시기에 우배선이 의병활동을 했던 대구 서남의 화원현과는 명칭은 같으나 다른 지역이다.
250) 이때 최동보 의병진에서 일본군으로부터 빼앗은 진귀한 보물은 일본군이 조선의 민들로부터 약탈한 물건으로 보인다. 임란초기 일본군은 조선에서 약탈한 많은 물품들을 금호강과 낙동강의 수로를 이용해 이를 일본으로 보내고 있었음을 알 수 있다.

지금의 일을 어찌 말로 다 할 수 있겠습니까. 지금 막 들어보니 형께서 화살과 돌멩이가 날아오는 속에서도 의병을 일으키고 한 달여 전에 화담에서의 승전이 가장 장쾌한 일이었던 것 같습니다. 요즈음의 군사형편은 어떠한지요. 우리들은 지금 권응수의 진영으로 가려고 합니다. 형의 뜻은 어떠하신지, 바라기는 형도 함께하여 힘을 합쳐 만전의 계책을 도모하심이 어떠하신지요?"251)

라고 하였다. 이때 崔大期는 경산현의 代將을 맡아 창의하였고, 申海는 하양에서 창의하여 각기 신녕의 권응수 의병진에 합류해 활동하고 있었다.

최동보는 적과의 전투에서 위장술과 화공술을 자주 사용한 것으로 나타난다. 최동보 부대는 5월 4일에는 경산의 林堂에서 적병 수백 명이 고을의 창고를 약탈한다는 정보를 입수하고 그날 새벽에 깃발을 세우고 북을 치며 張夢起 의병장(비유장군)의 부대와 연합하여 적을 향해 공격하였다. 최동보 부대의 전술은 적에 대한 기만 작전으로 약 3리 가량 거짓 후퇴하여 물러나 있다가 야간에 기습하여 화공전을 펴는 것이었다. 정예병들을 시켜 민가의 지붕 이엉, 빈 가마니, 마른 나무와 풀 등을 모아 숲 바깥 사방에 쌓아둔 다음 날랜 용사 40여 명을 뽑아 지름길로 적이 있는 곳으로 접근하여 불을 지르니 숲속의 적병이 어지럽게 흩어져 타죽거나 달아났다. 이로써 의병군은 크게 승리하여 적병 40여 급을 베고, 적으로부터 장창 27자루, 총 32자루, 말 12마리를 포획하였다.252) 이 전투는 소위 慶林戰鬪로서 최동보의 초기 의병활동으로는 큰 성과라고 할 수 있다.

5월 29일에는 자인의 진사 李承曾으로부터 창의를 독려하는 격문을

---

251) 최동보,『우락재실기』「부록」與憂樂齋書 참조. "時事豈忍言哉 豈忍言哉 卽聞吾見倡義於矢石之間 月前花潭之捷 最爲快壯 近者兵勢更得何樣 弟等 方向權應銖之陣 兄意何如 望須吾兄來會 並力以圖 萬全之策如何 如何"

252) 최동보,『우락재실기』「창의사실」임진년 5월 4일조.

받은 바 있었다.[253] 이승증은 회재 이언적의 제자로 이때 78세 고령의
隱士로서 자인의 맹구대에 은거하며 후학을 가르치던 중 임란을 맞아
대구의 서사원과 해안현의 최동보 등에게 창의 거병할 것을 촉구하는
격문을 보냈던 것이다. 6월 25일에는 영천에 사는 최동보의 매형 曺珹이
최동보가 그동안에 거둔 삼구, 반야, 경림 전투에서의 승전 소식을 듣고
자신의 의병부대를 이끌고 최동보의 의병진에 합진하였다. 이 시기 최
동보의 부대는 조성 등의 합진으로 규모가 커졌다.

8월 21일에는 경주-울산 사이에 머물던 적이 영천-경산 방면으로 이
동한다는 첩보를 듣고[254] 나현을 거쳐 원곡에서 숙박하였고, 22일에는
경주 외곽 남쪽에 있는 부산성 쪽으로 이동하여 산악로를 이용해 매복
작전을 펴기 위해 朱砂山[255] 에 주둔하였다.

23일에는 의병 부대를 이끌고 경주 단석산을 지나면서 김유신 장군의
유적을 보고 제문을 지어

" … 지금 왜적들이 쳐들어와 온 나라를 뒤흔들어 도성을 놀라게 하고
대가가 창황한 이때 소장이 의병을 일으켰습니다. 병사를 정돈하여 격려하
니 사방에서 지원자가 구름같이 모여 들었습니다. 소장이 지금 군사를 이
끌고 해변을 향해가고 있습니다. … 죄 없는 우리 백성들이 들판에 가득하
도록 죽었습니다. 적을 토벌할 1,000명 군사의 武氣가 크게 떨칩니다. …
칼을 단석에 갈아 충성으로 아룁니다. 신이시여, 밝게 비추어 양양하게 옆
에 계시오소서. 백성들을 쓰다듬어 영명하신 대왕께 먼저 감사드립니다.

---

253) 최동보, 『우락재실기』「창의사실」임진년 5월 29일조. "慈仁 進士李承曾 通文
　　來到 頗有奮義討賊之意也"
254) 시기적으로 보아 제1차 경주성 탈환전 무렵의 일로 보인다. 그러나 이때 최동
　　보의 부대가 경주에 온 것이 독자적 의병활동인지, 경상좌도 연합의병의 일원
　　으로 제1차 경주성 탈환전에 참여하기 위한 것인지는 사료상으로는 분명하지
　　않다.
255) 경주 건천의 부산성이 있는 산으로 인근에는 삼국시대에 신라군이 백제군을
　　물리쳤다는 여근곡이 위치한다.

신이시여, 오직 이르시어 이 출진을 도우소서."256)

라고 고유하며 일본군과의 큰 전투를 앞둔 비장감과 김유신의 靈을 빌어 승리하겠다는 결기로 군의 사기를 높였다.

이후 경주 입구의 선도동을 지나 仙桃山257) 봉우리에 정예병을 보내 적세를 정탐한 결과 많은 적들이 모량과 건천 사이의 금척원258)에서 노략질을 하고 있음을 확인하였다. 다음 날인 24일에 용맹하고 건장한 병사를 뽑아 선도산 서쪽 봉우리에 올라가 적의 숫자와 동태를 정탐케 하였다.

정병 수백 명을 시켜 마른 소나무를 베고 민가의 대나무 장대를 구하여 세 갈래 머리의 횃대(三頭炬)를 만들어 군사들로 하여금 1개씩 지참케 하여 야간에 모량천 풀밭 속에 잠복해 있다가 다음 날 해질 때를 맞추어 한꺼번에 횃불을 올려 적을 공격하는 작전을 수립하였다. 다음 날 25일 새벽에 최동보가 직접 남은 병사 100여 명을 거느리고 일부러 적진이 보이는 곳에 이르자 적의 두목이 금관을 쓰고 검은 비단옷을 입고 부채를 휘두르며 "서울이 이미 함락되고 8도의 길이 모두 소탕되었거늘, 너는 어떤 놈이기에 소수의 병졸을 데리고 감히 내 선봉을 대적하려 하느냐. 항복하는 것이 좋을 것이다. 그렇지 않으면 내가 너를 죽일 것이다."라고 소리쳤다.259)

---

256) 최동보, 『우락재실기』下, 「祭金角干庾信文」. " … 南荒狡猖 敢警京師 大駕蒼黃 報生而死 義旅方倡 兵頓以勵 雲集四方 小將行師 今向海防 人煙寂野妖氣滿眶 無辜吾民 積野死亡 謀土千軍 大武維揚 士飽而歌 馬運其量 劍磨斷石 率籲衷腸 繄神必燭 洋洋在傍 酒撫蒼生 先感明王 神維格思 庶助師行"

257) 선도산은 경주의 서쪽 서악동에 있는 높이 약 390m의 산으로 박혁거세의 어머니로 전해지는 성모를 기리는 성모사가 있고 산의 아래에는 진흥왕릉과 무열왕릉이 있다.

258) 신라시대의 고분군이 밀집해 있는 오늘날의 경주시 건천읍 금척리이다.

259) 최동보, 『우락재실기』「창의사실」임진년 5월 25일조

최동보의 군사가 거짓으로 패한 척하며 후퇴하니 적들은 비웃으며 방심하였다. 이날 밤 삼경에 의병군이 북을 치며 먼저 횃불 50대를 올리고, 이어서 멀지 않은 지점에서 또 다시 50대의 횃불을 높이 들자 모량천 풀숲에 숨어있던 아군 복병 수백 명이 또 다시 한꺼번에 횃불을 들고 일제히 공격을 가하였다. 적병이 놀라 달아나는 것을 활로 쏘아 수십 명을 사살하고 수급 16급을 베었으며 달아나는 적을 건천 당현까지 쫓아 대승하였다. 26일에는 전투현장을 수습하여 적에게 포로로 잡혀있던 우리 백성 남녀 60여 명을 거두어 각기 그 성명과 사는 곳을 파악하고 부상자와 여자를 가려내어 약과 양식을 주어 각자의 고장으로 돌려보내고 나머지 36명은 최동보의 의병진에 충원하였다. 대승을 거둔 다음 장교들을 소집하여 "입신양명하는 것이 효도 중에 큰 것이므로 이번에 벤 적의 머리를 모두 너희들에게 賞으로 주겠다."고 격려하고 포상을 약속하였다.[260]

위와 같은 최동보 의병부대의 전투 동선을 살펴보면, 대구에서 약 70리 이상 떨어진 경주와 건천 인근의 지리를 잘 파악하고 있었던 것이다. 최동보는 이미 임란 전부터 영천, 경주의 인사들과 시회, 강무회 등을 통하여 영천과 경주 지역의 지리를 익숙히 알고 있었기 때문에 사전에 적의 동태를 세밀히 관찰하고 있다가 요로에서 적을 공격하는 전형적인 게릴라전을 전개하였던 것이다. 최동보 부대의 이동노선은 거의 산악지대를 이용할 수밖에 없는 정황이 보인다. 대구에서 하양, 영천을 거쳐서 경주로 이동하는 교통로는 이 시기에 거의 일본군에 장악되어 있어서 의병들이 쉽게 이용하기 어려웠던 점을 감안할 때 대구에서 건천의 주사산이나 경주의 선도산으로 이동하기 위해서는 산악로를 이용해야 했다.

최동보 부대의 이동로는 해안현에서 산길로 이동하여 경주 부근 건천의 나현과 원곡을 거쳐서 주사산 골짜기로 이동하고 다시 계곡을 따

---

260) 최동보, 『우락재실기』「창의사실」임진년 5월 26일조

라 내려가서 약 3km 가량 떨어진 반대편의 단석산으로 이동하였다. 단석산에 있는 김유신 장군의 유적지에서 군사를 정비하여 다시 동북방향으로 이동하여 경주 서악동의 높이 약 390m의 선도산에서 적의 위치와 동태를 관찰한 다음 모량천에서 매복했다가 야간 기습작전을 펼친 것이다.

이러한 최동보의 전술과 전략은 민병의 장수로서는 매우 드물게 보는 게릴라전 용병술이라 하겠다. 특히 야간의 매복과 화공을 이용해 적을 제압하는 유격전은 최동보 부대의 장점이라 하겠다.

한편 崔誡의 활동을 보면, 8월 17일에 일본군이 주둔지인 대구성에서 나와 인근지역을 집중적으로 약탈하고 다니며 부교를 놓고 금호강을 건너 대구부사와 부민들이 운집해 있던 팔공산 지역으로 쳐들어오려 하였다. 최계의『태동실기』는 당시의 상황을 적고 있다.

전령이 전하기를 적들이 지붕의 이엉을 벗기고 나무를 얽어 금호강에 부교를 만들고 있다고 했다. 그래서 8월 19일 밤에 50기를 거느리고 가서 부교를 철거하였고 20일 새벽에 군사들이 함성을 지르며 진격하자 적들은 강쪽으로 달아났는데 이를 추격하여 수십 급의 목을 베었다. 25일에는 적들이 도덕봉[261]에 올라 적병의 움직임을 정찰하였는데, 이에 의병군은 아침과 저녁으로 연기를 피워 올려 의병의 수가 많은 것처럼 보이도록 위장하였다.[262]

위와 같은 전투내용으로 보아 최동보·최인의 부대는 최계의 부대와 연합하여 활동하기도 하고 또 때로는 각기 군사의 움직임을 달리하여 활동한 것을 알 수 있다. 이 무렵 최계는 초유사 김성일로부터 대구 假將으로 지명되어 있었던 사실로 보아 초유사 김성일은 최계를 중심으로

---

261) 팔공산 북쪽의 칠곡에 위치한 산이다.
262) 최계,『태동실기』, 권2 유사,「창의사적」참조. 여기서는 구본욱,「대구유림의 임진란 창의와 팔공산 회맹」,『조선사연구』24, 2015, 53쪽을 인용하여 보충 서술하였다.

대구의 의병조직을 운영하려 했던 것으로 보인다.

이러한 정황은 팔공산에 있던 대구부사와 서사원이 대구부 전체의병의 창의를 수차 논의하면서 의병거사가 지연되었기 때문에 김성일은 대구지역의 무과 출신 군사지휘자를 물색하여 우선 최계를 가장으로 임명하여 군사를 수습케 하려한 것에서 알 수 있다.263) 이 무렵 최계는 팔공산지역의 서사원이 지휘하는 공산의진군의 일원으로도 내정되어 있었으므로 서사원은 대구부 전체의 공산의진이 결성되자 바로 의병군 조직편성 사실을 초유사 김성일에게 통보하고 양해를 구하였다.

이 당시 김성일은 사실상 경상좌·우도의 관군과 의병의 지휘권한을 전반적으로 행사하면서 전략상 대구지역의 중요성을 인식하고 무과출신인 해안현의 최계를 대구가장으로 임명한 것이다. 최계를 통하여 의병활동을 독려함으로써 함락된 대구부와 고령, 합천, 성주에 활동 중인 경상우도 의병과의 연합을 도모할 계획이었던 것으로 보아진다. 따라서 최계는 서사원의 공산의진군의 일원이면서 초유사 김성일이 임명한 대구가장으로서의 역할을 수행하고 있음을 알 수 있다. 이 시기의 대구주변 지역의 전투상황과 최계의 역할은 그의 실기를 통해 알 수 있다.

8월 26일에는 초유사 학봉 김성일에게 글을 올렸다. 28일에 팔공산 북사면에 있는 오도암 부근에서 피난하고 있는 사람들에게 격문을 띄워 의병에 참여할 것을 권유하였다. 9월 3일에는 칠곡에 있는 왜적과 전투를 하기 위하여 진격하였으나 왜적이 숭유원으로 달아나 왜적을 사로잡지 못하였다. 이때 좌병사 박진이 경주에서 패배하여 군사를 잃고 동화사로 온다는 소문이 있어 모두가 격분하였다. 14일에 김성일이 좌감사에서 우감사에 임명되어 강우로 가려고 안동에서 출발하여 동화사에 들러 박진을 질책하였다. 이때 동화사에는 대구부사가 머무르고 있었으며 관군이 주둔하고 있었다. 16일에는 수십 기로 우감사로 부임해 가는 김성일을 하빈까지 호송하였다.264)

___

263) 임란초기의 대구출신의 무관으로는 수성현의 전계신이 활동하고 있었다. 최계는 그 전해에 무과에 합격하여 훈련원봉사로서 임란을 맞았다.

　　초유사 김성일로부터 대구가장으로 임명받은 후 팔공산의 피난민들을 의병으로 소모하는 활동을 하고 있음이 보인다.

　　최동보를 비롯한 최인, 최계 의병장의 활동의 의의는 대구성에 주둔한 일본군이 금호강을 건너 팔공산 쪽으로 진입하는 것을 저지함으로써 팔공산에 운집한 피난민들을 보호한 것이다. 임란 발발 직후의 이른 시기에 해안현에서 창의한 경주최씨 최인, 최계, 최동보 3인의 숙질간의 창의활동은 부대의 규모가 크지는 않았으나 그 활동내용이나 전과로 볼 때 적의 점령하에 놓여있던 대구에서 일본군 주둔군의 팔공산 침공을 방어한 공적이 있었다고 하겠다.

　　한편, 해안현의 도대장이었던 곽재겸(1547~1615)은 경상우도 의병대장 곽재우의 4촌 형으로서 계동 전경창에게서 학문을 배웠다.

　　임란 직후 서사원 등과 함께 팔공산으로 피난하였으나 그 해 6월경 그의 두 아들이 왜적에 의해 피살되자 본격적인 의병활동에 나섰다. 그는 800여 명의 의병을 모집하여 활동하였고 특히 군량미의 수집과 보급에 전력을 다했다.[265] 그는 1593년 1월에는 명군 총병 유정이 대구의 팔거현(당시는 성주목의 속현)에 지휘본부를 차리고 연합군을 지휘할 당시에 유정의 군진을 찾아갔고 11월에는 서사원, 박충후와 함께 도원수 권율을 찾아가 군무에 조력하였다.

2) 하빈현 鄭汝康의 의병활동

　　정여강(1541~1593)은[266] 대구 서북쪽의 금호강 하류지역인 泗水[267]에

---

264) 최계, 『태동실기』 권2 유사, 「창의사적」 참조.
265) 구본욱, 「대구유림의 임진란 창의와 팔공산 회맹」, 『조선사연구』 24, 2015, 52쪽.
266) 위의 정여강에 대하여, 구본욱은 이탁영의 『정만록』에 게재된 鄭以安을 곧 鄭汝康으로 보고 있다. 즉 정이안으로 오기한 것으로 판단하였는데, 그 원인을 당시 대구부사 윤현이 올린 치계에 汝康을 행초서로 적었기 때문에 以安으로 인식한 나머지 잘못 표기한 것으로 보고 있다. 구본욱, 「대구유림의 임진란 창

서 임란 직후인 임진년 5월 6일에 고을 장정과 노복 등 100여 명을 소집하여 의병 창기하였다. 그는 산 위에 초병을 배치하여 적의 동태를 살피게 하고 계곡에 대원들을 매복시킨 다음 대구읍성에서 하빈지역으로 약탈하러 나온 일본군을 상대로 전투를 벌이고 인근의 이천지역에 까지 진격하였다. 또한 하빈에서 낙동강을 건너 성주로 가는 길목에 위치한 선사의 馬峴268)에 군사들을 매복시켜 수회의 치열한 전투를 벌였으며 7월에는 금호진에서 왜적을 상대로 승전을 하였다. 이 당시의 대구부사 윤현의 치계에는

　　도(경상도)의 명령을 받들어 경상좌도의 여러 고을의 전황과 수령의 존부와 왜적의 취거, 농사현황, 버린 군기의 수습, 군량창고의 유무와 그 수를 듣고 본 대로 상고하여 급히 보고하라는 전령이 있었기에, … 다른 군읍은 상세히 알 수 없으나 … 대구부의 창곡은 11만석 중 5만석은 환상으로 나누어 주고 본창은 왜적이 당초에 불질러 버렸고, 해안과 수성, 하빈의 3창고는 왜적이 지나간 후로는 관내의 인민들이 훔쳐가 버렸고, 대구부의 향교는 왜적이 차지하고 사방으로 돌아다니며 노략질하고, … 하빈현 대장인 정이안(정여강)과 도흥종은 왜적 11명을 사살하고 승자총통과 왜총통을 각각 2자루, 크고 작은 환도 모두 10여 자루, 왜장의 투구와 말안장 각 1부를 빼앗아 청송에 주둔한 兵使의 진영에 보냈습니다. 왜선 8척이 하빈현에 이르러 뭍에 상륙하여 노략질하는 것을 대장 정이안과 신영, 전 현감 박충후가 군병을 이끌고 추격하여 말 9필과 소 1마리, 쌀 1석, 누룩 2동을 빼앗았으며 왜선은 그대로 강 가운데 있다고 합니다. 수성현의 복병장 전계신, 이윤의 등도 왜적 5명을 사살하고 2명을 참수하여 병사에게 보냈다고 합니다.269)

의와 팔공산 회맹」,『조선사연구』 24, 2015, 64쪽 참조.
267) 임란 당시에는 하빈현 소속이었으나 오늘날은 칠곡군 지천면과 접경해 있으며 대구시 북구 사수동에 편입되어 있다.
268) 오늘날의 대구시 이천동 마현산 자락의 이천서원(선사재)에서 고개를 넘으면 하빈에 이른다.
269) 앞의 역주『정만록』, 305~306쪽. "節到付道傳令 左道某某邑成敗 守令存否 倭

라고 하였다. 위의 치보에 의하면 임란 직후의 경상좌도의 일부를 제
외한 대부분의 군현은 적의 치하에 들어갔고 각 군현간의 교통과 통신
이 거의 막혀 있음을 알 수 있다. 그런 가운데에도 하빈현의 정여강, 도
홍종, 신영, 박충후 그리고 수성현의 전계신, 이윤의 등이 점령군과 치
열한 싸움을 벌여 승리하고 그 전리품과 헌괵을 병사의 진영에 보냈다.
정여강 등 하빈현 의병들이 활동한 곳은 금호강 하류지역으로서 많은
대구의 피난민들이 운집한 팔공산을 둘러싼 지역이었기 때문에 이들은
화원현의 우배선 의병과 함께 공산의진군이 결성되기 전까지 대구 방어
에 기여한 것이다. 따라서 이들의 활동은 일본군의 팔공산 진입을 저지
한 점에서 그 전투사적 의의를 찾을 수 있다고 하겠다.

3) 공산의진군의 활동

대구부의 의병창의는 경상좌도 여타의 지역에 비하여 그 시기가 늦
어졌다. 임란 직후부터 팔공산에 웅거한 대구부의 관군과 피난민들은
대구향교에 주둔한 일본군의 약탈과 수색을 피하였다. 이때 대구부사
윤현은 대구의 사족인 서사원 등 부민과 관군을 대동하고 약 3개월에
걸쳐 팔공산으로 침공하는 일본군의 방어에 집중하였다. 대구부의 유력
한 사족인 서사원은 관군을 지휘하는 부사를 제쳐두고 의병 창기를 할

賊去留農事形止 棄置軍器收拾 軍糧倉穀有無數 見聞相考 … 本府倉穀段十
一萬餘石 以五萬餘石段 還上分給 本倉則倭賊當初衝火 解顔守城河濱三倉段
倭賊過去後 境內人民塵數偸取 本府鄕校 倭賊數多雄據 四出作賊 … 河濱縣
大將鄭以安都興宗 倭賊十一名射殺 勝字銃筒倭銃筒各二柄 還刀大小幷十餘
柄 倭將鐵頭具 鐵鑛大鞍子各一部奪取爲有去乙 兵使行次今在靑松府聚軍乙
仍于 同道輸送 又倭船八隻 洛東江河濱境到泊下陸作賊次 大將鄭以安申英
前縣監朴忠後等 亦領軍追逐 倭寇所持馬九匹 牛一隻 米一石 造麴二同奪取
後 倭賊段仍在各船留泊江中 守城縣伏兵將全繼信李潤義等 亦倭賊五名射殺
二名斬首 兵使道輸送爲乎所馳報是白齊"

수 없는 상황이었다.

임란 무렵 서사원은 대구의 재지사족으로서 대구부사의 자문역을 담당하는 등 대구부의 사정에 가장 밝은 사람 중의 한 사람이었다. 그의 자택은 대구부의 서문 바로 앞에 위치하였는데 옛 구암서원의 자리였으며[270] 부내의 출입이 빈번하였기에 임란 발발의 정황에 대하여도 매우 정확한 정보를 가지고 있었다. 임진년 5월 28일에 팔공산에 피난 온 대구지역 사족들이 모여 팔공산 부인사에서 창의할 것을 논의한 바 있다. 이 날의 논의는 자인의 이승증, 청도의 박경선의 '적을 칠 좋은 계책이 있다'[271]는 취지의 창의격문이 부인사에 도달한 데 자극을 받은 듯하다.

서사원은 이승증과 박경선의 통문을 받고 그의 일기에서 "우리 고을이 큰 고을임에도 한 사람도 창의하지 못했으니 통탄스럽고 부끄러운 일이다."라고 적고 있다.[272] 그러나 이때 대구의 속현인 해안현에서는 최동보가 '대송장군'이라는 깃발을 걸고 금호강과 경산, 영천에 이르는 대구 외곽을 방어하며 전투를 계속하고 있었고, 하빈현에서는 정여강이, 수성현에서는 전계신·손처눌이, 서남쪽의 화원현에서는 우배선이 비슬산과 낙동강을 중심으로 유격전을 전개하고 있었기 때문에 팔공산에 웅거한 대구부민들은 팔공산 자락까지 일본군의 간헐적 공격이 있기는 하였으나 일본군의 집중공격을 받지는 않을 수 있었다.

한편 대구부 전체의 의병 창의를 위해 6월 2일에는 서사원, 정광천, 이주 등이 동화사로 부사 윤현을 찾아가 의병창의를 거론하였으나, 부사의 소극적인 태도로 창의가 지연되었다. 이후 6월 14일에도 서사원은 유요신, 서사술 등과 팔공산 정상 부근에 있는 공산성을 돌아보며 많은 피난민들이 그곳에 은거하고 있는 것을 확인하였고 6월 22일에는 동화

---

270) 구본욱, 「대구유림의 임진란 창의와 팔공산 회맹」, 『조선사연구』 24, 2015, 46쪽.
271) 여기에서 말하는 '좋은 계책'이란 후일(1592년 6월 9일)에 있었던 경상좌도 지역 의병장들의 결집인 경주의 蚊川會盟을 암시한 듯하다.
272) 서사원, 앞의 『낙재선생일기』, 임진 5월 28일조.

사 백화루에서 또 다시 의병을 논의하였다. 이처럼 몇 차례의 회합을 거쳐 임진년 7월 6일에 마침내 팔공산 부인사에서 서사원을 비롯한 49인이 모여 공산의진군을 결성함으로써 대구지역을 아우르는 전체적인 의병진을 조직하게 되었다. 이때 서사원은 대구 의병을 독려하는 격문인 '招集鄕兵通文'을 직접 작성하였으며, 각 의병장들과 협의하여 10개조의 향병이 지켜야 할 규율인 '鄕兵立約'을 제정하였다. 이와 같이 대구부의 공산의진군의 결성이 늦어지자 경상우도에 있던 초유사 김성일은 대구부의 의병진 구성을 위한 임시조치를 취하였는데, 무과입격자인 해안현 출신의 최계를 大丘假將에, 전 감역 서사원과 정사철을 소모관으로, 유사에는 유요신, 전 현감 박충후, 채선행, 정여강, 이주를 각각 임명한 바 있었다. 이러한 김성일의 조치는 대구의 중망 받는 인사를 소모관으로 삼아 의병을 모으고 적과의 전투에 투입될 실전 경험과 무예가 뛰어난 자를 위주로 한 의병조직이 필요했기 때문으로 판단된다. 임란 초기 대구 공산의진군의 분정은 다음과 같다.

〈표 8〉 공산의진군의 조직[273]

대장(大將)	정사철(鄭思哲), 서사원(徐思遠) 손처눌(孫處訥)	
공사원(公事員)	이주(李冑)	
유사(有司)	이경원(李慶元), 채선행(蔡先行)	
구분	장(將)	유사(有司)
읍내 (邑內) 용덕리	하자호(河自灝)	주심언(朱審言)
북산리	김우형(金遇硎)	서사진(徐思進)
무태리	여빈주(呂賓周)	류호(柳 瑚)
달지리	서득겸(徐得謙)	박유문(朴有文)
초동리	서사술(徐思述)	서사준(徐思俊)

273) 위 조직도는 이욱, 「임진왜란 초기 대구지역의 의병활동」, (사)임진란정신문화선양회, 2017, 206쪽을 인용하였으며, 구본욱, 「태암 이주의 환성정에 관한 고찰」, 『조선사연구』 22, 2013을 참고로 하였다.

	이동리	배익수(裵益綉) 채응홍(蔡應鴻)	서행원(徐行遠)
	신서촌	설 번(薛 藩)	백시호(白時豪)
수성 (守城)	대장 겸 현내장	손처눌(孫處訥)	손 탁(孫 逴)
	동 면	곽대수(郭大秀)	곽 렴(郭 濂)
	남 면	배기문(裵起門)	류 창(柳 昌)
	서 면	조 경(曺 瓊)	전 길(全 佶)
	북 면	채몽연(蔡夢硯)	박득인(朴得仁)
해안 (解顔)	오면 도대장	곽재겸(郭再謙)	
	상향리	곽재명(郭再鳴)	전상현(全尙賢)
	동촌리	우순필(禹舜弼)	최인개(崔仁愷)
	서부리	최 의(崔 誼)	이사경(李士慶)
	북 촌	류요신(柳堯臣)	홍 익(洪 瀷)
	서 촌	민충보(閔忠輔)	배찬효(裵贊孝)
하빈 (河濱)	대장 겸 서면장	이종문(李宗文)	정 약(鄭 鑰)
	남 면	정광천(鄭光天)	곽대덕(郭大德)
	동 면	홍 한(洪 漢)	정 용(鄭 鏞)
	북 면	박충윤(朴忠胤)	이유달(李惟達)

위의 공산의진군은 팔공산 부인사에 의병 지휘본부를 두고 서사원 등 의병장과 대구부사 윤현이 수시로 협의하며 대구 읍성에 주둔한 일본군의 팔공산 진입을 방어하였다.

2. 화원현 禹拜善의 의병활동

1) 창의 기반과 조직

우배선(1569~1621)은 자가 사성, 호는 월곡이다. 우배선의 가계는 고려 후기 우탁을 중조로 하여 여말에 문하시중을 지낸 우현보 대에 이르러 번성하였으나 그 손자 우성범이 공양왕의 부마로서 조선의 개국세력으로부터 척살되면서 각지로 흩어졌는데, 우배선의 5대조 우흥륜이 처가인 성주지역으로 낙향함에 따라 후손들은 경상도 성주와 화원현에 이주하여 정착하게 되었다.

20대의 젊은 우배선이 창의하게 된 사상적 기반은 대구 유학의 영향을 받은 것으로 여겨진다. 그가 살았던 화원현은 임란 당시 행정구역상으로는 경상우도 성주목 소속이었으나 학연이나 생활권으로 볼 때 대구권 유림의 성리학적 학풍에 더 밀접하였다. 임란초기 대구 의병대장에 추대된 서사원은 유학의 의리사상에 근거하여 대구지역의 사족들에게 의병활동에 참여할 것을 호소한 바 있었고 우배선이 서사원의 문인록에 등재된 사실로 미루어 우배선의 창의의 사상적 기반은 서사원에서 비롯된 것으로 볼 수 있을 것 같다.274)

우배선 의병진의 조직은 일반적인 경상도 재지사족들에 비하여 사회·경제적 기반과 인적 유대관계 등에서는 미약하다. 즉 영남우도의 3대 의병장인 郭再祐, 金沔, 鄭仁弘 등에 비하면 나이, 신분, 재지적 기반, 학연 등에 있어서 상당한 격차가 있었다. 우배선은 창의 당시 가노와 친인척을 비롯한 동민들을 중심으로 겨우 50여 명의 의병을 모집할 수 있었다. 그러나 우배선은 최소한의 병력으로 비슬산과 낙동강변에 위치한 향리에서부터 전투를 시작하여 인근지역으로 범위를 확대해 나가면서 야간 매복이나 기습의 방법으로 적을 베고 적의 동태를 파악하여 유인작전으로 유격전을 펼쳤다. 대구지역의 일본군에게 상당한 타격을 입히

---

274) 서사원의 『낙재선생문집』에는 서사원의 강학활동과 문인록을 실었는데, 문인록에는 우배선에 대하여 "자는 사성(師聖), 호는 월곡(月谷), 관력은 郡守, 덕동서원 배향"으로 기록되어 있다. 우배선은 서사원보다 19세 연하로서 서사원의 학문적 영향을 받았을 것으로 생각된다. 그러나 구체적으로 어느 시점부터 돈독한 사제관계를 맺었는지는 확인되지 않고 있다. 또 위 문집에 있는 서사원의 일기에는 우배선이 서사원의 병환을 돌보기 위해 약재를 직접 가지고 온 사실, 우배선의 상가에 아들을 보내 조문한 일, 혼사 문제를 두고 서로 의논한 일 등 사제 간이나 친족의 관계에 가까운 모습들이 상세하게 적혀 있다.

는 전과를 올리기 시작하면서 인근 주민들의 인식은 달라졌다. 게다가 우배선 의병은 임란초기 피난길에 헐벗고 굶주리던 주민들을 불러 모아 구휼정책을 폈다.[275] 이것은 주민들로 하여금 차츰 우배선의 의병진에 들어감으로써 안전을 보장받을 수 있다는 확신을 갖게 하는 계기가 되었다.

우배선 의병의 조직은 100명 내외의 소규모 의병부대였지만 그 구성원은 매우 다양했다. 그 중에는 군의 높은 직위인 중군도 포함되어 있었다. 이런 사실은 이 시기 비슬산으로 피신했던 대구부 관군의 산졸들 다수가 우배선 의병진에 합류하였을 것으로 추정케 한다.

그의 『창의유록』중 「성주화원의병군공책」[276)]에 나타난 의병대원을 역할별로 보면, 정로위였던 도언수가 있고, 별시위였던 김암회 등 11명의 정예요원, 송학년 등 34명의 대원, 석백 등 2인의 記官(鄕吏), 김명원 등 水軍 21명, 中軍(정3품 군관) 출신의 송호림, 保人 진오을미 등 6명, 私奴 기총 등 10명, 그 외 寺奴 백천수, 官奴 충수 등이었다.[277)] 이들은 우배선의 지휘·통솔 하에 伍將, 隊長과 같은 분대·소대장급의 중간간부가 있고, 弓人·矢人·冶匠과 같은 무기제조자, 射手·槍手·砲手와 같은 저격요원, 기타 軍需 조달자들로 편성되었다. 전문분야별로 보면 騎兵과 步兵이 있으며, 특히 비슬산과 최정산을 무대로 전개한 산악전에는 山尺[278)]이 동원되고 낙동강과 금호강을 끼고 접전하는 수상전에는 格軍이나 沙工의 역할도 컸다.[279)]

24세의 젊은 우배선이 소수정예의 의병부대로 다수의 적을 격파할 수

275) 우배선, 『월곡실기』 권2, 「창의유록」; 월곡선생창의기념사업회, 『월곡 우배선 선생의 생애와 의병활동』, 96쪽.
276) 위의 책 중 영인본 36~46쪽.
277) 위의 책, 194~204쪽.
278) 산속에 살면서 사냥과 약초 채집 등을 업으로 하는 사람으로 심마니, 산쟁이 등으로 불린 이들은 전시에 유격전의 첨병으로서 큰 기여를 해왔다.
279) 이수건, 「월곡 우배선의 임진왜란 의병활동」, 『민족문화논총』 13, 1992, 90쪽.

있었던 것은 먼저 그가 사재를 털어 의병을 모집하면서 귀천을 가리지 않았고, 전란으로 흩어진 주민들에게 정성껏 구휼하고 보살핌을 계속하며 동고동락함으로써 지역민들의 절대적 신망을 얻었기 때문이다.[280] 이 점은 임란초기 관군에 비하여 의병에 지원하는 인원이 늘어나는 중요한 요인이었다. 특히 경상좌도 의병은 향민보호와 애민의식으로 민의 지지를 얻어냄으로써 지지기반을 확고히 다지고 민심의 이반을 막았다는 점을 그 특색으로 들 수 있다.

우배선은 모여든 사람들을 크게 3부류로 구분하여 비슬산 산속에 진지를 구축하여 그곳에서 軍器를 제조하였다. 향리의 기술자들 중 활 만드는 사람, 화살과 화살 촉 만드는 기술자 및 야철장을 직접 관리하여 군수품을 비축하고 궁수와 창군을 전투요원으로 모집하였다. 대원들을 포용한 우배선의 인품과 전투준비를 위한 철저한 임전태도에 대하여는 화원현의 문사 김엽(金曄)[281]이 초유사 김성일에게 올린 서신에도 나타나고 있다. 우배선의 창의는 결국 지역민들의 적극적인 협조를 바탕으로 이루어진 것이었다. 마을 주민과 화원현 현내의 향리, 일부 관군, 공사천들이 혼연일체가 되어 뭉친 결과 강한 전투단이 형성될 수 있었던 것으로 판단된다.[282]

우배선의 의병조직은 전문성을 가졌음을 알 수 있다. 따로 別將을 두어 휘하의 소조직을 통솔케 하고 있는데 이들 별장은 주로 전문적 무관 출신들이 담당함으로써 군사력을 배가시키는 효과가 있었을 것이다.[283]

---

280) 우배선이 굶주리고 헐벗은 향리의 피난민들을 구휼하는 모습은 정경운의『고대일록』과 명군 여응종의『조선기』에도 이러한 상황이 엿보인다.

281) 정경운의『고대일록』권2, 을미년(1595) 2월 9일조 "고령의 양전원에서 아침을 먹은 후 무계진을 건넜고, 날이 저물어 화원현에 들러 친구 士人 金曄의 집에서 잤다." 또 같은 달 13일조에 "일찍 출발하여 하양, 경산, 대구지역을 지나 화원 김엽의 집에서 잤다. 김군은 출타하고 없었기에 서로 보지 못했다"는 기록을 통해 김엽은 당시 화원현의 대표적 중견 사족으로 짐작된다.

282) 월곡선생창의기념사업회, 앞의 책, 316~318쪽

또한 임진왜란 당시 의병진에서 직접 冶匠을 운영하는 것은 임란초기 경상우도의 정인홍, 곽재우, 김면 등의 대규모 병력을 운용했던 의병조직에서나 볼 수 있는 경우인데, 작은 고을에서 우배선 의병과 같은 소규모 병력이 직접 무기를 제조하여 군사 운용을 한다는 것은 쉬운 일은 아니었다. 그 밖에 화원현이 낙동강을 끼고 있었기에 낙동강을 터전으로 어업에 종사하던 뱃사공 등이 수군 요원으로 의병에 포섭되어 낙동강 중심의 일본군의 이동을 저지하는 전투에 투입되었다. 이들 향민들의 협조와 노력에 의하여 군수물자나 무기의 공급이 가능하였고 또한 노약자들이나 부녀자들에게는 군사들이 입을 의복이나 생필품을 준비하도록 하였다.284)

요컨대 그가 이끌던 의병은 그 규모가 100명 전후의 소규모였음에도 부대원들 대부분이 유격전을 치르기에 충분할 정도로 잘 훈련된 조직을 갖추었다. 전투지역 또한 경상좌도인 대구와 경상우도인 고령·성주의 경계지역에 위치하여 낙동강과 금호강을 낀 경상좌·우도를 연결하는 특수한 지역에서 중첩적으로 활동한 점은 특이하다. 그리고 철저한 전공 관리를 하였다. 우배선 부대의 의병대원 개개인의 전공을 기록한 군공책은 아래의 <그림 5>와 같다.

283) 이수건, 「월곡 우배선의 임진왜란 의병활동」, 『민족문화논총』 13, 1992, 88~89쪽.
284) 월곡선생창의기념사업회, 앞의 책, 262쪽

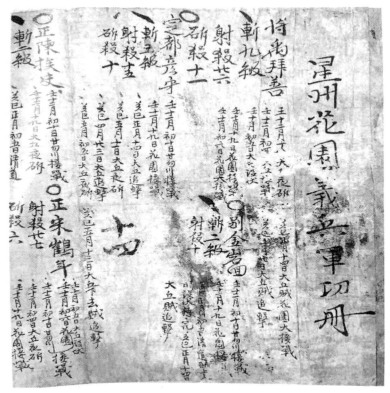

〈그림 5〉 성주화원의병 군공책285)

이 그림은 우배선 의병부대가 임진년부터 계사년에 이르기까지 의병
들의 전과를 기록한 당시의 군공책으로 현재까지 보존되어 오고 있다.
위 그림은 군공책의 첫째 면이다. 우배선은 이러한 방식으로 각 대원들
의 전공에 대하여 기록해나갔고 이를 초유사 또는 순찰영에 보고하였던
것으로 나타난다. 전투일자, 장소, 추격·야작·접전 등의 전투내용, 적 참

---

285) 월곡선생창의기념사업회, 위의 책 영인 36쪽의 첫 면에 게재된「성주화원의병
    군공책」의 한 부분이며, 원본은 현재 대구의 월곡역사박물관에 소장되어 있
    다. 박순진,「임진왜란기 우배선의 의병활동」,『동국사학』63, 2020, 304쪽에서
    재인용하였다.

급, 사살, 작살 등 전투성과를 포함하여 상세하게 개개인의 전과를 구체적으로 기록하고 있다. 이러한 군공책이 현존하는 것은 이례적인 경우로서 임란 당시의 군소의병의 실상을 세밀하게 파악할 수 있는 자료이다. 임란 당시 우배선 부대에서 직접 작성한 것이며 당시 소규모 의병의 구성내용과 전투방법 및 전술 구사 형태를 파악할 수 있는 희귀한 사료이다. 위 군공책을 통해서 볼 때 우배선 부대가 개별 부대원들의 전공 관리를 철저히 함으로써 군사들의 사기를 진작하였을 것으로 여겨진다. 또 이러한 전투성과는 초유사 김성일에게 보고되었고, 김성일의 장계에 의해 우배선은 전공으로 합천군수에 제수되기도 하였다.

2) 의병활동의 전개

(1) 화원현의 지형 조건

우배선이 활동한 화원현은 비슬산과 낙동강·금호강을 낀 게릴라전에 알맞은 곳이었다. 낙동강은 임란 초기 일본군이 경상도 내륙에서 약탈한 보급품을 대량으로 수송하는 수로로서 적군과 아군 모두에게 중요한 곳이었다.

임란초기 일본군의 전방에 대한 보급품 조달은, 본래 일본군의 전라도 침공의 선봉인 승려 다이묘 안코쿠지 에케이(安國寺 惠瓊)가 낙동강과 남강을 통과하여 전라도의 곡창지대를 점령하고 한양이북으로 군수물자를 수송할 계획이었다. 그러나 곽재우 등 우도의병장들의 강력한 방어전략으로 낙동강 지류인 의령의 남강 정암진에서부터 좌절되었다. 낙동강 본류를 따라 경상좌도로 들어오는 길목인 창녕, 고령지역의 江岸은 임진년 6월 6일, 곽재우 등 연합의병진이 고령-현풍의 茂溪戰鬪에서 승리하여 낙동강 중하류를 장악함으로써 개령현에 주둔하던 제7대장 모리 데루모토(毛利輝元)의 부장 무라카미 가게시카(村上景親)가 의도한 낙동강 연안의 도선장 확보 계획을 무산시켰다.[286] 따라서 이 시기 일본군의 진로는 낙동강과 남강에서부터 막히게 되었고 전라도지역의 곡창 약탈이 불가능한 상황이 되었다. 우배선 의병의 전투지역의 지리적 조건을 살펴보면, 임란 당시 화원현은 대구 중심지역에서는 약 30여리 떨어진 서남부에 위치하여 서쪽으로는 고령과 성주, 남쪽으로는 현풍과 창녕, 동쪽으로는 대구 수성현 및 청도군과 인접한 곳이다.

화원현의 주변 지형은 600~1,000미터 정도의 대덕산, 비슬산, 최정산 등 여러 개의 산이 겹겹이 휘둘러 있고 낙동강, 금호강 및 그 지류를 끼고 있는 곳으로, 많은 일본군이 집결해 있던 경상우도의 성주와 경상좌도 대구부의 중간에 위치해 있어서 지형적으로 전략상의 요충지였다. 따라서 대구부와 청도군에 주둔한 일본군은 수시로 이곳을 수색·정찰하면서 보급로를 확보할 필요성이 있었다. 화원현 일대는 낙동강의 현풍현·고령현과 대구의 하빈현 사이의 낙동강 수로를 끼고 있는 곳으로서 곽재우 등 경상우도 의병진이 대승을 거둔 낙동강 무계진의 위쪽에 위치해 있었다. 지형적으로 비슬산과 낙동강을 끼고 있어 유격전을 펼치기에 매우 유리한 조건을 가지고 있었다. 화원현에서 낙동강으로 흘러드는 달천, 감물천 등의 소하천과 들판, 초지와 갈대밭이 어우러져 있어서 이곳 지리에 익숙한 화원 의병들로서는 적을 유인하거나 매복으로 기습작전을 하기에 매우 적절한 지형이었다. 『월곡실기』에서 임란초기에 화원현 조암들판에 뛰어다니던 야생마를 포획하여 길들인 후 전투용 기마로 사용하였다[287]는 사실로 보아 화원현의 城山(상화대) 아래의 조암방과 감물천방 지역(오늘날의 성서공단이 들어선 지역)은 금호강과 낙동강을 낀 들판과 초원지대였음을 짐작할 수 있다. 두 줄기의 강물이 가운데에 습지(섬)를 두고 화원동산의 성산 절벽 하식애에서 만나 하나

---

286) 이형석, 『임진전란사』, 임진전란사간행위원회, 1974, 324~327쪽.
287) 월곡선생창의기념사업회, 앞의 책, 256쪽.

의 낙동강으로 합류한다.

우배선의 주요 활동지역이 낙동강과 금호강을 끼고 있는 갈대가 무성한 늪지대가 많았으므로 주둔지의 관내를 약탈하러 나온 일본군은 우배선의 병력이 매복한 강가의 늪지대에서 살아남기가 어려웠을 것이다.[288] 낙동강과 감물천, 금호강 주위의 늪지대에서 벌인 우배선 의병의 기습작전은 지리에 어두운 일본군들을 진퇴양난에 빠지게 했고, 감당하기 어려운 상황에 처한 일본군이 후퇴하면 적을 쫓아 후미를 공격하는 전술을 펼쳤다. 이러한 전술은 전형적인 게릴라 전법이다. 샛강인 금호강과 감물천의 합류지점에도 대부분이 갈대밭이나 습지로 지형이 형성되어 있었다.[289] 우배선 의병진이 매복으로 적을 기습한 곳은 바로 낙동강 지류인 감물천이 낙동강과 접하는 옅은 개울가였으므로 풀숲이나 습지에 매복하였다가 강변을 따라 약탈하러 나온 적병을 추격하거나 기습으로 수십 명을 참살하였으며 지형지세를 이용하여 지속적으로 유격전을 펼쳐나갔다.

이 당시 대구부와 인접한 경상좌·우도 지역의 지형과 의병의 포진 상황을 보면, 낙동강을 기준으로 우배선 의병진이 활동하던 화원현의 남쪽 지역으로는 곽재우 의병진[290]이 장악한 현풍현이 위치하였고, 낙동강 중류 지점인 하원현의 낙동강 건너편 지역은 김면 의병진이 점거한 고령현이 있었으며, 대구부의 북쪽 팔거현[291] 지역은 정인홍의 성주·합

---

288) 위의 책 257, 259쪽 참조. 우배선의 매복 작전은 미리 산기슭이나 강가에 정예병을 숨겨두고, 늙고 병든 사람들로 하여금 적을 유인케 하여 매복지로 끌어들여 기습을 가하는 전술을 쓴 것으로 보인다.
289) 오늘날에는 '달성습지'로 지정되어 생태관을 설치하고 환경보호지역으로 관리되고 있다.
290) 김강식, 「임진왜란 시기 대구권역의 의병운동과 변화 -낙동강 유역을 중심으로-」, 『대구지역임진전란사』, (사)임진란정신문화선양회, 2017, 146~149쪽.
291) 오늘날의 대구 칠곡지역으로서 임란 당시에는 경상우도 성주목의 속현이었다. 이곳은 대구부 관민군이 웅거해 있던 팔공산의 북서쪽 끝자락이어서 지리적으로 대구부 방어에 중요한 요충지였다.

천 의병진이 활동하고 있었다. 화원현 지역은 청도-대구-성주를 잇는 육로의 배후지역이었고, 무계-화원-왜관의 낙동강 수로의 중간지역에 위치해 있어서 우배선 의병의 활동 지역은 대구부의 일본군 진영을 위협할 수 있는 요충지였다. 따라서 대구부를 위시한 경상좌·우도의 아군 병력이 연합하여 전투를 치르기에 요긴한 지역이었다.

임란초기에 대구부가 적에게 점령된 상황에서 임진년 9월경 초유사 김성일과 경상우병사 정기룡의 병력이 팔거현에 모여 우배선 의병진에게 연합전선에 참여할 것을 요청292) 하였다. 대구부의 방어를 위한 전략을 실행하기 위한 작전계획을 논의한 것이다. 우배선 의병의 활동지역인 화원현은 낙동강을 끼고 대구부와 직접 경계를 접하고 있어서 군사적으로는 사실상 대구부 방어의 기능을 맡고 있었기 때문이다.293) 즉, 화원현은 낙동강을 끼고 있어 수로를 차단할 경우 대구에 주둔한 일본군의 진영을 교란시키기에는 매우 적절하고 중요한 지점이었다.

우배선 의병진은 이런 화원현의 지형과 지세를 이용하여 일본군을 끈질기게 괴롭히며 전투를 전개해 나갔던 것이다. 그 결과 대구읍성에 있던 일본군 주둔군이 팔공산 지역의 대구부 피난민과 관군을 공격하기가 쉽지 않았다. 그것은 화원현에 진치고 있던 우배선 의병이 낙동강 중류와 금호강 하류지역을 장악하고 있었기 때문에 일본군은 수로를 이용할 수 없었고, 우배선 의병으로부터 배후 기습을 받을 위험이 있었기 때문이었다. 그런 점에서 우배선 의병의 낙동강과 비슬산을 이용한 유격전은 대구부 방어에 직접적인 영향을 미치고 있었던 것으로 볼 수 있다.

---

292) 월곡선생창의기념사업회, 앞의 책, 32쪽.
293) 임란 이후 대구부가 군사적 요충지임을 인식한 조정의 행정구역 개편으로 대구부를 경상도의 감영으로 정하였고, 1685년 숙종 연간에 화원현은 대구부에 편입되어 오늘에 이르고 있다.

(2) 관군과의 연합활동

우배선 부대는 낙동강변의 초지를 이용한 전투에서 많은 전과를 올렸다. 이러한 우배선의 공적이 관군에게 알려지면서 체찰부의 관군과의 연합활동이 전개된다. 우도 초유사 김성일과 대구 북쪽의 팔거현에 임시 진영을 차린 도체찰부의 정기룡 휘하의 병력과 현풍의 의병장 곽재우가 가세하여 연합전선으로 낙동강과 대구 방어에 나선다.

임진년 8월경에 이르면 대구의 재지사족 서사원이 팔공산에 머물러 있던 대구부사 윤현과 관군의 협조를 얻어 수성현과 하빈현 등 속현의 사족인 손처눌, 정이안, 도흥종, 최동보, 최인, 최계 등과 연계하여 대구부 전체의 의병진을 구성하게 된다.294) 이 시기에는 경상도 초유사 김성일이 관할지역의 의병장을 지명함에 있어 단지 문필과 덕망 위주로 선정할 것이 아니라 실전 중심의 병법과 武藝에 능한 전직 무관출신들 중심으로 교체하여 전투력을 높일 것을 주문하는 시점이기도 하다.295) 따라서 우배선의 의병부대에도 무예에 뛰어난 前職 武官이나 官軍의 散卒 등 精銳兵이 투입되었을 가능성이 높다.

「星州花園義兵軍功冊」을 통해서 우배선 부대의 인적 구성을 보면, 휘하에 정로위 1명, 별시위 11명, 정병 34명, 수군 21명, 중군 1명으로 나타나는데, 그가 중요한 유격전에 투입하였던 埋伏이나 夜斫의 작전 병력들은 전투경험이 풍부하고 무예에 능한 이들 정예병 군사들이었다. 우배선은 임진년 9월경 화원현 지역을 순시하던 초유사 김성일을 만나 화원현 假將으로 임명되면서부터 그의 의병 구성원이 전문화되고 병력의 숫자도 늘어나 더욱 적극적인 전투를 해나갔다. 이러한 의병조직의 체계화는 흩어졌던 관군이 재정비되면서 의병과 관군이 연합을 시도하던

---

294) 그러나 이 시기까지 대구부의 각 의병들과 우배선 의병과의 연계성은 보이지 않는다.

295) 『학봉속집』 권3, 左監司時壯(임진년) 참조.

시기와도 관계가 있다.

임진년 10월에는 경상우도병마사 鄭起龍 휘하의 도체찰부 營將인 진주 출신 姜德龍[296])이 성주목 팔거현과 대구부 하빈현에 걸쳐 연합전선을 구축하고 일본군과의 대접전을 전개하였다. 이때 우배선은 강덕룡의 관군과 연합작전을 펴면서 화원현의 조암, 감물천에서 적과 접전하고, 이어서 고령, 합천 삼가에까지 추격전을 벌여 상당한 전과를 올린다.[297]) 그리고 우배선이 같은 달 의병 60여 명을 거느리고 심천사, 달천 등지에서 적과 접전하고, 騎兵을 거느리고 하빈현, 마천현, 이천 뒷산, 대구의 북면·서면으로 나가 전투를 벌였으며 이때 다수의 아군 전사자가 발생하기도 하였다. 그는 전투에 임해서는 자신이 사졸들보다 앞장서서 나아갔고, 전공을 논하여 보고할 때는 대원들에게 공을 돌렸다.[298])

계사년(1593) 2월에는 조모상을 당하여 군병과 무기를 휘하의 별장들에게 맡기고 여막을 지키게 되면서 따르던 사졸들이 모두 흩어져 자칫 그의 의병진이 해산의 위기에 몰렸다. 그러나 초유사 김성일, 의병장 김면, 곽재우 등으로부터 군무복귀 권유를 받고 다시 의병진을 정비하여 많은 전과를 올림으로써 그의 통솔력이 드러났다.[299])

우배선의 인물됨은 강직하면서도 도량이 넓어 首將으로서의 자질이 있었던 것으로 생각된다. 이웃 고을 현풍 의병장 곽재우가 우배선 의병진이 있는 화원현에서 우배선 부대와 연합활동을 펼친 적이 있었다. 곽재우의 막하 장수가 곽재우에게 우배선을 手下로 기용할 것을 권유하자, 곽재우는 우배선을 일러 "禹師聖(사성은 우배선의 字)은 비록 나이

---

296) 월곡선생창의기념사업회, 앞의 책, 97쪽, 148쪽. 강덕룡은 1차 진주성 전투의 守城部隊의 관군으로 참여하였으며, 함창현감을 지낸 것으로 나타난다.『임진왜란과 경상우도의 의병운동』, 김강식, 2001, 도서출판 혜안, 168쪽 참조.
297) 월곡선생창의기념사업회, 위의 책, 258~259쪽.
298) 위의 책, 308~310쪽.
299) 위의 책, 264~265쪽.

는 젊고 지위는 낮으나 그 재주와 기량이 남의 막료로 들어가 지휘를 받을 사람이 아니다"라고 말하며 우배선에게 전포(전투복) 한 벌을 선물로 주었다.[300]

이외에도 우배선의 의병장으로서의 자질은 드러난다. 명나라 장수 이여송이 명군 4,000명을 거느리고 합천 해인사에 주둔하며 이 지역의 의병장들을 만난 자리에서, 우배선의 나이를 묻고는 "참으로 대장감이로다. 작은 나라에도 이런 사람이 있었던가!"[301]라고 감탄하며 玉鷺를 선물한 사실이 있었다. 또 임진년 9월, 초유사 김성일은 우배선에게 "내가 호서와 호남, 영남을 많이 다녀도 그대(假將)와 같은 奇才와 뛰어난 戰略은 보지 못했다"라고 하면서 조정에 보고하기를 "화원의병장 우배선은 백면서생으로 함락한 속에서 분기하여 自費로 군량과 군기를 마련하여 여러 번 토적하였으니 특별히 褒賞 하소서"라는 장계를 올린 바 있다.[302] 이 후 우배선은 전공으로 합천군수에 제수되었다.

(3) 게릴라전의 전개

우배선 의병진은 탄탄한 군사조직력을 기반으로 하였기 때문에 정예부대로 성장할 수 있었고 낙동강과 비슬산의 지리적 조건을 이용한 유격전을 펼침으로써 임란초기의 대구지역을 방어하는데 상당한 기여를 하였다.

우배선이 의병진열을 정예화를 할 수 있었던 계기는 무예에 능한 관군을 편입하면서부터였다고 판단된다. 임란 초기에 도주하거나 흩어졌던 관군들이 인근 경상도 재지사족들이 조직한 의병진에 편입되는 당시의 상황에 비추어보면 짐작할 수 있는 일이다.[303] 우배선은 의병대원들

---

300) 위의 책, 263쪽.
301) 위의 책, 152쪽, 270쪽.
302) 『창의유록』 중 「초유사 학봉 김선생 계문초」; 월곡선생창의기념사업회, 위의 책, 308쪽.

과 숙식을 함께 하며 선봉에 나서 전투를 직접 지휘하였다. 그는 직접 적과 싸워 다수의 적의 목을 베는 전과304)를 올렸으며 전투현장에서 용 전분투하였다는 점에서 학식과 덕망으로 의병장이 된 문사 출신 의병장 과는 그 성격이 달랐다. 그는 실전형 의병장이었으며 직접 전투현장을 누볐다.

우배선 부대가 소수의 병력이었음에도 연전연승할 수 있었던 것은 충의에 입각하여 창의하였으며, 엄격한 군율의 시행305), 부하대원들의 軍功에 대한 철저한 관리, 그리고 대원들과 숙식을 함께하며 동고동락 하는 솔선수범의 자세에 기인한다 하겠다.

그의 무예는 의병조직 구성을 완료한 이후 본격적으로 향리에서 말 타기와 활쏘기를 익혔음에도, 전과가 괄목할만한 것은 서사원이 강조한 바와 같이 전쟁의 승패는 군사의 수나 무기보다도 충의의 정신이 가장 중요하다는 것을 스스로 보여준 것이다.

화원현 유생 金曄이 초유사 김성일에게 올린 서장에,

　　… 지난 날 왜구가 달성의 남쪽에 진을 치고 모여 있었는데, 禹某(우배 선)는 남산의 넓은 언덕 위에 활을 당기고 칼을 휘두르며 말을 치달려 재

---

303) 이수건, 「월곡 우배선의 임진왜란 의병활동」, 『민족문화논총』 13, 영남대민족 문화연구소, 1992, 84~88쪽 참조.

304) 「성주화원의병군공책」 첫 장, 이 군공책에 의하면, 대장인 우배선의 전공은 임진년 10월 5일부터 그 해 12월 18일까지 적 참살 9명, 사살 26명, 작살 11명 으로 기재되어 있다.

305) 우배선은 휘하 대원들에게 민폐를 금하고 군량 및 군수품 관리에 엄한 군율을 시행한 것으로 보인다. 대원들이 군량부족으로 곤경에 처했을 때도 화원창의 곡식을 함부로 사용한 일이 없었으며, 자신의 가족들의 의류를 팔고 가솔들에 게 밤낮 없이 길쌈을 시켜 얻은 細木 60필을 전라도 남원 등지에 가져가 쌀로 바꾸어 군량에 충당 하였다. 이러한 사정으로 인해 의병대원 都彦守 등 48명 이 연명으로 경상우도 순찰사에게 군량지원 청원서를 올리기도 했다. 계사년 정월 所志(95cm×42cm) 참조.

빠르기가 마치 매와 같아서 적의 보루에 충돌하니 여러 왜구들이 두렵고
놀라서 성벽을 비우고 … 왜적들은 서로 돌아보며 우두커니 서서 바라보
기만 할 뿐이었습니다. 왜적들이 그가 있는 곳을 알면 감히 가까이 가지 못
하였으니 그 무용이 옛적의 관우, 장비와 무엇이 다르겠습니까? 왜적들에
게서 탈환한 牛馬, 器皿 등의 물건을 공의 많고 적음을 논하여 상으로 내림
이 분명하였고, 전투에서 이기고 공격하여 취한 노고는 모두 병졸들에게
돌리고 자기의 공으로 삼지 않았습니다. 사람이라면 그 누구인들 그 순수
한 충성심에 감복하지 않겠으며 무릇 혈기가 있는 사람이라면 누구인들
죽음을 바칠 마음을 품지 않겠습니까? …이 같은 사람은 실로 보기 드문
바입니다.306)

라고 기록된 사실을 통해 확인할 수 있다.

우배선 의병진은 향리인 화원현의 비슬산 자락에 진영을 두고 화원
현을 비롯한 낙동강, 금호강 가를 오르내리면서 유격전을 전개한 것으
로 나타난다. 우배선이 이끄는 의병부대의 전투방식은 기본적으로 유격
전인데 그의 「성주화원의병군공책」을 중심으로 파악해보면, 몇 가지의
유형으로 나누어 볼 수 있겠다.

이들이 전개한 유격전의 방식은 첫째, 設伏이다. 즉 요충지에 정예병
들을 매복시키고 적을 유인하거나 또는 적이 이동하는 도중에 급습하는
것이다. 매복에 있어서 가장 중요한 것은 적의 동태에 대한 정확한 정
보307)를 입수하는 것이다. 이들은 유인한 적의 후미를 공격하기도 하고
대열의 중간허리를 급습하기도 하였다. 우배선 부대의 구성원들은 대부
분 화원현 출신으로서 이 지역의 비슬산 자락이나 낙동강, 금호강 일대
의 지형지세에 매우 밝기 때문에 일본군이 움직이는 이동경로를 정확히
파악해 두었다가 일본군의 출몰지 등에서 기습을 가하였다.

---

306) 『月谷實記』 권2 '儒生金曄等上招諭使書', 김엽 등이 초유사 김성일에게 올린
　　　상서장 참조.
307) 월곡선생창의기념사업회, 앞의 책, 207쪽.

둘째, 夜斫으로서 주로 야간을 이용하여 적에게 기습을 가하는 전술이다. 이러한 전술은 화원현을 감아 흐르는 낙동강변의 갈대밭이나 초지지역을 이용한 기습작전으로 첨병이나 매복병으로부터 적의 위치를 전달받고 숨어서 적을 베거나 화살로 쏘아 죽이는 전술이다. 이러한 전술은 적의 소규모 정찰 병력이나 적의 감시초소 병력을 상대하는 경우에 사용하는 전형적인 유격전방식의 전투기법으로 생각된다.

셋째, 追擊이다. 적을 유인하여 도주하는 척하고 적을 따돌리고 배후를 공격하기도 하며 퇴각하거나 이동하는 적의 후미를 따라가 공격하는 전술이다. 넷째는 接戰으로 적과 맞붙어 싸우는 방식이다. 분대나 소대급의 병력끼리 적과 맞붙어 싸우는 전술로서 주로 화원현을 약탈하러 나온 적군을 상대로 펼치는 전투방식이다.

다섯째, 大接戰인데 접전과 같은 형태의 전투방식이나 적어도 부대병력의 절반이상이 투입된 경우로서 대규모의 적을 맞아 싸우는 전술이다. 우배선 부대가 일본군의 대규모 병력이 이동하는 것을 공격하거나 대구주둔 일본군의 대규모 병력이 보복 차 공격해올 경우에 대처하는 전술에 해당한다고 하겠다.

이같이 지형지세를 이용한 우배선 의병의 게릴라전의 실상을 지도와 그림을 통해 확인해 보고자 한다. 임진년 5월경부터 계사년에 걸친 약 15개월간 총 40여 회의 전투를 치르는데, 「성주화원 의병군공책」에 실린 내용을 중심으로 전투내역을 지도 및 도면(그림)을 통해 우배선 의병진의 전투상황을 살펴보기로 한다. 조선시대 화원현과 대구부의 지형[308]을 참고하여 그의 전투지를 확인해보면, 화원현 남쪽의 해발 900미터 가량의 비슬산은 청도와 현풍을 경계로 하고, 대구의 서쪽을 흐르는 낙동강은 성주와 고령을 경계로 한다. 그리고 대구를 끼고 흐르는 금

---

308) 본서에서 제시한 여지도(고4709-68) 대구부(자료출처: 서울대학교 규장각한국학연구원)는 『대구지역임진란사』, (사)임진란정신문화선양회, 2017, 2쪽에서 재인용하였다.

호강은 낙동강의 지류로서 대구의 동쪽 해안현에서 북쪽 하빈현을 거쳐 남쪽 화원현의 강창(江倉)을 지나 성산(城山)309)에서 낙동강과 합류한다.

우배선 의병진의 전투지역 이동경로를 시기별로 보면, 왜란 발발 1개월 후인 임진년(1592) 5월 23일에 창의하여 의병을 인솔하고 화원현과 인근 열읍에 창의 격문을 배포하고,310) 6월경부터는 비슬산 곳곳에 매복작전을 펼쳐 왜적 수십 명을 참살311)하는 전과를 올리며 전투를 이어간다. 이후 7월경 낙동강탄312)의 전투에서 추격전을 펼쳐 적 수십 명을 참살 또는 사살하였고, 8월에는 화원현 원월산 아래에서 적과 접전하여 우마를 노획하고, 9월에는 초유사 김성일로부터 화원 假將에 임명되어 합천·성주지역 의병대장인 정인홍의 휘하에서 활동하게 된다.313) 임진년의 전투경로는 아래 <그림 6>과 같다.

---

309) 城山은 화원현의 서남쪽 낙동강과 금호강의 합류지점에 위치하며 성산 정상에는 신라시대에는 상화대(賞花臺)라는 전망대가 있었고, 조선시대에는 봉수대를 운영하였다. 낙동강은 이 지점에서 비슬산에서 흘러드는 달천, 감물천 등의 지류를 받아들이고, 성산 아래쪽 강변에는 화원에서 낙동강을 건너 고령현으로 들어가는 사문진나루가 있었다. 조선시대 花園倉은 낙동강을 통하여 경상도 지역의 세곡선을 운행하였고 당시 일본교역품의 보급창고인 왜물고(倭物庫)의 역할을 겸하기도 하였다.

310) 월곡선생창의기념사업회, 앞의 책, 256쪽.

311) 위의 책, 257쪽.

312) 이 날 우배선 의병진이 전투를 벌인 낙동강탄의 정확한 위치는 규명하기 어려우나 여기의 낙동강탄은 강창에서 낙동강 하류방향 약 3km 지점의 낙동강과 금호강, 감물천의 합류지점의 여울로 추정된다. 오늘날에는 4대강 사업으로 강정고령보가 건설되고 강정에서 금호강이 바로 낙동강과 합류할 수 있도록 물길을 터놓음으로써 낙동강 본류와 지류인 금호강 사이에 모래톱이 형성되었다. 두 줄기의 강물이 가운데에 습지(섬)를 두고 화원유원지의 성산 절벽 하식애에서 만나 하나의 낙동강으로 합류한다. 샛강인 금호강과 감물천의 합류지점에는 대부분 갈대밭이나 습지로 지형이 형성되어 있으며 오늘날에는 '달성습지'로 지정되어 환경보호지역으로 관리되고 있다.

313) 월곡선생창의기념사업회, 앞의 책, 257쪽.

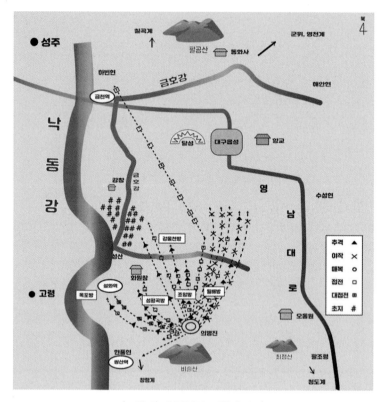

〈그림 6〉 임진년의 전투경로314)

이 시기까지의 전투는 주로 고향 마을 인근지역을 중심으로 매복과
추격을 통해 약탈을 일삼는 적을 격파하는 것으로 나타난다. 그 후 그
해 11월부터는 전투장소를 좀 더 멀리까지 범위를 넓혀나간다. 즉 11월
에는 화원에서 약 30리가량 떨어진 낙동강 중하류 지역인 현풍현으로
나아가 쌍산역에서 적을 추격하여 대파하고 성평동에서도 적을 대파한
다.315) 12월에는 대구에 주둔한 왜적이 우배선의 향리인 화원, 감물천,

---

314) 박순진, 「임진왜란기 우배선의 의병활동」, 『동국사학』 68, 2020, 299쪽을 인용
    하여 보완 구성하였다.

율지 등지를 분탕하므로 이를 방어하는 동시에 대구의 달성으로 진격하여 다수의 적을 죽이고 왜적이 약탈해간 노획물을 다시 빼앗는 전과를 올린다.

다음 해인 계사년(1593) 정월에는 화원현에서 약 50여 리 떨어진 대구와 청도의 경계지점인 八助嶺316)으로 진격하여 적을 대파하고 상당한 전과를 올리며, 향리의 감물천과 약 30여리 떨어진 일본군의 주둔지인 달성과 대구향교의 적을 몰아낸다. 대구 향교의 왜적 축출 시에는 그의 하인들을 동원하여 왜적에게 항복하는 형식을 취하며 적의 주둔지에 음식을 가지고 들어가 적의 정세를 살피게 하고 내부의 동태를 파악한 다음 적을 공격하는 전술을 사용하여 전과를 올린다.317) 이러한 우배선의 전술은 치밀하고 다양하여 그의 군사운용술은 특수부대의 지휘자의 모습을 연상케 한다. 이상은 월곡실기의 연보를 통해 확인된 전투내용이다.

이후 그 해 9월에는 대구의 하빈현에서 경상도 초유사 김성일을 만나 화원현 假將으로 임명받고318) 경상우도 합천·성주지역 의병대장 정인홍의 지휘를 받도록 하명 받는다. 그의 의병 구성원은 이때부터 이전과는 달리 매우 조직적인 체제를 갖추는 것으로 보인다. 이 시기부터 그의

---

315) 이로써 임란초기의 낙동강 지역의 의병들의 활동범위를 확인할 수 있다. 곽재우 의병진이 의령에서 현풍에 이르는 남강과 낙동강 구역을 장악하였고, 낙동강의 서쪽 합천지역은 정인홍 의병진이, 화원현의 건너편 고령지역은 김면 의병진이 각각 장악하였다. 그리고 현풍 위쪽의 성산지역에서 대구의 강창, 하빈 지역까지는 우배선의 의병부대가 장악한 것으로 파악된다.

316) 팔조령은 부산에서 밀양, 청도를 거쳐 대구와 성주를 잇는 영남대로에 해당하며 대구와 청도의 경계를 이루는 고개로서, 최정산의 중간 허리 지역에 위치한다. 이곳은 임진왜란 당시 대구주둔 일본군의 청도와 밀양으로 이동하는 통로이며, 대구와 청도의 의병들이 합동작전을 펼친 곳이기도 하다. 우배선의 의병진지가 있는 화원현에서 팔조령으로 군사작전을 펼치려면 화원현의 뒷산인 비슬산에서 능선을 타고 종주하여 비슬산의 끝자락에서 청도로 이어지는 최정산까지 이동한 것으로 생각된다.

317) 월곡선생창의기념사업회, 앞의 책, 99쪽.

318) 월곡선생창의기념사업회, 위의 책, 257~258쪽.

의병진은 본격적인 전투를 전개해 나갔으며 전투지역 또한 향리 방어의 범위를 벗어나 대구본읍과 인근의 청도, 현풍, 팔거지역 까지 확대해 나가게 된다.

「성주화원의병군공책」에 기록된 임진년(1592) 10월 이후의 전투내용을 종합해보면, 이 시기 우배선 의병의 낙동강 점령지역은 곽재우 의병진이 확보한 낙동강 중하류지역인 현풍에서 거슬러 올라가 낙동강과 금호강이 합류하는 성산 및 강창과 하빈지역에 이르는 구간으로 보인다. 때문에 대구부 주둔의 일본군은 낙동강을 이용한 수로 보급로선이 차단된 결과 대구-청도-밀양을 잇는 영남대로를 통해 움직일 수밖에 없었을 것이다.[319]

대구부 본읍의 관군과 부민들이 팔공산에 웅거하여 움직이지 못하고 있는 사이에 우배선 부대는 성주-대구 노선을 잇는 낙동강과 금호강의 합류지점 아래 위를 오가며 전투를 이어갔다. 따라서 우배선 부대의 활동은 대구부 주둔 일본군의 활동반경을 크게 축소시키는 중요한 역할을 하고 있었던 것이다. 임진년 초기와 계사년에 걸친 다수의 전공은 이러한 유격전을 통한 승리가 대부분으로 여겨진다.[320]

요컨대 우배선 의병의 전투방법은 이곳저곳을 옮겨 다니며 익숙한 지형지세를 이용하여 소수의 부대로써 다수의 적을 괴롭히는 소위 '以小擊衆 以逸待勞'였다. 기습, 추격, 야작, 후미공격, 허리공격 등의 유격

---

319) 1593년 1월경 우배선은 낙동강 건너편에서 의병활동을 하고 있던 경상우도의 의병장 곽재우와 화원현에서 회동하였는데, 이 때 곽재우는 낙동강 하류지역인 현풍을 장악하고 있었기 때문에 우배선은 현풍현 이북의 낙동강과 금호강의 합류지점의 수로를 차단하기로 논의한 것으로 추정된다. 우배선이 수성현의 전계신 등과 연합하여 대구와 청도의 육로 이동로를 차단하고 화원과 강창까지 장악한다면, 대구부의 일본군은 낙동강을 이용한 보급선이 차단되고 고립될 가능성도 상정해 볼 수 있다. 월곡선생창의기념사업회, 앞의 책, 149쪽, 215쪽, 각주 62) 참조.
320) 월곡선생창의기념사업회, 위의 책에 수록된 「성주화원의병군공책」영인본, 36~46쪽.

전을 전개하였으며 때로는 상당한 거리를 원정하며 격전을 벌이기도 하
였다. 계사년의 전투경로는 <그림 7>과 같다.

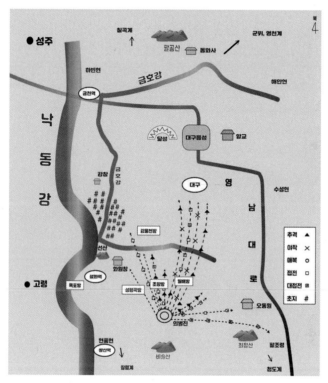

<그림 7> 계사년의 전투경로321)

그의 전투지역을 보면, 화원현에서 약 30여리 떨어진 대구부 본읍의
왜군 주둔지인 대구향교에까지 출정하는데, 이 시기에 이르면 우배선의
의병부대는 조직과 전투력의 면에서 최고조에 이른다.

우배선 의병진이 일본군이 주둔하고 있던 대구향교를 공격할 때는

---

321) 박순진, 「임진왜란기 우배선의 의병활동」, 『동국사학』 68, 2020, 301쪽을 인용
하여 보완 구성하였다.

사전에 철저한 첩보를 수집하고 적의 상황을 치밀하게 분석[322]하였음을 알 수 있다. 대구부 주둔 일본군에게 포로로 잡혀 있다가 돌아온 여종 必今과 萬愛를 적진에 다시 투입하여 정탐을 시킨다. 그리고 향교에 주둔해 있는 왜적에게 거짓 협조의 태도를 보이며 며칠 간 들락거려 술과 떡을 갖다 바쳐 안심을 시키고 적의 정황을 충분히 파악한 다음 적이 술에 취한 시점을 잡아 기습적으로 공격에 나선다.[323] 그 외에도 대구부에 십여 회에 걸쳐 야간에 기습공격을 감행하였다.

우배선 의병의 장거리 출정에 해당하는 대구-청도군 경계지점인 최정산, 팔조령 전투는 일본군을 매복과 기습으로 공격하고 있는데, 이곳은 임란 직후 청도군수 배응경과 관군이 피신해 있던 곳이었다. 임진년 5월 19일경에 청도의 박경전 의병진이 최정산, 팔조령의 일본군을 공격하다가 적군의 매복에 걸려 영서면 대장 이득복이 전사하는 등 많은 피해를 입기도 한 곳이며,[324] 피·아간 접전이 치열하게 벌어졌던 요충지이다. 당시 팔조령은 대구-청도-밀양-부산을 잇는 영남대로의 길목으로 일본군의 주요 보급로에 해당하기 때문에 적군과 아군이 생사를 걸고 쟁탈전을 벌일 수밖에 없는 곳이었다.

이 무렵 대구에 주둔하던 대부대의 일본군은 팔조령을 넘어 청도로 향하였는데, 팔조령 전투를 위한 우배선 의병부대의 이동경로를 살펴보기로 한다. 화원현에서 이곳까지 우회할 경우 거리가 약 50~60리로서 이동구간이 매우 길뿐만 아니라 대구부의 남단인 수성현과 가창[325]을 연결하는 육로로는 일본군의 장악으로 인하여 사실상 아군이 이동하기

---

322) 월곡선생창의기념사업회, 앞의 책, 150쪽, 319~321쪽.
323) 월곡선생창의기념사업회, 앞의 책, 207~208쪽.
324) 『국역14의사록』, 14의사록 간행소, 1993, 162쪽 참조.
325) 임란 당시 가창에는 청도와 대구를 연결하는 영남대로 변에 오동원이 운영되고 있었다. 오동원은 대구에서 다음 원인 칠곡의 동명원으로 이어지는 영남대로를 이용하는 통행인들의 숙소였다.

에 매우 위험한 곳이었다. 따라서 우배선 의병부대는 적의 정찰을 피할 수 있고 이동거리도 약 1/3로 줄일 수 있는 산악경로를 택하였을 것이다.

우배선 부대는 야간을 틈타 화원 뒷산인 대덕산에서 월배산 달비골 고개326)를 넘어 오동원을 지나 최정산에 이르는 능선을 이용하였을 것으로 추정된다. 계사년(1593) 정월 우배선 의병부대는 위와 같이 화원에서 팔조령으로 밤새워 야간 이동을 강행하여 최정산 자락인 우록동에 매복군을 배치한 다음 적이 최정산 중간쯤에 도달하였을 때 우배선은 날쌘 병사들로 하여금 이들을 급습하는 한편 매복시켰던 군사들에게 적의 후미를 공격하게 하여 큰 전과를 올렸다.327) 이때의 우배선 의병의 군사가 500인으로 기록되어 있는데, 이 병력은 우배선 의병의 본대 이외에 관군이나 타지역 의병과의 연합병력을 포함한 것으로 생각된다.

여기서 한 가지 주목할 점은 비록 우배선 의병진이 화원현을 넘어 대구, 청도, 고령, 멀리는 합천군 삼가지역까지 활동영역을 넓혀나간 사실이 확인됨에도 불구하고 그의 활동이 대구부 전체의 의병대장인 서사원, 하빈현에서 활동한 정여강·도흥종, 수성현에서 활동한 전계신·손처눌, 해안현에서 활동한 최동보 등의 의병과는 연계성이 보이지 않는다는 사실이다. 그 이유는 크게 두 가지로 보아야 할 것이다.

첫째, 임란초기의 대구지역의 전황이 지역의병 간 상호 연합활동을 하기가 결코 쉽지 않았던 데 기인하는 것으로 볼 수 있겠다. 즉 난의 초기에 대구의 관군민이 팔공산 지역으로 대거 피난하여 고립된 상태였고 대구부의 속현인 하빈, 수성, 해안의 각 현들은 이미 일본군의 수중에 장악되어 상호 연합활동이 어려운 지경이었다. 그러므로 소수의 군소의 병들만이 간헐적으로 활동하는 정도에 그치고 있어 대구지역의 의병들과 우배선 의병이 연합전선을 형성할 만한 여건이 되지 않았기 때문으

---

326) 우배선이 의병활동을 한 화원현 월배 뒷산의 고개마루로서 청도 쪽으로 민간인들이 자주 이용한 오래된 산길이다.
327) 월곡선생창의기념사업회, 앞의 책, 149쪽.

로 보아야 할 것이다.

둘째, 우배선 의병이 군사지휘체계상 경상우도에 속해 있었다는 점이
다. 임진년 9월 경 이후에는 초유사 김성일의 명에 의하여 외형적으로
는 경상우도 합천 의병대장 정인홍의 지휘를 받도록 되어 있었던 점도
고려되어야 할 것으로 생각된다. 이런 사실은 임진년 10월경에 일본군
이 대구에서 현풍 방향으로 이동할 당시에 우배선이 별장 송학년, 장몽
기, 허몽수 등을 거느리고 일본군을 추격하여 사살한 점, 우배선 의병이
현풍의병장 곽재우와 연합하여 화원현에서 전투를 치른 점, 도체찰부
영장인 강덕룡과 연합하여 화원현에서 고령을 거쳐 합천 삼가로 일본군
을 추적해 간 사실들이 모두 경상우도의 의병활동의 일환이었던 점이
이를 뒷받침하고 있기 때문이다.

우배선 의병의 전투사적 의의는 임란초기 지형지세를 이용하여 낙동
강 화원구간을 장악한 우배선 의병의 활동으로 인하여 대구부 남쪽지역
의 안전이 보장된 것이다. 뿐만 아니라 이것은 경상좌도와 우도 간 연합
전선의 형성을 가능하게 하는 하나의 계기가 되었다고 할 것이다.

3. 청도 朴慶傳의 의병활동

개전 초기의 경상좌도 경산, 청도지역의 의병활동은 일본군 주둔군의
약탈과 방화 등의 침탈을 방지하는데 주력하였다. 소수의 의병 세력으
로 적을 막기에 역부족이었으므로 인접한 지역의 의병들 간 연합군 형
성의 필요성이 절실하였다. 특히 경산과 청도지역은 인근의 대구와 영
천 경주, 그리고 언양, 밀양 등지의 주둔 일본군이 수시로 이 지역을 공
격하였고 군현의 민들은 주둔군의 조선 점령책에 부화뇌동하여 의병들
의 입지는 좁아졌다. 그러나 자인현의 최문병과 청도의 박경전 등의 의
병은 서로 연합세력을 구축하여 지형지물을 이용한 게릴라전으로 대응

하여 상당한 성과를 거두었다. 이러한 연합이 가능했던 배경에는 청도의 박경전 의병이 일본군이 주둔해 있던 읍치지역을 벗어나 군의 동쪽 운문산 지역으로 이동하여 진을 구축함으로써 초기에 일본군의 직접 공격을 당하지 않았고 이 지역이 적의 이동로이면서도 험한 곳이어서 게릴라전을 펼치기에 유리한 운문산 지역을 선점하였기 때문으로 볼 수 있다. 이러한 지형·지리적 조건을 이용하고 인접한 자인의 최문병과 경산의 최대기, 하양의 신해 등의 의병과 연대하여 활동함으로써 경상좌도 연합의병의 가능성을 보여주었다.

1) 의병의 기반과 조직

박경전(1553~1623)은 자가 孝伯, 호는 悌友堂, 본관은 밀양이다. 박경전 의병부대는 朴慶傳, 朴慶新 일가와 청도 재지사족이 중심이 된 향병이었다. 박경전 의병진의 조직상 특성은 창의 후 관군으로 활동하던 박경전의 종형 박경신이 무과출신의 관군으로서 임진년 8월경 청도 조전장으로 부임하여 일가문 14인이 군수 배응경과 단합함으로써 의병-관군의 연합체제가 갖추어졌다는 점이다.

박경전의 가계는 밀양박씨 중시조인 고려 문종조 문하시중을 지낸 박언부에서 그 7세손인 은산부원군 박영균까지는 밀양에서 사족으로 족세를 떨쳤다.[328] 이 후 박영균의 아들 박익이 고려조에 사환하다가 조선개국과 동시에 밀양 고향에 은거하였으나 손자 박융이 과거를 통해 경상도 도사를 지내면서 청도에 세거하였다.[329] 그 후 박융의 손자 박

---

328) 장동표, 「16, 17세기 청도지역 재지사족의 향촌지배와 그 성격」, 『부대사학』 22, 1998, 253쪽 참조.

329) 『오산지』중 「청도향교중수기」 참조. 박홍갑은 이 당시 청도지역에는 김종직의 제자 탁영 김일손이 청도향교의 교수로 부임하였고 경상도 도사 박융의 도움으로 청도향교를 크게 중수함으로써 지방교육을 통한 성리학 보급이 활발했던 것으로 보았다. 박홍갑, 「임진란기 청도지역의 유학과 학맥」, 『경북지역

승원이 청도에 대농장을 소유한 경절공 하숙부의 사위가 되면서 처변의 상속 등으로 청도지역에 경제적 기반을 다졌다. 이후 소요당 박하담 대에 와서는 김해김씨의 김일손 가계와 함께 청도를 대표하는 사족으로 성장하였다.[330]

임진왜란에 일가문이 중심이 되어 창의한 박경전, 박경신 일가의 의병들은 박하담의 손자와 증손자들이었다. 이들은 난의 발발 초기인 임진년 4월 23일에 형제 종반, 숙질이 창의를 결의하고 가노 등 100여 인을 동원하여 청도와 인근 지역의 재지사족 및 향민들에게 비밀 통문을 돌려 숨어 있지 말고 의병에 귀속할 것을 권유함으로써 불과 열흘 이내에 다수의 의병을 모집하고 군사조직을 갖추게 되었다. 이들은 각자가 식량을 휴대하고 활과 칼을 가지고 험한 지역에 점거하여 복병을 두었다. 또 郡內에 성실하고 유능한 인사를 가려 有司를 세워 군사를 모집하고 양식을 모아 스스로 공급하게 하였다.

최초 의병의 창의는 이들의 조부 박하담의 세거지인 청도 이서지역에서 산동의 운문산 자락 선암사로 이동하여 陣을 구축하고, 군사 조직은 의병장에 박경전이 추대되고[331], 박경전의 종형 박경인을 부대장격

---

330) 이에 대하여는 『밀성박씨 소고공파세보』 참조; 김석희·김강식, 「임진왜란과 청도지역의 창의활동」, 『부산사학』 23, 1999, 14~15쪽; 김성우, 「밀성박씨 소고공파의 청도 정착과 종족 활동」, 『진단학보』 91, 1999, 189쪽; 박홍갑, 『임란공신 박경신과 창의일록』, 주류성출판사, 2020이 참고가 된다.

331) 이에 대하여 박홍갑은 최초의 의병 거사를 박경신이 박경전 등과 함께 주도한 것으로 보았다. 박경신은 별시 무과 출신의 현직 무관으로서 1591년 5월경 휴가를 얻어 고향에 내려와 있던 중 임진왜란이 일어나자 임진년 4월 23일에 창의 격문을 작성하여 박경전, 박경윤 등 종제들을 불러 모았다. 그들의 선조를 모신 선암사 사당에 고유하고 맹약문과 격문을 읽으며 창의한 다음 박경신은 그 날로 청도의 창의 사실을 조정에 알리기 위해 한양으로 출발하였고 선조를 호송하며 관군으로 활동하다가 이 후 7월 하순경 청도 助戰將으로 부임한 것으로 보고 있다. 이 견해에 따른다면, 박경신이 관군으로서 상경한 임진년 4월 23일 이후에는 의병장 박경전이 청도의병의 지휘를 하다가 임진년 7월경 박경

인 대장(代將)으로 삼고, 그 아래에 박경전의 동생인 박경윤과 박경선을 참모장격인 아익장으로 삼아 각기 중동의 길부산과 어성산 봉황애에 주둔하게 하였다. 그리고 젊은 조카들을 참모로 하였는데 좌군대장에 박선, 우군대장에 박지남, 유격대장에는 박찬·박린을, 선봉대장에는 박우·박숙·박철남·박구를 임명하고, 그 외 향리의 명망 있는 유생과 무예에 능한 인사들로 조직을 구성하였다.

도망병 및 포로관리의 총책에 이득복을, 매복전투의 각 책임지휘관으로는 이정욱·김인후·정희호를, 야간전투 총책임지휘관에는 배원우를, 기습작전시 적을 유인하기 위한 부대의 책임자에는 이경332)을, 대내외 통문 및 기획 책임자에는 박근을, 기록관인 장서기에는 김후생, 수문장에는 정광필을 각각 임명하여 군대조직을 갖추었다. 그러나 의병하층부의 구성원은 임란 직후 급히 모집된 병사들로서 전투경험 부족으로 일본군을 맞아 초기전투에서는 희생을 치르기도 하였다. 따라서 임란 발발 한 달도 되지 않은 이 당시의 의병조직은 적군을 대적하기에는 무기와 인원 모두가 미비된 상태였고 전략과 전술의 구사도 제대로 이루어질 수 없는 상황이었다. 그래서 서지산 전투에서 代將 박경인이 적의 유탄에 맞아 전사하고 아익장 박경선도 봉황애에서 적의 기습을 받아 전사하기도 하였다. 임진년 8월 하순에 청도의병진에 합류한 조전장 박경신을 포함하여 종합적인 박경전 의병진의 인적 구성 및 역할은 다음과 같다.

신이 청도조전장으로 임명되어 귀향한 이래, 박경신과 박경전은 관군-의병의 연합체제를 갖추고 의병활동을 전개한 것으로 볼 수 있을 것이다. 박홍갑,『임란공신 박경신과 창의일록』, 주류성출판사, 2020, 106쪽, 120~121쪽 참조.
332) 임란시 청도 고성이씨 가문 5의사 중의 1인으로 조선 초 좌의정을 지낸 용헌 이원의 후손이다.

〈표 9〉 청도 의병진의 조직 및 역할표333)

직 임	성 명	역 할	군 진	연령	비고
助戰將	박경신	총괄지휘	上東	54	무과, 밀양부사, 순직
義兵大將	박경전	총괄지휘	上東	40	창녕현감, 예부운략 간행
代 將	박경인	전투 및 지휘	上東	50	증 지평, 전사(서지산전투)
포획장	이득복	도망병 및 포로관리	上東		유학, 전사(최정산 전투)
아익장	박경윤	전투 및 지휘	中東	38	무과, 『예부운략』 간행
	박경선	전투 및 지휘	鳳凰崖	36	무과, 증 승지, 전사(봉황애 전투)
복병장	이정욱 김인후 정희호	매복 전투	上東		유학
좌익장	박선	전투 및 지휘	上東	22	한성우윤, 동지중추부사
우익장	박지남	전투 및 지휘	上東	21	동지중추부사
유격장	박찬 박린	전투 및 유인	中東	21 19	훈련원 첨정 훈련원 첨정
전봉장	박우 박숙 박철남 박구	선봉 및 척후	上東	17 15 21 16	무과 군자감봉사 충무위부장 훈련원판관
장사서	박근	격문 필사 문서관리	上東		진사
장서기	김후생	기록관			유학
야격장	배원우	야간전투 및 매복			유학
유군장	이경	전투 및 작전			유학
수문장	정광필	전투 및 진소관리			유학

개전 직후 의병을 지휘하던 박경전이 군수 배응경과 의병-관군의 연합을 성공적으로 이룬 다음 그때까지의 의병체제를 관군으로 칭하기로 하여 휘하의 의병진을 조전장 박경신과 공동으로 지휘하게 되었다.334)

---

333) 박순진, 「임진왜란기 청도의병진의 조직과 활동」, 『경주사학』 36집, 63~64쪽을 인용하였다.
334) 이선희, 「임진왜란기 경상좌도 지역 청도군수의 임용실태와 전쟁대응」, 『한국

이것은 정부의 의병 관군화 정책을 본격적으로 시행하기 이전의 일로서 청도의병이 자발적으로 관군화를 시도한 것으로 볼 수 있다. 그러한 배경에는 조전장으로 부임한 박경신과 의병장 박경전, 그리고 군수 배응경의 상호협력이 있었다. 조전장 박경신은 무과 별시에 장원급제한 무관으로서 청도지역의 중망받는 인사였고, 박경전의 4촌 형이어서 쉽게 의병-관군의 연합군으로 편제된 것으로 보아진다. 이에 청도의병은 한층 증강된 전투력으로 활동의 범위를 청도지역을 벗어나 인근의 경주, 의성, 밀양, 대구지역에 까지 연합의병군을 형성하여 일본군과의 전투를 전개할 수 있었다.

2) 의병활동의 전개

(1) 자인 의병진과의 연합활동

박경전 의병군이 운문산을 중심으로 매복과 기습으로 유격전을 전개할 무렵 주둔 일본군의 대규모 반격은 이미 예상된 일이었다. 병력의 수가 부족했던 박경전 의병진은 적의 공격에 대비하여 인접한 자인현이나 경주부, 대구부의 의병진과의 연합을 시도하였다. 박경전은 동생 박경선으로 하여금 인근 각 고을에 '적을 물리칠 좋은 계책335)이 있으니 연합전선을 구축하자'는 취지의 비밀통문을 발송케 하였는데, 자인의병장 崔文柄에게는 임진년 5월 2일에, 대구의 徐思遠에게는 5월 28일에 각 각 통문이 전달되었다.336) 그 중 자인 의병장 최문병으로부터 연합전선 참

학논총』 49, 2018, 187~189쪽 참조.

335) 이 무렵 청도와 자인 의병들의 활동을 통해 인근의 각 지역 간 의병연합의 가능성을 비치고 있다. 여기서 청도 의병의 통문에서 나타난 '奮義討賊之計'란 그 후에 있었던 경주 문천회맹과 같은 좌도의병연합의 결사 모임을 가질 계획을 암시한 듯하다.

336) 창의 격문의 발송자는 박경전의 동생인 청도 유학 박경선으로 되어 있다. 『국역 낙재선생일기』, 박영호 역, 이회문화사, 2008, 38쪽.

여 의사를 전달 받았고, 이 후 여러 차례에 걸쳐 최문병과 의병연합을 실현하여 한층 증강된 전투력으로 두곡전투, 선암전투 등에서 일본군을 대파하는 전과를 거두었다.[337]

임진년 5월경의 대구와 자인의 의병의 상황을 보면, 박경전이 대구 등 인근 고을에 대하여 창의 맹약문과 격문을 돌리며 창의할 것을 촉구할 무렵 대구지역에서는 적의 공세에 눌려 의병활동을 적극적으로 하지 못하고 있었다. 박경전 의병진으로부터 통문을 받은 대구의 서사원은 대구 팔공산에 피난해 있으면서 큰 고을인 대구부가 의병을 일으키지 못하는 현실을 개탄함을 볼 수 있다.[338] 그러나 자인의병장 최문병의 경우는 사정이 달랐다. 이러한 현상은 적의 침입을 직접 받은 지역과 상대적으로 덜 받은 지역에서 차이가 있었기 때문이었다. 최문병은 임진년 5월 7일에 자인현 천장산에 제단을 차려 하늘에 맹세하고 동향인 李祥이 데리고 온 장정 수백 명의 병력으로 창의를 하였다. 최문병은 창의와 동시에 바로 전투에 돌입한 사실로 미루어 그는 이미 왜란 발발 전부터 전란에 대비하여 무기를 준비해두었던 것으로 보인다.[339] 그러므로 박경전 의병진으로부터 군사지원의 요청을 받고 곧바로 연합활동을 전개할 수 있었다. 박경전 의병의 본진과 최문병 의병의 본진은 불과 10km 내외의 거리를 두고 있었기 때문에 작전의 전개에도 용이한 지리적 위치에 있었다.

박경전과 최문병은 임란 초기부터 긴밀한 협조체제를 유지하면서 수시로 병력을 응원하고 작전을 논의하여 주둔 일본군의 움직임을 차단하였다. 이 시기 청도와 경산, 자인의 군소의병들은 적의 공격으로부터 방어하기 위해 정보와 전술을 교환하며 공동대처를 해나간 것으로 보인

---

337) 최문병, 『성재선생실기』(장재한 역, 1982), 56~60쪽 및 『14의사록』 중 「창의일기」, 140~142쪽 참조.
338) 『국역 낙재선생일기』 (박영호 역, 이회문화사, 2008), 38쪽.
339) 최문병, 『성재선생실기』, 120쪽.

다. 최문병의『省齋實記』에도 "경산의 최대기, 하양의 신해, 청도의 박경전은 서로 의견이 상통하고 연락도 잘되어 요해지를 굳게 지켰으므로 적들은 감히 경솔하게 침범하지 못하였다"[340]라고 적고 있다.

임진년 5~6월 무렵 경산의 최대기는 경산현 반계에서 창의하여 청도 접경인 성현에서 매복작전으로 적 30여 급을 베고 말 10필을 노획하였고 남천의 금곡에서도 적을 물리치고 자인지역으로 침입하는 적을 경산의 연화봉 아래에서 물리쳤으며, 하양의 신해는 하양에서 창의하여 영천 신녕의 권응수 부대와 연합하여 활동한 바 있었다. 이러한 청도와 경산지역의 초기 의병들의 연합활동은 이 후 권응수를 중심으로 한 영천지역의 의병연합군을 조직할 수 있는 토대가 되었다는 점에 의미가 있다고 하겠다.

청도와 자인은 인접한 고을로서 어느 한 쪽이 주둔 일본군들의 공격에 와해될 경우 의병의 군량미 수급에도 차질이 생길 수밖에 없었다. 박경전 의병진은 자인의 최문병 의병진과 연합하여 때로는 출몰하는 일본군을 방어함과 동시에 적진을 공격하는 사례를 다수 볼 수 있다.

임란초기에 청도와 대구에 주둔한 일본군은 박경전 부대가 진치고 있던 운문산 및 선암지역을 확보하는 것이 그들의 영천, 경주 주둔군과의 교통상 중요한 관건이었다. 그러므로 일본군은 많은 군사를 동원하여 운문산 지역을 대거 공격하였고 당시 군사의 수가 부족했던 박경전 부대는 사태의 심각성을 인식하고 1592년 5월 자인의병장 최문병에게 긴급히 구원을 요청하는 전령을 보내 연합을 요청하였다.[341] 이때의 상황을 최문병의 일기에는

---

340) 위의『성재선생실기』, 89~91쪽.
341) 위의『성재선생실기』, 56~60쪽 및『14의사록』중「창의일기」, 140~142쪽 참조.

5월 16일

　적의 잔병 수백 명이 청도의 중심으로부터 침입하여 자인 지방을 노략
질하였는데, 공은 병졸을 거느리고 추격하여 동창(청도지역)까지 따라가
수백 명의 적을 참획하고 병기 수백 태를 탈취하였다. 이 날 의병장 박경전
이 공(최문병)의 승리 소식을 듣고 임현으로부터 자인에 와서 군례(軍禮)로
써 서로 상대하며 말하기를 "나의 군대는 외롭고 세력도 약하기 때문에 공
의 군과 합하여 적을 공격하였으면 합니다. 공의 의견은 어떠하신지요?"
하므로, 공이 대답하기를 "청도와 자인은 인접한 지역이니 내가 마땅히 그
대의 의견대로 약속하겠습니다."고 하였다.342)

　라고 기록되어 있다. 이때부터 박경전의 청도의병진과 최문병의 자인
의병진은 연합전선을 형성하여 일본군에 대항하였다. 청도의병의 활동
지역은 아래 그림과 같다.

---

342) 위의 『성재선생실기』, 89쪽.

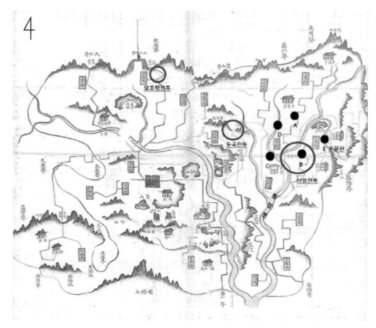

〈그림 8〉 청도 의병진의 활동지역도343)

A: 상동 주둔지(서지산) B: 중동 주둔지(길부산) C: 어성산 주둔지(봉황애)
D: 공암 주둔지 E: 운문산성 주둔지
※ 우측 2개의 ○는 청도-자인 연합의병군의 전투 지역

위의 상황도를 중심으로 청도 의병진이 진 치고 있던 선암지역의 지
리적 중요성을 살펴보기로 한다. 청도 주둔 일본군이 대구로 이동할 경
우에는 가장 큰 도로인 영남대로를 따라 팔조령을 넘어 오동원과 수성
현의 파잠을 거쳐 대구부에 진입하는 경로를 이용하였고, 일본군이 청
도에서 경주로 이동할 경우에는 청도읍치(임란 당시에는 화양읍 소재)
에서 두곡과 선암지구를 거쳐야 했다. 박경전 부대가 주둔한 선암과 상
동지역의 지리적 위치는 청도읍치에서 곰티재를 넘어 선암에 이르기 전

343) 문화재청,『한국의 옛 지도』, 예맥, 2008, 142쪽을 인용하여 전투지역을 도면화
하였다.

의 선의산 자락에 두곡마을이 있고, 이곳에서 약 10리 지점의 동창천변
에 삼족대가 있으며 삼족대에서 다시 강의 상류 약 5리 지점이 선암이
다. 운문산 자락의 동창천[344]을 끼고 있는 선암지역은 임란초기 청도의
피난민들이 몰려든 곳으로 일본군의 중요한 교통로에 해당하는 곳이었
다. 즉 청도에 주둔한 일본군이 작전이나 약탈을 위한 이동 시 반드시
통과해야 하는 통로이며 영천과 경주로 통하는 길목에 해당하는 지점이
었다.

　적군이 영천으로 이동할 때는 위 상황도의 운문산 자락의 선암지구
와 동곡을 거쳐 자인현의 용성에서 영천군 대창으로 이동하게 되어 있
었고, 적군이 경주로 이동하고자 할 때는 위 상황도의 선암에서 서지를 지
나 경주 서면(산내)과 건천을 경유하여 경주부로 진입하게 되어 있었다.

　이와 같은 지리적 여건을 고려할 때, 박경전이 이끄는 청도 의병부대
가 적에게 무너질 경우 자인현의 최문병 부대도 적의 직접적인 공격을
받을 수밖에 없었다. 이러한 지리적 여건이 양 의병진이 연합활동을 해
야 하는 이유가 되기도 했다. 양 의병연합군은 지형지세를 이용하여 적
을 유인한 다음 박·최 양 의병부대가 함께 동서의 날개를 폈다가 좁혀
들어가서 위에서 아래로 집중 공격하는 방법으로 게릴라전을 전개함으
로써 적병의 대열을 분산하고 중심부를 궤멸시켜 의병군이 승리를 거둔
것으로 나타나고 있다. 이러한 挾擊의 전법은 최·박 의병연합부대가 이
곳의 지형지세를 잘 알고 있었기에 가능한 것이었고 두곡전투와 선암전
투에서 승리하는 요인이 되기도 하였다.

---

344) 동창천은 경주의 산내와 운문산에서 내려오는 물이 대천에서 합류하여 동창
　　(매전)을 거쳐 밀양강으로 유입되고 삼랑진에서는 낙동강과 합류한다. 일본군
　　이 밀양에서 청도읍성을 거치지 않고 경주로 통하는 길은 밀양의 상동에서 유
　　천을 거쳐 청도의 매전에 이르게 되어 있다. 청도읍치(임란 당시에는 화양에
　　청도관아인 도주관이 존치)를 거쳐서 경주로 진입할 경우에는 건현을 넘어 동
　　창에서 선암으로 이동하는 교통로를 이용하게 되어 있었다.

박경전 의병진은 만일의 경우를 대비해 부대를 3개의 진으로 분산 배치하여 운용했다. 그 중의 하나는 어성산 鳳凰崖 요새로서 아익장 朴慶宣345)이 선암 건너편의 어성산에 산성을 쌓고 의병부대를 주둔시켜온 곳으로 앞쪽으로 봉황애의 절벽과 동창천 강을 끼고 뒤로는 동당, 금곡, 동곡으로 연결되는 요충지였다. 박경선 부대는 여기서 적의 침입 상황을 초병을 통하여 한 눈에 정탐할 수 있어 소수의 적이 접근할 때는 박경선의 지휘에 의하여 발견 즉시 사살하였다.346) 대군의 적이 출몰할 때는 수시로 上東의 박경전 부대 및 中東의 박경윤 부대와 연결하여 首尾에서 기각세를 이루어 적의 공격을 방어하기도 하고 강 건너의 선암 지역에 집합하여347) 3개부대가 연합으로 적을 공격하기도 하였다.

① 두곡전투

박경전과 최문병은 연합전선활동으로 적을 공격하여 3회의 큰 승리를 거둔다. 먼저 두곡전투를 살펴보기로 한다. 임진년(1592) 5월 20일 박경전 의병은 자인의병장 최문병의 부대와 연합하여 청도군 杜谷에서 적을 토벌하였는데, 박경전 부대와 최문병 의병진은 저녁 무렵에 기습을 감행하였다. 선의산의 동북방향과 서남방향에서 좌우의 날개처럼 전진해 들어가 협공을 하여 적의 수급 100급을 참수하고 장물 10태(바리)를 노획하는 전과를 거두었다.348) 두곡은 청도읍치에서 웅치(곰티재)를 넘어 경산, 영천, 경주로 통하는 길목 지점에 위치하여 청도 쪽의 선의산을 넘으면 최문병 의병이 있는 경산으로 진입할 수 있는 산악요충지였다. 이날의 두곡 전투는 일본군 주둔군이 포진하여 수시로 인근지역을

---

345) 박경선은 임진년 5월 초순에 대구의 최동보, 서사원 등에게 '분의토적지계'가 있으니 창기할 것을 촉구하는 취지의 청도의병의 격문을 발송한 바 있었다.
346) 앞의 『14의사록』 중 「승지공실기」, 217쪽.
347) 오늘날의 선암서원이 있는 곳을 말하며 당시 청도 의병진이 대규모의 병력으로 전투를 전개할 때 이곳에 집결하였다.
348) 앞의 『14의사록』의 「창의일기」 및 『성재선생실기』, 90쪽 각 참조.

노략질하던 진지였기 때문에 적군과 아군이 생사를 걸고 싸우지 않을
수 없는 상황이었다. 두곡전투는 청도 운문산지역의 박경전의병과 자인
현 최문병 의병의 생존이 달린 전투라고 볼 수 있다. 이 날 비가 내리는
데도 활과 화살이 모두 없어질 정도로 치열한 싸움 끝에 의병군이 대승
을 거두었으나 최문병 의병진의 핵심 참모인 都將 李祥이 전사하였다.

　장수를 잃기는 하였으나 양 의병진에서 적군을 끝까지 추격하여 완
전한 승리를 거두었고, 이 전투에서 수습된 적의 활과 화살 300여 부를
매입하였다.[349] 여기서 주목되는 점은 전장에 흩어져 있던 적병의 화살
등을 수습해온 향민들로부터 군용물자로 사들이고 있다는 것이다. 이것
은 비록 군사용 노획물이라 할지라도 군사들이 직접 획득한 전리품이
아닌 전투용품은 정당한 대가를 지불하고 사들여 이를 다시 무기로 활
용하고 있음을 알 수 있다. 관군과는 또 다른 전시 의병부대의 군사재정
운용의 일면을 볼 수 있다. 이러한 점은 의병소모에 있어서 향민들이 관
군보다는 의병 응모를 선호하는 이유가 될 수도 있을 것이다.

② 선암구 전투

　두 번째의 전투는 임진년 5월 24일의 선암구 전투이다. 선암구 전투
시에는 대규모의 적 기병이 박경전 의병진의 병력 집결지인 선암지역으
로[350] 침입한다는 사전 정보를 접수하고 박경전이 최문병에게 긴급 지
원요청을 하였다. 위 선암구 전투지역의 지형은 운문산과 경주 방면에
서 내려오는 두 갈래의 강(동창천)과 자인 방면에서 흘러오는 강물(동곡
천)이 합해지는 강어귀 토사 충적지역이며 강 건너편 어성산에는 봉황
애 절벽 위에 박경선의 부대가 진을 치고 있었다.

　이날의 전투는 박경전과 최문병의 치밀한 전투계획에 따라 이루어

---

349)　앞의 『성재선생실기』, 90쪽.
350)　선암구는 동곡과 대천에서 흘러오는 두 갈래의 물길이 합쳐져 동창천을 이루
　　는 어성산 하단 삼각주 지역이다.

졌다. 먼저 박경전 부대의 도장 박천국, 복병장 이정욱 등이 적병을 유인하기 위하여 어성산 쪽으로 몰려든 적 대군을 선암 앞 동창천 강물 쪽으로 유인한 다음 최문병군과 박경전군이 강의 양안을 끼고 협공을 펼친 것으로 보인다.[351] 이날의 전투에 대하여 최문병의 일기에는

> 5월 24일
> 군사들을 거느리고 선암으로 진격하여 5,000여 명의 적들을 대파하니 적의 시체가 삼대(麻)처럼 무수히 쓰러졌으며, 물품 수십 태를 획득하였다. 이 싸움에서 살아남은 적은 겨우 백여 명뿐이었다.[352]

라고 기록되어 있다.

전투가 벌어진 선암 지역은 북쪽은 자인과 경주로 통하고, 남쪽은 죽전, 밀양 등으로 이어지는 지점에 위치하며 높이 약 300미터 가량의 어성산이 동창천을 끼고 약 30~40미터의 절벽(鳳凰崖)이 있는 산세이다. 강 건너에는 신지(선암마을)의 들판이 운문산 쪽으로 펼쳐져 있어 일본군을 대파하기 위해서는 이러한 지형지세를 이용한 유격전을 전개할 수밖에 없었고 또 그러한 작전에 매우 적합한 곳이다.

박경전 부대와 최문병 부대는 이러한 지형지세를 이용하여 양 날개 전술로 의병 연합이후 최대의 전과를 올린 것으로 판단된다. 이때 官長(군수를 말함)이 간 곳을 알 수 없어[353] 적을 벤 수급을 보고할 길이 없으므로 물과 불에 던져 없애 버렸다. 이 전투는 두곡전투와 함께 임진왜란 초기 청도에서 영천, 경주로 통하는 경상좌도 일본군 주둔병의 이동

---

351) 앞의 『14의사록』, 163~164쪽.
352) 앞의 『성재선생실기』, 90~91쪽. 다만 밀양, 청도의 일본군 거점주둔군의 규모를 감안할 때 당시 일본군의 침입병력이 5,000명이 되었는지는 의문이다. 박경전의 『창의일기』또한 전과가 부풀려진 듯하다. 후대에 이르러 실기 편찬 시에 윤색하거나 과장한 것으로 여겨진다.
353) 이때 청도군수 배응경은 대구의 최정산에 피난해 있었다.

경로를 차단하는 성과를 가져온 전투라고 볼 수 있다.

이어서 전개한 동곡전투는 박경전과 최문병이 연합하여 일본군 야영 진지를 공격한 것이다. 동곡은 위 선암에서 불과 5리 이내의 거리에 위치하며 자인으로 통하는 길목에 있었다. 동곡전투에서는 동곡에 임시 주둔한 적의 기병을 급습하여 싸우지 않고 대량의 전리품을 거두었다. 이 전투 또한 양 의병의 치밀한 사전계획에 의한 적 야영군 진지의 공격이었는데 최문병 부대는 자인에서 동곡 방향으로 진격하고 박경전 부대는 선암에서 동곡 쪽으로 진격하여 양 의병진이 동시에 적을 협공한 것이다. 이 전투에서는 기습을 당한 적이 흩어짐으로써 적의 군기와 물품을 대량으로 획득하였다. 양 의병진은 이 전리품의 획득으로 군사용 무기를 상당수 갖출 수 있었다.[354] 이 전투에서 거둔 대량의 노획물로 군사용 식량과 무기를 확보함으로써 청도와 자인 의병의 군사체제가 더욱 강화되었음을 알 수 있다.[355] 동곡전투는 군량미 무기 등 군수품 획득으로 의병군의 軍糧과 軍器조달에 커다란 전기를 마련한 전투였다.

(2) 제1차 경주성 탈환전투 참여

박경전 의병은 임란초기의 승세를 이어가다가 조전장 朴慶新의 가세로 관군-의병연합체제가 갖추어졌고 이때부터 군세가 강해진 청도의병은 청도지역 밖으로 활동범위를 넓혀나갔다.

의병-관군의 연합으로 처음 출전한 것이 제1차 경주성 탈환전이었다. 1592년 8월 박경전 의병진은 경상좌병사 朴晋의 통문을 받고 경주읍성 탈환전에 연합의병군으로 참전하는데, 청도조전장 박경신이 주도하여

---

354) 앞의『성재실기』, 91쪽. 말, 소 수백 필과 물품 수십 태를 빼앗은 것으로 기록되어 있다. 앞의『14의사록』, 164쪽. 소, 말 200여 필과 복물 100여 태를 빼앗았다고 기록되어 있다.
355) 앞의『14의사록』, 164쪽.

출병하였다. 박경신이 현직 관군으로서 박경전 의병진에 합류한 이래 의병-관군연합의 청도 의병군으로는 첫 출전이었다.

이날의 전투를 박경전의 『창의일기』에서는

　　병사(박진)의 전령으로 경주에 머문 적을 치기 위해 조전장 박경신과 같이 200여 기를 거느리고 다음날 새벽에 좌위로 나아가니 성 밑의 적이 경계하여 나오지 않았다. 아군이 북을 두드리며 진격하여 거의 함락할 무렵 우위군이 적의 복병을 만나 크게 흩어져 일시 퇴각하였다. 적이 다시 군을 보내어 달려드니 아군의 사자가 절반이었다. 의장은 조전장 박경신과 같이 적에게 포위되었으니 죽음을 무릅쓰고 멀리는 쏘고 가까이는 베니 감히 달려들지 못하고 부득이 포위를 풀었다. 그러나 조전장 박경신은 몸에 10여 군데의 부상을 입었다. 대군이 이미 패함에 병사가 곤란한 지경을 당하니 의장이 기를 잡고 먼저 서천탄을 건너니 사졸들이 냇가에 이르러 바쁘게 건너갔다. 적이 쫓아오니 의장이 활로써 7~8급을 죽이고 그 군사를 보전하여 돌아오다. 조전장은 칼날 가운데에서 몸을 벗어나 부상한 가운데서 단기로 서천탄에 달려 들어가니 종(奴) 대손이 뒤따랐으며 적이 물가에 이르러 조전장의 등을 칼로 베려할 때 대손이 몸으로써 조전장을 막으니 대손은 죽고 조전장은 죽음을 면하게 되었다. 이때 아군은 대패하였는데 사람들이 이르기를 병사공(박진)이 약속을 정하지 않고 경솔하게 나아가라 했기에 패하게 되었다고 말하였다.[356]

라고 기록하고 있는 바, 내용으로 보아 좌병사 박진의 작전 실패로 인한 패전이었음을 짐작케 한다.

경주읍성은 서천 건너편 가까운 거리에 위치하고 있었는데 박경전 의병은 경상좌도 연합의병의 일원으로 성 좌측(左衛)의 공격을 맡아 진격하였다가 성에 거의 이르러 적의 배후 공격을 받았던 것으로 보인다.

356) 앞의 『14의사록』, 172~173쪽. 이때의 사실을 박경전의 『창의일기』에는 임진년 9월 11일로 적고 있으나 이는 오기로 생각된다. 위 전투의 내용으로 보아 제1차 경주성 탈환전투가 있었던 임진년 8월 21일의 상황에 대하여 기록한 것으로 추정되는데, 날짜를 잘못 기록한 것으로 보인다.

일본군은 아군의 공격에 밀리는 것처럼 위장 전술로 후퇴하다가 경주 외곽의 매복 병력을 이용하여 아군의 배후를 공격함으로써 아군은 포위되었고 당시 성 안으로 진입했던 의병들은 적의 역공을 당하여 성 밖의 서천을 건너 퇴각할 수밖에 없었으며 겨우 목숨을 보전할 정도로 참패를 당하였다.

이 당시 좌병사 박진은 서천 건너 절벽 위의 금장대에서 전투지휘를 하면서 여기에 참여한 각 의병진에게 동시 공격명령을 내린 것 같다. 그러나 일본군은 이러한 병사 박진의 전략 전술을 이미 간파하고 대규모의 외곽 지원 병력을 읍성 인근의 백률사, 향교 등에 숨겨두었던 것인데 박진은 이러한 적의 위장전술에 속아 연합의병진이 적군에 포위 되어 패전하게 된 것으로 보인다. 그 뿐 아니라 이 당시 경상좌도의 연합의병들은 그 보다 20여 일 앞서 영천성 탈환전에서의 승리에 도취되어 전투마다 이길 것처럼 정신적으로 들떠 있기도 하였다.

위 전투를 통하여, 이 무렵 형성된 의병과 관군의 연합전선에서 병사 박진이 의병장들과의 충분한 작전계획이나 전투회의를 거치지 않았음을 알 수 있다. 따라서 이 시기까지는 관군의 전열이 충분히 정비되지 않은 시점이었고 관군 중심의 일방적 지휘보다는 현지 사정에 밝은 의병들과의 협의가 중요함을 알 수 있다. 또 의병들이 대체로 일본군을 상대하여 펼치는 전술은 유격전이었는데 경주성 전투와 같은 대규모의 평지 교전은 전투방법이나 병력의 운용에 있어서도 의병들이 평소 실시하던 산악 중심의 게릴라전과는 상당한 차이가 있음을 보게 된다.

제1차 경주성 탈환전투에 참가한 청도의병진의 활동에서 주목할 점은 청도의병을 이끌고 출전한 조전장 박경신의 용전분투이다. 적의 배후병력에 의해 많은 전사자를 내고 서천을 건너 퇴각할 무렵 조전장 박경신은 몸에 10여 군데의 부상을 입고도 단기로 몸을 돌려서 다시 종(家奴) 대손을 데리고 서천으로 되돌아가 적과 싸움을 벌였다는 점이다. 부

상을 입은 채 다시 적진 속에 단기로 들어가 싸운 조전장 박경신의 전
투의지는 비록 그 날 아군의 패배에도 불구하고 향후의 전투에 임하는
청도 의병진의 사기를 진작하는데 커다란 영향을 미쳤을 것이다. 실제
로 박경신은 그 해 10월경부터는 관군으로서 많은 전공을 세웠고 청도
의병진은 1592년 10월 20일에 권응수 의병진과의 연합전선에 참전하였
는 바, 조전장 박경신이 좌병사 박진의 명에 의하여 영천 의병장 권응수
의 별장으로 청도의병을 이끌고 전투에 참가하여 상당한 전과를 거두었
다. 박경신은 그러한 공적으로 밀양부사에 제수된다. 그러나 박경신은
1594년 밀양관아에서 순직함으로써 이후 청도의병은 다시 박경전이 이
끌게 된다.

(3) 팔조령·대구 전투

　청도의병의 팔조령 전투는 임진년 7월 1일, 15일, 20일에 걸쳐서 전개
되었다. 팔조령은 임란 당시 일본군의 주요공격로에 해당하는 영남대로
청도-대구 구간의 교통로였다. 박경전이 이끄는 청도의병은 난의 초기
인 임진년 5월 19일경 군사 500명으로 팔조령과 최정산에 진을 치고 일
본군과 교전하고 돌아오는 길에 적군의 매복에 걸려 대패한 일이 있었
다. 이때 포획장 이득복이 적의 탄환을 맞고 전사하였고 참전 의병의 절
반이 전사한 경험이 있었다.[357] 그러나 그 후 7월경에는 청도의 동쪽에
진치고 있던 박경전 의병이 청도 서부와 대구를 잇는 최정산 지역에 다
시 출전하여 청도에서 경산, 대구로 이동하는 적을 막기 위해 치열한 전
투를 펼쳤다.

　7월 1일, 팔조현(八助峴)에서 적의 수급 50급을 베고, 말 10필 소 5마리를
　획득하여 공암[358]으로 돌아와 군진을 폈다.

---

357) 앞의 『14의사록』, 162쪽.

7월 15일, 뒤쳐진 적 300여기가 대구(大丘) 경내에서 노략질하는 것을 아군 2,000여 기로 팔조현에서 50급을 베고 말 50필, 소 10마리를 빼앗아 소를 잡아 군사에게 먹이다..[359]

팔조령 전투에서의 승리는 청도 중심부를 장악한 의병진이 밀양에서 대구를 잇는 길목에 해당하는 영남대로상의 팔조령을 확보함으로써 청도와 대구 주둔 일본군 간 병력이동의 교통로를 차단하는 효과를 가져왔다고 볼 수 있다.

또 청도의병이 참여한 대구전투는 좌병사 박진의 요청에 의한 것이었다. 경상좌병사 朴晉이 1592년 10월 20일경 군사를 이끌고 자인현에 일시 머물면서 대구에 주둔한 일본군을 공격하기 위해 청도의병진에게 영천의병장 권응수와 함께 참전할 것을 지시하였고 청도의병진은 연합병력에 합류하여 활동하였다.

임진년 10월 20일, 좌병사 박진이 자인현에 군사를 주둔하고 우후 권응수를 보내어 대구에 머물러 있는 왜적을 토벌하였는데, 이때 조전장 박경신이 別將으로 좌군을 거느리고 좌·우군과 합세하여 힘껏 싸워 왜적 50급을 목 베었다.[360]

이 시기에 있어서 관군인 朴慶新의 의병지휘는 단순히 관군지휘관의 성격을 넘어 고향의 의병들과 관군을 동시에 지휘하는 것으로서 실질적으로 의병장의 역할이라 할 수 있다.[361] 일반적으로 관군을 기피하던

---

358) 공암주둔지는 임란 초기의 서지산 주둔지보다 북쪽으로 약 1km가량 떨어진 지점으로서 강과 산으로 둘러싸인 협곡지역이다. 오늘날은 운문호 조성으로 수몰지가 되었다.

359) 앞의 『14의사록』, 170~171쪽.

360) 앞의 『14의사록』 중 『조전일기』, 86쪽 참조.

361) 권응수의 경우도 마찬가지로 조정의 관직제수에 의하여 당시 우후의 직책을 받고 있으나 실질적으로는 의병을 이끄는 義兵將의 역할이 주요 임무였다고

당시의 의병들의 추세와는 달리 청도 의병들은 향토에서 중망을 받고 있던 박경신의 지휘를 믿고 따른 것이다. 따라서 박경전, 배응경, 박경신은 청도 의병의 조직을 거부감 없이 관군체제로 개편해 나갈 수 있었으며, 영천, 경주 등의 의병연합전선에 참전한 것은 청도의병이 관군화되어 가는 과정의 활동이라 할 수 있다.

이 때의 조전장 박경신이 이끄는 군사의 대부분은 기존의 박씨 일가문과 함께 활동하던 청도의병들이며 이들은 점차 관군화 되어 가면서 박경전과 박경신의 공동지휘체제 아래에 놓이게 된다. 즉 의병지휘자로서 향리에서 창의한 의병장 박경전과 그의 4촌 형인 조전장 박경신의 인적 구성은 청도의병들에게는 전투력을 증강하는 계기가 되었다.[362]

이 시기 박경신의 활동은 임진년 10월 29일에는 청도의 남쪽, 밀양과의 경계지점에 위치한 오례산성에서 소수의 정예병으로 산성을 거점으로 일본군과 대적하여 게릴라전을 펼쳤는데 오례산성은 청도에서 밀양으로 흐르는 청도천을 낀 천혜의 요새로서 산 아래에서 위로 쳐들어오는 일본군을 위에서 아래쪽을 향하여 산성의 양쪽 능선을 타고 양 날개 모양의 협공으로 적을 물리쳤다. 이러한 청도 의병진의 임란초기 활동은 시기적으로 경상좌도 연합의병을 형성해 가는 시점이었다. 청도지역

볼 것이다. 임진란 초기에 의병장으로서의 권응수의 활약을 병사 박진이 방해하는 일이 있었으나 상부의 조정에 의하여 이 무렵 어느 정도 협조체제를 이룬 것으로 보인다.

362) 이러한 사정은 『조전일기』 계사년 4월 초 1일자에서 찾아볼 수 있다. "조정에서 군공으로 조전장을 밀양부사로 제수하였다. 동면으로부터 밀양부에 도임하는데, 둘째 아들 철남이 모시고 갔다가 이튿날 돌아왔다."라는 기사와 같은 해 윤 11월 17일자 기사에 방어사 김응서가 칠곡에 순시차 나온 좌의정 윤두수에게 밀양부의 현황을 보고하는 내용에 "본부(밀양부)는 적이 지나가는 첫 길이므로 분탕질을 하여 이미 다 없어져서, 간신히 살아남은 백성들이 굶주려서 장차 다 죽게 되었습니다. 부사(박경신)가 거느릴 사람이 없어 그 종들을 거느리고 성을 점거한 적에게 돌입하며 …" 라는 대목으로 미루어 당시의 정황을 짐작할 수 있다. 앞의 『14의사록』, 114쪽과 118쪽 참조.

은 남으로 밀양, 서로 대구, 동으로 울산, 북으로 영천, 경주를 잇는 매우 중요한 지역이므로 청도에서 적의 보급로와 병력 이동경로를 차단하는 전투성과를 낸 것은 의미 있는 일이다. 청도의병은 청도 지역을 방어함으로써 이 후 영천성 탈환전과 경주 복성전투의 승리를 가능하게 한 군소 의병 활동의 실상을 보여주는 사례로 볼 수 있다.363)

청도지역의 의병활동은 위와 같은 밀양박씨 일문 외에도 몇 몇 가문 중심의 의병활동이 전개되었다. 청도의 재지사족인 固城李氏의 일문도 박씨문중의 의병진에 가담하거나 또는 경상우도의 곽재우 의병진에서 의병활동을 펼쳤다. 임진왜란기 청도에서 의병활동을 전개한 고성이씨 문중의 의사들은 조선조 초기 좌의정을 역임한 容軒 李原의 후손들로서 무오사화를 피하여 청도군 유동리에 정착한 이원의 증손 모헌 이육의 후예들이었다. 이들 중에서 청도의병은 李馨, 李海, 李濂, 李潛, 李澈인데, 이경은 이육의 손자이며, 나머지 4인은 이육의 증손들로서 서로 숙질과 형제 또는 종반간이었다. 5인의 고성이씨 의사들은 각 회맹에도 참가하는 등 치열한 활동을 펼친 사실이 보인다. 곽재우의 용사응모록, 화왕산 동고록에 이철, 이렴의 이름이 올라 있고, 팔공산회맹록에는 이철의 이름이 등재되어 있다. 이경은 박경전이 주도한 청도의병진의 유군장으로 활동하며 청도의병진의 창의맹약문과 격문을 배포하고 청도와 밀양의 접경지인 유천전투에서 맹활약하여 일본군 10급을 참수하는 전과를 올렸다. 이철은 참봉으로 이잠의 아우이자 이렴의 6촌 동생으로서 청도의 연지에 거주하였다. 이렴은 청도의 거연에 거주하였으며 부사과로 기록되어 있다. 이해는 호가 유호당이며 곽재우의 의병진에 가담하여 활동하다가 정유재란 때 권율의 휘하에서 남원성 전투에 참가하여 전투 중 순절하였고 전사 직전에 쓴 절명시가 남아 있다.364)

---

363) 정부의 포상으로 의병장 박경전은 임란초기의 전공으로 창녕현감에 제수되었고 선무원종 2등공신에 책록되었으며, 박경신은 전공으로 밀양부사에 제수되고 사후에 선무원종공신 1등에 책록되었다.

이철 또한 곽재우의 화왕산성 수성전에 참여하여 전공을 세웠다. 이 잠은 1593년 2차 진주성 전투에 참가했다가 순절하여 진주 창열사에 배향되었다.365) 이처럼 청도의 고성이씨 가문의 5인의 의사는 임진왜란기 청도지역을 대표하는 의병가문이었다. 경상좌도 중부지역인 청도지역의 의병사에서 고성이씨 일가의 5의사의 임란 의병활동이 위의 박경전 등 박씨가문의 창의활동에 비하여 그 역할이 크게 드러나지 않았던 것은 이들의 주요 활동지역이 고향인 청도 지역의 방어활동보다는 경상우도의 진주성 전투와 곽재우가 이끄는 우도의병 또는 전라도의 남원성 전투 등에서 의병활동에 참가하였기 때문이다. 그 외에도 임란기 청도지역의 의병활동에는 朴烱, 金軼, 金鳴遠 등의 활동이 지속적으로 이어졌고 金弘漢은 경상우도 의병장이었던 김면의 재종질로서 청도출신이었으나 김면의 의병진에 가담하여 선봉장으로 활동하다가 고령의 무계 전투에서 순절한 것으로 나타난다.366)

4. 자인현 崔文炳의 의병활동

1) 의병의 기반과 조직

최문병은 字가 日章, 號가 省齋이다. 최문병의 선대는 전주 최씨였으나 고려 의종·명종대에 공훈으로 부원군이 된 崔漢이 현달하여 그가 永川에 살았으므로 출신지의 지명을 따라 燃山府院君367)의 군호를 받았고 이로써 영천최씨가 되었다. 최문병은 1557년(명종 12) 경상도 경주부 자

---

364) 김강식, 「청도지역 고성이씨 가문의 임진왜란 극복 양상」, 『역사와 세계』 54, 300~302쪽, 318쪽 참조.
365) 김강식, 위의 논문, 317쪽, 320쪽 참조.
366) 김면 의병진의 선봉장으로 활약하던 김홍한은 임란 초기 고령의 무계 전투에서 순절하였다. 김면, 『송암선생문집』, 고령군, 2000, 참조.
367) 연산(燃山)은 경북 永川의 옛 지명이다.

인현 울곡리에서 태어났다.

최문병의 고조부는 절충장군 내금위장을 지낸 崔四海이며, 고조모는 성종조 총신이었던 徐居正의 질녀였다. 증조 崔奎는 성균진사, 조부 公權은 절충장군 용양위부호군, 부 崔湜은 절충장군으로 그의 가계는 후대로 올수록 대체로 무관가문의 가풍을 이어갔음을 알 수 있다. 최문병의 전처는 문화류씨 監司 垂英의 딸이며, 후처는 영천이씨 碩慶의 딸이다. 그는 어린 나이에 부친을 여읜 후 모친을 봉양하며 성장하였고 이후 효성으로 경주부윤 李玄培에 의해 鄕薦368)에 뽑히기도 하였다.

최문병은 당시 자인현의 부유한 사족의 가문에서 출생하였으며 어려서부터 외삼촌인 溪東 全慶昌(1532~1585)369)에게서 학문과 대의를 배웠고 경학에 전념하여 벼슬에 뜻이 없는 순수한 유학자였다.

최문병의 선대는 15세기 중엽 이전에 자인에 터전을 잡았고, 많은 토지와 노비를 소유한 사족으로서 대구를 비롯한 인근 지역의 학문과 재력을 겸비한 사족들과 혼인을 통해 족세를 넓혀가고 있었던 듯하다. 최문병의 집안은 그의 고조부 이래 자인지역에서 이미 경제적 기반이 충실하였으며 그의 문중이 향촌에서 차지하는 비중은 가볍지 않았다. 최문병은 가문의 사비로 강학소인 仁智精舍를 설립할 만큼 넉넉한 재력을 보유하고 있었음을 알 수 있다. 조선 중기에 자인현의 현청 이전 시에 서부리 일대의 최문병 가문의 토지와 원당리의 토지를 현청부지 마련을 위해 교환한370) 사실로 미루어 볼 때, 최문병의 영천최씨 가문은 자인

---

368) 앞의 『성재선생실기』, 84쪽 참조.

369) 전경창은 퇴계의 제자로서 문과에 급제하여 호조정랑을 지냈으며, 대구 연경서원의 설립에 힘쓰는 등 대구의 성리학 활성화에 기여한 제1세대 대구 출신 유학자로 인식되고 있다.

370) 임란 당시 최문병 가문은 자인현 일대에 많은 土地를 소유하였던 것으로 보인다. 임란 이후 원당리의 현청을 서부리로 이전할 당시 현청 부지의 마련을 위해 영천최씨 가문 소유의 서부리 토지와 원당리의 땅을 맞교환 한 사실을 통해 자인현의 재지사족인 최문병의 영천최씨 가문의 재력을 추정해볼 수 있다.

지역에 탄탄한 경제적 기반을 가지고 있었던 것으로 보인다. 최문병은
이러한 경제적 기반을 토대로 하여 임진란이 일어나기 2~3년 전부터 곡
식을 비축하고 병기를 제작하며 전란에 대비하였던 것으로 생각된다.[371]

최문병은 과거에 뜻을 두지 않았고 거경궁리하며 자연을 벗삼아 유
유자적한 삶을 살았는데 그의 삶의 방식은 계동 전경창과 한강 정구로
부터 영향을 받은 것으로 보인다. 전경창은 16세기 중엽 대구 최초의 서
원인 연경서원[372]을 건립하고 성리학을 정착시킨 대구 유학의 선구자
였다. 전경창은 대구부 수성현 파잠리에서 출생, 문과에 급제하여 사헌
부 지평, 호조 정랑을 역임한 관료이자 학자였다.[373]

전경창은 小學을 특히 중시하였으며 유학의 종지는 科擧에 있지 않고
존심양성에 있음을 강조하였고, 위기지학에 전념할 것을 제자들에게 당
부하였다.[374] 그러면서도 한편으로 학문하는 선비의 방에 있어야 할 물
건으로 서적과 활, 화살을 지닐 것[375]을 강조한 것으로 보아 선비에게

『자인현읍지』(순조 33년(1833)) 및 『자인읍지』, 유도회 자인지부, 서경인쇄출
판사, 1992 참조.

371) 앞의 『성재선생실기』, 84쪽 참조.

372) 대구에 최초로 연경서원을 설립하였는데, 예안 출신으로 농암 이현보의 아들
로서 퇴계 이황의 제자였던 李叔樑이 당시 연고가 있던 대구의 연경지역에 살
았다. 이때 퇴계의 문하에서 동문수학한 全慶昌과 함께 대구의 유학을 진흥시
킬 목적으로 퇴계에게 연경서원 상량문을 써줄 것을 청하여 퇴계로부터 상량
후기를 받았다. 이후 대구에는 유학의 기풍이 크게 진작되었고 전경창은 이곳
에서 많은 제자들을 길러냈다.

373) 퇴계 이황의 학통을 이어 대구에서는 전경창과 채응린 두 사람만이 퇴계문인
록에 등재될 만큼 대구지역에 퇴계학의 뿌리를 내리게 한 1세대 대구유학의
대표적 인물이었다. 즉 전경창은 2세대 대구유학자 그룹인 서사원, 손처눌 등
의 시대를 거쳐 한강 鄭球의 소위 한강학단이 이루어지기 전까지 퇴계학을 대
구에 정착시켜 대구유학의 2세대를 길러낸 성리학자였다. 전경창의 제자로는
서사원, 손처눌, 곽재겸, 이주, 이언영, 강극유, 최문병, 이종문, 손기업, 전한
등이 있다. 구본욱, 「대구지역에 성리학을 연 계동 전경창 선생」, 『유림신문』
21, 대구향교, 2009, 참조.

374) 전경창, 『계동집』 권2, 「행장」, 5쪽. "吾儒事業 不在科業 而在於存心養性也"

학문 이외에 尙武精神도 필요함을 가르쳤다. 전경창은 생질인 최문병을 제자로 가르침에 있어서 유학의 기본정신을 체득하게 하였으며 병서를 익히는 등 무예도 수련토록 가르친 것으로 보인다. 최문병은 16세 때 書傳의 선기옥형(璇璣玉衡)의 학설을 읽고 전경창에게 묻고 답함에 있어서 학업의 성취가 우수하니 앞으로 크게 쓰일 것이라는 칭송을 들을 만큼 전경창으로부터 학문적 성과를 인정받고 있었다.376) 일찍이 부친을 여읜 최문병에게 외삼촌 전경창은 부모와 같은 존재였으며 곧 그의 정신적인 지주였다. 최문병은 청장년 시기부터 가산을 출연하여 향리의 자택 아래에 스스로 인지정사를 짓고 인근의 사족유생들과 함께 학문을 연마해 나갔다. 그는 임진왜란이 일어나자 많은 가산을 희사하여 곧 창의에 나섰고 의병활동에 진력할 수 있었다.

최문병이 교유한 인물들은 경주부윤을 지낸 이현배와 정구의 문인인 이춘암, 전극창, 이석경 등 당대의 유학자들이었다. 자인지역을 영도해 온 최문병은 임란이 발발 하기 2~3년 전부터 지역 유생들과의 강학과정에 왜란에 대한 대책을 토론하고 있었고 미리 활과 화살, 창 등의 무기를 비축하고 있음을 볼 때 이미 그는 전쟁의 징후를 다양한 루트를 통해 간파하고 전쟁에 대비한 것으로 보인다. 작은 지역에서 많은 의병을 모집하여 임란 초기의 혼란을 극복해낸 그의 능력은 지역 향민들과의 유대를 강화하면서 명망을 높여온 결과로 볼 수 있을 것이다.

그의 행장에 실린 시와 글들을 통해 그의 사상을 엿볼 수 있다. 그의 실기에는 권1에 오언절구 5수, 칠언절구 10수, 서 3편이 보인다. 그의 오언절구 '춘일우음(春日偶吟)'에서 "靑雲의 길은 아랑곳 않고, 수십 년을 江湖에서 살아왔노라. 꽃 붉고 달 밝은 밤에 흰 갈매기 앞에 내가 있구나"라고 읊어 출세를 단념하고 마음을 닦으며 자연에서 유유자적하는

---

375) 앞의 『계동집』 권1, 「잡저」. "文房圖書琴瑟弓矢外 勿置雜具"
376) 앞의 『성재선생실기』 81쪽.

심경을 토로하였고, '유금학산사(遊金鶴山寺)'³⁷⁷)에서도 강호에 조용히 살며 지내고 있는 그의 심사를 내비추었다. 또한 '두곡진중 답박제우당 경전(杜谷陣中 答朴悌友堂 慶傳)'³⁷⁸)에서는 임란 초기 밀려오는 일본군 을 맞아 필사적으로 승리를 다지는 충의심을 보이고 있으며, 의병 봉기 에 즈음하여 일찍이 자인지역에서 왜적을 물리쳤던 韓將軍³⁷⁹)의 유지를 찾아 감회를 읊은 '제판서 한공종유참왜처 유감(祭判書 韓公宗愈斬倭處 有感)'³⁸⁰)에서는 난국 타개를 위한 비장한 충정이 보인다.

난의 초기 최문병은 최대한 빠른 시일 내에 의병을 모집하였다. 최문 병의 의병 조직의 과정을 보면, 향촌의 유생 및 가솔들을 중심으로 의병 을 조직하고 그의 본가가 있던 울곡리의 뒷산인 천장산에 제단을 차리 고 임진년 5월 7일에 창의하였다.³⁸¹) 이는 경상좌도에서는 매우 이른 시 기의 창의에 해당한다. 이 당시 최문병과 비슷한 시기에 자인에서 창의 한 의병으로 李承曾(1515~1595)이 있었다. 이승증은 경주 출신으로 회재 이언적의 제자였으며 생원·진사시에 합격한 이후 이 무렵 경주를 떠나 자인에서 서당을 차리고 후학을 지도하던 중 임진왜란을 맞아 각 지역 에 창의격문을 배포하였다.³⁸²) 그러나 이승증의 의병부대가 대구의 최

---

377) 위의 책, 영인 36쪽, "雲捲長天月正明 松巢獨鶴不勝淸 滿山諸鳥知音小 刷盡 疎翎半夜鳴"
378) 위의 책, 영인 38쪽, "貞節專心 危不貳雖當板蕩 有爲以偸生謀避豈人道雪恥酬 王忠義子"
379) 한장군 남매가 자인지역에 쳐들어온 왜적을 물리친 공적을 기려 오늘날 자인 단오제로 전승되어 오고 있다. 계정숲에서 매년 단오절 행사시에 국가무형문 화재 44호로 지정된 女圓舞를 추며 '한장군놀이' 민속행사를 치르고 있다.『 경산시지』, 1997, 1034~1035쪽 참조.
380) 앞의『성재선생실기』, 영인 39쪽, "行客停驂聽怒波 將軍如在斬諸倭 劍痕猶昨 留盤石 壯跡千秋定不磨" 又 "功忽當年動四方 精忠不泯凜千霜 至今불廢將軍 事 端午圓舞永有光" 위의 기록으로 보아 최문병이 살았던 당시에도 자인현에 전승되어오던 '한장군 놀이' 행사는 이어지고 있었고 女圓舞라는 춤도 전승되 고 있었음을 알 수 있다.
381) 앞의『성재선생실기』87쪽 참조.

동보, 최여호 등과 의병활동을 하였다고 하나 최문병 의병진과 연합하거나 연계한 사실은 보이지 않는다. 임란 당시 78세인 고령의 이승증이 직접 부대원들을 거느리고 전투에 참가한 것으로 보이지는 않고 향리의 사족의 일원으로서 인근 열읍383)에 의병봉기를 촉구하는 격문을 배포하고 후원하는 활동을 해 나간 것으로 파악된다.

『성재실기』에 의하면, 최문병은 전쟁에 대한 사전 대비를 꾸준히 해오고 있었음을 알 수 있다. 그가 세운 강학소인 자인현 울곡리 소재 仁智精舍에서 활과 화살, 칼, 창 등을 준비해왔다.384) 평소에 왜란에 대비하여 준비한 대로 가복과 마을 장정들을 중심으로 의병을 모집하고 인근 지역에 의병궐기의 격문을 돌렸다. 그는 미리 준비한 무기를 점검하고 거병하였다. 최문병의 의병활동의 범위는 주요 근거지인 향리 자인현385) 뿐만 아니라, 의병연합활동이나 복성전투의 지원부대로서의 활동은 인접지인 대구, 청도, 영천, 경주에 걸쳐있었다.

최문병 의병의 조직은 크게 좌·우 2개의 부대로 나누어 배치하였는데, 김홍을 우대장으로, 유인춘을 좌대장으로, 박영성을 선봉대장, 권삼노를 후원대장으로 삼았다. 그리고 이상을 총대장(도대장)으로 삼았다.386) 그 외 장서기에 이시발과 김진을, 관향(管餉, 군량미 관리)에는 이시오와 장천기를 보임하고, 향리의 문사들인 박춘, 김우용·김우련 형제와 박몽량, 최동립 등 15인을 의병 간부진에 배치하였다. 임란 초기에

---

382) 이승증, 『관란선생문집』 하, 「通大邱士林文」 중 「本鄕通慈仁文」 참조.
383) 이승증은 대구의 낙재 서사원에게도 창의를 촉구하는 격문을 보낸 바 있었다. 『국역 낙재선생일기』, 박영호 역, 이회문화사, 2008, 19쪽 참조.
384) 앞의 『성재선생실기』 84쪽 참조.
385) 자인현은 임란 당시에는 경주부의 속현이었으나 임란 이후 7년에 걸친 현민들의 복현운동으로 1637년에 복현이 되었고, 그 후 한 때 자인군이 되었다가 일제시대에 경산군에 편입되어 현재는 경산군 자인면으로 존속하고 있다. 『경산시지』, 161쪽 참조.
386) 청도의 두곡전투에서 李祥이 전사한 후에는 尹琦를 도대장으로 임명하였다. 앞의 『성재선생실기』, 105쪽 참조.

는 삼천산 등 자인현 주위의 경계지역 요해지에 감시초소를 설치하여 적의 동정을 살피는 한편 울곡리 본가에 있던 곡식창고를 약 20여 리 떨어진 구룡산 아래 물한동으로 옮기고 그 곡식으로 의병대원들의 군량에 충당함으로써 군량과 군기 등 의병진의 유지를 위한 기본적인 조건을 충분히 갖추었다. 그의 의병진은 임란 초기에 겨우 100여 명에서 빠른 시간 안에 1,000명[387]이 넘는 의병대원들을 규합할 수 있었던 것으로 보인다. 정보망 가동과 평소의 전란에 대한 준비로 빠른 대처를 함으로써 적이 자인현의 경계를 침범해오기 전에 병력의 손실 없이 이를 방어해낼 수 있었다.

2) 의병활동의 전개

(1) 자인의 상황과 초기 활동

자인현은 임란 발발 당시 지역적으로 경주부의 최남단에 위치한 속현이었기 때문에 본읍(경주부)으로부터 전쟁의 상황이나 소식을 제대로 전달받을 수도 없이 고립되어 있는 상태였다.[388] 일본군 제1군인 고니시 유키나가(小西行長) 부대는 4월 20일경에는 이미 청도를 함락하고 21일에는 경산, 23일에는 대구부를 접수하였다. 그리고 가토오 기요마사(加藤淸正)가 이끄는 제2군은 기장, 울산을 거쳐서 4월 21일에 경주성을 점령하였고 22일에는 영천성까지 점령하였다.[389]

자인현은 지리적으로 일본군의 제1군과 제2군의 진격로의 중간지대

---

387) 순조 32년(1832)의 『경상도읍지』 호구 조에 의하면, 이 시기 자인현의 총가구 수 3,246호에 인구가 남자 5,185명, 여자가 7,505명이었던 점을 감안할 때, 임란 무렵의 인구는 이보다 적다하더라도 최문병의 의병진에 가담했던 병력이 주민의 20%가 넘었을 것으로 추산된다.

388) 자인은 임진왜란 당시에는 경주부의 속현으로서 현령이나 현감이 파견되어 있지 않았다. 『경산시지』, 1997, 161쪽 참조.

389) 『임란왜란사』, 국방부전사편찬위원회, 1987, 40-43쪽.

에 위치하여 조만간 일본군의 노략질이 예상되고 있었다.

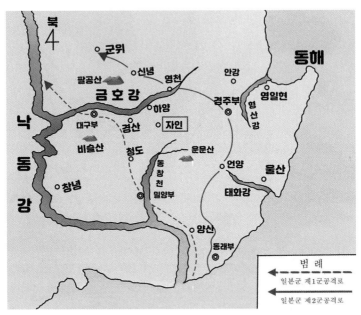

〈그림 9〉 임란초기 자인지역 상황도[390]

　　임란 당시 자인현은 행정구역상 경주부 소속의 속현이었으나 사실상
청도, 영천, 경산과 가까웠고 도로교통으로는 경주와 약 120 리나 떨어
져 있었다.[391] 자인현의 지리적 위치가 도로보다는 오히려 구룡산의 산

---

390) 상황도는 박순진, 「임진왜란기 최문병의 의병활동」, 『동아인문학』 52, 329쪽
　　을 인용하였다.
391) 인근의 경산현이나 하양현은 독립현이었으나 자인현은 경주부의 속현이었다.
　　자인현은 신라 승려 원효의 출생지이기도 하다. 본래 신라의 奴斯火縣으로서
　　장산군의 영현이었다가 고려 현종 9년 이래 동경유수관의 속현이었으며, 조선
　　태종 15년에 경주부의 속현이 된 이래 임진왜란 당시까지도 그대로 이어졌다.
　　『경산시지』, 경산시, 1997, 161쪽 참조.
　　자인지역은 산과 하천을 낀 넓은 들판과 다수의 저수지를 보유하여 대체로 농
　　산물 등 물력이 풍부하였으며 인근의 하양현이나 경산현보다 군정과 호구가

길을 통해 경주의 산내, 건천지역과 통할 수 있는 곳이어서 한편으로는
일본군의 보급로를 차단하기 위한 게릴라전을 펼치기에는 유리한 이점
도 가지고 있었다. 서쪽으로는 경산·대구와 접하고, 북으로는 하양·영
천과 인접하며, 남으로는 청도와 접경하고 동으로는 경주와 접하는 중
간 지역에 위치하여 군사상 전략적으로 매우 중요한 곳이었다.

창의 초기 첫 전투는 임진년 5월 11일 청도의 성현에서 자인의 오목
천으로 침입한 일본군을 도장 李祥으로 하여금 물리치게 하였다. 5월 16
일 청도의 중산에서 자인지역에 침입해온 적을 맞아 최문병은 직접 부
대원들을 인솔하여 청도의 동창(東倉)[392]까지 추격하여 수백 명을 참살
하고 병기 수백 바리(太)를 획득하였다.[393] 이처럼 최문병은 임란 직후
의 빠른 의병봉기로 자인지역의 보전에 나섰다. 인접한 청도의 적을 사
전차단하고 지리적 조건을 이용하여 동서남북으로 이동하며 의병활동
을 전개함으로써 일본군의 교통로를 차단해 나갔다.

임진왜란 직후의 자인현[394]의 관군의 군사현황에 대하여는 정확히

월등하였다. 그러나 경주에서 파견된 아전들의 농간이 심해 수탈의 대상이 되
었고 경주부로서는 경주부의 재원 충당을 위해 자인의 곡물 등을 제공받아야
할 필요성이 있었기 때문에 현의 독립을 저지하는 형편이었다. 임진왜란이 끝
난 후 약 30여 년간 경주부의 가혹한 탄압을 받아가며 300여 명의 현민들이
3개월간 상경하여 숙식을 하는 등 지속적인 복현운동을 전개한 끝에 인조 15
년(1637)에 이르러서야 독립현으로 인정받게 되었다. 이 당시 복현을 호소하
는 상소문에서 '임진왜란 시에 최문병 등 자인현민들의 목숨을 건 의병운동으
로 전란극복에 기여한 점'을 복현의 명분으로 들기도 하였다. 위 『경산시지』,
205~215쪽.

392) 동창(東倉)은 오늘날의 청도군 매전면 동산리에 위치하였으며 조선 중기 청도
의 사족인 김대유(金大有)와 박하담(朴河淡)이 설치한 사창(社倉)에서 유래한
다. 최문병 의병부대의 본진이 있던 자인에서 동곡천을 따라 선암구에 이르고
선암구에서 동창천을 따라 약 2km 하류지점이 동창이다.

393) 앞의 『성재선생실기』 89쪽 참조.

394) 『고려사』 권57, 지리지2에 의하면, 자인현은 본래 신라의 노사화현(奴斯火縣)
이었으나 경덕왕 때 慈仁縣으로 지명을 고치고 장산군(獐山郡)의 영현으로 되

알 수 없으나 방군수포제의 실시로 군역 대신 포를 내고 면역하는 추세
에 있었으므로 군적대장에는 군인으로 잡혀 있으나 실제의 군인 수는
극히 적었던 것으로 생각된다.[395]

일본군 제1군이 청도를 거쳐 경산, 대구를 점령하였는데, 그 길목에
청도에서 경산으로 이어지는 성현(省峴)이 있어 점령군의 일부는 성현
을 통해 자인의 오목천(烏鶩川)으로 침입해 들어왔다.[396] 난의 초기 북
상하던 일본군이 점과 선으로 주둔병을 배치했던 제1군의 청도, 경산,
대구의 거점과 제2군의 경주, 영천지역은 적어도 점령 직후에는 적군과
대항할 의병 봉기가 쉽지 않았다.[397] 점령군은 조선 백성들에게 그들의
정책에 따를 것을 선동하였고 이에 따라 부왜인(附倭人)의 숫자도 늘어
갔다. 부왜인들은 일본군의 앞잡이가 되어 재지사족과 일반백성들의 피
난처를 수색하거나 약탈하였다. 이러한 상황은 임진왜란 발발 초기의
일본군의 북상진격로에 위치한 경상도의 각 군현이 겪는 일반적인 현상
이었다.[398]

최문병은 4월 22일에 밀양과 청도가 함락되었음을 듣고 사당의 신주
를 받들고 가족과 노복을 현 동쪽 20여리 떨어진 구룡산 물한동으로 피

었다가 고려 현종 9년(1018)에는 경주(동경유수관)의 속현이 되었다. 그 후 조
선 태종 15년(1415)에 경주부의 속현으로 되었다가 인조 15년(1637)에 현민들
의 복현진정 상소에 의하여 속현에서 벗어나 현감을 설치하였다. 이후 1934년
에 경산군에 편입되어 오늘에 이르고 있다. 앞의 『경산시지』 161쪽 참조.

395) 자인과 접경한 인근 청도군의 경우를 보면, 조선시대의 군액원수(軍額元數)에
속오군 1526명, 아병 380명, 별대 142명으로 기록되어 있다. 그러나 실제 전시
에 동원 가능한 병력은 이의 1/10도 되지 못하였다. 『역주 오산지』, 청도문화
원, 1970; 최효식, 「임진왜란중 영천성 탈환전투의 고찰」, 『대구사학』 47, 1994,
57~58쪽 참조.

396) 오목천은 자인과 경산의 접경지역을 흐르는 하천이며, 자인의 구룡산 자락에
서 발원하여 자인현의 외곽을 돌아 하양의 금호강으로 흘러든다.

397) 이형석, 『임진전란사』, 임진전란사간행위원회, 1974, 143~147쪽.

398) 이탁영 저, 이호응 역주, 『譯註 征蠻錄』, 의성군, 2002, 30~40쪽; 조경남, 『亂中
雜錄』 권2, 임진년 4월 19~24일조 참조.

신시킨다. 적들은 자인 외곽지역에 며칠 동안 진을 치고 주둔하며 민가에 들어가 백성들을 죽이고 재물을 약탈하자, 백성들은 겁을 먹고 각지로 흩어졌다. 최문병 의병진은 이때 총대장 李祥이 군사를 이끌고 돌격전을 전개하여 수십 명의 적을 참살하였다.399) 이후 초기 좌, 우 2대로 편성한 의병 부대의 병력 중 수백 명의 병사를 자인현 관내의 요해지에 매복시키고 三天山400)에 초소를 설치하여 적의 동정을 살피는 한편 적의 진격로를 막고 유격전을 펼쳤다. 이런 노력으로 자인으로 들어오는 적의 침입을 막아냄으로써 관내의 백성들이 농사를 지을 수 있게 하였고, 향민들의 식량 확보가 가능하게 되었다. 그리고 자신의 집 창고에 쌓아두었던 곡식을 의병진의 본진이 주둔한 구룡산 아래 물한동으로 옮기고 자인 향교의 孔子位版 또한 물한동으로 옮겨 안치하였다.

적들이 省峴401)에서 오목천402)으로 쳐들어와 수일 간 진 치고 있을 때 최문병은 의병 대원들에게 포고하기를 "나라를 위하다가 죽으면 비록 죽더라도 오히려 의리의 귀신이 되겠지만, 도망하여 살기만을 꾀한다면 이는 난신과 적자이다. 너희들은 움직이지 말고 각자 대오를 정하여 군령만을 따르도록 하라"고 독려하였다. 이때 총대장 이상에게 명하여 군사를 이끌고 돌격전을 개시하게 하여 수십 명의 적을 참획하여 오목천의 적을 막아내었다.

정황상으로 보아 최문병 부대는 2개의 부대로 편성하되 한 개의 부대는 향리인 자인본읍의 방어에 주력하도록 편성하고, 또 다른 부대는 구룡산 아래의 물한동 능적골에 진을 치고 군사훈련과 작전을 수행하는

---

399) 앞의 『성재선생실기』, 88~89쪽.
400) 자인현 북쪽의 하양으로 나가는 통로에 위치한 산으로 높지 않으나 적의 동태를 감시하기에 매우 중요한 지점이다.
401) 청도에서 경산으로 넘어오는 고개이다.
402) 5월 11일에 성현에서 오목천으로 들어와 약탈을 지속한 일본군은 청도와 경산, 대구의 주둔군으로 보인다.

본진으로 진용을 꾸린 것으로 추정된다. 즉 제2대는 오목천과 자인현 방위에 주력하는 한편, 청도와 하양, 영천 등으로 군사를 파견할 경우에는 능적골 본진의 주력부대를 파견한 것으로 보인다. 의병의 본거지에 대하여는 정확히 구증하기 어려우나 게릴라전을 전개한 정황으로 볼때 현에서 약 25리 떨어진 현 동쪽의 구룡산 아래 물한동으로 보는 것이 타당할 듯하다.403)

(2) 청도의병진과의 연합 활동

최문병은 자인현(오늘날의 용성면 지역을 포함)의 지형적 조건을 이용하여 자인을 둘러싼 인근의 청도, 영천지역의 의병진들과 연합을 추진해 나갔다. 최문병의 의병연합은 지역적으로 크게 나누면, 청도, 영천, 경주, 울산까지 이른다.

의병연합의 가장 큰 장점은 병력의 부족을 보충할 수 있고 연합군끼리의 정보교환으로 산악과 하천을 이용한 유격전을 유리하게 펼칠 수 있다는 것이다. 최문병의 부대가 위치한 자인은 북쪽으로는 하양, 영천과 접하고, 동북으로는 경주와 통하며, 서쪽으로는 경산과 접하며, 남쪽으로는 청도와 인접해 있다. 읍치의 북쪽으로는 멀리 금박산, 가까이는 금학산이 둘러쳐져 있고, 동쪽으로는 경주와 영천으로 이어지는 구룡산이 위치해 있으며, 남쪽의 청도 방면으로는 삼성산과 가지현으로 둘러

---

403) 최문병 의병진이 임란 초기에 자인현 경계지역을 방어하면서 한편으로는 의병연합전선을 형성하여 인접 지역인 청도지역으로 진출하여 많은 전과를 올리고 있는 점으로 볼 때, 구룡산 아래의 물한동을 의병 본진의 주둔지로 볼 수 있을 것이다. 이곳에서 영천방면이나 청도의 동곡과 선암지구, 두곡으로 이르는 노선은 산악지형으로서 일본군과의 직접적인 접촉 없이 우회하여 진군하기에 적절한 장소라고 여겨진다. 그러나 『성재선생실기』에는 최초 의병 봉기한 장소가 자인읍치에서 약 1km 동남쪽에 위치한 최문병의 사저가 있던 울곡리 뒷산(천장산)으로 표기되어 있다. 서강덕, 『임진왜란기 경상도 자인 의병장 최문병의 활동과 그 성격』, 경북대학교 석사학위 논문, 2020, 34쪽.

싸인 곳이다. 읍치 주변에는 삼천산과 도천산이 낮게 구릉의 형태로 자리잡고 있었다. 따라서 부산에서 진격해온 일본군들은 청도를 거쳐 일부는 팔조령을 넘어 대구로 진군하였고, 일부는 언양을 거쳐 경주, 영천으로 이동하였다. 자인현은 그 중간지점에 위치한 요충지에 해당하였다.

최문병은 의병진을 2개의 隊로 편성하여 1개의 부대는 자인읍치에 배치하고 또 다른 1개의 부대가 자리한 본진은 구룡산 아래 구화리 능적골에 두었다. 즉, 본진으로 추정되는 물한동 진지는 자인읍치에서 육로로 약 10km 떨어진 지점으로서[404] 오늘날의 경산군 용성면 용전리 산 16번지 일대이다. 의병 본진은 사방이 산으로 둘러쳐져 있고 2~3km의 깊은 골짜기 속에 위치해 있어 밖에서는 거의 눈에 띄지 않는 은폐된 곳이었다.

물한동 진지에서 청도 쪽으로 나가는 길은 육동리에서 청도의 금천면 남전리를 거쳐 동곡천을 따라 선암지역으로 통할 수 있고, 자인의 가지현을 거쳐 청도 김전의 돈치재를 넘으면 두곡지역에 이를 수 있어 요충지라고 할 수 있다. 최문병 의병은 이 루트를 통해 먼저 청도의 운문산 자락에 포진한 박경전 의병진과 연합전투를 전개하였다. 또한 그의 의병진이 포진한 이곳에서 구룡산 자락을 타고 동북으로 넘어가면 경주부의 건천과 영천군의 북안으로 통할 수 있기 때문에 영천전투와 경주 서악전투, 아화전투 등에 연합부대로서 출전할 수 있었다. 이러한 지형 조건을 이용하여 최문병은 임란초기에 이미 청도와 경산을 점령한 일본군이 자인지역을 침범해 왔을 때 이를 사전 차단함으로써 향리를 보전하였고, 인근의 청도와 경산, 그리고 영천, 경주지역과의 연합전선의 필요성을 인식하고 연합활동을 추진하였던 것이다.

---

404) 임란초기 최문병 의병진이 청도의 두곡전투와 선암전투를 치를 때의 군사 이동의 방향과 동선을 확인해볼 필요가 있다. 자인의병으로서는 자인에서 동곡천을 따라 선암에 이르고, 가지현을 지나 김전의 도티재(돈치재)를 넘어 두곡에 이르는 길이 산악을 이용한 빠른 길이었다.

임란 초기 최문병의 자인의병은 청도의 박경전 의병과의 연합활동을 하게 되었고, 청도의병진의 주력부대가 자리 잡고 있던 운문산 지역은 최문병의 자인의병 본진이 있던 물한동과는 멀리 떨어져 있지 않아, 청도의 방어는 곧 자인과 영천 및 경주의 보전에 중요한 요인으로 작용하였다.[405] 그러나 이 무렵 경상좌도의 대부분의 군현들이 적에게 점령당해 있었고 의병의 세력이 대체로 소규모였기 때문에 일본군 주둔병들의 수색이나 약탈에는 대항하기가 쉽지 않은 상황이었다.[406] 그럼에도 불구하고 적세가 치열한 상황에서 최문병이 인근지역의 의병들과 연합할 수 있었던 것은 최문병 의병진이 여타의 의병진에 비하여 군기나 군량 면에서 우세한 편이었고 군사체제 또한 확고하게 갖추어진 강력한 병력을 보유했기 때문이었다. 이처럼 최문병은 향리인 자인과 인접한 경산, 청도, 영천, 경주 등의 임란초기 의병진들과의 연합을 추진함으로써 적의 교통로를 차단하려는 노력을 경주하였다.

여기서는 청도 의병과의 연합을 살핀 다음 경상좌도에서의 최초의 대규모 전투의 승리로 평가되는 영천성 탈환전투에서의 최문병의 활동을 살펴보고자 한다.

먼저 청도 의병진과의 연합활동을 살펴보기로 한다. 자인과 인접한 박경전의 청도 의병은 청도 운문산을 중심으로 매복과 기습으로 유격전을 전개하여 상당한 전과를 올리고 있었다. 그러나 청도와 대구주둔 일본군의 대규모 반격을 막아내기에는 군세가 약하였다.

운문산[407] 자락의 선암지역에 포진해 있던 박경전은 최문병과의 연

405) 서강덕, 앞의 석사학위 논문, 2020, 34~36쪽.
406) 자인의 이승증이나 청도의 박경전의 창의격문을 5월 초에 대구의 서사원에게 띄웠으나 서사원에게 전달된 날짜는 5월 28일이었다. 따라서 임란초기 경상좌도는 적의 점령치하에 놓여 있어 의병군의 상호 교통이 매우 어려웠음을 알 수 있다. 앞의 『낙재선생일기』, 38쪽 참조.
407) 임란 초기 밀양성이 함락된 후 밀양부사 박진과 무관 출신 김태허가 운문산 하단의 석동으로 피난하여 의병을 모으고 박경전의 청도의병과 적의 방어를

합전선 구축이 절실한 상황이었다. 따라서 박경전은 최문병과 서신을
주고받으며 의병연합전선의 구축을 협의하였다. 그래서 최문병과 박경
전은 임란 초기부터 긴밀한 협조체제를 유지하면서 수시로 병력을 응원
하고 작전을 논의하여 적의 교통로 차단에 주력하였다. 최문병의 임란
일기에도 "경산의 崔大期, 하양의 申海, 청도의 朴慶傳은 서로 의견이 상
통하고 연락도 잘되어 요해지를 굳게 지켰으므로 적들은 경솔하게 침범
하지 못하였다"[408]라고 적고 있다.

청도와 자인은 경계를 접한 고을로서 청도가 적의 공격에 와해될 경
우 자인도 적의 공격에 노출되므로 의병의 군량미 수급에도 차질이 생
길 수밖에 없었다. 최문병은 1592년 5월경 청도의병장 박경전으로부터
군사지원 요청을 받고 연합하여 적과 맞서기로 하였다.[409] 이들의 전략
과 전술은 적을 일정한 지점에 끌어들인 다음 산악과 하천을 이용하여
게릴라전을 펼치는 것이었다. 양 의병부대가 함께 포위망을 좁혀 들어
가 활과 창, 칼 등으로 유격전을 전개하여 적병의 대열을 분산하고 지형
지세를 이용하여 위에서 아래로 집중 공격하는 전술이었다.

위한 전략을 논의하기도 하였다. 박경전 부대가 주둔한 청도 쪽의 운문산 자
락 선암에서 대비사를 지나 밀양과 청도의 경계인 팔풍재를 넘으면 밀양의 석
동으로 이어진다. 난의 초기에 퇴각한 밀양의 군사와 박경전의 군사가 이 산
악지역을 이동하며 운문산에서 전략을 논의한 것으로 추정해 볼 수 있다.
408) 앞의 『성재선생실기』, 89~91쪽.
409) 이때의 상황은 박경전이 전령을 통해 최문병에게 연합전을 요청하였고 최문
병이 이를 약속한 바 있었다. 앞의 최문병의 임진년 5월 16일자 일기 참조. 위
의 『성재선생실기』, 89쪽.

① 두곡 전투 및 선암구 전투

두곡은 경산과 청도의 경계인 선의산 자락의 청도쪽 지역이다. 인접한 청도의 적이 언제 자인에 닥칠지 모르는 상황에서 일본군 주둔지인 두곡의 적을 방치해서는 자인을 보전하기 어려운 실정이었다. 임진년(1592) 5월 20일 최문병의 자인의병과 박경전의 청도의병은 연합군을 형성하여 청도군 杜谷에서 왜적 토벌에 나섰다.

자인에서 청도의 두곡으로 통하는 길은 앞에서 살펴본 바와 같이 자인과 청도의 경계지점을 관통하는 가지현을 거쳐 청도 김전의 돈치재를 넘어 두곡에 이른다. 최문병 의병은 이 경로를 이용하여 청도 의병과 합류하였다. 두곡은 적 주둔군이 포진하여 수시로 인근지역을 노략질하던 진지로서 요충지였기 때문에 피아간 생사를 건 전투를 벌였다.

의병연합군은 선의산 자락에서 좌우의 날개 유형으로 두곡으로 전진해 들어가 활과 화살이 모두 없어질 정도로 치열하게 전투를 하였으며 그 결과 적의 목 100급을 참수하고 장물 10태(바리)를 노획하는 전과를 거두었다.[410] 이날 많은 전과를 올렸으나 최문병 의병진의 핵심참모인 都將 李祥이 전사하였다.[411] 최문병은 이상의 시신을 수습하여 가족에게 인계하고 후한 장례를 치렀다. 그러나 도장 이상의 전사는 연합의병 전선에 있어서 매우 큰 전력 손실이었으며 후임 총대장으로 尹琦를 지명하였다.

최·박 양 의병진은 경상좌도에서의 일본군의 동태 등 정보망의 공유를 통하여 전략·전술을 수립하여 의병간 연합전으로 이 전투에서 승리함으로써 이후 경상좌도에서는 빠른 시기에 유력한 의병연합전선을 형성할 수 있었고 향후 관군과의 연합까지도 이루어 낼 수 있는 가능성을 확인했다는 점에서 그 의의를 찾을 수 있다.

---

410) 앞의 『성재선생실기』, 89쪽 및 앞의 『14의사록』중 「창의일기」, 140~142쪽 참조.
411) 앞의 『성재선생실기』, 90쪽.

이후 임진년 5월 24일에는 청도의병과 연합으로 치른 선암구 전투가
있었다. 지난 두곡 전투에서 패배한 적의 보복이 예상되었고 대규모의
적 기병이 박경전 의병의 집결지인 청도 운문산 자락인 선암지역으
로412) 침입할 것이라는 사전 정보를 입수하였다. 이 날의 전투는 최문
병과 박경전의 치밀한 게릴라전 계획에 따라 이루어졌으며 최·박 연합
의병은 선암구로 들어온 적과 치열한 교전을 벌였다.

최문병과 박경전의 연합의병부대는 적병을 유인하기 위하여 동창천
서편 어성산 쪽으로 몰려든 적 대군을 선암 앞 동창천 강물 쪽으로 유
인하여 최문병 의병과 박경전 의병이 강의 양안을 끼고 협공을 펼친 것
으로 보인다.413) 이날의 전투에서 적의 병력 5,000명414)이 침입해왔는데
연합의병군의 공격으로 적을 대파하여 살아남은 적이 겨우 100여 명 뿐
이었다고 기록하고 있으나415) 적의 병력 수가 5,000명에 이르렀는지는
의문이며 과장된 듯하다. 그러나 난의 초기에 경주와 영천의 일본주둔
군을 응원하기 위해 일본군이 운문산 지역을 집중적으로 소탕하려는 계
획 하에 대규모의 군사이동이 있었던 것은 사실로 보인다.

전투가 벌어진 선암 지역은 군사상의 요충지로서 지형지세를 이용한
유격 전술로 자인-청도 연합의병의 전투사상 큰 전과를 올린 것으로 판
단된다. 이 전투는 두곡 전투와 함께 임란초기의 경상좌도 밀양-청도-영
천을 잇는 적 주둔병력의 이동경로를 차단하는 중요한 성과를 가져온

---

412) 오늘날의 청도군 금천면 신지리이다.

413) 앞의 『14의사록』, 163~164쪽 참조.

414) 『성재선생실기』와 『제우당문집』에는 이때 선암지역으로 침입해온 적의 병력
이 5,000명으로 기록되어 있으나 이는 후대의 윤색이거나 오기일 것으로 추정
된다. 이 무렵에는 청도군수 배응경이 최정산으로 피난한 시기여서 감사나 초
유사에게 전황을 보고할 수 있는 체계가 없었다는 점을 감안하더라도 선암전
투에 대하여 교차 검증할 만한 자료가 발견되지 않고 있어 두 실기의 객관성
에 대하여는 비판적 검토가 필요할 것으로 판단된다.

415) 앞의 『성재선생실기』, 90~91쪽 참조.

전투라고 볼 수 있다.

② 동곡 전투

청도의 두곡과 선암지역의 전투에 이어서 치르진 동곡전투는 최·박 의병군이 동곡에 임시 주둔한 주둔군 진영을 급습한 전투이다. 의병연합군의 사전 계획하에 기습공격을 전개하였으며 전투의 목적은 적의 군기 등 무기 획득에 있었다. 동곡은 청도의 산동지역으로서 앞서 치러진 선암구와 크게 멀지 않은 곳이며 낙동강의 지류인 동창천을 끼고 밀양에서 올라오는 일본군이 청도를 거쳐 자인, 영천, 경주를 향해 거쳐 가는 길목에 해당하는 지점이다. 최문병의 부대가 있는 자인현 경계지역과도 가까운 거리에 위치하였다.

임진년 5월 29일, 최문병은 700여 騎의 적의 패잔병이 밀양으로부터 임현을 넘어 동곡과 가지현 사이에 주둔하고 있다는 정보를 입수하고 휘하의 여러 장수들에게 "적들과의 거리가 멀지 않으므로 그냥 두면 반드시 후환이 있을 것이다"라고 말하며 북을 울리고 깃발을 휘날리며 추격해 들어갔다. 이때 일본군의 동곡 주둔은 지난날의 두곡 전투나 선암구 전투에 대한 보복을 위해 진을 친 것으로 생각된다. 동곡 전투에서는 최문병이 박경전과 연합하여 최문병은 자인에서 동곡방면으로 진격하고 박경전은 선암에서 동곡방면으로 진격함으로써 중간에 있는 적의 주둔지를 협공한 것이었다. 임시 주둔한 적의 기병을 잠자던 적을 새벽에 급습하여 적의 전열을 분산시켜 도주케 함으로써 싸우지 않고 대량의 전리품을 거두었다. 이 전투 또한 양 의병장의 철저한 전투계획에 따라 적 주둔진지를 공격한 것이었다. 적의 동태에 대한 양 의병진의 철저한 정보수집과 분석이 있었던 것으로 보인다. 양 의병진은 이때의 전리품을 처분하여 군사용 무기를 상당수 갖출 수 있었고[416] 이 전투에서 거

---

416) 앞의 『성재선생실기』, 91쪽. 말과 소 수백 필과 물품 수십 태를 빼앗은 것으로

둔 대량의 조총, 미곡 등 노획물로 최·박 양 의병군의 식량과 무기를 확보함으로써 양 의병진의 군비체제가 더욱 보강되었다.[417) 이 전투의 승리로 인하여 청도, 자인, 영천으로 침탈을 시도한 적의 진로를 차단함으로써 향후의 영천성 탈환전의 계기를 마련한 점에도 그 의의가 있다고 하겠다.

(3) 영천 의병진과의 연합활동

최문병 의병은 영천성 탈환 이전에도 향리인 자인을 지켜내는 일 외에 인근 지역인 청도, 영천, 경주, 군위 등의 일본군들을 다수 격퇴한 바 있었다. 임진년 6월 10일에는 경주 아화로부터 영천을 거쳐 박산에 이르러 민가를 노략질하던 수백 騎의 일본군을 좌대장 유인춘을 시켜 1,000여 명의 군사로 공격을 감행하여 일본군 300여 명을 사살하였고, 달아나는 적을 추격하여 전리품을 획득하였다.[418)

영천은 지리적으로 경상좌도의 중앙에 해당하는 지리적 요건을 갖추고 있었기에 일본군은 영천성에 점령군을 배치하여 전방의 본대에 보급품을 조달하고 교통망을 가동하고 있었다. 또한 영천은 동으로 경주부와 서로는 대구부를 연결하는 중간 통로였고 북으로는 예안, 안동, 영주로 이어지고 남으로는 자인, 경산, 청도와 연결되는 사통팔달의 군사 요충지였다.

최문병은 신녕의 權應銖 의병진을 방문하여 함께 연합하여 전투를 할 것을 의논하였다. 일본군의 대규모 점령군이 포진해 있는 영천성을 곧바로 공격하는 것은 전략상 무리가 있으니, 주변의 일본 우익군부터 먼

기록되어 있고, 앞의 『14의사록』, 164쪽에는 "소, 말 200여 필과 복물 100여 태를 빼앗았다." 고 기록되어 있다.

417) 앞의 『14의사록』, 164쪽. "郡 안의 쌀, 콩 및 동철을 모아 조총 수백 자루와 철환 수십 두를 만들었다. 軍器가 이때부터 여유가 있었다."고 기록되어 있다.

418) 앞의 『성재선생실기』, 92쪽 참조.

저 공격하여 지역 주둔 일본군 상호간의 교통을 차단한 후에 영천성을 탈환하자는 제안을 하여 의견 일치를 이루었다.[419] 이와 같이 영천성의 일본군을 공격하기 위한 사전작업으로 영천성으로 진입하는 교통로상의 지역에서 국지전이 여러 번 치러졌다.

7월 14일에 권응수 의병과 연합전선을 형성하여 우선 신녕의 박연(朴淵)전투[420]에서 대승을 거두고, 7월 22일에는 하양으로 진격하려는 일본군을 화남 沙川에서 물리쳤다. 이 전투에서는 권응수, 전삼익, 최인제의 연합군이 최문병 의병진의 지원을 받아 대구로 가는 일본군의 교통로를 차단하고 동시에 군위의 召溪전투[421]에서 승리함으로써 적의 우익을 잘라내었다. 이어서 인근 하양에서 대구로 향하는 일본군을 공격하여 승리함으로써 영천성에서 대구로 통하는 길목을 차단하였다.[422]

이 무렵 일본군과의 대규모 전투 때마다 최문병 의병진이 지원부대로서 인근지역의 의병장들과 연합의병활동을 펼친 사실로 보아 이 시기까지 경상좌도에서는 권응수 의병진을 제외하고는 세력이 강성하고 무

---

419) 권응수, 『백운재실기』 권1, 「연보」; 이욱, 「임란초기 영천지역 의병항쟁과 영천성 복성」, 『국학연구』 26, 2015, 92쪽 참조.
420) 박연(朴淵 또는 朴沼)은 신녕에서 영천으로 흐르는 신녕천의 절벽을 낀 소(沼)로서 오늘날 영천시 화산면 석촌리에 위치하였다. 영천 의병연합군은 박연 절벽위의 도로에 칡넝쿨을 깔아두고 매복해 있다가 군위에서 영천으로 이동하는 일본군에게 기습을 가하여 절벽 아래의 강물로 수몰시킴으로써 대승을 거두었다. 이 날 박연전투에서 승리함으로써 큰 자신감을 얻은 의병연합군은 이후 영천성 탈환전투를 결의하게 되었다. 이날 전투는 일본군 100여 명이 아군을 속이려는 위장 전술로 조선 옷을 입은 채 군위에서 영천으로 이동하고 있었다. 이때의 연합의병들은 최문병을 비롯하여 박응기, 류인립이 지림원에 매복하고, 조덕기, 조성, 이설, 김호, 그리고 정응거, 허운연이 어음동(신녕 부산리)에 각기 매복해 있다가 왜적을 급습하여 37명을 사살하고 말과 무기 등 40여 점을 노획하는 전과를 올렸다. 권응수, 『백운재실기』, 권1, 「연보」; 『성재선생실기』, 93~94쪽.
421) 소계(召溪)는 오늘날 군위군 효령면 화계리이다.
422) 권응수, 『백운재실기』 권1, 「연보」; 앞의 『성재선생실기』, 94쪽.

기가 잘 갖추어진 의병진이 그리 많지는 않았던 것으로 보인다. 권응수 의병진 또한 이탈한 관군을 포섭하고 향리의 의병들을 규합함으로써 서서히 큰 규모의 진용을 갖추기 시작하는 단계였다.[423]

좌병사 박진이 관군을 이끌고 군사작전을 위해 자인 지역을 지나가다가 적군으로 오인한 최문병 의병진에게 포위된 적이 있었다. 이때 좌병사 박진은 최문병을 만나, "장군의 군대는 위용이 엄숙하고 兵勢가 크게 떨치고 있으니, 좌우로 가는 곳마다 어떠한 적인들 꺾지 못하며 어떠한 공인들 이루지 못하겠습니까? 의병을 일으켜 적과 싸워 승리한 일들을 일찌기 익히 들었었는데, 오늘 장군을 여기에서 만나게 되었습니다"[424]라고 하였다.

계사년 11월 대신들이 모인 어전 회의에서 국왕 선조가 경상좌병사를 지낸 박진(이때는 동지중추부사)에게 왜적을 물리친 공적이 있는 사람을 하문함에 대하여, 박진은 "경주 최문병은 자인현을 지키면서 國穀을 수호했고, 4월부터 8월까지 버티고 물러나지 않았습니다."[425]라고 아뢰는 보고를 하였다. 그 전해의 영천성 탈환전투의 공로로 최문병은 박진의 장계에 의해 장기현감에 제수된 바 있었으나 부임하지 않고 의병활동에 전념하였다.

임란 초기 자인현을 둘러싼 인접지역의 방어와 주둔일본군에 대한 공격에 있어서 경상좌도 의병진 중에서는 최문병 의병진의 군사력이 병력의 수나 군사체제의 면에서 상대적으로 규모가 크고 정예하였던 것으

---

423) 앞의 『성재선생실기』, 124쪽. 이보다 약간 앞선 시기에 하양의 신해와 경산의 최대기가 대구의 최동보에게 권응수의 의병진으로 합진할 것을 권유한 사실로 미루어 볼 때, 좌도 다수의 군소의병들이 영천의 권응수를 중심으로 연합하기 시작하고 있었으며, 최문병도 이에 가세한 것으로 보인다. 최동보, 『우락재실기』, 「창의사실」참조.
424) 앞의 『성재선생실기』, 124쪽.
425) 『선조실록』 권44, 선조 26년 11월 5일 을묘조. "晉對曰:慶州 崔文炳 把截慈仁縣 守護國穀 自四月至八月 拒守不退 …"

로 보인다. 임진년 7월 22일에 최문병은 병졸 1,000여 명을 인솔하고 권
응수 의병진을 방문하였다.[426) 그 자리에서 최문병은 권응수에게 각 지
역의 의병들이 연합전선을 펼쳐 영천성을 공격할 것을 제안한 바 있었다.

최문병은 "君父의 욕됨과 나라의 부끄러움이 막심합니다. 지금 영천
성은 완전히 적들의 땅이 되었는데 누구 하나 앞장서서 적과 싸워보려
고 하는 자가 없는 것은 힘이 부족하여 적을 당할 만한 세력이 없기 때
문입니다. 원하건대 함께 힘을 합쳐서 흉적을 섬멸하여 군부의 수치를
씻게 된다면 죽어도 오히려 살아 있는 것과 같을 것입니다" 라고 권응
수에게 제안하자, 권응수도 "이것은 나의 오랜 숙원이었습니다"라고 호
응하였고, 최문병은 다시 "적들의 세력이 강하므로 경솔하게 영천성을
먼저 공격할 수는 없는 형편이니 먼저 그 우익군부터 공격하여 적들이
왕래하는 길을 끊은 다음 영천성을 도모하는 것이 옳을 것입니다"[427)라
고 제안하였다. 7월 23일에 최문병은 영천성 아래의 금호강 건너 추평
들판으로 휘하의 의병진을 거느리고 집결하였다. 여기에는 영천군수 金
潤國, 하양현령 韓倜 등 전·현직 관료와 관군이 합세하였고 신녕 출신

---

426) 최문병과 권응수의 연합의병의 계획은 영천성 탈환전투 이전부터 이루어지고
     있었음을 알 수 있다. 권응수의『백운재실기』에 "임진년 6월에 병사 朴晉의
     진영에 찾아가니 모든 의병장들이 각자 스스로 흩어졌다가, 공(朴晉)이 돌아
     왔다는 소식을 듣고 모두 즐거운 표정으로 기약 없이 이르렀는데, 홍천뢰와
     경주의 최문병, 김응택, 그리고 경산인 최대기 등이 왔다"라고 적고 있다. 또
     한 경주 의병장 손엽(孫曄)의 龍蛇日記에는 "임진년 7월 초일에 경주 판관 박
     의장이 자인에 갔었는데, 자인 사람 최사길이 적의 장수를 활로 쏘아 말에서
     떨어뜨렸고 머리는 베지 못하였으나 말과 안장 등의 물품을 노획하였다. 이
     싸움에서 판관 및 이몽량, 최봉천 등이 적 1명씩을 참수하여 왔다. … 대체로
     지금까지 자인 사람 최문병(崔文炳)은 군사를 모으고 진지를 구축하고 창고의
     곡식을 지켰다. 이로써 적들이 감히 쳐들어오지 못하였다. 이것은 모두 이 사
     람의 공이었으므로, 그 후에 兵使의 장계로 인하여 별좌의 벼슬에 제수되었
     다"라고 기록되어 있다.
427) 앞의『성재선생실기』, 93~94쪽 참조.

의병장 권응수와 영천의병장 정세아, 정대임, 정담, 그리고 하양의병장 신해, 경산의병장 최대기 등의 의병진들이 대거 참여하였다. 이전에 招諭使 金誠一은 신녕의 의병장 權應銖[428]를 경상좌도 의병대장으로 임명하고 임진년(1592) 7월 24일 이를 경상좌도 각 의병장들에게 통보하여 권응수의 지휘를 따르도록 하명하였다.[429]

이 날 영천성 남쪽 추평들판에 집결한 연합의병군은 군사지휘부를 조직하였는데, 전체 대장에 權應銖를, 좌총대장에 申海, 중총대장에 鄭大任, 우총대장에는 崔文炳이 맡아 탈환작전을 위한 전략을 논의하였다.

최문병이 우총대장을 맡은 것은 그동안의 의병활동으로 지휘능력이 인정되었고 그리고 그가 거느린 병력의 수가 전체 아군 병력 약 3,600여 명[430] 중 상당수를 차지하였기 때문으로 보아야 할 것이다.

영천성 탈환에 대한 기록은 권응수, 정대임, 정세아의 각 실기가 활동 주체만 다를 뿐 내용상 큰 차이가 보이지 않는다. 그것은 영천성 탈환 전투가 전체적으로 의병연합군의 일치된 활동의 결과였으며, 이 전투에 참여한 각 의병장들이 분담된 역할에 충실했기 때문에 어느 누구의 공이 더 크다고 할 수 없기 때문일 것이다. 당시 찬획종사(작전참모격)로서 전체의 전투상황을 기록했던 鄭湛의 『復齋實記』 중 「영천복성일기」

---

428) 권응수,『백운재실기』권2, 연보 참조. 권응수는 1584년 별시 무과에 급제하여 훈련원 부봉사를 거쳐 경상좌수사 박홍의 막하에 있다가 임란 발발 직후 좌수사 박홍의 도피로 인하여 관군이 흩어지자 고향으로 돌아와 영천 신녕에서 의병을 일으켰다. 이후 경상좌병사 박진의 휘하에서 관군과 의병의 연합전선을 형성하여 영천성과 경주성의 탈환전투에 참가하였다. 이러한 전공으로 그는 경상좌도 병마사로 승차하였고 오위도총부 도총관을 거쳐 선무공신에 책훈되고 화산군에 봉해졌다.

429) 위의 『백운재실기』권2, 「연보」.

430) 이욱은 7월 24일까지 추평에 도착한 병력이 3,560여 명이었고, 25일에 경주에서 권사악, 손시, 최진립이 정예병 100여 명을 거느리고 참전하였으며, 영천성 탈환전투에 투입된 아군 병력이 10여 개 읍의 연합의병의 병력으로 약 4,000명에 이를 것으로 추산하였다. 이욱, 앞의 논문(국학연구 26, 1995) 93쪽.

는 영천성 전투의 과정을 대체로 상세하게 기술하고 있으나 최문병의 역할과 활동에 대하여 소상하게 기록하지는 않았다. 따라서 이들의 기록과 최문병의 『성재선생실기』를 대조하면서 최문병의 영천성 탈환 당시의 활동을 살펴보기로 한다.[431]

적이 점령한 성을 탈환하기 위한 공성전에는 먼저 적의 지원부대의 접근을 막기 위해 교통로 차단이 우선시 된다. 각 실기 등을 통해 본 바와 같이 영천성 탈환작전의 실행 이전의 전투상황을 보면, 임진년 7월 22일 수백 명의 적들이 하양을 향해 들어오고 있었는데 권응수 부대와 최문병 부대는 연합하여 적을 추격하여 대구 통로를 차단하였다.[432] 그 다음 날인 23일에 최문병은 자인의병 대원들을 인솔하여 영천성 남쪽 秋坪들판[433]에 집결하였는데, 인근의 신녕, 영천, 의흥, 경산, 하양, 경주, 대구 등 10개 지역의 의병진과 관군이 합류하여 연합의병군의 칭호를 '倡義精勇軍'이라 정하고, 24일에는 집결한 의합의병진에서 공격의 전략과 전술을 논의하였다.

이때는 초유사 김성일이 이미 권응수를 경상좌도 전체의병대장으로 임명하여 각 의병장들에게 이를 통보한 상태였다.[434] 25일에는 경상좌병사 朴晉이 안강에 주둔하면서 연합의병이 영천성 탈환 계획을 논의함

---

431) 앞의 『성재선생실기』, 93~97쪽.
432) 정담,『복재실기』권상, 「영천복성일기」; 권응수,『백운재실기』권2, 「영천복성기」
433) 오늘날의 영천시 주남동과 도동 일대이다.
434) 이 당시 경상좌병사 박진이 안동에 주둔하며 관군을 거느리고 있었음에도 초유사 김성일은 권응수를 경상좌도 의병대장으로 임명하고 의병연합군에게 권응수의 지휘를 받도록 지시하였다. 그것은 아마도 박진의 관군 중심의 지휘로 인하여 전투에서 패배할 수도 있다는 판단을 했던 것으로 보아진다. 이 결정이 있기 전에 경상좌도의 연합의병들은 초유사 김성일을 찾아가서 의병들의 여론을 전달하고 의병장 중심으로 전투를 할 수 있게 해 달라는 진정을 하였기 때문으로 생각된다. 이런 사실들을 통해 당시의 좌도의병들의 단결력이 강하였으며, 적어도 임란 초기에는 흩어졌던 산졸들이 관군보다는 의병에 지원하는 것을 선호하고 있었던 것으로 추정할 수 있다.

을 알고 군관 邊應奎를 시켜 군기와 화약 등 물품을 지원하였다.[435] 의
병연합군은 금호강 주변의 마른 나무를 모으고 화약과 蒺藜를 준비하여
火攻[436]을 계획하고 날쌘 군사 400여 명을 선발하여 강에 물 길러 오는
일본군들을 공격하여 성 안의 식수를 고갈시켰다. 또 일부 병력을 파견
하여 서쪽 성문 밖의 馬峴山에서 적의 동태를 살피게 하였다.

총대장 권응수는 최문병에게 성안의 적을 향해 돌격할 것을 제안하
였고 최문병 또한 공격할 것을 약속하였다. 이 무렵 영천성에 일본군의
포로로 잡혀있다 탈출해온 불국사 승려로부터 27일에 적군의 총공세가
있을 것이라는 첩보를 입수하고,[437] 의병군의 편제를 2개의 부대로 나
누어, 영천의 지리를 잘 아는 정대임 등 영천지역 출신 의병부대가 제1
대로서 성의 동남쪽 금호강변의 절벽 쪽으로 공격하기로 하고, 영천 외
인근지역의 의병부대는 제2대로서 성의 서북쪽을 맡아 공격하기로 하
였다. 그러나 성위에 둘러선 적의 기세가 만만치 않아 아군은 방패로 막
으면서 성에 육박하여 수백 명을 죽이니, 적들은 성안으로 밀려들어갔
고 敵將 法化[438]를 사살하자 적의 기세는 꺾이었다. 이때 우총대장 최문
병은 중총대장 정대임에게 "호랑이 굴에 들어가지 않으면 호랑이 새끼

---

435) 이전에 최문병, 권응수 등이 안동에 있던 병사 박진을 찾아가서 관군과 의병
  의 연합전선을 타진한 바 있었으나 박진이 권응수를 휘하에 두어 지휘하기를
  원하므로 권응수는 이를 거절하고 돌아온 사실이 있었고, 이후에는 권응수가
  초유사 김성일로부터 좌도의병대장으로 명을 받아 연합의병을 지휘하여 영천
  성 탈환전에 돌입하게 되었다. 권응수, 『백운재실기』 권2 참조.

436) 영천성의 공성전에서는 화공법으로 대량의 나무에다 불을 붙여 성 안으로 투
  입하는 전술이 사용된 듯하다. 이 시기까지 비격진천뢰를 사용한 흔적은 보이
  지 않고 있다.

437) 이욱은 일본군에게 포로로 잡혀 있던 불국사 승려가 탈출해 나온 것이 7월 25
  일이라고 보았다. 이욱, 앞의 논문 96~97쪽.

438) 권응수, 『백운재실기』 권2, 「영천복성기」에는 '아군이 비 오듯 화살을 쏘아대
  자 적장 法化가 강으로 투신하였으며 정대임이 목을 벤 것'으로 적고 있다.
  "飛矢如雨 敵將投下 鄭大任 趣斬之敵名將 法化者也"

를 잡지 못합니다. 더구나 적의 세력이 이미 조금 꺾여서 진을 수습하지
못하고 있는 이때 공격하면 파죽지세와 같을 것입니다"[439]라고 격려하
면서 자진하여 성에 먼저 올라가서 성 위의 적 수십 명을 죽이자 정대
임이 크게 고함을 치며 적을 향해 집중 공격하며 객사문 쪽으로 공격해
들어갔다.

그래도 일본군의 저항이 완강하여 다음 날 의병대장 권응수의 지휘
아래 성의 서북쪽에서 동남풍[440]을 이용하여 火攻을 개시하였다. 모래
와 불기운이 성안으로 들이치자 성 안의 일본군 화약고에 불이 붙어 폭
발이 일어나면서 일본군들은 대부분이 불에 타거나 아군의 공격에 참살
되었고 마침내 영천성은 수복되었으며 1,000여 명의 우리 백성들도 구
출되었다.[441] 의병대장 권응수는 최문병에게 "이번 영천성 탈환의 공적
은 그대의 공이 매우 컸다"며 공로를 치하하였다.[442] 영천성의 탈환은
임란초기 경상좌도의 10여 개 고을의 연합의병이 그 동안의 경험으로
일궈낸 중요한 승전이었으며 적의 보급선과 통신망을 차단함으로써 이
후 의병연합에 의한 경주성 탈환을 가능케 한 전투사적 의의를 갖는다
할 것이다. 영천성의 탈환은 임란초기 경상좌도의 각 지역 군소의병진들
의 자신감과 응집력을 표출한 것이었으며 좌도의병이 연합의병으로 단
결하여 이루어낸 항쟁의 산물이라 할 수 있다.

---

439) 앞의 『성재선생실기』, 95쪽.
440) 영천지역에서는 이 시기의 동남풍을 '건들바람'이라 부른다.
441) 정담, 『복재실기』 권상, 「영천복성일기」; 권응수, 『백운재실기』 권2, 「영천복성기」.
442) 앞의 『성재선생실기』, 97쪽.

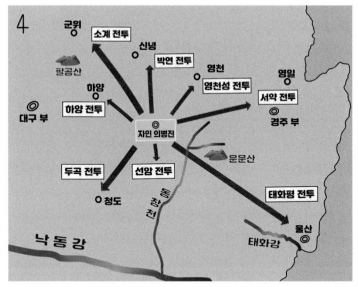

〈그림 10〉 최문병 의병진의 활동영역도443)

　최문병은 임진 전공으로 경상좌병사 박진의 추천에 의해 조산대부 장기현감, 별제 어모장군, 훈련첨정 감목관 등의 벼슬을 받았으나 한 번도 취임한 사실이 없었으며 시종일관 의병활동으로 생을 마감하였다. 그의 아들 최경지와 최희지도 의병활동을 이어나갔다. 그의 사후 한성 우윤에 증직되고 자인의 충현사에 배향되었다. 위와 같이 최문병이 이끈 자인의병은 전후 논공행상에서 경산지역 전체의 선무원종공신 18명 중 최문병 의병부대 소속의 박응량 등 10명이 공신에 녹훈될 정도로 그 규모나 활동범위에 있어서 임란초기의 경상좌도 의병에서 차지하는 비중이 컸음을 의미한다.

---

443) 박순진, 「임진왜란기 최문병의 의병활동」, 『동아인문학』 52, 350쪽에서 인용하였다.

5. 하양·경산지역 의병활동의 추이

崔大期(1564~1593)는 일명 崔應淡이며 자는 君應, 호는 晦堂이다. 경산
현 반계리 출신으로 본관이 흥해로 최대기의 가계를 보면, 7대조 최자
는 장령의 벼슬을 내려 불렀으나 나아가지 않았고 그의 증조부는 전라
감사를 지낸 최건동으로서 본래 밀양지역에서 살다가 경산현 북면 반계
리444)로 이주하여 정착하였다.

최대기는 향리에서 재지적 기반을 가진 사족으로서 임진왜란 발발
직후 당시 경산현령이 피난하여 읍내가 비게 되자 현민들에 의해 代將
으로 추대되어 도피한 현령을 대신하여 피난민을 보호하고 적을 맞아
싸웠다. 그는 반계리에서 격문을 띄워 의병을 모집하고 가산을 털어 의
병의 군량미에 조달하였다. 이 시기 경산과 청도의 의병들은 상호 유대
와 결속이 강한 편이었으며 특히 경산, 청도지역 의병의 구심체 역할을
했던 '경산의 최대기(최응담), 하양의 신해, 자인의 최문병, 그리고 청도
의 박경전'은 상호 연락을 취하며 의병연합활동을 전개해나갔다. 청도
의 선암과 두곡전투에서는 최문병과 박경전이 연합의병 활동을 벌였고,
하양, 신녕 등지에서는 권응수, 정세아, 정대임 등이 신해, 최대기, 최문
병과 연합하였는데 영천성 탈환전투에는 이들이 모두 참여하였다.

최대기는 창의 초기인 임진년 6월 2일에는 경산현내로 진출하여 의병
활동을 벌였으며 이때 경산의 정변함·변호·변문 3형제, 진섬·진엽 형
제, 박응성 4부자, 승적, 남중옥 등과 함께 의병활동을 전개하여 다수의
왜적을 물리쳤고, 6월 11일에는 술과 고기로 부대원들의 사기를 진작시
킨 다음 이웃의 청도와 접경지역인 성현(省峴)에서 적과 마주 싸워 적
30명을 베고 말 10마리를 포획하는 전과를 올렸다.445) 16일에는 경산의

444) 임란 당시에는 경산현의 북면 소속이었으며, 행정구역 조정 전에는 경산군 안
    심면 율하리, 신기리 등으로 불렸으나 오늘날은 행정구역상 대구시 동구 율하
    1동이다.

남쪽 금곡리에 주둔해 있던 적을 공격하였고 25일에는 성현 아래쪽의 연화봉에서 적을 추격하는 등 6월 말경까지 지속적으로 일본군과 전투를 이어갔다.

최대기는 임란초기 대구부 해안현에서 창의한 최동보와도 의병연합을 시도하였고[446] 임진년 7월 12일부터는 하양의병장 신해, 자인의병장 최문병과 함께 신녕의병장 권응수의 휘하로 들어가 영천연합의병진의 일원으로 500여 명의 대원들을 거느리고 영천성 탈환전투에 참여하여 복성전을 승리로 이끄는데 큰 공을 세웠다.[447] 8월 20일에는 삼려에서 적과 전투를 벌여 왜장 平義訓을 베었다.[448] 이러한 전공으로 그는 9월에 훈련원부정의 직책을 제수받았다. 그러나 그해 10월, 경주전투에서 적의 화살을 맞아 부상을 입었고 전상의 후유증으로 위독한 상태에 이르게 되자 이듬해 권응수 의병장에게 군병을 보내어 "나라를 위해 싸우다가 과시마혁[449] 하는 것이 내 평생의 소원이었는데, 지금 병이 깊어 다시 공과 함께 활동하지 못함을 한스럽게 여깁니다."라는 서신을 전했고, 휘하의 대원들에게는 "난리가 아직 평정되지도 않았는데, 이룬 공도 없이 나라의 벼슬을 함부로 받는 것이 옳지 않다."[450]라고 하며 그의 '창의일기'와 격문 등을 모두 불태우게 하고 그때까지 사용하던 '大期'라는 이름마저도 '應淡'이라 고쳐 자신의 흔적을 남기지 않으려했다. 또한 최대기의 재종 조카들인 최팔원, 최팔개 형제는 임란 직후 의병을 일

---

445) 최대기, 『회당실기』 권2, 부록 「행장」
446) 최동보, 『우락재실기』 권5, 부록 與憂樂齋書 (申海, 崔大期)
447) 최대기, 『회당실기』 권2, 부록 「행장」 "進至 省峴設伏邀擊大坡之斬三十餘級 獲馬十匹"
448) 최대기, 『회당실기』 권2, 부록 「행장」 "三闖倭數百大猝之 欲奪我粮械 公躍馬 發矢射倒其將平義訓斬之"
449) 최대기, 『회당실기』 권2, 부록 「행장」 "忘身殉國 是吾志也 今病已痼不能復隨 公後甚恨". '裹屍馬革(과시마혁)'은 전쟁터에서 전투를 하다가 사망하여 말가 죽에 시체를 담아 후송함을 이른다.
450) 최대기, 『회당실기』, 「연보」; 『경산군지』, 1997, 204쪽.

으켜 동래성 전투에 참전하여 적장 조박붕을 참살하는 등 활약하다가 중과부적으로 순절하였다.

한편, 하양현에서는 申海와 黃慶霖의 활동이 있었다. 신해는 본관이 평산이며 고려 공신 신숭겸의 후예이다. 임란 당시 황경림 등과 함께 하양에서 창의 기병하였으며 하양의병 대장으로서 하양지역을 방어하는 한편 임진년 7월에는 하양의병의 일부를 분리하여 권응수의 영천연합의병인 '창의정용군'의 일원으로 출전하여 영천성 탈환전투에서 활약하였다. 신해는 권응수, 정세아, 정대임, 최문병 등과 연합한 경상좌도 의병진에서 좌총대장을 맡아 분전한 결과 영천성 탈환에 크게 기여하였으며, 그 전공으로 인동부사에 제수되고 후에 선무원종공신 2등에 책록되었다.

黃慶霖은 하양현 출신으로 방촌 황희의 후손이며 호는 면와이다. 같은 지역의 申海와 함께 창의하여 하양, 경산지역을 방어하였고, 신해와 함께 영천성 탈환전투에 참여하여 전공을 세웠으며 이후 곽재우의 화왕산전투에도 참가하여 전공을 세웠으나 많은 전공을 다른 사람에게 양보하고 조정에서 제수한 벼슬도 받지 않고 향리에 은거하며 후학을 가르쳤다.

경산현과 하양현의 공신 책록은 하양현 출신으로 신해 등 6명이 선무원종공신으로 녹훈되었고, 경산현에서는 장몽기 등 2명이 공신에 녹훈되었다.

제2절 慶州鎭 권역의 의병활동

임란 초기 경상좌도 지역 중 경주진 권역의 의병활동에서 거둔 가장 큰 성과는 영천성 수복전과 경주성 수복전에 집약되고 있다. 영천성의 수복전은 영천, 경주, 경산, 하양, 자인, 의흥 등 각 지역의 의병부대가 연합하여 단일 조직체계를 갖추어 승전하였으며, 경주성 전투 역시 군소의병부대가 결집하여 관군과의 연합으로 전투를 수행한 것이었다.

여기서는 위의 양 복성 전투의 전후에 영천과 경주지역에서 의병활동을 전개한 몇몇 의병부대의 활동을 먼저 살펴본 후 영천성과 경주성 전투에 있어서의 의병활동 상황은 제3절 '의병연합활동과 군사활동의 증대'의 절에서 별도로 서술하기로 한다.

1. 영천지역의 의병활동

영천은 대구 등 경상좌도의 중부와 의성, 안동 등 북부지역을 잇는 사통팔달 교통의 요지였으므로 일본군은 영천성에 약 1,000여 명의 주둔군을 배치하여 후방의 요충지로 삼고 교통 및 보급선의 기지로 활용하고 있었다. 영천지역의 의병활동은 신녕[451] 출신 권응수가 일찍이 창의하여 영천과 하양, 대구의 의병들과 서로 소통하며 일본군이 점령하고 있는 영천성을 고립시킬 전략을 세웠다. 때문에 영천성을 에워싼 인근지역의 교통로 차단을 위한 전투를 이어나갔다. 권응수는 임란이 일어나자 좌수사 박홍의 휘하에 있다가 관직을 버리고 향리인 신녕 화산으로 돌아와 100여 명의 인원으로 창의하였다. 임란초기 영천성이 일본군에게 점령당한 이후 적의 약탈과 파괴·살육이 혹심하였음에도 영천,

---

451) 임란 당시의 신녕현은 독립현이었으며, 오늘날은 영천시 신녕면으로 편제되어 있다.

신녕, 하양, 의흥방면으로 통하는 교통로를 차단하는 의병들의 활동은 꾸준히 일어나고 있었다. 이때 가장 심각한 문제는 이미 영천성 내에 약 1,000여 명의 조선민이 적과 함께 거주하는 등 일본군에 부화뇌동하여 조선민을 약탈하는 부왜인들의 숫자가 늘어나는 것이었다.

이 당시 영천지역에는 극심한 일본군의 횡포와 점령지 정책에 눌려 많은 백성들이 일본군의 향도 노릇을 하고 있었다. 그 중 관노 출신 希孫은 吏屬 등 약 200명의 조선 민들과 토적단을 만들어 낮에는 일본군에 협조하고 밤에는 군민들의 재물을 탈취하므로 감히 그를 함부로 대하기 어려웠다. 영천지역의 군소의병들은 지속적인 영천 주변의 국지전에서의 승리를 통해 대구-영천-경주 노선의 일본군의 이동로를 차단하는데 성공하였다. 영천성내의 일본군과 경주, 대구 등의 주둔군 간의 상호 교통을 차단하는 전투에서의 승리로 영천의 군소의병들은 전투에 대한 자신감을 얻게 되었고 마침내 연합의병을 구성하여 영천성을 탈환할 수 있었다. 그리고 영천성 탈환전 승리의 경험은 연이어 전개될 경주성 복성전투의 가능성을 확신하는 계기가 되었다.

신녕 의병장 권응수는 먼저 토적 퇴치에 나서 흩어진 민심을 회복하는데 주력하였다. 『난중잡록』에서 이때의 상황을 보면,

> 권응수는 애초에 水營軍官으로 노복을 거느리고 토적을 베어 죽이기도 하였고 요로에 군사를 잠복시켜 흩어져 다니는 왜적들을 목 베어 죽이기도 하였으며, 장정들을 모집하여 혹은 요격하고 혹은 추격하여 일찍이 두려워하고 피한 적이 없었고 누차 습격도 당했으나 그의 말(馬)이 씩씩하여 목숨을 보전할 수 있었다. 그리하여 초유사가 그를 의병대장으로 삼았던 것이다.452)

라고 적고 있다. 이러한 용전으로 권응수는 경상좌도 중부지역 각 의

---

452) 조경남, 『난중잡록』 권1, 임진년 5월 20일.

병진들로부터 신망을 얻고 있었다.

한편 영천 출신의 정세아는 진사로서 향촌의 원로였다. 그는 아들 정의번, 안번, 족질 정대임 등과 함께 창의하였다. 정세아는 영천 이외에도 경주와 울산의 여러 사족 인사들과 교류하는 영남의 선비였으므로 안동의 김해, 신녕의 권응수 외에 울산의 유정, 경주의 이언춘 등과도 교유관계로 연결되어 있었다. 그는 경상좌도 중부지역의 문사 출신 의병장으로 안동에서 김해가 주도한 '안동열읍향병'에도 참여하는 등 그 활동범위가 넓었다.

정대임은 임진년 5월초 영천 대동전투를 비롯하여, 당지산 전투에서 승전하였다. 당지산 전투에서는 성황당에 의병을 매복시키고 이동하는 일본군을 추격하여 일본군 장수 馬楊을 사살하는 등 사살 20명, 참수 40명의 전과를 올리고 많은 전리품을 노획하였다.[453]

영천지역 의병의 특징 중 하나는 가족을 비롯한 일가 친족 간의 의병 구성이 많은 비중을 차지하였다는 점이다. 권응수 형제, 정세아의 부자 간 의병 조직 등 다수의 사례를 볼 수 있다. 이러한 사실은 향중 유림의 유학적 의리관에 기초한 실천의식이 작용한 것으로 생각된다.

〈표 10〉 영천지역 친족 의병활동 현황[454]

관계	성명	비고
부자간	부: 정세아 자: 정의번, 정안번 부: 유몽서 자: 유영회 부: 조희익 자: 조이절 부: 정운화 자: 정응민 부: 정대효 자: 정천리 부: 노 준 자: 노기종	영천성 탈환전투 참여 경주성 탈환전투 참여 *정의번은 부 정세아와 함께 활동 중 경주성 전투에서 전사
부자 및 숙질간	부: 최응사 자: 최벽남	영천성 탈환전투 참여

---

453) 정대임, 『창대실기』 권4, 「慶尙左兵使 啓」.
454) 『동경통지』 충의조를 참고하여 도표화한 것이다. 최효식, 『임란기 경상좌도의 의병항쟁』, 국학자료원, 2004, 498~499쪽 참조.

관계	성명	비고
	조카: 최기남 숙부: 김 연 조카: 김대해	경주성 탈환전투 참여
형제간	형: 권응수 제: 권응평, 권응전 형: 정대임 재종제: 정대인 형: 조 성 제: 조 경 형: 윤종선 제: 윤취선 형: 전삼락 제: 전삼달, 전삼익, 전삼성 형: 조덕기 제: 조일기, 조준기 형: 정사진 제: 정사상 종제: 정사악 형: 이영근 제: 이영간 형: 이국빈 제: 이군빈 형: 성 훈 제: 성 적 형: 손덕심 제: 손덕순 형: 이 준 제: 이 인 형: 유인립 제: 유의립	영천성 탈환전투 참여 경주성 탈환전투 참여

　　영천성 탈환전을 비롯한 영천지역의 의병장들의 군공과 포상에 대하여 1593년 어전에서의 선조와 박진, 유성룡 등의 대화를 통해 살펴보기로 한다. 계사년 11월 어전회의에서 '임란에 공적이 있었음에도 포상이 부족한 인물'에 대한 선조의 하문에 유성룡은 정대임을 평하기를, "신이 그 위인(정대임)을 보건대 장수가 될 만했습니다. 그가 스스로 말하기를 '나는 글을 모르므로 목민관은 될 수 없지만 장수로 정하여 내려 보내 한 부대를 담당케 해준다면 적들을 물리칠 수 있다'고 했습니다. 그의 뜻이 가상합니다. 그리고 영천에서의 功을 모두 권응수에게 돌리고 자신의 공은 말하지 않았습니다."[455]라고 아뢰었다. 유성룡은 정대임을 무관으로서의 자질을 갖춘 도량이 넓은 인물로 평했다. 이때 정대임은 전공으로 예천군수에 재직하고 있었다.

---

455) 『선조실록』 권44, 선조 26년 11월 5일 조. "上曰: 鄭大任 何如人? 成龍曰: 臣見
　　其人 可堪爲將 自言我不解文 不可爲牧民官 若定將下送 令自當一隊 則可以
　　討賊云 其志嘉尙 且永川之功 歸美於應銖 而渠則口不言功 上曰: 何官? 對曰:
　　醴川郡守也"

한편, 권응수에 대하여는 박진이 아뢰기를 "처사가 전도되고 군졸을 아끼지 않습니다."라 하였고, 유성룡은 권응수를 "誅殺이 지나치기 때문에 인심이 따르지 않습니다. 그러나 영천에서 세운 공은 그냥 덮어둘 수 없습니다. 정대임도 성심으로 적을 물리쳐 그 공이 권응수와 다름이 없습니다."라고 하였다.[456] 이러한 평은 전투에 있어서 권응수의 지나칠 정도의 엄한 군율의 적용을 말하는 것 같다. 권응수의 토적 희손에 대한 가차 없는 처단이나 영천성 탈환전에서 성을 공격하라는 명령에 적의 공세에 밀려 머뭇거리는 휘하 병사들을 즉시 목 베어버린 사실 등으로 군사들에게 가혹했다는 평가를 받았던 것으로 판단된다. 그러나 권응수의 이러한 과단성은 영천성 탈환전의 승리에 기여한 바가 되었음은 주목할 사실로 여겨진다.

영천지역의 창의는 임진년 5월 초순경 재지사족들이 대거 거병하였는데 이들은 각자 일본군을 상대로 국지전을 치르면서 점차 연합의 필요성을 자각하고 그 중 영천에서 가장 활발한 활동을 전개하고 있던 정세아와 정대임 그리고 신녕에서 창의한 권응수의 의병진을 중심으로 합진하는 추세를 보였다.

먼저 영천성 수복전 전후의 영천지역의 의병 창의와 활동상을 각 의병 부대를 중심으로 요약 정리하면 다음과 같다.[457]

---

456) 『선조실록』 권44, 선조 26년 11월 5일 조. "成龍曰: 過爲誅殺 故人心不附 然不能掩永川之功矣 鄭大任 誠心討賊 基功與權應銖無異"

457) 영천지역의 의병활동에 대하여는 『경북의병사』, 영남대민족문화연구소, 1990; 김강식, 「임진란기 영천읍성 수복과 이후의 전투 상황」, 『경북지역 임진란사』, 임진란정신문화선양회, 2018을 참고하여 보충 서술하였음을 밝혀둔다.

1) 權應銖 의병

권응수는 1549년 신녕현 화산면 가상동에서 태어났다. 선조 17년 (1584)에 별시 무과에 합격하여 경상좌수사 박홍의 막하에 있다가 임란 이 발발하자 귀향하여 동생인 응전, 응평, 응생 및 동향의 이온수, 정응 거 등과 논의, 의병을 창의 하였다.[458] 그는 창의와 동시에 가장 먼저 일본군의 앞잡이로서 영천지역의 민들을 괴롭히던 관노 希孫 등 토적의 퇴치에 나섰다. 난의 초기 그의 의병활동을 요약해 보면 다음과 같다.

1592년 4월 27일에 창의하여 5월 6일 신녕 동쪽 한천(지금의 화남면 삼창리)에서 적을 격파하고 이어서 대동(지금의 금호 대미동)에서도 적 을 격파하면서 이 때 인근 읍의 장정 100여인을 얻었으며 왜적에게 붙 어서 주민을 괴롭히던 영천 관노 希孫을 잡아 죽이고 그 무리 수백 명 을 소탕하여 관내의 치안을 확보하였다. 이 무렵 권응수와 함께 활동했 던 의흥의 홍천뢰도 이때의 승첩을 계기로 창의하여 권응수의 의병진과 연합하여 활동하게 된다.

5월 27일에도 왜적 10급을 참수하고 왜적과 연계하던 토적 20여 명을 참수하자 영천군수 김윤국과 영천인 정세아, 정대임, 정담, 조성, 경산의 최대기, 하양의 신해 등이 각기 의병군을 거느리고 권응수군으로 합진 하여 이때부터 연합활동을 전개하였다..

7월 14일에는 '봉고어사'를 사칭하는 일본군 100여 명이 민을 약탈하 기 위해 조선 옷을 입고 위장한 채 군위에서 영천 쪽으로 남하하여 신 녕 경계 朴淵에 이르렀을 때, 신녕 의병 이온수, 정응거, 박응기, 의흥 의 병장 홍천뢰, 하양 의병장 신해 등과 더불어 집중 공격하여 적을 격파함 으로써 참수 30여급, 총통 25자루, 창검 40여 자루, 말 여러 필 등을 노 획하는 전과를 올렸다.

---

458) 권응수,『백운재실기』권1, 연보; 권응평,『동암실기』권1,「연보」.

7월 22일에는 도주하는 일본군을 군위 召溪까지 추격하여 격파하고 화북면 사천에서도 최인제, 전삼익 형제와 함께 적을 물리치고 승전하였다.

7월 23일에는 경산 와촌으로 진군하여 대구와 영천간의 일본군의 교통로를 차단하고 영천성 탈환전을 위한 경상좌도 의병 연합군의 소집령을 내렸다.

7월 24일에 영천 복성을 위하여 영천성 남쪽 금호강(남천) 건너 추평에서 경상좌도 각 지역 의병을 규합하여 '倡義精勇軍'을 편제하고 총대장으로서 영천성 수복전을 전개하였다.

2) 鄭世雅 의병

정세아(1535~1612)의 호는 湖叟이며, 퇴계의 문인이자 창릉참봉을 지낸 정윤량의 아들이다. 그는 일찍이 진사에 올랐으나 관직에 뜻을 두지 않고 영천의 보현산 자락 자양산장의 강호정사에서 후학양성에 매진하던 중 임란을 맞았다. 정세아는 순수한 유학자로서 경주, 울산, 영일 등 영남의 주요 인사들과 교류한 문사였으며, 많은 제자를 길러냈고 폭넓은 인적 네트워크를 형성하고 있었으므로 영천지역 의병 창의에 중요한 역할을 하였다.

임진년 5월 초경에 좌수 유몽서, 생원 조희익, 아들 의번과 제자 및 상민, 승군 200여 명, 향중의사 700여 명 도합 900여 명으로 창의하였다. 족제 정대임, 사돈 조희익, 조희기, 조성, 유몽서 등이 정세아를 의병장에 추대했다.[459] 그의 휘하에는 가사문학으로 명성이 높았던 노계 박인

---

459) 崔璧南, 『壬辰日記』 "… 五月間 進士鄭世雅 慷慨倡義 鄕人鄭世雅義兵大將 以余爲中衛將 合力募兵 常人僧軍 二百餘名"; 鄭世雅, 『湖叟實記』 권4 서술조. 정세아와 정대임은 영일정씨 가문의 일가로서 정대임은 정세아의 족제였으며, 최초의 창의는 각기 향인과 지인을 중심으로 창의하였으나 두 의병장의

로 등이 포함되어 있어 좌병사 박진과 초유사 김성일로부터 주목받기도
했다. 그는 창의 당시 58세의 고령임에도 불구하고 직접 전장으로 나아
가 일본군을 상대로 전투를 벌였으며 활동의 범위 또한 영천, 경주를 넘
어 안동지역에까지 넓혀나가 안동향병과의 연합을 시도하기도 하였다.
의병 후기에는 조희익(지산 조호익의 형)에게 의병대원들을 넘기고 향
리로 귀향하였다. 이러한 활동으로 인하여 임란 초기 영천지역 의병 창
의에는 정세아의 영향력이 컸던 것으로 평가된다.[460] 영천성과 경주성
탈환전을 전후한 정세아 의병의 활동을 정리해보면 다음과 같다.

1592년 (임진)
5월 15일: 박연에서 적 대파.
5월 25일: 각 읍 의병장들에게 의병연합 할 것을 청원
5월 29일: 경주 문천에서 회맹할 것을 결의.
  6월 초: 경상좌도 북부지역 의병장인 전적 유종개, 한림 김해, 유학 신
        심, 생원 김립 등과 함께 안동부 일직현 사정에서 회합, 의병
        연합과 영남의 일본군 방어책을 논의.
6월 7일: 금오산 계곡에 진을 치고 경주 남천에 진을 친 관군과 더불어
        언양에서 올라오는 왜적 400여명을 맞아 참살 격퇴.
6월 9일: 다시 경주 문천에서 회맹 전략 논의.
  7월 초: 경상좌병사 박진에 의해 의병대장에 지명됨.
7월 23일: 영천성 수복전을 위한 의병연합진에 참가. 영천성 공성전 전개
8월 7일: 경주 자인현에서 적 격퇴.
8월 19일: 경상좌병사 박진, 의병장 권응수, 정대임 등과 경주성에 주둔
        하고 있는 적 공격을 논의하고 안강현으로 군사를 행군함.
8월 21일: 경주성을 수복키 위하여 경주 서천으로 전진. 영천지역 의병
        은 서문을 맡아 공격하여 제일 먼저 성에 들어갔으나 북문으
        로 밀려나간 일본군들이 서문 밖에서 포위. 이 과정에서 정세

휘하 의사들이 대부분 중복되는 것으로 보아 창의 후의 어느 시기에 진을 합
하여 권응수 의병군과 함께 활동하였던 것으로 보아진다.
460) 앞의 『亂中雜錄』1, 임진년 5월 20일조.

아는 구출되었으나 그의 아들 의번은 순절하였다.
9월 초: 경주성 재탈환전에 참가해 경주성 수복에 기여하였다.

3) 鄭大任 의병

정대임의 호는 창대이며 명종 8년(1553)에 영천군 명산리 대전마을에
서 태어났다. 임란이 일어나자 초야의 선비로서 재종제 정대인, 향인 조
희익, 조성, 이번, 조덕기, 신준룡, 정천리, 유몽서 등과 결의하여 먼저
창의 하였는데 이후 향중인사 김대해, 최벽남, 김연, 이영근 등 60여명
이 응모하였고, 이어 수백인의 의병을 모집하였으며 정대임은 의병대장
에 추대되었다. 정대임 의병의 임란초기 활동은 아래와 같이 파악된다.

1592년 5월 초: 대동의 적을 격파하고 첫 승리를 거둠.
7월 11일: 당지산(영천과 금호사이)에 사노 벽이, 박문이 등을 매
복시키고 다른 1개 부대를 이동시켜 진군하던 일본군을
포위하여 일본군 40여명을 사살, 참수. 다량의 노획물
획득461)
7월 14일: 박연에서 신녕의병장 권응수, 의흥의병장 홍천뢰 등과
함께 왜적을 격파하고 군수물자를 노획함. 이 전투에서
의흥으로 도주하는 적은 권응수, 홍천뢰 등이 의흥에서,
하양으로 달아나는 적은 정대임, 정담 등이 와촌에서
각각 격파.
7월 24일: 영천성 탈환전을 위한 창의정용군에 참가. 영천성 앞 금
호강 건너편의 추평들판에 집결. 이 후 영천성 전투에서
선봉에서 공격하여 적장 법화를 참살함.
8월 초순경: 비안, 용궁의 적 격파.
8월 21일: 제1차 경주성 탈환전에 참전.

---

461) 鄭大任,『昌臺實記』권4, 慶尙左兵使朴晉啓.

4) 金應澤 의병

김응택의 호는 백암이며 명종 6년(1551) 경주 북안 장동리(현재의 영천시 임고면 사동)에서 태어났다. 그는 임란이 일어나자 분격하여 김성달, 김정서, 박무선, 노의현 등 마을 청장년들과 함께 5월 15일 밤 일본군 17명을 추격해 활과 창을 탈취하였으며, 마을 청년 200여 명과 더불어 창의 하였다.

> 1592년 6월 10일: 권응수 의병진에 참여.
> 　　　 7월 27일: 영천성 탈환전에서 전공을 세움.
> 　　　 8월 16일: 독자암에서 일본군 격파.
> 　　　 10월 10일: 산곡에 있는 일본군 격퇴.
> 1593년 2월 17일: 창독에서 일본군 격퇴.
> 　　　 2월 26일: 울산 학성에서 일본군 격퇴.
> 　　　 2월 29일: 장대에서 일본군 격퇴.

위에서 살펴본 영천출신 의병장들과 더불어 전삼달, 최응사, 손덕심의 의병활동도 활발히 전개되었다. 영천군 명산동 출신의 全三達은 형 삼락과 봉화현감을 지낸 삼익, 두 동생인 삼성, 삼득과 함께 향리에서 형제와 일문의 장정 및 노비 종속, 그리고 인근 주민들을 규합하여 의병진을 구성하여 영천성 수복전에 참가하였고 이 후 안강전투와 경주성 탈환전투에도 참여하였다.

崔應泗는 임란이 일어나자 팔공산에서 피난하고 있던 중 일본군이 은해사, 백지사 등을 불태우고 지나간 후 팔공산 일대의 피난민을 상대로 승속을 합하여 수백 명의 의병을 모아 이득용, 이지암, 이영근, 이정분 등과 함께 창의하였다. 그는 73세의 고령이었으므로 의병들에 의해 중위장에 추대된 셋째 아들 최격남에게 의병의 지휘를 맡겼으며 조카인 최기남도 여기에 참가 하였다. 이들은 영천성 탈환전과 경주성 수복전에 참가 하였다.

孫德沈은 권응수 등이 영천성 수복을 계획함을 알고 동생 덕순과 노복들로서 의병을 모집하여 창의하였다. 아우 덕순을 아장으로 삼아 영천복성전을 위한 창의정용군으로 출전하기 위해 7월 23일 추평으로 향하던 중 창암에서 적을 격퇴하고 권응수의 창의정용군에 의병 수백 명과 많은 군량미를 제공하여 참전케 하였다. 이 후 그 아우 손덕순은 임진년 8월 21일 제1차 경주성 탈환전투에 출전하여 사력을 다해 싸우다가 계연에서 전사하였다. 그 외에도 의병장은 아니었다 하더라도 의병의 창의에 참가하여 각 의병진에서 전공을 세웠던 많은 향중의사들이 있었으며, 김대해, 김연, 최인제, 이지암, 이일장 등과 같이 고령이거나 부모의 시묘 등 개인적 사정으로 직접 참전하지는 못했지만 군량과 군수품을 제공한 경우도 많았다. 이처럼 영천성과 경주성의 탈환에 이르기까지에는 경상좌도의 군소의병들의 크고 작은 활동들이 있었고 승전의 경험을 통해 일본군 격퇴에 대한 자신감이 축적되었다. 그 결과 연합의병을 결성할 수 있었고 관군과의 연합체제 구축을 통해 전투력 증강을 가져올 수 있었다.

2. 경주지역의 의병활동

경주지역은 임진년 4월 21일 일본군의 경주성 점령으로 부사 윤인함을 비롯한 많은 부민이 피난하였다. 경주성을 지키던 판관 朴毅長과 장기현감 李守一마저 성을 사수하지 못하고 적에게 밀려 기계, 죽장으로 후퇴하였다. 따라서 경주성은 일본군 多川內記의 점령하에 부민을 상대로 무자비한 약탈과 파괴를 일삼았으므로 약 1개월 이상 고립무원의 상태에 놓였다. 그러나 경주를 비롯한 경상좌도의 주요 사족들은 이미 임란 전부터 난에 대비하여 시회 등의 모임을 통해 변란시에 반드시 창의

할 것을 결의하고 있었다. 佛國寺 범영루 시회와 신녕 佛骨寺 모임에서 김우옹, 장현광, 최동보 등이 변란에 대비한 것이다.[462)]

난이 발발하자 金應河는 처조카 李訥과 함께 이른 시기에 창의하였는데 이눌이 천사장, 김응생이 선봉장, 오열이 유격장으로 군을 편성하자 김득복과 울산의병인 윤홍명, 김흡, 김대명, 윤대농, 박손, 박문 등이 여기에 합세하였다.[463)] 또 경주부의 초기 의병으로는 이언춘과 김호, 권사악 등의 거병이 있었다. 경주의병의 구성원은 대부분이 사림 출신의 재지사족이었으며 일부 무관 출신이 있었다. 이들은 향토수호 의식과 혈연적 유대로 단결하였다. 이후 경주 외곽지역으로부터 의병활동이 전개되자 피난했던 부사의 복귀와 함께 의병 모집과 독려가 있었고 판관 박의장이 이끄는 관군과 의병의 협력체제가 조금씩 이루어지고 있었다. 경주의병은 울산의병과 지리적 인접성과 학연적 친밀성으로 인하여 난의 발발 시부터 종전 시까지 꾸준히 연합활동을 지속해나간 특성을 지니고 있다.

경주지역의 각 의병들이 난의 초기부터 연합활동을 펼칠 수 있었던 것은 서로 지리적으로 인접해 있었고 임란 전부터 지역 유림 지도자들 간에 서로 교류가 빈번하여 전시를 대비한 모임을 자주 가졌기 때문에 임란 시에는 자연스럽게 연합의병활동을 펼쳐 나갈 수 있었다.

경주지역 의병활동은 시기적으로 대체로 3기로 나누어 살펴볼 수 있다. 제1기는 일본군이 경주에 침입하였을 당시인 李彦春 의병군의 활동기이며, 제2기는 적의 주력이 북상하고 난 후 언양에 주둔하고 있던 일본군의 일부가 경주를 향하던 중 奴谷에서 이들을 격퇴한 임진년 8월 2일경의 金虎 의병군의 활동기이다. 제3기는 영천성의 수복과 노곡 전투의 승첩에 용기를 얻어 경주성 수복을 위한 다른 지역 의병과의 연합활

---

462) 김응하,『인심재일기』, 임진년 4월 10일조.
463) 김득복,『동엄일기』, 임진년 4월 21일조.

동기라 할 수 있다. 먼저, 이언춘 의병부대의 활동을 살펴보기로 한다.

이언춘 의병의 활동은 그의 창의일기인『東溪實記』에 나타난다. 이언춘은 마을 장정들을 모으고 이시랑을 좌영장으로, 아들 이상립을 우영장으로 하여 창의하였다.464) 이언춘 의병의 첫 전투는 임진년 4월 23일 밤 태화강 입구 개운포 근처에서 시작되었다. 4월 23일 한밤중에 일본군의 배 50여척이 동해를 따라 내륙진입을 시도하기 위해 개운포 포구에 돛을 내리자 갑작스런 폭풍우와 파도로 인해 13척이 파손되고 그 나머지는 바람을 피해 연포로 물러가 정박하고 있었다. 당시 해안 일대를 살피던 이언춘 의병군의 척후대가 왜선이 포구에 피해있다는 정보를 본대에 알렸으며, 이언춘 의병군의 본대는 즉시 이상립,465) 심희 등을 앞세우고 야간 기습을 감행하여 약 80명의 왜적을 사살하고 7명을 생포하였으며, 적 다수를 바다에 수장시키는 전과를 거두었다. 이때 함께 전투를 치른 울산의병장은 윤홍명, 이응춘, 장희춘 등이었다.

이언춘 의병부대는 이외에도 경주성 외곽 남천에서의 전투, 불국사 침입을 시도하던 일본군을 유격전술로 격파하는 승첩을 각각 거두었다. 비록 임란 초기 이언춘 의병군의 활동이 경주진 권역의 일본군 주둔 병력에 타격을 가한 국지전이기는 하나 경주성이 적에게 점령당한 시점에서의 지역 항쟁이었으며 이후 경주성 탈환전의 전초전으로서의 의미를 가진다고 할 것이다.

다음으로, 김호 의병부대의 활동을 살펴보면, 김호 의병군의 의병활동은 노곡 전투에서 드러난다. 김호는 경주 탑리 출신으로 선조 3년(1570)에 무과에 급제하여 봉사에 이르렀으나 관직을 사임하고 귀향한 상태에서 임진란을 맞았다. 김호는 임란 초기 경주성이 일본군에 의해 함락되고 부윤과 판관이 일시 죽장으로 퇴각한 시기에 곧 의병을 창의

---

464) 이언춘,『동계실기』연보.
465) 이상립은 이언춘의 아들로서 우영장을 맡아 많은 전공을 세웠다.

봉기하였다. 김호는 무관의 전력을 가지고 있었고 지략이 뛰어났으므로 복귀한 부윤 윤인함으로부터 경주성 서남쪽의 방위를 위임받았다. 당시 일본군은 양산, 밀양, 청도, 대구를 통하는 보급선을 유지할 목적으로 경주에도 일부 병력을 주둔시키고 있었다.

김호 의병부대는 먼저 영천, 경주 주둔 일본군의 대구지역 주둔군과의 통신과 보급로 차단을 위해 영천의병들과 함께 매복전술로 당산의 적을 기습 격파함으로써 첫 승리를 올린다. 이 전투에서 김호는 적 수급 39급을 베는 전과를 올렸으며 이후 남면대장으로서 계속적인 의병활동을 수행하였다. 이러한 활동으로 초유사 김성일은 김호를 의병도대장, 전 현감 주사호를 소모장으로 임명하였다.

한편 7월 27일 영천성을 잃은 후 일본군은 남쪽으로 이동하여 양산을 근거지로 보급로 재건을 기도하며 먼저 언양현에 일부 군사를 보내고 경주지역을 완전히 장악하고자 임진년 8월 1일에 언양성에 정병 500기를 주둔시켰다.

이 무렵 김호는 우선 언양의 일본군을 공격하기로 하고 영천성 전투에서의 승전에 고무된 의병 1,400여 명을 거느리고 8월 2일 언양방면으로 진격하였다. 이때 선봉으로 전진하고 있던 소모장 주사호는 적의 전위대와 경주 奴谷466)에서 불시에 조우하면서 군사들이 일시에 돌격을 감행하니 적은 당황하여 하천을 따라 후퇴하였고 뒤따라오던 적의 후속부대도 또한 스스로 얕은 곳으로 움직였다. 의병군은 언덕 위에 줄지어 아래쪽을 향해 화살을 집중적으로 퍼부으며 돌덩이를 투하하니 적진이 크게 흔들렸다. 이때 대장 김호는 본대 500 군사를 거느리고 적의 퇴로를 포위하고 소모유사 최신린이 이끄는 후군 400명은 반대쪽에서 적을 포위하였다. 3방면으로 포위를 당하고 불리한 지경에 빠지게 된 적은

---

466) 노곡은 오늘날의 경주와 울산의 경계에 있는 봉계리 인근지역의 형산강의 상류 하천을 낀 산악지점이다.

소모유사 최신린의 진을 향하여 기어올라 왔으므로 군사들이 돌을 던지고 활로 쏘아 많은 적을 살상하였다. 그러나 적의 저항도 만만찮아 선봉장 주사호는 강궁으로 수 없이 적을 쏘다가 마침내 백병전이 전개되었고 의병군은 적과 뒤엉켜 치열한 싸움 끝에 의병군이 승기를 잡았다. 일본군은 포위망을 뚫고 경주 쪽으로 달아나기 시작하였으며 의병군은 적을 추격하여 다시 50여급을 참하였다. 대장 김호는 적을 쫓아 적의 퇴로를 막고 전투 중 적의 창에 맞고도 병사를 독려하며 승전하였으나 김호는 이 노곡 전투에서 전사하였다. 김호 의병의 노곡 전투는 그 규모는 크지 않았지만 임란 초기의 경주지역 전투 중 가장 치열했던 전투의 하나로 평가된다.[467]

　이 외에도 경주지역의 군소의병들의 활동으로 권사악·권사민 의병과 김석견, 김득복 의병, 그리고 이응춘, 이팽수의 의병부대의 활동이 있었다.

　경주 안강현 출신의 권사악은 임란이 발발하자 종제 권사민과 함께 의병을 창의하여 경주판관 박의장 등과 함께 문천에서 회맹하고 손시, 최진립 등과 더불어 정병 수백명을 거느리고 영천으로 진격, 의병대장 권응수와 합세하여 영천성 수복에 기여했다. 다음해 권응수와 함께 밀양 율리에서 적을 격파하고 울산으로 가 여러 의병장과 함께 회맹하였다.

　또한 김석견 의병은 임란이 일어나자 강무회를 조직하고 손시, 이눌, 이의잠, 황희안, 권사악, 백이소, 이준, 김윤복, 최봉천 등 9인과 김석견의 아들들인 몽수, 몽량, 몽남과 함께 가동10인과 더불어 의병을 창의하여 많은 전공을 남겼다.

　김득복 의병은 임진란이 일어나자 아우 득상, 아들 효원, 효남과 더불어 의병을 창의하여 의병장 권응수, 경주판관 박의장 등과 함께 영천, 대구, 언양 등지에서 적을 격파하고 문천회맹에 참가하였다.

---

467) 조경남은 『난중잡록』에서 임진왜란 중 경주에서의 수차례 전투 가운데 이만한 승첩이 없었다고 기록하고 있다. 『난중잡록』2, 임진년 8월 4일조.

한편 이응춘은 경주 외동 출신으로 일찌기 무과에 급제하여 오위부장을 지낸 인물로서 임진란 때에 아우 이우춘, 이봉춘, 조카 이눌, 종질 이삼한, 아들 이승금 등과 인근 동리인 300여명으로 의병을 창기하여 많은 전공을 세웠다. 이응춘은 '능해장(凌海將)'이라는 의병기를 앞세우고 울산 개운포에서 수로를 막아 적과 싸우다가 전세가 불리하여 후일을 도모하자는 주위의 만류에도 불구하고 적진에 뛰어들어 역전하였으나 전사하였다. 이눌 또한 울산, 경주의병들과 합세하여 임란초기에 많은 활약을 하였으며 공산전투에 참여하여 용전분투하였고 도산전투에서 일본군과 싸우다가 순절하였다. 이응춘 일가의 의병 창의자 6인이 모두 친족 간이었다.

이외에도 이팽수는 임진란 발발 후 무과에 합격하여 경상좌병사 박진에 의하여 울주복병장에 임명되어 동리의 장사 30여명을 이끌고 적과 대항하였으며 서생포 전투에서 전사하였다.

이상의 몇몇 사례 외에도 임란초기 당시 경주 지역은 많은 향중유림이 의병을 창의하거나 의병에 참여하였다. 최계종(최진립의 동생), 최봉천, 김득례, 이계수, 장계현, 이응벽 등은 군소의병이었으나 임란에서 정유재란에 이르는 기간 동안 영천의 권응수, 의령의 곽재우 등 각 의병진 및 문천, 팔공산, 화왕산 등 회맹에 참가하였다. 한편 손엽은 경주 집경전의 참봉으로서 집경전에 보관되어 있던 태조의 어진을 안전하게 보전하는데 진력함으로써 전조(傳祚)의 유지에 기여하기도 하였다.[468] 그러나 임란초기 의병들은 적세가 워낙 치성하여 소수의 의병군이 상대하기에는 역부족이었다. 그래서 산신제 및 해신제를 지내는 등 자연에 의존하여 의병들의 사기 함양과 단결을 도모하기도 하였다.

대구에서 의병을 일으켜 경주 모량에서 적과 싸운 최동보는 신라 김유신이 신비한 힘을 얻었다는 단석산에서 일본군을 물리칠 수 있도록

---

468) 손엽, 『청허재실기』, 「연보」 참조.

천지신명의 도움을 비는 기원제를 올렸고, 이눌과 유정은 울산의병과 함께 동해 대왕암에서 해풍으로 의병들이 적을 물리치도록 기원하는 용신제를 지내기도 하였다.[469] 이처럼 각고의 노력으로 형성된 경주, 울산 의병들은 점차 경상좌도 중남부를 중심으로 경주성 탈환의 의지를 불태우며 지속적인 활동을 펼쳐 나갔다. 그 결과 경주성이 함락된 지 50여 일이 지난 시기에 관군-의병 연합군의 회맹이 성립되었다. 이것이 곧 문천회맹으로서 임진년 6월 9일 경주의 문천(남천)에서 관군과 의병 약 4,200명이 집합하여 경상좌도의 중심부인 경주를 중심으로 연합전선을 전개하기로 결의하였다. 이 시기까지 경상좌도 각 지역에서 군소의병으로 향토보전을 위해 활동하던 각 의병진에서는 의병끼리 비밀리에 통문[470]을 돌려 대규모의 일본군 축출에 대한 작전을 구상한 것이다.

경상좌도 각 지역에서 분산 활동하던 좌도의병진들은 7일 간에 걸쳐 속속 문천회맹을 위해 모여들었다. 이와 같이 의병과 관군의 합세로 반드시 적을 물리치고 국토를 사수하겠다는 맹세를 피로써 다짐하는 의식을 통해 높아진 사기로 아군의 군사력이 강화되자 남천에 진을 치고 경주성 탈환의 의지를 다짐한 것으로 보인다. 문천회맹은 경상좌도 의병진을 하나로 결집하는 중요한 결의대회였다. 여기에는 관군과 의병이 연합하여 공동전선을 펼치기로 하는 맹세가 있었고 부윤이 의병을 격려하여 의병장 이극복을 찬획종사로 명하고 박인국, 김석견, 황희안을 각 영장에 임명하는 등 관군-의병의 항왜전선을 구축하는 결정적인 군사집회였다.

앞에서 살펴본 영천지역의 의병들과 마찬가지로 경주-울산의병 조직

---

469) 유정, 국역 『송호유집』, 안정 역, 한국국학진흥원, 2015, 190~191쪽.

470) 이승증, 『관란문집』 권2, 「임진일기초」 "通大邱士林文"; 서사원, 『낙재선생일기』, 38쪽. 이 무렵 청도와 자인에서는 이른 시기에 奮義討賊의 계획을 세운 것으로 통문을 돌렸으며, 이것은 좌도 각 의병이 문천에 집합하여 연합의병활동으로 적을 물리칠 계획이 있으니 모이라는 통문을 발송한 것으로 보인다. 즉 이때의 이승증과 박경선이 말한 분의토적의 계책은 곧 문천회맹을 의미하는 것으로 추정된다.

또한 그 구성원이 부자, 형제, 숙질 등 일가 친족단위의 의병이 많았다
는 특성을 보인다. 아버지가 전사하면 아들이 나서고 형이 전사하면 동
생이 나서는 등 친족들의 단결력이 매우 강한 면모를 보였다. 이러한 특
성은 좌도의병이 7년 전쟁이 끝날 때까지 끈질긴 투쟁을 지속하는 요인
이 되기도 하였다. 경주지역 일가 친족의병의 현황은 아래의 표와 같다.

〈표 11〉 경주지역 친족 의병의 현황[471]

관계	성명	비고
부자간	부: 김 호 자: 이충, 이관, 이홍 부: 서득천 자: 서사적 부: 고석남 자: 덕신, 덕령, 덕곤 부: 김석견 자: 몽량, 몽수, 몽남 부: 김응하 자: 홍위 부: 이안국 자: 승춘, 은춘, 희춘	
부자·형제·숙질간	형: 이응춘 제: 우춘, 봉춘 　이응춘의 자: 승금 　이응춘의 조카: 이눌, 삼한 형: 도맹교 제: 맹호 　도맹교의 자: 홍국 형: 김득추 종제: 자평 조카: 유덕, 응수, 영노, 응택	* 이응춘 일가문의 의병구성원 6인은 의육당으로 불린다.
부자 및 숙질간	숙: 김여량 조카: 진국 형: 이경한 　제: 경해, 경호 자: 이의남, 수남, 기남	
형제간	형: 이순성 제: 복성, 안성 형: 이방린 제: 유린, 광린 형: 이홍각 제: 홍로, 홍순 형: 이의윤 제: 의잠, 의온 형: 김득복 제: 득상 형: 이몽기 제: 몽성 형: 최진립 제: 계종 형: 이극복 제: 기복 형: 김인심 제: 예심 형: 김춘룡 제: 경룡	

3. 동해안지역의 의병활동

임진왜란 중의 경상좌도 동해안지역의 의병활동은 해당 지역의 독자적인 의병활동도 있었으나 이들은 대부분 영천성, 경주성 복성전투에 참여하는 등 좌도 연합의병의 일원으로 참가한 경우가 많았다. 여기서는 주로 경상좌도 동해안에 위치한 영일, 흥해, 장기, 영덕, 울산 지역에서 전개된 의병활동을 중심으로 살펴보고자 한다.

1) 영일, 장기, 흥해지역의 활동

오늘날의 포항지역에 해당하는 영일만과 동해바다를 낀 경상좌도 동해안 지역은 아래쪽에 장기현, 중앙지역이 영일현, 그리고 그 위쪽이 흥해군, 가장 북쪽지역에는 청하현이 위치하고 있었다. 여기서는 먼저 영일현의 의병장 김현룡이 남긴『수월재유집』을 중심으로 살펴보고자 한다. 김현룡의『수월재유집』에는 그가 남긴 용사실기(난중일기), 시, 서, 자서, 가사가 있고 부록에는 전교문, 상언초, 유사, 초유문 등이 실려 있다. 의병장 김현룡은 1550년 9월 영일현 대송 사정리에서 출생하였으며, 수원김씨 진위부위 김예종의 6대손이다. 임진왜란이 일어나자 그는 사재를 털어 병기를 만들고 소집한 의병들에게 활쏘기 훈련을 시키며 영일현으로 쳐들어온 일본군에 대항하였다. 그가 활동한 영일현지역은 형산강과 영일만의 동해바다를 끼고 있는 곳이다. 그의「난중일기」는 1584년 10월부터 기록되어 있는데, 임진왜란 이전의 약 7년간의 각 기록에는 지진, 일식, 흉년, 역질, 태백성의 출현 등을 적어둔 것으로 보아 오래전부터 왜적의 침입의 징후를 관찰해온 것으로 보인다. 그는 유학자로

---

471)『동경통지』충의조를 참고하여 도표화한 것이다. 최효식,『임란기 경상좌도의 의병항쟁』, 국학자료원, 2004, 498~499쪽 참조.

서 평소에도 국난의 기미를 느끼고 전란에 대비해왔음을 알 수 있다.

김현룡은 1592년 4월 임진왜란이 일어나자 같은 해 5월 25일에 영일현의 주민들에 의하여 의병장으로 추대되었는데, 그의 의병진에는 친동생 김원룡, 그리고 아들 김진성, 4촌 동생 김우정, 김우결, 김우호가 의병구성원으로 되어 있으며 그 외에도 다수의 친인척이 뜻을 같이하였다. 5월 30일에는 의병을 이끌고 인근의 안강에 침투한 일본군을 물리치고, 6월 10일에는 흥해의병장 정삼외, 정삼계의 형제[472]가 이끄는 의병진과 합류하여 의병부대의 병력을 강화한다. 정삼외 형제가 김현룡의 부대에 합류함으로써 이들은 영일-흥해 연합의병진을 이루었는데, 영일정씨 및 안동권씨와 수원김씨 가문 간의 통혼권으로 인하여 자연스럽게 의병진의 강화가 이루어졌다.[473] 이들 사이에는 이러한 관계로 인하여 쉽게 의병진이 결성되고 인근지역의 전투활동에도 상호협력 체제를 잘 구축하고 있음을 볼 수 있다. 정삼외의 처는 김현룡의 족제 누이이고 권사악은 김현룡의 족질의 사위였으므로 평시에도 이들이 유학자 그룹의 일원으로 잦은 교류가 유지되고 있었던 데다 각자가 그 지역 유림들과 함께 지역민들에게 상당한 영향력을 미치고 있던 인물들이었기 때문이다. 이런 창의의 인적배경을 지니고 있는 김현룡 의병진의 의병활동은 흥해의 정삼외와 안강의 권사악이 상호 협력하면서 의병활동을 전개하였음을 확인할 수 있다. 이들은 포항을 비롯한 형산강 일대의 전투뿐만 아니라 대구의 팔공산을 사수하기 위한 공산회맹에도 함께 참여하여 각 지역의 의병장들과 함께 제의사 회맹운(諸義士會盟云)을 짓기도 하였다. 이때 영일지역의 권여정, 심희청, 김천목, 이추 등의 의병장들도 치열한 항쟁을 전개한 바 있다. 임란 전공으로 김현룡은 두모포 만호의 직을 제수 받았고 정삼외는 군자감 주부의 직을 받았다.

---

472) 정삼외의 가문에서는 그 외에도 정삼고, 정극후, 정사진 등 영일정씨 일가문 다수의 형제, 종반, 족질이 의병활동에 참여하였다.

473) 영일정씨 사정공파 족보 및 수원김씨 족보 참조.

정삼외 등 이외에도 이 무렵 흥해지역의 의사(의병지휘자)로는 최흥국, 최준민, 이열, 이대립, 이대인, 박봉서, 이화, 진봉호, 정인헌, 안성절, 이영춘, 호민수 등이 그 지역 의병들을 규합하여 각기 활동하는 한편 대규모 전투에서는 김현룡의 부대에 합진하여 활동을 지속하였다.

이 같은 동해안 지역의 의병들은 장기현의 의병활동과도 연합하여 활동하였다. 장기현의 의사로는 이대임, 서국인, 서방경, 이눌 등이 활동하였는데 이들은 장기향교에 보관된 위패를 깊은 산속으로 옮겨가며 보호하였을 뿐만 아니라 이 지역을 방어하는데 전력을 다했다. 임진년 4월 장기현감 이수일이 경주판관 박의장과 힘을 모아 경주성을 사수하려 하였으나 역부족으로 경주성을 일본군에게 빼앗긴 이후 그 해 9월 초순경 관군과 경상좌도 의병군이 연합하여 경주성을 탈환하고 일본군이 언양방면으로 물러난 이후에도 크고 작은 전투를 이어가며 향토사수에 힘을 쏟았다. 따라서 경상좌도 동해안의 영일, 흥해, 장기, 청하, 영덕의 의병들은 1593~1594년에 걸쳐서 일본군이 한성에서 남하하여 울산지역 이남으로 후퇴하고 명나라와의 강화조약에 들어간 기간 중에도 꾸준히 향토방어에 나서고 있었다. 영일현의 의병활동을 요약하면 아래의 표와 같다.

〈표 12〉 영일 등 동해안 지역의 의병활동474)

일시	장소	참여 의병	비고
1592. 5. 25.	영일현 대송정	김현룡, 김원룡	
1592. 5. 30.	경주부 안강	김현룡 등 약300명 안강전투에 참여. 정삼외, 정삼계 등 흥해지역 의사 13명 합진	
1592. 7. 23.	영천성 금호강	경주의사 권복이, 손엽 등 30여명과 숫돌고개에서 합류	
1592. 8. 20.	경주 서천	제1차 경주성 탈환전에 좌도연합 의병의 일원으로 참전. 영일 의사 김우호 전사 영천 의사 정의번, 최인제, 손덕침 전사	

일시	장소	참여 의병	비고
1592. 9월	영일현 형산강	장기 의사 이대임 서국인, 서방경, 청하 의사 김문룡, 금득경, 이인박, 김성운, 이재화 경주 의사 김광복 등 35명 합류	
1593. 2. 13.	행산(杏山) 및 화계계산에 留陣 대구 팔공산에 유진	권응수, 최동보가 협진	
1595. 5. 7.	형산강 유진		
1595. 6. 5.	형산강 전투 전개		
1596. 8월	영양에 유진	조중도, 권복시, 정삼외 등 39인 합진	
1596. 9. 2.		김인제 등 각읍 의장 36인 합류	
1596. 9. 28.	팔공산 유진	정삼외, 정대방, 배상룡, 김천택 등 75인 합류, 방어 계획 논의	
1597. 7. 2.	현풍 석문산성	정삼외, 정삼계, 김원룡, 김우정, 김우결 등과 함께 곽재우 진영에 합류 김현룡, 정삼외 "팔공진제의사회맹운(八公陣 諸義士會盟云)" 작성.	
1597. 9. 2.	대구 달성	경상도 관찰사 이용순의 진지에 합류, 달성전 투 참여	
1597. 11. 7.	울산 도산성	가토오 기요마사(加藤淸正)군과 전투	
1597. 12.	울산 도산성	김우정 전사	

2) 영덕, 영해지역의 의병활동

임진왜란 초기에는 일본군 제1군과 제2군의 진로에서 벗어나 있던 영 덕과 영해지역에는 피해가 크지 않았다. 그러나 일본군이 평양과 함경 도까지 점령한 이후 다시 회군하여 한성에 집결하고 8도분군법에 따라 일본군 지휘대장들이 조선 각 지역에 분할 예정된 자신의 영지로 돌아 가 점령통치를 시작하였다. 이때 함경도까지 진격했던 적군이 동해안을 따라 남하하여 경상도 내륙으로 침입할 당시에 영덕과 영해는 상당한

---

474) 김현룡의 『수월재문집』을 참고로 하여 도표화 하였다.

피해를 입었다. 동해안을 따라 남하하던 일본군 제4군 길삼성(또는 모리길성)의 부대는 일부는 울진에서 서진하여 태백준령을 넘어 약 3,000명이 봉화 소천으로 진격하고, 또 다른 수천 명의 부대는 영해지역으로 내려와 창수면 위정산(또는 위장산)을 거쳐 내륙진출을 시도하였다. 이 시기에 영덕, 영해지역의 의병활동을 살펴보기로 한다.

　울진에서 광비령을 넘어 예안, 안동으로 진출을 시도한 일본군에 대하여는 봉화의 유종개(柳宗介) 의병진이 소천에서 방어하기로 하였다. 그 대비책으로 의병장 유종개는 영해부사 한효순과 경상좌병사 박진에게 소천 전투에 대비한 병력지원을 요청한 후 일본군과의 결전을 기다렸다. 그러나 이때 영해부사 한효순은 영해지역을 방어하기에도 급급하여 소천지역의 유종개 의병진에게 병력지원을 할 수 없는 상황이었다. 관군의 지원을 받지 못한 채 전개된 소천 전투에서는 유종개가 의병 약 500여 명으로 화장산의 노루재와 살피재에서 치열한 전투를 펼쳤으나 끝내 대다수가 전사하였다. 그러나 이 전투에서 일본군의 전력도 많은 손실을 입었다.

　한편 영해지역으로 진출해 오는 일본군에 대하여는 영덕 출신 신규년의 의병활동이 주목된다. 신규년은 임란 때 영덕을 대표할 만한 의병활동을 하였음에도 오랫동안 세상에 드러나지 않은 채 이름 없는 용사로 취급된 인물이었던 것 같다. 영덕의병장 신규년의 가계는 고려말 신현-신용의-신득청을 잇는 영해신씨의 후예이다. 이들은 본래 평산신씨 신숭겸의 후손으로 고려조에 충성을 다 했으나 조선개국에는 반대의 입장에 있었기에 신왕조의 주체세력들로부터는 소외 되었다. 개국을 추진하던 세력은 이들을 적대시 하였으므로 결국 조선 초에 원천석의 도움으로 원주에서 영해지역으로 피신하여 영해신씨로 본관을 바꾸면서 멸족의 화를 면할 수 있었다. 영해신씨의 시조 신현(申賢)은 고려말 목은 이색, 포은 정몽주, 운곡 원천석의 스승이었다. 신현의 손자 신득청은

고려 공민왕 때 부패한 고려왕조의 개혁을 부르짖다가 뜻을 이루지 못하
고 낙향하였다. 신득청은 공민왕 때 조정의 고관으로 재직하면서 중국의
역대 황제들의 흥망에 대한 평가를 읊은 '역대전리가(歷代轉理歌)'라는
이두형식의 가사를 지어 공민왕에게 바친 후 영해의 인량리로 낙향해 은
거하다가 고려가 멸망하자 동해바다에 투신하여 순사한 인물이다.

　신규년(申虯年, 1544~1592)은 신득청의 후손으로서 영덕군 우곡리에
서 출생하였다. 임진왜란 당시 1592년 7월 하순경 일본군 제4번대 길삼
성(모리길성) 부대가 함경도까지 진격했다가 남하하여 울진과 평해를
거쳐서 영해로 쳐들어올 때 그는 의병장으로서 관군과 합세하여 활약한
인물이다. 위정산 전투에 대비하여 영해부사 한효순은 영덕현령 안진,
축산 만호 권전, 그리고 영덕의병들과 협력하여 결전을 준비한 다음 일
본군과 치열한 전투를 전개하였다. 이 전투에 참여한 의병장 신규년은
휘하 의병 약 300여 명을 이끌고 축산 만호 권전의 병력과 연합하여 치
열한 방어전을 펼쳤다. 신규년은 영해부 창수면의 위정산에 매복하여
진을 치고 재를 넘어오는 적과 치열한 전투를 전개하였으나 숫적으로
훨씬 많은 적 후속부대에게 포위되어 위정산 계곡에서 전사하였다. 영
해부 창수에 위치한 위정산(韋井山)은 위장산(韋長山)으로도 불리는데,
지명에서 보이듯 우물처럼 깊고 긴 계곡을 끼고 있었다. 신규년이 일본
군과 전투를 펼친 위정산 계곡은 약 20리가 넘는 깊고 긴 골짜기로서
창수면의 신기리에서 계곡을 따라 들어가 고개를 넘어 약 12km지점에
이르면 영해면 대리로 연결되는 심산유곡이다. 경상도 내륙을 향해 고
개를 넘어 돌진해오는 일본군 대부대를 신규년의 소수 의병이 감당하기
에는 역부족이었다. 아군이 포위되자 축산 만호 권전의 군사를 포함한
다수의 아군 병력은 후퇴할 수밖에 없었다. 대부분의 아군이 포위망을
뚫고 후퇴한 상황에서, 이 때 신규년의 말몰이꾼 은구(銀邱)가 상황이
급박하니 일단 철수하였다가 후일을 기약하자며 눈물로써 후퇴할 것을

호소하였다. 신규년은 이를 단호히 거절하며 "장수는 북을 치다 죽어야 하고, 마부는 고삐를 쥐다 죽어야 한다. 오늘 마땅히 죽기를 결정하여 나라에 보답할 것이다."라며 최후까지 용전분투하다가 위정산 계곡에서 생을 마쳤다. 이 때가 1592년 7월 말경이었다. 당시의 위정산 전투경로와 일본군의 이동상황을 정확히 파악할만한 구체적인 사료는 확인이 되지 않는다. 그러나 이 무렵 신규년 의병부대는 한효순의 관군과 합세하여 창수면의 위정산으로 공격해오던 적을 막는데 투입이 되었고 적을 기습 공격하는 역할을 맡은 기병(奇兵)으로 참전한 것은 분명한 것으로 추정된다. 이들은 위정산 아래에 매복해 있다가 고개를 넘어오는 적 선봉과 수차에 걸친 전투를 치르며 적의 수급을 많이 베기도 했으나 뒤이어 몰려오는 적의 대군에 포위되어 아군 병사들이 흩어졌다. 그러나 신규년은 위정산 계곡에서 퇴각하지 않고 끝까지 싸우다가 전사하였다.

신규년의 활동에 대한 2차 사료로는 영조 대에 양관대제학을 지낸 역사가 이계 홍양호(洪良浩)의 『이계집』에서 찾아볼 수 있다. 신규년이 왜적을 맞아 최후까지 용전하다가 전사한 사실과 그의 자녀들이 가련한 처지에 놓였음을 체찰사 유성룡이 기록으로 남겼다고 적고 있다. 즉 홍양호는 "체찰사 유공(성룡)이 신규년의 전공을 기록하였는데, 남겨진 아이들을 가엽게 여겼다(體察使 柳公成龍 錄戰功 卹遺孤)"라고 적고 있다.[475] 한편 이 당시 영해부사였던 한효순은 장계를 올려 영덕현령과 축산만호 등의 관군과 영덕지역 의병들의 활약으로 영해가 보전될 수 있었음을 조정에 보고하고 있다. 영덕과 영해를 지켜낸 한효순은 그 공로를 인정받아 경상좌도 감사로 승진하였다. 위정산 전투에서 전사한 신규년 의병장의 용전은 임진왜란 당시 영덕과 영해를 사수하려던 향병들의 한 사례라고 할 수 있을 것이다.

---

475) 홍양호, 耳溪集 권 18, 傳, 風林 申義士䖙年傳. 신규년의 사후 부인 백씨는 80세에 이르도록 수차례에 걸쳐서 관아에 신규년의 절의를 표창해줄 것을 청원하였으나 끝내 이루어지지 않았다.

홍양호는 『이계집』의 '풍림 의사 신규년의 약전'을 통하여, 용전분투한 신규년의 임란 공적이 드러나지 못한 것은 수령·방백의 잘못이라 지적한 바 있었다.[476] 정조대에 이르러 조정에서는 신규년에 대하여 사헌부 감찰의 직위를 추증하고 정려를 내렸다.

신규년 외에도 임란 초기의 영덕지역에서 신철, 정이성, 윤사휘, 김사지가, 영해지역에서는 남사필, 남사명, 남사문, 조검, 조전, 신준민, 신원영, 신덕룡, 박응장, 백현룡, 이함, 백인경 등 30여 의사들이 향토방어에 적극 참여하여 활동한 바가 있다.

3) 울산지역의 의병활동

일본군이 부산에 상륙한지 8일 후인 임진년 4월 22일 울산 좌병영성은 함락되었다. 좌병사 이각이 도주한 이 후 울산은 일본군의 점령 하에 놓였고 대다수의 민들은 인근의 산속으로 피난하였다. 그러나 산간을 중심으로 울산지역의 뜻있는 인사들은 의병궐기를 하였다. 난의 초기 울산지역이 일본군에게 점령된 직후에 크게 2개의 의병진이 조직되었으며 이들은 박봉수를 중심으로 한 1개 부대와 경주와 울산 출신의 의병이 연합한 윤홍명·유정을 중심으로 또 다른 한 부대가 각기 의병활동을 전개하였다.

울산의 초기 의병은 먼저 울산읍성이 함락되기 직전인 임진년 4월 21일에 심환, 박응정, 고처겸, 박진남, 이한남, 김응방 등이 각기 약 20여명씩의 장정들을 이끌고 전체 300여 명이 집결하여 의병봉기 할 것을 결의하고, 4월 23일에는 기박산성[477]에 집합하여 의병진을 구성하였다.

---

476) 홍양호, 耳溪集 권 18, 傳, 風林 申義士虯年傳. "而義士奮身草奔 獨倡義擧 提
　　孤軍而抗勁虜 身冒百刃 血膏原野 可謂奇偉不羣之烈丈夫也 至今數百年 無
　　人乎表章 名湮滅而不彰 是方伯有司之過也"
477) 임란 직후 울산의병들이 처음 결진한 기박산성은 울주군 농소면 동대산 일원

창의대장에는 박봉수, 좌익장에 박응정, 우익장 장희춘, 좌위장 고처겸, 우위장 이봉춘, 찬획 심한, 종사관 이한남, 운량호군에 이경연, 좌제군 박진남, 우제군에 김응방으로 조직하였다. 4월 25일에는 산졸들을 수합하여 좌군과 우군으로 편성하고 4월 30일부터 일본군과의 전투에 돌입하였다. 또 다른 의병 부대로는 윤홍명, 이응춘, 장희춘, 서인충, 서몽호 등 울산출신과 경주출신인 유정[478], 유백춘, 박인국, 이눌 등이 합세한 일군의 의병진이었다. 이들은 4월 23일에 일본군과의 교전을 시작하였는데 울산 蓮浦에 상륙한 일본군 80여 명을 사살하는 것을 시작으로 5월 2일에는 공암[479]에서 100여 명을 사살하고, 달현[480]전투에서는 유백춘과 박인국의 맹활약으로 100여 명을 참살하는 전과를 거두었다.[481]

에 위치하며 관문성의 위쪽 삼태봉 아래의 지점에 있다. 기령은 관문성 아래의 기박이재(의병들이 깃발을 박아둔 고개)를 말한다. 이곳은 울산에서 경주 양남으로 넘어가는 고개마루로서 신라시대 이래 왜구의 출몰이 빈번하여 국가에서 경주 양남의 동해안에서 울산의 치술령에 이르는 동서 간 약 50km의 석성을 쌓아 국방에 대비해 오던 곳이었다. 특히 기박산성은 임진왜란 때 울산의병들의 본거지로 활용되었고 인근에는 관·의병 연합군의 군사지휘본부를 두었던 신흥사가 위치하고 있으며 신흥사 승려 100여 명이 의승군을 조직하여 울산의병에 가세하고 이들은 군사용 양곡을 지원하였다. 다만, 임란 당시의 기박산성의 정확한 위치에 대하여는 견해의 대립이 있다.

478) 유정은 아들 유영춘, 조카 유백춘과 함께 임란 동안 직접 의병활동을 펼치면서 경주 산내면의 송호(오늘날의 경주시 산내면 일부리와 심원리)에서 농장을 운영하여 울산·경주의병의 군량미와 무기 공급에 크게 기여하였다.

479) 공암(孔巖)은 동해안을 끼고 있는 어촌 마을이며 오늘날의 울산시 북구 신명리와 경주시 양남면 수렴리의 경계지역인 지경리를 말한다. 이곳에는 임란 당시에 수군의 진지가 있었고 구멍바위라는 큰 암석이 있어서 오래 전부터 이 지역의 명칭은 '구무바위, 구멍바위, 공암' 등으로 불려왔다.

480) 달현은 울산의 송정에서 무룡산을 넘어 동해 바닷가로 통하는 중간지점에 있는 달령을 말한다. 일본군이 동해바닷가에서 울산을 거쳐 경주로 진입을 시도했던 산악 통로였다.

481) 우인수,「울산지역 임란의병의 활동과 그 성격」,『역사교육논집』31, 2003, 169~170쪽; 최효식,『임란기 경상좌도의 의병항쟁』, 국학자료원, 2004, 145~146쪽 각 참조.

여기서 임란시 울산의병의 활동을 기록한 각종 실기류의 객관성을 검토해볼 필요가 있겠다. 울산의병의 활동을 기록한 실기류는 유정의 『송호유집』, 서인충의 『망조당유사』, 이경연의 『제월당실기』, 윤홍명의 『화암실기』, 장희춘의 『성재일기』, 박진남의 『회암실기』, 방응정의 『병재실기』, 박홍춘의 『학수당삼세실기』 등의 임란 의병장들의 개인적 실기들이 현존하고 있다. 그러나 이들 실기류에는 같은 전투에 대하여도 상호 차이를 나타내고 있음을 볼 수 있다.

이러한 현상은 비단 울산의병에 국한한 것이 아니며 임란 의병장들의 공적을 높이려는 후손들의 과도한 현창의식의 결과로 보이기도 한다. 그 일례로서 이경연의 『제월당실기』「연보」와 「용사일록」에는 임란 초기인 5월 5일에 경주의 견천지, 유정, 유백춘이 의병 500 명을 이끌고 와서 이경연의 의병과 합진한 후 이날 밤 울산 좌병영성을 공격하여 투석전을 벌인 끝에 왜적 수백 급을 격살하고 무기와 식량을 탈취하여 함월산성으로 돌아간 것으로 기록하고 있다.

이 시기에 울산의병이 좌병영성의 일본군을 향해 공격을 시도할 수는 있겠으나 이는 당시 최신예 무기로 무장한 일본군이 울산을 완전히 점령한 상태에서 의병군이 돌멩이로 적을 공격하여 수백 급을 참획하는 것이 시기적으로나 무기체계로 보아 가능한 일로 여겨지지 않는다. 그뿐 아니라 이날 연합의병으로 참전했다는 유정의 『송호유집』에는 이런 사실이 전혀 나타나지 않는 점으로 볼 때, 후대에 『제월당실기』를 발간하는 과정에 착오 또는 가필이나 윤색의 가능성이 없지 않은 것으로 여겨진다. 따라서 비록 임란초기 당시의 사실을 기록했다 하더라도 임란 관련 실기류들에 대하여는 편찬의 시기와 편찬 배경 등을 세밀히 파악하여 사료 간의 교차검증을 통한 비판적 검토가 요구된다 하겠다.

울산의병의 활동은 상당 부분 경주의병과 연합전선을 구축하여 활동을 전개하였는데 그 이유는 임란 이전부터 시회 등을 통한 주요 의병장들의 인적교류가 자연스럽게 연합으로 이어졌고 전투지역이 동해안을 끼고 서로 인접해 있다는 지역적 특성 때문이었다. 일본군이 임진전쟁 초기에 울산의 좌병영을 점거하였고 그에 따라 울산의 적세가 치열했을 때는 울산의병이 퇴각하여 의병진을 경주와 운문산 쪽으로 옮겨가며 활동하기도 했다. 울산의병의 활동에 있어서 주목되는 점은 임진전쟁 초기 조선에 상륙한 이래 최초로 투항하여 울산의병과 함께 전투를 전개했던 降倭將 金忠善의 활동이다. 항왜 김충선 부대는 영남의 각 의병 및 관군에게 조총 및 화포의 제작과 사용법을 전수하여 조선군의 전투력 증강에 기여하였고, 울산의병과 연합하여 치열한 전투를 이어간 사실이 확인되고 있으므로 경상좌도 의병과 함께 고찰할 필요가 있다고 생각한다. 또 柳汀은 초야의 유학자로서 울산의병과 경주의병의 조정자적 역할을 했던 대표적인 의병장으로 볼 수 있으며, 울산지역에서 초기 의병활동을 통해 관군으로 발탁되었던 金太虛는 의병과 관군의 협조체제를 조화롭게 수행한 인물로서 울산군수를 거쳐 무관의 최고위직에까지 오른 인물이었다.

항왜장 김충선의 활동과 의병장 유정, 김태허의 활동에 대하여는 별도의 항목에서 고찰해 보고자 한다.

4. 柳汀의 의병활동

유정(1537~1597)은 자가 여원, 호가 松壕이며 본관은 문화이다. 고려 개국공신 유차달의 후손으로 명종 때 형조 참판을 지낸 유광선의 둘째 아들이다. 서울에서 출생하였으나 부친 유광선이 1546년 직언으로 국왕의 뜻에 거슬려 울산 반구정에 유배됨으로써 부친을 따라 울산에 내려 왔다가 부친의 유배가 풀린 뒤에도 서울로 돌아가지 않고 그대로 울산에 정착하여 은둔생활을 하였다. 유광선은 1576년에 영일현 죽장(청송과의 경계) 고라(古羅)에 농장을 겸한 별장을 경영하였고, 아들 유정에게는 경주의 심원(深源)에 별장(농장)을 운영하도록 하였다.[482]

울산과 경주 의병활동의 중심에 있었던 유정은 특히 武器와 軍糧米의 보급에 상당한 기여를 하고 있음이 보인다. 임란 당시 56세였던 그는 전란 전부터 치밀한 전쟁대비를 해왔다. 유정은 그의 농장을 경주의 서면(산내면) 송호리와 영일현 죽장의 고라리에 대규모 농장을 소유하면서 군기를 만들고 군량을 비축하여 이를 의병진에 조달하였다.

송호와 고라에 대규모 농장을 가지게 된 경위를 보면, 유정의 부친 柳光先(1512~1579)은 을사사화에 연루되어 울산 반구대에서 약 2년간의 유배생활을 마치고 상경하지 않은 채 벼슬을 포기하고 울산에 정착하여 은거해 살았다. 그리고 1576년경 유광선이 은둔처 삼아 영일현 죽장의 고라리에 농장을 준비해 두고 있었는데 1579년 유광선이 타개하면서 고라리 농장의 경영을 둘째 아들인 유정에게 맡겼다. 이 후 유정은 고라리의 농장을 임진왜란 전후시기에 함께 의병활동을 한 조카 유백춘에게 관리하도록 하여 경주의 송호별장과 더불어 의병군의 군량미와 군기 보급의 원천으로 삼았던 것으로 보인다.[483]

한편 유정은 부친의 생존 시부터 경주 산내의 송호(심원)[484]에 오래

---

482) 柳汀, 『松濠遺集』上, 안정 역, 한국국학진흥원, 2015, 15쪽.

483) 위의 『송호유집』, 13~16쪽.

484) 경주 심원의 송호에는 유정의 부친 유광선이 이미 농장을 가지고 있었는데, 마을 뒤 옹강산 고개 너머 청도 운문의 공암에 '삼족당 김대유'가 은거하고 있었다. 유광선과 김대유는 모두 사화의 피해자들이었다. 이 시기에 유광선과 김대유가 교유가 있었을 가능성이 있으며, 소년기의 柳汀이 김대유에게서 학문을 익혔을 것으로 보는 견해도 있다. 옹강산은 청도와 경주의 경계를 이루는 산이다. 유정이 송호정사를 짓고 은거하던 심원은 경주 서면(현 산내면) 일부리와 심천리 일대로 이곳은 심원 입구에서 옹강산에서 흐르는 계곡을 끼고 약 5km의 소하천을 거슬러 들어간 가장 깊숙한 옹강산 자락이다. 오늘날은 심천리 옹강산 자락의 저수지를 낀 오래된 폐사지에 심원사가 있고 심원사 경내에는 옹정 9년(1731, 辛亥)에 건립된 휜암당대사의 부도탑과 건륭 20년(1755,

은거하며 산림처사로 지냈다. 유정이 경영하던 경주의 송호에 위치한
농장은 그의 부친 유광선의 유명에 따라 경주 산내의 심산유곡인 심원
(深遠)에 두고 송호정사를 지었는데, 이곳은 임란 직후 일본군이 울산을
점령함에 따라 울산의병진이 운문산 지역으로 移陣하였을 때 주둔지로
삼았던 운문령 지역과는 산길을 이용할 경우 불과 10km 이내의 지역에
위치해 있었다.

  유정이 군량미를 비축하고 무기를 제작하던 영일 죽장의 古羅 별장과
경주 심원의 松壕 농장은 전란에 대비하여 수년 간 곡식을 모으고 야장
을 시켜 활, 창, 칼 등의 무기를 제조해 오던 곳이다. 유정이 이곳 심원
에 별장을 차리고 농장을 경영하여 군량미를 비축하고 무기를 만들어
보관하며 전시에 대비했던 것은 교통로와 관계가 있는 것으로 생각된
다. 심원에서 약 2km 거리에 있는 옹강산 중허리의 삼계리재를 넘으면
고개마루에서 약 1.5km지점에 신라시대의 원광법사가 주석했던 가슬갑
사터[485]가 있고 그곳에서 삼계계곡을 따라 다시 1.5km를 내려가면 운문
령으로 통하는 삼계리 마을이 위치해 있다. 따라서 송호농장에서 농사
를 짓고 야철 작업을 한 것은 임란 당시 유정이 이끌던 운문산 의병 주
둔지와는 쉽게 교통할 수 있는 군수품 수송의 편리점이 있었기 때문으
로 추정해 볼 수 있다.

  또한 영일현 죽장의 고라리[486]에 있던 그의 농장은 청송 부남과 영일

乙亥)에 세운 우암당대사 성안의 부도탑이 마모된 채 보존되고 있다.
485) 이곳은 신라의 화랑들이 심원에서 삼계리 고개를 넘어 가슬갑사에 주석하던
   원광법사를 찾아 배움을 청하던 화랑도들이 다니던 길로 추정된다. 오늘날의
   삼계리에는 가슬갑사의 아래쪽 계곡을 낀 넓은 부지가 있는데 신라시대 당시
   화랑들이 훈련장으로 사용했던 장소로 추정되고 있다.
486) 오늘날의 죽장면 상옥리 고천(高川)마을로 추정된다. 이곳은 청송과의 경계지
   역이며 다섯 강의 발원지이자 8개의 고개로 통하는 곳이라 하여 五江頭, 八嶺
   之下라 전한다. 오래 전 화전민들이 개간하여 고랭지 농사를 짓던 곳이며 고
   래 또는 고내로 통칭된다.(경상북도 지명유래총람, 경상북도교육위원회, 1984,

죽장의 경계에 있는 심산유곡으로 경주의 송호별장과 마찬가지로 은폐
된 곳이며 이곳에서 안강을 거쳐서 경주에 이르기에 용이하였고 특히
강화교섭기와 정유재란기에 팔공산 전투에 출전한 그의 부대와도 거리
가 멀지 않은 지점에 위치하였다. 이러한 대규모 농장의 운영은 유정이
그의 부친 유광선의 선견지명에 의하여 임란 이전부터 난에 대비한 것
으로 생각된다. 적의 손길이 미치지 않는 깊은 곳에 군수물자 수송이 가
능하도록 군량미 조달을 위해 재원을 마련해 둔 것이었다. 이러한 사실
들은 그의 일기나 여타의 임란실기에서도 확인 되고 있다.

　『송호유집』에 의하면, 임란 발발 반년 전인 1591년 11월 28일에 평소
학문을 함께 하며 전란에 대비해오던 울산지역의 사족인 화암 尹弘鳴과
성재 蔣希春으로부터 받은 서신에서 "… 근자에 하늘에 변고가 그치지
않고 땅에 이상한 현상이 여러 번 나타나고 … 현재의 상황으로 볼 때
조치를 치밀하게 하지 않으면 안 되고 시설도 철저하게 하지 않으면 안
되겠습니다. 지난번 부탁에 따라 주조한 것이 3백여 자루입니다. 이번에
공의 조카(유백춘)가 고라(古羅)에 별장을 더 경영하였다고 하는데 …
공의 깊은 정성으로 볼 때 수년 동안 지혜를 내어 기묘하고 신속하게
좋은 병기를 많이 만들어 두었을 것으로 여겨집니다. 부디 그 이로움을
나누어 주어 생사를 거는 일에 함께하시는 것이 어떻겠습니까. 험한 진

446~449쪽 참조) 이곳은 고산지대이면서 심산유곡이기는 하나 동해안에서 경
상도 내륙으로 통하는 분기점이기도 하다. 청하의 유계리로 통하는 길, 죽장
으로 통하는 길, 청송으로 통하는 길, 기계로 통하는 길, 영덕 옥계로 통하는
길이 갈라져 있어 사통팔달의 분기점이다. 갈밭재를 넘으면 죽장의 가사리에
이르는데 임진왜란 당시에는 이곳에서 무기를 만들었다고 전한다. 이곳의 지
형을 살펴보면, 고라에서 청송 부남으로 넘어가는 통점재 아래쪽 일대에는 넓
은 분지가 형성되어 있으므로 상당한 규모의 농장이 있었을 가능성이 있다.
현재 그 장소를 확정하기는 어려우나 이러한 지형적 조건을 고려할 때 유정이
이곳 고라에서 농장을 운영하면서 은밀히 군량미와 무기를 생산, 조달하였을
가능성을 충분히 짐작할 수 있다.

지를 구축하고 양식을 쌓아놓는 것이 변경을 방비하는 불변의 법도이고 현인을 구하고 선비를 취하는 것이 나라를 다스리는데 급선무이며, … 다행히 박손과 박문 두 장사를 얻었는데, 그들의 사람 됨됨이가 말타기와 활소기를 잘 하고 지략이 많아 세상의 감복을 받고 있습니다. … 지난번 보내주신 과일에 보답하며 쇠 185근을 보내오니 받아주시면 어떻겠습니까."487) 라는 내용으로 보아 유정은 임란 전부터 윤홍명, 장희춘 등과 일본의 침입을 예견하고 서로 만나 회합을 가지고 왜란에 대비하여 무기와 곡식을 비축하며 지역의 문과 무를 겸비한 인사들을 모으고 있었음을 알 수 있다. 이러한 정황은 경주 외동 출신의 의병장 송고 견천지(1564~1597)가 임란 직전인 임진년 2월 20일에 유정에게 보낸 서신에서도 나타나는데 堅川至의 『松皐實記』중 '與柳汝元'에는

생각하옵건대 봄 날씨에 기력이 평안하시온지, 구구히 우러러 사모합니다. 지난 범영루에서 읊던 시는 제각기의 성정을 토로하였고 영풍정에서 마시던 술로써 서로의 마음을 알 수 있었습니다. 대개 편안할 때 위급함을 잊지 않는 것이 사람의 지혜이기에 주역의 괘사에 '전답을 망치는 새는 잡아야 한다'하였고, 부괘에는 '국가의 운명이 포상에 매달린 것같이 항상 위태하게 생각해야 한다'하였으니 土君子로서 이렇게 어지러운 때에 어찌 미리 대비하지 않을 수 있겠습니까?

지금 인심이 흉흉하고 잡다한 말들이 분분하여 남쪽의 왜적의 난리가 조석으로 다가올 것 같은데 이미 위태로움을 알고서야 어떻게 속수무책으로 죽기만을 기다릴 것입니까. (堅)川至는 비록 어리석지만 만일의 우려를 대비하여 약간 調度해두기는 하였는데, 하물며 大君子(유정)께서는 심원에서 兵器를 만들고 고라에 곡식을 감추어 재치와 권모가 남보다 만 배나 뛰어난 분이시기에 여러 해 동안 경영하신 것이 모두 나라를 걱정한 성심에서 나온 것으로서 川至도 그 忠慎에 감복하고 있기 때문에 국토를 보장하기에 믿는 곳이 있어 두렵지 않습니다.

지난 날 令咸氏488)를 만나 시사를 논해 봤더니 그의 지모와 도략이 역시

---

487) 앞의 국역 『송호유집』, 174~175쪽.

간성이 될 만한 재목이었습니다. 만약 불의의 변이 생긴다면 그와 함께 마음과 힘을 다하여 조금이나마 성조의 은택에 보답할 수 있게 된다면 그것이 川至의 간절한 바람이온데 다시 무슨 말을 더 하겠습니까489)

라고 적고 있다. 불국사 범영루 시회에서 유정은 "여러 현사들이 여기에 모인 것은 거문고를 뜯고 술잔을 기울이지만 경국안민책을 논하며 영재들의 재주를 시험하네"라는 오언시를 남겼다.

유정은 울산에서 젊은 시절을 보내다가 중년 이후에 경주 서면(오늘날의 산내면)의 깊은 산골인 심원리에 정사를 짓고 산수를 즐기던 중 임진왜란이 일어나기 수년 전부터 경상좌도 각 지역의 나라를 걱정하는 인사들과 교류하며 왜란에 대비하여 병기와 곡식을 비축하고 있었다는 것을 알 수 있다.

견천지는 당시 경주지역의 젊은 선비로서 1590년에 영남의 인사 22명이 불국사 범영루에서 시회를 가질 때 유정과 함께 참여한 인물이다. 견천지는 유정, 유백춘과 함께 임란시 의병장으로서 울산의병과 연합활동을 하였고, 경주 문천회맹, 울산 구강회맹, 대구 공산회맹에 참여하는 등 의병활동을 하다가 1597년 울산 도산성 전투에서 전사하였다.

유정은 청송 접경 고라와 경주의 송호에 있는 그의 별장 겸 농장에서 많은 군량과 군기를 의병진으로 조달하였는데 그 이동의 경로는 다음의 <그림 11>과 같다.

---

488) 여기서는 유정의 조카 유백춘을 지칭한 것으로 보인다.
489) 견천지, 『송고실기』, 書「여유여원」 참조.

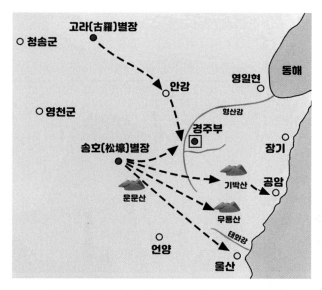

〈그림 11〉 유정 의병군의 軍糧·軍器 운반 경로490)

유정은 그의 생애 중 오랜 기간 경주 산내의 송호에서 은거하였는데 그의 시 '송호(松壕)'를 통해 그의 은둔지사적인 삶을 유추할 수 있다. 즉 "푸른 소나무 사람을 대한듯하니 나는 사계절 푸른 것을 사랑하네. 서릿발 속에 늠름한 군자의 절개, 진나라 대부 호칭이 부끄러웠으리"491) 라는 문구로 이를 짐작할 수 있다.

유정의 문집인『松壕遺集』은 전체가 1590년 3월 20일부터 1636년 12월 29일까지의 기사를 수록하고 있는데 유정이 대구 팔공산 전투에서 전사한 1597년 9월 23일까지는 유정 자신이 쓴 글과 임진란의 일기이고, 유정의 전사이후 1598년 12월 9일까지는 그의 조카 유백춘이 기록하고, 1599년 1월 9일부터 1636년 12월 29일까지는 손자 유태영이 기록한 것으로 되어있다. 유정은 비록 관직에 나아가지 않은 초야의 선비였으나

490) 유정의『송호유집』하, 일기를 참고로 하여 도면으로 구성하였다.
491) 유정,『송호유집』상, "蒼翠如大人 吾愛四時春 君子凌霜節 大夫已愧秦"

그의 시문과 일기의 서술 내용으로 볼 때 상당한 유학적 소양을 쌓은 인물임이 드러난다. 그의 시문에 나타난 교류 인물들을 보면 영천의 정세아, 경주의 권사악, 이응춘, 조덕기, 윤인함492), 대구의 최동보 등으로서 당시로서는 명망 있는 영남의 문사들이었다. 유정의 학문적 소양은 부친 유광선으로부터 가학을 하였고,493) 역학과 수리 등에 통달하였으며 육도삼략과 같은 병서에 높은 식견이 있어 지사로서의 면모를 갖추고 있었다. 그는 비록 초야에 은둔해 지내면서도 변란의 대비를 염두에 두고 있었던 것으로 보인다.

유정이 영천의 진사 정세아에게 주는 시 '拜贈 鄭世雅'에서 "석면에 맑은 시를 읊으니 사람 놀라게 함이 가장 기이하네. 객지에 있을 때 돌봄을 입었고 어릴 적부터 가르침을 받았네. 행동거지는 삼성을 앞세웠고 용모와 의표는 구사를 익혔네. 만날 때 마다 도를 알게 되니 우리들은 훌륭한 스승을 얻었네."494)라 하였고, 이에 대해 정세아는 유정에게 답하기를 "성정이 시를 통해 드러나니 그 사람됨이 기이하다 생각했네. 도를 논하던 밤에 공부는 완전했고 젓가락 빌리던 때에 이치에 밝았네. 초야에 살며 시 읊어 한탄하고 충정은 자나 깨나 나라 걱정하였네. 문장에 능하고 무예를 겸비하였으니 만 명의 군사를 거느릴 수 있으리."495)라는 시문을 통해 유정은 유학적 소양과 무예를 겸비한 인물임을 짐작할 수 있겠다.496) 경주의 권사악은 "선친의 가르침 받들어 청산에 숨었

---

492) 임란 당시에는 경주부윤이었다.

493) 청도의 김대유로부터 학문을 배웠다는 견해가 있음은 앞에서 살핀 바와 같다.

494) 앞의 『송호유집』, "石面詠淸詩 驚人 最奇 恤憐由客歲 敎誨自兒時 行止先三省 容儀復九思 逢場皆道昧 吾黨得賢師"

495) 앞의 『송호유집』, "情性發於詩 其人想見奇 工全談道夜 理明借籌時 放逐歌吟歎 貞忠寤寐思 能文兼武備 可御萬千師"

496) 또 예안의 琴蘭秀는 차운 시에 "부귀공명 초탈하여 산중에 있어도 나라 걱정하는 경륜은 한가히 지내지 않으리. 때때로 익힌 참된 공부는 모두가 성인의 글이니 세상을 널리 구제하게 될 것을 알고 있다오"라 하였고, 영천의 조덕기는 "그대 어찌하여 푸른 산에만 살려 하는가. 지금은 일신의 한가로움 얻기 어

으니 송호에서 하루도 한가한 날이 없네. 임천에서 산수의 낙을 즐긴다 하지 말게, 칼날 부딪히는 사이에서 말달리게 되리라."497)라 하였고, 울산의 장희춘은 "번화한 동국에서 홀로 산에서 사니 사람들은 한가하다 지만 그렇지 않네. 나라 위해 말달리는 것이 우리들이 할 일이니 질풍 사이 외로운 충정을 누가 알겠는가."498)라 하였고, 울산의 윤홍명은 "장대한 기개 때때로 산처럼 치솟고 나라 위한 충정은 흰 구름처럼 한가하지 않다네. 맑은 시내서 은둔하는 삶도 넉넉하지만 조만간 허리춤에 칼을 차야하리라."499)라고 하였고, 대구의 최동보는 "공암에서 칼을 갈고 또 학산으로 나아가니 송호 주인은 은자처럼 한가롭지 않구려. 아양곡 연주한 뒤 술단지 다 기울이고 장차 산과 바다 사이에서 만날 것을 기약하네."500)라고 하였다.

유정이 교류해온 문사들의 차운 시에서 유정이 심산유곡에 은거하면서도 주역과 병서를 포함한 학문을 닦고 다가올 전란을 대비하여 마음을 다지고 있음을 엿볼 수 있다. 또한 위의 송호정사의 방문객이나 교류인사들이 후일 임란을 맞아 유정과 함께 의병활동을 전개한 인물들이었다.

유정은 임진왜란이 발발하자 청송과 인접한 영일현 죽장의 古羅마을에서 창의기병 한다. 그는 난의 이틀 후인 4월 15일에 마을 사람들을 소

려운 때, 꽃이 핀「계사고기」는 천 번이나 읽었으니 나라에 바칠 묘책이 그 사이에 있으리라."라 하였고, 영일의 정삼고는 "또 훌륭한 조카 있어 태산처럼 의젓하니 글 이야기로 잠시도 한가할 틈 없으리, 임천 밖 산수에 빠졌다고 하지 말게나. 난리 사이에서 장차 忠義를 보게 되리라"라고 하였다. 위의 국역『송호유집』, 111~114쪽 참조.

497) 『송호유집』, "能承先訓遁青山 不暇松壑一日閒 莫道林泉仁智樂 驅馳可見劒塵間".
498) 『송호유집』, "繁華東國獨棲山 人說偸閒子不閒 爲國驅馳吾輩事 孤忠誰許疾風間"
499) 『송호유집』, "壯氣時時聳此山 丹忱不與白雲閒 考槃清澗紆籌策 劒袂應携早晏間"
500) 『송호유집』, "磨劍孔巖又鶴山 壑翁不是碩人閒 峨洋已奏傾樽盡 顏面將期嶺海間"

집하였는데 건실한 남자가 116명, 노약자가 107명이었고 여자는 건실한
자가 98명 노약자가 128명이었다. 즉시 박인국을 좌영장으로 삼아 남자
들을 통솔하게 하고, 심희령을 우영장으로 삼아 여자와 노약자들을 통
솔하게 하였다. 이 당시에는 그 때까지 준비한 곡식으로는 이들을 먹일
분량이 부족하였던 듯하다. 따라서 여자들은 채소를 가꾸게 하고 남자
들은 진을 치면서 전투 연습을 하도록 조치하기도 하였다.

　염색한 포백 30필로 즉시 군복을 만들고 군병들에게 홍주 10척을 주
어 커다란 旗를 만들고 '守義將'이라 썼다. 4월 17일에는 소를 잡고 술을
준비하여 군사들에게 음식을 베풀고 위로하는 잔치를 열었다. 이때 군
사의 수는 좌막이 76인, 우대는 73인이었다. 전쟁 전부터 무기를 만들어
왔던 대장장이 김은금, 탁일세, 양인대 등으로부터 새로 주조한 창과 검
을 인수 받아 각 병사들에게 한 자루씩 배분하였다.

　임진년 4월 19에는 좌영장 유백춘과 우영장 박인국으로 하여금 군사
를 점고하여 149인의 병력에다 도피했던 산졸 65인을 받아들여 도합
214명으로 행군을 시작하여 안강을 거쳐 경주의 동천에서 이여량의 부
대와 합진하였다. 이때 유정은 경주부윤 윤인함으로부터 領兵大將의 첩
지를 받았다.

　먼저 유정의 무기조달 상황을 보면, 위와 같이 마을의 대장장이들에
게 평소에 무기를 꾸준히 제조토록 해왔을 뿐만 아니라 "弓匠 김복이,
견대인, 원만기, 정재교에게 화살 5,800개를 만들게 하였다."[501]라고 한
점으로 보아 전투 중에도 수시로 병장기를 제조하여 군사들에게 보급한
것으로 생각된다. 그 외에 군복의 조달은 그해 11월 28일에 눈보라가 심
하여 사졸들의 凍死를 우려하여 아들 유영춘을 시켜 기병 30명을 거느리
고 미리 구입해 두었던 무명 90필과 솜 170근을 의병들이 주둔하던 불국

---

501) 앞의 『송호유집』 하 , 임진년 12월 27일조. "使弓匠金福伊 堅大仁 元萬紀 鄭
　　再僑 造箭五千八百個"

사의 군영으로 실어오게 하였고, 12월 초3일의 일기에서 '박인국에게 시켜 산 아래의 여자 38명을 불러와 군복을 만들게 하고 쌀 8석 5두를 바느질 한 여자들에게 나누어 주었다.'502)라고 적고 있음으로 보아 민간의 부녀들을 군복제조에 투입하고 그 대가를 치르고 있음이 보인다.

12월 14일에는 경주 외동 모화리의 봉서산에 있는 遠源寺로 의병진을 옮기고 그 이튿날 절 동쪽 골짜기에서 유격전을 전개하여 적을 크게 물리친 후 보군 선위덕과 이대림 그리고 승장 찬홍503)으로 하여금 경주부윤의 군영에 승전보를 보냈다. 이러한 사실로 보면 유정의 의병진에는 다수의 승려가 함께 의병활동을 전개하고 있었던 것으로 추정된다.

한편 유정의 군량미 조달 현황을 살펴보면, 그의『송호유집』임진년 6월 8일조 아들 유영춘의 보고 내용에,

　　전에 움막에 저장한 곡식 470곡은 대소미가 223곡 8두일 뿐입니다. 대룡포, 공암, 달현, 무룡령에서 월성의 陣에 이르기까지 군량을 운송한 것이 374두인데, 노약자에게 등에 지고 옮기게 하였더니 무거움을 감당하지 못하여 중도에 쓰러져 죽은 자가 18명이나 됩니다. 농사에 힘써야 할 계절에 때를 빼앗지 않는 것이 옳습니다. 저장한 400곡도 다시 도정한 뒤에 군사를 거느리는 것이 이치로 볼 때 만전을 기하는 방도입니다.504)

라고 한 것으로 보아 한창 적과의 전투가 치열한 임란 초기의 군량조달을 위해 울산의 동해바다의 각 진과 경주의 남천의 진지에까지 군량미를 운반하느라 농사철에 나이 많은 농부와 노약자를 동원하였다가 많

---

502) 앞의『송호유집』하, 임진년 12월 3일조.
503) 유정의 울산의병에도 신흥사, 원원사 등의 승병들의 수행처에서 상당수의 승병이 참여한 것으로 보이나 사료로 확인하지는 못하였다.
504) 앞의『송호유집』하, 임진년 6월 8일조. "前者窖穀四百七十斛 大小米二百二十三斛八斗而已 大龍浦孔巖達峴武龍嶺至 月城陣運粮三百七十四斗 而使老弱負運則 不勝重任 中路僵死者十八人 當務之節不奪時務可也 所儲四百復爲春正然後 領軍理所萬全云"; 앞의 국역『송호유집』, 195쪽.

은 사상자를 내기도 하였다.

이 무렵에 경주 판관 박의장을 비롯하여 경주와 울산의 관·의병의 연합병력 약 4,000여 명이 남천(문천)에 진을 치고 금오산의 동쪽과 서쪽의 등성이를 따라 일본군과 치열한 유격전을 벌였다. 이때 열읍의 의병장들은 금오산(남산)에 올라가 강력한 쇠뇌를 쏘고 혹은 돌을 던지며 적을 교란시킨 다음 고개마루에 매복해 있던 의병들을 일시에 출격시켜 적을 포위하고 집중 공격으로 대승을 거두었다. 조선군에게 쫓긴 적은 운문산 방면으로 도주하였다. 이 전투의 승리에 대하여 경주부윤 윤인함은 군사들에게 음식을 베풀고 마포 20필, 홍주 9필을 하사했으며, 울산의병 윤홍명, 이여량, 이응춘, 이눌, 유백춘 5의사에게 '龍驤大元帥'라는 칭호를 내렸다.

이후 유정은 의병부대를 죽장의 고라로 옮기고 조카 유백춘과 의사 박인국을 권농도감으로 삼아 한동안 농사를 짓도록 조치하였다. 또 11월 19일의 일기에서,

> 아들 영춘이 와서 보고하기를 "쌀 36석을 判官이 가져가는 바람에 겨우 보존하고 있는 8석만을 가지고 왔습니다. 길이 멀고 고개가 험하여 허약한 군졸로는 멀리서 운반하기가 매우 어렵고, 또 산골짜기에 숨어 있는 도적도 두려워 … 심원에 쌓아둔 207석은 군사들을 수일 머무르게 하고 보병 209명을 시켜 이곳으로 운반하게 하여 바위 움에 깊이 저장하고 암자의 스님에게 지키도록 분부하는 것이 좋겠습니다."라고 하였다.[505]

라는 기록에서, 의병들에게 먹여야 할 군량미를 경주판관 朴毅長에게 제공했음을 알 수 있다. 그뿐 아니라 유정이 이끄는 의병진이 울산을 떠나 수개월에 걸쳐 경주 일원에서 여러 곳으로 진지를 옮겨 다니며 상당한 전과를 올렸음에도 불구하고 그들의 전공이 관군에게 잠탈 당하기도

505) 위의 국역 『송호유집』, 205~206쪽.

하였다. 이것은 임란 초기의 관군과 의병간의 불화의 요인이 되기도 하였다.

임진년 9월 21일에는 경주 선도동 아래에 주둔하였는데, 그 달 26일 왜장이 적 수백 명을 거느리고 한밤중에 이동하는 것을 의병들이 고개 위에 잠복한 군사로 하여금 횃불을 일시에 붙이고 쌓아두었던 돌덩이를 아래로 향하여 던지며 기습 공격하여 적 34명을 죽이자, 경주판관인 영병장 박의장이 즉시 달려가 이를 거두었다. 관군인 박의장이 의병들의 야간 매복에서 거둔 전과를 자신의 것으로 취하였다는 것이다.

경주부윤 윤인함이 이에 대한 승리의 축하연을 베풀며 의병장들을 불러놓고 "어제 저녁에 올린 전과는 과연 의장들의 신묘한 전술에서 나온 것인데 어찌하여 판관에게 (그 공을) 양보하였소?"라고 하자, 박인국이 창을 밀쳐놓고 말하기를 "참수한 적의 수효를 행조에 보고하여 감히 군공을 탐하는 것은 우리 主將의 평소의 뜻이 아니라 여깁니다."[506]라고 하였으며, 이후에도 관군의 공적 잠탈과 의병활동을 방해하는 행위가 계속되자, 대장 유정은 휘하의 의병들의 사기 진작을 위하여 유백춘과 이여량을 시켜 경주부윤 윤인함에게 진언을 하였다.

"의병장들은 판관이 만류하는 바람에 남쪽에서 건너오는 적을 가서 막지 못했고, (판관을) 도와 전략을 짜서 (경주)성을 굳게 지켰습니다. 그런데 전자에 적을 참획한 것에 대하여 자신의 공으로 삼고 박인국과 심희대의 공으로 쳐주지 않았기 때문에 휘하의 의사들이 다시 힘을 다하여 싸울 마음이 없습니다. 본디 의병을 일으킨 것은 국난을 도와 나라를 구하기 위한 것이거늘, 충정을 가지고 겸양의 도리를 지키는 뜻이 과연 어디에 있는 것입니까? 내일 새벽에는 즉시 군사를 출동하여 南營[507]으로 돌아갈 것입니다."[508]

---

506) 위의 국역 『송호유집』, 201~202쪽.
507) 여기서의 남영은 유정의병군의 울산의 진지를 말하는 듯하다.
508) 앞의 국역 『송호유집』, 206쪽.

울산의병의 적극적인 활동으로 경상좌도에서의 일본군의 움직임은 다소 둔화된 듯하다. 울산 의병장들은 울산 지역으로 환군하여 일본군과 대치하면서 군사 활동을 이어간다.

9월 초순에는 이응춘, 이삼한, 윤홍명, 장희춘, 서인충, 이계수, 이우춘 등 7인의 의병장이 의병을 이끌고 계운포에서 적을 방어하였고, 9월 하순에는 윤홍명, 이응춘, 장희춘, 서인충, 김흡 등 5인의 의병장이 군사를 이끌고 태화강 방면에서 접근하는 일본군을 방어하였다.

한편, 이 시기에 밀양 출신의 전만호 金太虛가 순찰사와 좌병사에 의하여 울산 가군수로 임명되어 울산 지역의 방어에 나섰다. 유정의 휘하 울산 의병은 김태허의 군사와도 연합활동을 펼쳤다. 이 때 군수 김태허는 휘하의 관군과 의병장 전응춘, 박홍춘, 서인충 등이 이끄는 의병들과 합세하여 적군을 막아냈다. 육지에서는 일본군 50여급을 참수하고 바다에서는 40여급을 참수하고 적 함선 2척을 나포하였다. 이 전투에서의 전공으로 김태허는 조정으로부터 울산 실군수로 임명되었다. 11월경에는 울산 주변의 동천강, 연포, 태화강, 개운포, 무룡산, 서생포 등지의 일본군을 격퇴하거나 방어하는데 울산 의병들의 활동이 이어졌다. 12월경에는 울산지역 연합의병 3천여 명이 울산의 문수산에서 포진하며 월동기를 보냈다. 이듬해인 계사년 1월 15일에는 연합 의병들이 다시 부대를 나누어 각기 200여 명씩 인솔하여 각자의 방어지로 진을 옮겨갔다. 그 외에 경주 의병장들과 많은 활동을 하던 윤홍명과 이응춘은 2월 6일에 태화강에 매복해 있다가 상륙하는 일본군을 격퇴하고, 달아나던 적을 백련암까지 추격하여 상당한 전과를 올리기도 하였다.[509] 울산 의병의 활동은 이후 일본군 주력부대가 동남해안 지역으로 대거 남하한 1594년 4월까지 이어졌다. 유정은 정유재란기인 1597년 9월 대구의 팔공산 전투에서 전사하였으며 선무원종공신 3등에 책록되었다. 유정의 임

---

509) 앞의 『송호유집』하, 계사년 2월 6일조.

란 초기 의병활동을 요약하면 아래와 같다.

1592년 4월 14일: 한밤중에 조카 유백춘이 왜구의 침입을 알려왔다.

4월 15일: 청송접경 고라별장에서 마을 사람들을 소집하였다.

4월 19일: 동틀 무렵 의병의 깃발을 내걸었다. 좌영장 유백춘, 우
영장 박인국 등 149인의 군사로 경주를 향하여 출발하
였다. 안강을 거쳐 경주부 내 東川에 이르러 이여량의
부대와 진을 합하였다. 경주 부윤 윤인함으로부터 領
兵大將의 첩지를 받았다.

4월 20일: 울산 무룡산으로 의병 진지를 옮겼다. 이날 밤 바닷가
에서 천지신명의 힘을 빌어 왜적을 물리치기 위해 세
곳에서 海神祭를 지내기로 하였다. 서인충과 장희춘은
개운포로 가고, 이응춘, 이여량, 이눌은 대왕암으로 가
고, 유정, 유백춘, 윤홍명은 대룡암(처용암)에 가서 致
祭하였다.

4월 23일: 한밤중에 적선 50여 척이 바다에 나타나 포구에 정박
할 무렵에 갑자기 달빛이 어두워지더니 검은 구름 한
줄기가 동쪽에서 뜨고 세찬 바람이 갑자기 동쪽에서
불어와 격렬한 파도를 일으켜 마치 우레가 치는듯한
물결이 왜선 30척을 부숴버렸다. 그 나머지는 蓮浦로
물러가 정박하였다. 선봉장 沈喜大, 朴仁國에게 일시
에 白鶴嶺에 잠복하였다가 공격을 개시하게 하였다.
윤홍명은 23급을 사살하였고, 유백춘은 2급을 발로 차
서 죽였고, 유정은 19급을 목 베었고, 박인국은 10여
급을 찔러죽였고, 심희대는 7급을 생포하였다. 그 나머
지 물에 빠져 죽은 자가 거의 100여 급에 이르렀다.

5월 2일: (울산)孔巖으로 진지를 옮겼다. 능해장 이응춘, 천사장
이눌, 격용장 이여량이 대왕암에 올린 제문을 보았다.

5. 金太虛의 의병활동

김태허(1555~1620)는 자가 여실, 호는 박연정, 본관은 광주이다. 그는 밀양부 귀명동에서 태어났으며, 선조 13년(1580) 무과 별시에 급제하여 1582년에 옥포 만호가 되었다. 1590년 임기를 마치고 일시 散官으로 고향에 있으면서 임진왜란을 맞았다. 그는 임란 직후에는 밀양과 울산지역을 중심으로 의병활동을 펼치다가 후에는 관군의 지휘관으로서 의병과 함께 연합활동을 펼쳐 큰 공적을 남겼다.

그는 임란 직후 고향인 밀양에서 창의 활동을 한 것으로 생각된다. 구체적인 의병활동의 자취가 사료에 쉽게 보이지 않고 있으나 그와 함께 의병활동을 한 김태허의 종질 金守訒이 기록한 『九峯集』의 「난중잡록」에 의하면, 밀양에서 울산지역으로 옮겨 의병활동을 한 흔적이 나타나 있다. 밀양이 함락될 당시 밀양지역에서 활동한 인사들로는 박수, 김유부 등이 작원관 전투에 참여하였는데, 밀양인 박수는 유백춘(울산·경주의 의병장 유정의 조카) 등과 의병을 조직하여 좌병사 박진의 휘하에서 활약하였으며, 그 뒤 울산의 동천에서 태화강을 따라 올라오는 적선을 막았다. 밀양인 김유부도 정병 300명을 이끌고 양산의 황산역으로 출전하여 산 속에서 매복 작전으로 적을 방어하였다.

작원관 전투에서 패전한 밀양부사 박진이 밀양성을 탈출하여 남은 병력을 이끌고 주둔한 곳은 밀양의 석골사였는데, 이 때 많은 밀양지역의 피난민들이 웅거하였다. 한편, 석골사 아래의 석동에서는 밀양의 재지사족들이 중심이 된 의병의 창기가 있었다. 이 때 주도자는 손기양, 이경홍, 이경승, 김선홍 등이었다.

이들은 청도 운문산에 일본군이 침입하자 청도 의병장 朴慶傳(號 悌友堂)과 함께 射手로 조직된 의병들을 매복시켜 일본군을 격퇴하였다.[510] 한편 魚有龜는 임란 초기의 밀양 지역의 창의를 주도한 사족으로

손기양, 박수춘, 안국보, 조이복, 박종민, 손찬선, 김태허 등으로 서술하
고 있다. 김태허에 관한 기록인 「양무공 유사」에는 임란 초기에 김태허
가 대구 팔공산에서 창의한 것으로 적고 있으나 이는 착오인 듯하다. 김
태허는 울산군수 재임 중인 1596년에 대구의 팔공산 회맹에 참여한 것
으로 보는 것이 옳을 것으로 판단된다.

　임란 초기의 밀양지역의 의병항쟁에 대해서는 『어초와 양세삼강록』
에 나타나고 있다. 김태허는 작원관에서 패전한 밀양부사 박진과 의병
및 피난민들이 밀양 얼음골 부근의 石骨寺 아래의 石洞에 웅거하고 있
으면서 의병활동에 나선 것으로 추정된다.[511] 이 때 밀양성에서 탈출한
부사 박진이 김유부와 김태허에게 경주와 울산 진영의 의병에 합세하여
활동하도록 한 것으로 보여진다. 처음 일본군이 양산 내포로부터 의령
을 넘어 밀양으로 침입하자 밀양 의병은 팔풍 계곡으로부터 일본군을
추격하여 효평지역에서 승리한 사실이 있었다. 이때 김유부는 정예병
300명을 이끌고 황산역 일대의 산 속에서 매복 작전으로 적과 전투하였
고, 김태허는 동래·기장·양산 쪽으로 나아가 일본군과 싸운 것으로 추
정된다.[512]

　한편 김태허의 문집인 『양무공실기』에는 김태허의 遺作 詩 '公山會盟
日與諸義士公賦'를 인용하여 임란 직후의 팔공산 회맹에 참여하면서 의

---

510) 양무공 김태허장군 기념 학술대회 편, 김광식, 2018, 『임진왜란기 양무공 김태
　　허장군의 활동과 의미』, 5~6쪽.

511) 위 김강식의 논문 5~6쪽 참조. 현재의 석골사 쪽으로 호거산(운문산)을 오르면
　　우측에 '손가 굴'이 있고 좌측 산 중간허리에 '형제굴'이 있다. 이 굴들은 매우
　　가파른 벼랑 중턱에 위치하고 있었으므로 적의 수색을 피할 수 있었고 십여
　　명이 피난할 수 있을 만큼의 공간이 있었다. 임란 초기 밀양의 사족으로 의병
　　활동을 전개한 손기양과 이경승은 가족들을 이 굴속에 피난시키고 산 아래쪽
　　의 석동촌에서 창의 기병한 것으로 추정된다.

512) 최효식은 『임진왜란기 영남 의병연구』에서 김태허를 손기양, 손응삼, 현인 등
　　과 함께 밀양 의병장으로 파악하고 있다. 『어초와양세삼강록』 권1, 부록 '제공
　　찬술' 참조.

병활동에 나아간 것으로 기술되어 있으나 이는 오류라고 판단된다.[513]
팔공산회맹은 임란 직후가 아니라 임란 4년 후의 결진 모임이었기 때문
이다. 임란 중의 팔공산 회맹은 2차례 있었는데 1차는 1596년 3월 3일,
2차는 1596년 9월 28일에 있었다.[514] 밀양 출신인 김태허와 손기양은 위
회맹 중 1차와 2차 팔공산 회맹에 모두 참석한 것으로 나타난다.[515] 위
김태허 유시를 보면 첫 연에서 '동남으로 떠돌면서 칼 먼지에 울었네.
피를 토하며 몇 번이나 강상의 오랑캐를 꾸짖었던고'[516]라고 한 점으로
보아 김태허는 팔공산 회맹 당시 이미 많은 전투를 치르면서 일본군을
맞아 싸운 사실이 엿보인다. 그러므로 김태허가 임란직후에 팔공산에서
의병활동을 하였다고 하는 것은 신중한 검토가 요구된다 하겠다.

　오히려 손기양의 기록에서 나타나듯이 김태허는 임란초기 석골사 또
는 청도의 호거산[517]에서 의병활동을 시작한 것으로 보는 것이 타당한
것으로 생각된다.[518] 임진년 4월에 손기양은 왜구를 피하여 양친을 모
시고 호거산으로 피난했으며, 호거산 아래의 석동촌에서 창의하고 진을

---

513) 김수인, 『구봉집』 권2, 「잡저」, 〈난중잡록〉 참조.
514) 최효식은 정유재란 중인 1597년 9월 22일에 3차 공산회맹이 있었던 것으로 보
　　 았다.
515) 손기양, 『오한집』 권4, 「잡저」, 〈공산지〉
516) 김태허, 『양무공실기』 〈公山會盟日與諸義士公賦〉 "吾儕今日間何辰 漂迫東
　　 南泣劍塵 嘔血幾嗔江上虜 … …"
517) 오늘날은 청도와 밀양이 경상북도와 경상남도로 분리되어 있으므로 운문산이
　　 경상남도와 경상북도의 경계를 이루고 있으나 임란 당시에는 운문산과 호거
　　 산이 하나의 산으로서 밀양 쪽의 석골사에서 산을 올라 억산 이래의 팔풍재를
　　 넘으면 우측으로 청도의 운문사로 내려가는 길과 좌측의 대비사 가는 길로 이
　　 어져 있었다. 임란 당시 청도 의병장 박경전은 팔풍재 너머 대비사 쪽의 운문
　　 산 자락에 진을 치고 일본군과 접전을 하였는데, 밀양의 손기양은 이때 청도
　　 의 의병장 박경전 등과 연합하여 운문산을 넘나들며 의병활동을 한 것으로 생
　　 각된다. 또한 울산의병들도 적의 세가 치열하여 진을 운문산으로 옮겨 둔진하
　　 기도 하였다.
518) 손기양, 『오한집』 권4, 「연보」

친 것으로 기록되어 있다. 이때 김태허도 당시 밀양부사 박진의 요청으로 일단 밀양에서 왜적을 맞아 싸우다가 울산 방면으로 나아가 의병을 모집하여 울산 의병진의 일원으로 활동한 것으로 보는 것이 타당할 것이다.[519] 또한 임란직후 김태허의 거취에 대하여는 그의 종질 김수인의 『구봉집』을 통해서도 밀양에서 울산으로 옮겨간 과정을 추정해 볼 수 있겠는데,

　　본 부의 부사 朴晉이 왜적을 감당하기 어려워지자 밀양부에서 명망이 있던 종숙부(김태허)를 불러내어 함께 적을 맞아 싸웠는데 그 병세가 약하여 감당할 수 없게 되자 종숙부로 하여금 적진에 나아가게 했다. 그리하여 박진은 포위망을 뚫고 도주하게 되었는데 이러한 성과는 모두 종숙부의 도움 덕이었다. … 이후 종숙부는 울산으로 옮겨 의병을 모집하여 다수의 적을 참획하였다. 또 왜장 沙也可가 가장 먼저 투항해왔으며 경주와 울산 지역을 보전케 하였는데 숙부의 공이 가장 많았다.[520]

라는 기록이 신빙성이 있는 것으로 판단된다. 위와 같은 사실들을 종합해볼 때, 김태허는 임란 이전에 옥포 만호의 직책에서 임기 만료로 고향에 돌아와 散官으로 지내던 중 임란이 발발하였고 밀양부사 박진이 작원관 전투에서 패배하여 도주하면서 밀양 출신으로 전직 무관이었던 김태허에게 밀양의 방어를 맡긴 것으로 보는 것이 타당할 것이다. 박진은 김태허에게 밀양에서 울산 방면으로 공격해오는 일본군을 막도록 지시하였고, 김태허는 밀양의 피난민들이 모여 있던 석골사와 운문산 등지로 나아가 활동하던 중 울산으로 진을 옮겨 울산 의병들과 연합하게

---

519) 김강식, 『임진왜란기 양무공 김태허장군의 활동과 의미』, 양무공 김태허장군 기념학술대회, 5~6쪽.

520) 김수인, 『구봉집』, 권2, 「잡저」, 〈난중잡록〉 참조 "本宰朴晉 爲敵所懾 計不知所出 以府人望 請從叔父出來 相與拒敵 兵勢甚弱 不能抵住 使從叔父衝開敵陣 晉因突圍而走 晉之前後成就 皆叔父之力也 … 叔父卽日 遂移赴蔚山 募集義旅 斬獲甚多 倭將沙也可 首先來降 使蔚慶之間 得以保全者 叔父之攻爲多"

된 것으로 보아야 할 것이다.[521]

김태허의 초기 의병활동의 과정에서 박진에게 투항해온 향화왜장 사야가(김충선)와 김태허가 연합활동을 펼친 것으로 보인다. 사야가는 그의 『모하당문집』에 따르면 임란직후 조선군과의 전투를 치르지 않고 바로 귀순하였다고 했는데, 경상도병마사에게 보낸 투항 문서를 '講和書'라 하였으며 박진에게 투항의사를 전해온 것으로 되어 있다. 이때 박진은 사실상 경상좌도의 황산전투와 작원관 전투에서 모두 패하여 일본군의 장수를 받아들여 지휘할 입장이 되지 못하였다. 따라서 박진의 명으로 밀양에서 의병활동을 펼치고 있던 김태허가 사야가 부대를 받아들여 사야가와 연합하여 활동을 펼쳤을 개연성이 높아 보인다.

김수인의 「난중잡록」은 이 당시의 상황을 적고 있는데,

> 본 고을의 원 박진이 적에게 위축되어 나갈 바를 알지 못하였다. 고을 사람들의 희망으로 종숙부(김태허)를 청하여 나오도록 해서 함께 적을 막았지만, 병사의 세력이 적들을 감당할 수 없을 정도로 매우 약하여 저항할 수조차 없었다. 박진은 종숙부에게 적진과 마주하여 싸우도록 하여 길을 터이게 한 후에 적군의 포위망을 뚫고 달아났다. 박진이 거둔 전란 후의 성공은 모두 종숙부의 힘이었다. 종숙부가 이 사실로 인해 이름이 알려지니, 인근 고을 수령들이 시기하고 의심하였다. 그래서 혼자서 감당하기 어려울까 두려워한 나머지 나(김수인)에게 글을 보내어서 나를 陣中으로 불러 지금 어찌하면 좋을지 물었다. 내가 생각하건대, '선대에서부터 대대로 국가의 큰 은택을 받고도 작은 보답도 하지 못했는데 이런 흉악한 적으로부터 변고를 당하였으니 신민된 자로서 어찌 살아서 구차스럽게 안전하게 지낼 계획을 하겠는가' 라고 여긴 나머지 종숙부께 눈물을 흘리며 대답하기를, "지금 흉악한 적이 독을 펴서 나랏일이 이에 이르렀습니다. 오늘의 일은 다만 나라를 위하여 충성을 다하며 한 마음으로 나가 싸워서 죽음이 있을 뿐입니다."라고 하였다. 종숙부가 그 날로 울산으로 이동하여 의병을 소집하여 적을 베고 사로잡은 적이 매우 많았다. 倭將 沙也可가 제일 먼저 와서

---

521) 김강식, 앞의 논문, 5~6쪽.

항복하였다. 울산과 경주 사이를 보전할 수 있게 된 것은 종숙부의 공이 실로 많았다.[522]

라고 한데서, 김태허는 임란직후 밀양일원에서 적과의 전투를 하면서 그의 종질 김수인을 의병진에 합류시켜 함께 활동하였는데 이때 김수인은 김태허의 의병진에서 실시할 6개조의 전술계책을 제시하기도 하였다.[523] 김수인이 제시한 '軍宜六條'는 첫째, 사기를 높인다. 둘째, 군율을 정하여 밝힌다. 셋째, 양식을 조달하고 미리 준비하되 군량을 군인의 생명으로 삼는다. 넷째, 器械를 정밀하게 하되 화포와 궁시는 특히 많이 만들어 둔다. 다섯째, 험한 요해지를 웅거하여 지켜낸다. 여섯째, 오직 야간공격에 힘써서 아군의 많고 적음과 허와 실을 적이 알지 못하게 한다는 등이었다. 즉 김태허의 의병진에서 적용할 군사책략인 군의 사기 진작책, 군율, 군량, 병기, 요해지, 공격방법 등이며 주요 산성 등 요해지역의 방어나 야간 유격전의 공격작전이 포함되어 있는 것이어서 주목된다.[524] 당시 밀양부사 박진이 밀양지역을 사수하지 못하고 일본군에게 쫓기면서 고향 밀양에 있던 김태허를 불러내어 지원요청을 하였고 김태허로 하여금 적의 포위망을 뚫고 자신의 도주로를 열게 하여 일단 밀양지역을 빠져나갔음을 알 수 있다.

밀양에서 퇴각한 후 박진은 경상좌도를 전전하며 흩어진 산졸들을 수습하여 경상감사 김수를 수행하며 근왕군으로 일시 활약하다가 경기도에서 패배한 이후로 다시 경상좌도 지역으로 돌아와서 안동 등지에서 좌도 안집사 김륵, 영해부사 한효순 등과 함께 군사 활동을 계속한 것으로 보인다.

김태허는 임란 직후 밀양에서 박진의 빈자리를 메우며 의병활동을

---

522) 김수인, 『구봉선생문집』 권2, 「난중잡록」 참조.
523) 김수인, 『구봉선생문집』 권2, 「난중잡록」 참조.
524) 김강식, 앞의 논문 9쪽 참조.

계속하다가 1592년 9월 경상좌병사 박진 등의 추천에 의하여 울산 가군
수로 임명받았다. 이러한 가군수 임명의 배경에는 난의 초기 함락된 밀
양부에서 부사 박진의 군사 활동을 도와주었고 의병활동을 지속한 사실
이 인정되었기 때문일 것이다. 즉 김태허가 인근의 동해 지역인 울산 등
의 의병들과 연합하여 일본군을 상대로 끊임없이 전투를 계속 해온 전
공을 인정받은 것으로 추정된다. 또한 이 무렵 김태허는 울산의병들의
도움 외에도 향화왜장 김충선의 도움으로 울산에서 경주에 이르는 동남
해안 지역의 일본 수군의 진격을 크게 방어할 수 있었다. 김충선의 『모
하당문집』에서도 이를 확인할 수 있다.[525] 김충선의 문집에서 본 바와
같이 이 시기에 김태허는 이미 김충선의 부대와 여러 차례 연합전선을
구축하고 여러 번 적을 물리친 것으로 짐작된다. 김충선의 답신에서 '받
아 본 서신의 글자마다 눈물이 어린다'는 표현으로 보아 김충선과 김태
허가 이 무렵 울산과 경주 사이를 방어하며 일본군과 매우 치열한 전투
를 벌였음을 알 수 있다. 그리하여 이전처럼 김충선의 군사가 김태허의
군사를 지원하여 연합으로 적을 물리칠 것을 제안받았으나 김충선이 일
시적 사정상 군사지원이 어렵다는 정황을 전달하였다.

김태허는 무과 출신의 전직 무장으로서 성품이 질박하고 도량이 넓
어 울산·경주 의병들과의 연합활동에 있어서도 부하들에게 전공을 양
보함으로써 사기를 북돋워 전투 역량을 높여나갔다. 그 결과 많은 전공
을 쌓았고 1592년 10월경 울산 실군수로 승차하게 되었다. 그는 무관임
에도 불구하고 학문적 소양도 풍부하였던 것 같다. 그의 팔공산 회맹시
에서 나타나듯이 전쟁터에서의 용맹분투할 것을 강조하면서도 한편의
曾傳(大學)을 외우는 독특한 인물이었다. 이러한 연유로 김태허는 국왕
선조로부터 대학을 하사 받기도 하였는데 이는 무관으로서는 전례가 없

---

525) 김충선, 『모하당문집』 권1, 書, 答蔚山郡守 金公太虛書, "敬拜來書 謹審 臨陣
起居萬衛 伏爲之至 敎意 字字涕淚 敢不唯命而忘衷 第掃賊 難於指日而誓 只
自撫劍揮涕而已"

는 일이었다. 김태허가 대학을 마음속 좌우명으로 새긴 것은 대학의 요체인 삼강령 팔조목을 몸소 수행함으로써 수기치인의 도리를 다하고 국가 안위에 헌신하겠다는 의지로 보인다. 이러한 군인으로서의 김태허는 국왕 선조 및 유성룡으로부터도 높이 평가받고 있었다.[526]

임란 중 김태허의 활동은 임란 직후의 의병활동과 임진년 9월 울산 가군수로 임명된 이후의 관군으로서의 활동으로 나누어 볼 수 있겠다. 김태허가 울산 가군수로 임명되기 전의 의병활동은 사료를 통하여 명확히 규명하기는 어려우나 앞에서 살핀 바와 같이 김수인의 『구봉집』의 기록을 검토해보면, 밀양 함락 이후 밀양의 석동에서 의병활동을 하다가 울산으로 넘어가 울산의병과 함께 본격적인 군사활동에 나선 것으로 보는 것이 타당할 것이다. 순찰사 김수와 좌병사 박진이 김태허를 가군수로 임명하면서 흩어졌던 관군들을 수습하고 의병 봉기를 독려하였던 점에서 이를 추측해 볼 수 있다. 가군수를 맡은 이후 울산지역의 방어에 나선 김태허는 기존에 함께 활동했던 울산의병과 수습한 관군을 연합하여 전투를 지속적으로 이어나갔다.

김태허는 울산 출신의 전 현감 박홍춘을 서면장으로 지명하여 부산과 동래에서 올라오는 적을 방어하게 하였고, 전 봉사 전응충을 남면장으로 삼아 양산과 기장지역의 적을 맡게 하였다. 그리고 서인충을 주사장으로 삼아 동해안의 수로를 방어하게 하고 파괴된 선박과 무기를 수선하도록 하여 서남쪽에서 들어오는 적을 맡게 하였다.

그는 기존의 울산의병의 구성원이었던 박봉수, 서인충, 서몽호, 박홍춘, 김응춘, 이응춘, 박진남 등과 합세하여 적을 막아내었다. 임진년 10월 적선 6척이 기장에서 울산군으로 공격해오고, 일본군 300명이 아이포 방면에서 울산 쪽으로 쳐들어왔다. 이에 김태허가 지휘하는 관군과

---

526) 『선조실록』59, 선조 28년 1월 24일 정유조;『선조실록』권99, 선조 31년 4월 29일 계미조: 成龍曰: 金太虛, 亦可用武弁也 上曰: "此人久在南方 賊亦知其名 不可用於他道 然其年幾何" 李恒福曰: "年可五十餘也"

서면장 박홍춘, 남면장 전응충, 주사장 서인충과 연합하여 치열한 전투 끝에 육지에서는 일본군 50여 급을 참수하고 바다에서는 40여 급을 베고, 이를 막아내는 한편 적선 2척을 빼앗기도 하였다.

김태허의 본격적인 군사 활동은 울산 지역으로 활동의 근거지를 옮긴 이후부터라고 볼 수 있다. 임진년 9월 관군과 의병의 연합작전으로 경주성을 탈환하였고, 이러한 여세를 몰아 울산 지역도 적의 점령 하에서 일시 회복되었다. 군수인 김태허는 휘하의 병력 300명을 직접 지휘하는 한편 경주·울산연합의병을 지원하였다. 이렇게 함으로써 울산의병은 김태허의 지원과 지휘 하에 일체성을 갖게 되었다. 따라서 이 시기 이후 울산지역의 군사조직은 전체적으로 관군인 김태허와 연합체제를 갖춘 준관군적 성격을 띠게 되었고, 보다 효율적인 전투를 할 수 있었다. 김태허의 활동에 대하여 국왕 선조와 비변사의 평가를 실록에서,

> 비변사가 아뢰기를, "경상도는 1년이 넘도록 적에게 함락되어 수없이 싸운데다가 기근과 전염병까지 겹쳐 大小 전사들의 사기가 이미 꺾였으며 대적이 둔취하여 있어 누구 하나 달려들어 싸울 자가 없습니다. 저들이 한번 바다를 건너가 버리면 통분해 할 뿐 미칠 수가 없을 것이니, 포악한 무리들을 제거하여 치욕을 갚는 것이 이 한 번의 거사에 달려 있습니다. 박의장과 김태허는 적은 군대로 이처럼 큰 승리를 거두어 여러 軍의 모범이 되었으니 각별히 포상하소서. 또 앞으로 공을 세우는 것을 보아서 장려하는 상을 크게 내리겠다는 뜻으로 감사에게 하서하소서. 지금 선전관이 내려가는 편에 부쳐 보내어 전군을 용동시키게 하소서."하니, 답하기를 "박의장은 당상관으로 승진시키고 앞으로 또 다시 공을 세우면 크게 승진시키는 상을 내리겠다는 뜻으로 효유하라. 김태허는 특별히 당상관으로 승진시켜 가자하라." 하였다.[527]

라고 한 것으로 보아 김태허가 어려운 전투 여건 하에서도 고군분투

---

527) 『선조실록』, 선조 26년 5월 23일조.

한데 대하여 그 공로를 높이 사고 있음을 알 수 있다.

　강화교섭기에는 울산 지역은 전선의 최전방이었다. 일본군은 부산, 양산지역의 주둔군을 보호하기 위하여 울산을 북방 한계선으로 설정하고 하삼도 분점의 야욕을 버리지 않은 채 끊임없이 울산을 공격하였고, 명과의 강화회담의 장소로 울산이 활용되기도 하였다. 일본군은 1593년 5월부터 울산 남쪽에 서생포왜성을 축조하고 다시 울산을 공격 목표로 삼음으로써 김태허를 비롯한 울산의 관군과 의병은 경주로 군진을 이동하여 일본군과 대치하게 되었다. 1593년 봄 울산 태화강 전투에서 경주와 울산 지역 의병장 이우춘, 유백춘, 박인국 등이 크게 승리하였고, 향화왜장 김충선은 감포 이견대 전투에서 승전하였다. 이 전투의 승전에는 김태허를 중심으로 한 경주-울산지역의 의병연합군의 활동이 크게 기여한 사실을 확인할 수 있다.

　1593년 4월 김태허는 남하한 일본군으로 인하여 전략상 군대를 경주로 옮기고 서인충을 주사장으로 임명하여 동남해 연안으로 침입하는 왜적과 전투를 벌였는데, 경주 감포의 이견대 앞바다와 봉길리 바닷가, 장기의 소봉대 아래에서 연이어 격전을 펼쳐 적의 무기를 빼앗고 적의 수급 200여 급을 베는 큰 전과를 올렸다. 이 전투의 성과는 울산-경주 연합의병과 가군수 김태허에게 조선군의 사기를 크게 높이고 자신감을 갖게 하는 계기가 되었다고 할 것이다. 김태허는 관군 지휘관으로서의 길을 걸으면서도 울산 및 경주의병과의 협력관계를 유지함으로써 전투력을 증강시켰고 강화회담기에는 일본군을 상대로 정보탐색 활동을 벌이기도 하였다. 요컨대 김태허는 임란 직후에는 밀양에서 울산에 걸쳐 의병활동을 전개하여 그 군공에 의하여 울산군수에 임명되었으며, 일본군이 동남지역에 웅거하는 동안 울산지역을 보전하는데 힘썼고 정유재란기에는 울산성 전투에 참전하여 일본군을 퇴각시키는데 기여하였다. 이후 그는 관군으로서 오위도총관까지 오르고 선무원종 1등 공신에 책록

되었다. 김태허를 포함한 울산지역 의병들의 공신 책록 상황은 다음 표
와 같다.

〈표 13〉 울산 선무원종공신표528)

등급	의병장	인원	비고
1등	김태허, 박홍춘, 전응충, 서인충, 박응탁, 박봉수, 박봉서, 장오석, 김 범, 박인립, 이 섬, 김정서, 선극례, 이충립, 이은량, 정공청, 최 환, 김 석, 강기경, 문 학, 이인수, 이춘우, 박기남	31	※ 추가 확인된 자: 김윤복, 김준민, 이눌, 이봉수, 황희안, 김기, 김덕보, 박춘석 ※ 추가 확인된 자 중 일부는 경주와 울산에 걸쳐 활동함.
2등	고은관, 권 순, 김난서, 김대성, 김덕룡, 김복수, 김분소, 김봉수, 김수령, 김순경, 김수리, 김언복, 김언옥, 김윤룡, 김응생, 김 실, 김응진, 김응택, 김응하, 김한석, 나응수, 박이손, 박이장, 박인복, 박응춘, 박진남, 박진원, 박춘기, 박춘복, 백근솜, 서몽룡, 성대명, 신명억, 안신갑, 양 부, 윤 현, 이경연, 임막산, 전영방, 전 근, 정공작, 정호생, 정광윤, 정언충, 조종남, 차응수, 최언복, 최 정, 최진립, 최 홍, 최홍검, 황민중	52	이우춘은 각각 청안인과 학성인으로 동명 이인임.
3등	견 림, 견천지, 고덕곤, 고처겸, 김금복, 김득례, 김막실, 김반수, 김산수, 김수운, 김언서, 김언원, 김응량, 김여경, 김 윤, 김응룡, 김응방, 김응복, 김응택, 김정련, 김중원, 김춘복, 김 학, 김 흡, 김 흡, 김 흡, 김 혼, 김홍립, 김 희, 노응성, 류득춘, 류문수, 류운하, 류 정, 민복룡, 박경열, 박계종, 박대수, 박 수, 박수복, 박 손, 박언복, 박영록, 박영준, 박응량, 박연경, 박춘영, 박춘무, 박희일, 배인남, 배인지, 백용호, 신광윤, 신 전, 심 관, 오 탁, 오응걸, 윤종선, 이경남, 이만수, 이석숭, 이승춘, 이수의, 이수인, 이영백, 이희백, 이안국, 이응남, 이응원, 이응진, 이응춘, 이삼한, 이승금, 이인상, 이종길, 이 학, 이한남, 이 충, 임 련, 장원기, 장원국, 전몽정, 전복명, 정소실산, 정인서, 조윤복, 지 수, 지수환, 천복, 최구지, 최억명, 최준립, 허사남, 황희정, 홍억제	95	김흡은 각각 김녕인, 남원인, 김해인으로 동명이인임.

6. 경상좌도 의병운동과 降倭의 활동

1) 임란기 항왜의 역할

降倭라 함은 조선에 투항한 일본인을 말한다. 조선 개국 이래 귀화한 일본인은 임란 이전에도 있었다. 그러나 여기서는 임진왜란 중에 투항한 항왜를 중심으로 살펴보기로 한다. 임란 중의 항왜는 최초 경상좌병사 박진에게 투항한 가토오 기요마사의 선봉장 沙也可가 그의 휘하의 병사를 이끌고 투항한 것이 주목된다.

항왜 사야가는 경상도 일원에서 조선의 관군과 의병에게 일본의 조총과 군사기술, 분군법 등을 전수함으로써 조선군의 전력 강화에 기여한 바 있었기에 경상좌도 의병사에서 다룰 필요가 있다고 생각된다. 사야가는 조선에 상륙한 이래 조선군과 전투를 하지도 않고 자진 투항하여 난의 초기 연전연패하던 조선군에게 일본의 무기체계와 전술을 전수함으로써 경상좌도의 군사력 회복에 상당한 기여를 한 것으로 여겨진다. 이러한 사실은 사야가가 남긴『모하당문집』을 통해 확인할 수 있다.

통상 임란 중의 항왜는 일본군의 평양성 패배 이후 보급선의 단절에 따른 기아와 수자리 임무에 시달리면서 탈출병이 증가하는 시기에 많이 발생했다. 또 조명연합군에 쫓겨 내려온 일본군이 조선의 동남부에 성을 쌓고 웅거할 당시 성 쌓기 작업의 고된 노역을 피하기 위해 많은 투항자가 나왔다. 이들의 투항 배경에는 조선 조정의 항왜 유인책도 상당 작용하였다. 국왕 선조 또한 항왜의 필요성을 느끼고 적극적으로 항왜를 유치하도록 조치하고 항왜를 유인해온 사람에게 상을 내리기도 하였다.529)

한편으로는 항왜의 적극적인 유인정책에 대하여 반대의 의견도 만만치 않았다. 투항한 항왜가 다시 탈출하였을 경우 서해안을 중심으로 조

---

528)『선무원종공신록권』을 참조하여 도표화하였다.
529)『선조실록』권50, 선조 27년 4월 을축조.

선의 군사시설과 조선의 국방경비 상황이 적국에 알려질 것을 우려하였다. 특히 李元翼은 '한번 배반한 항왜가 또 다시 조선을 배반하여 우리의 기밀을 일본군에게 전파할 우려'가 있음을 건의하였다. 항왜의 정책을 두고도 조선 조정에서는 찬반양론이 갈렸다. 그러나 임란 초기 연전연패하던 상황에서 일본군의 무기의 우수성과 전술의 특이점을 파악한 조정에서는 시급한 현안으로 당장 우리나라에 없는 조총 등 일본군의 무기체계와 그들의 군사전술을 알아내야 할 필요성이 절실하였으므로 항왜 유인책은 계속 유지되었다.

조선 조정의 항왜 유치의 가장 큰 목적은 일본군의 군사전술 및 정보탐색, 항왜가 가진 조총 등 화기의 제조 및 그 사용방법을 전습시키려는 정책적 목적이 작용한 결과라고 할 수 있겠다. 임란 발발 초기부터 약 1~2년간 항왜의 역할은 주로 조총 제조술 및 군사기술의 전습에 활용되었고, 일본군이 남쪽으로 내려온 시점인 1594년 6월 전후부터는 한산도의 함대본부에 소속시켜 格軍(노젓는 병사)으로 활용하거나 여진족의 발흥을 저지하기 위한 변방의 수비, 그리고 조선 내란의 진압에 이용되기도 하였다.530) 그리고 강화교섭기와 정유재란기에는 일본군의 정보탐색 및 일본군과의 전투에 투입되기도 하였다.531)

항왜의 부류에는 사야가와 같이 조선에 상륙한 직후 전투 없이 바로 투항한 경우와 전투 도중 굶주림과 일본군의 혹독한 처우를 견디지 못하고 투항한 사례로 나누어 볼 수 있다. 전자는 조선의 문화를 흠모하여 처음부터 귀화의 의사를 가지고 투항하여 조선군의 지원활동에 나선 경우이고, 후자는 일본군의 가혹한 처우를 견디기 어려워 조선군에 투항한 경우이다. 후자의 경우 1594년 8월까지는 질병과 식량문제가 주요 투항 원인이었으며 그 이후 강화교섭기에서 정유재란 전까지는 일본군이

---

530) 『선조실록』 권52, 선조 27년 10월 임술조.
531) 신경, 『재조번방지』 권4, 『대동야승』 권38, 정유년 12월 18일조.

남하하여 조선 남부 지역에 왜성을 축조함에 따른 고된 노역이 주원인
이었다. 그리고 정유재란기에는 오랫동안 전쟁에 시달려 염증을 느낀
나머지 조선 정부의 우대정책인 관직제수·식량제공·사성하사 등의 유
인책에 의한 영향이 컸다.

임란시의 항왜의 상황을 기록한 포르투갈 출신 선교사 프로이스의『일
본사』에 "1593년 봄 무렵 일본군의 식량과 탄약이 떨어지고 일본에 있는
관백(도요토미 히데요시)으로부터 겨울로 말미암아 원조를 받을 수 없
었고, 그나마 조선에서 구할 수 있는 것이 옥수수였는데 그것은 일본 사
람들이 먹지 않는 것이었다. 일본군의 식량이 부족하다는 것을 알게 된
조선군과 중국군은 여러 방향에서 일본군을 공격하였다. 이에 일본군은
특히 중국군의 강력한 무력에 공포감을 느끼기 시작했다."532)라고 한
것에서 항왜의 투항 배경을 짐작할 수 있다. 한편 프로이스는 일본군 출
정 병력 15만 명 중 1/3에 해당하는 5만 명이 죽었으며, 대부분이 기아와
추위 및 질병으로 죽은 것으로 파악하였다.533) 실록에서는 일본군의 투
항 동기를 아래와 같이 기록하고 있다.

政院이 비변사가 항왜를 供招한 것으로 아뢰기를, 신이 술과 안주를 가
지고 역관 박대근과 함께 가서 항왜인 조사랑, 노고여문 등 11명을 공궤하
고 그 사정을 탐문하니, 대답하기를 "우리들은 지난해 1월에 처음 바다를
건너서 각각 主將을 따라 제포에 주둔하고 있는 (소서)행장의 관하 장수인
유마수리 대부에게 예속되거나 혹은 평호도법인에게 예속되었으며, 혹은
동래에 주둔한 수하 등 장수의 군대에 예속되었습니다. 그런데 수자리를
괴롭게 여기던 즈음에 조선이 후히 대접한다는 소식을 듣고 항시 도망하
여 오고자 하였으나 실정을 알지 못하여 그렇게 하지 못하였습니다. 그러
던 중 금년 3월경에 전라병영의 한 군관이 매를 가지고 칼과 바꾸기 위해

---

532)「루이스 프로이스가 본 임진왜란」,『임진난의 기록』, 살림출판사, 2016, 110쪽,
    141쪽.
533) 위의 책, 110쪽, 141쪽.

행장의 진영에 와서 우리들을 유혹하기를 너희들이 내 말을 따라 우리 진영에 오면 반드시 좋은 일이 있을 것이라 하였습니다. 우리들은 그의 말을 믿고서 나왔는데 … 또 묻기를 "일본은 물력이 옛날과 변함이 없고 백성중엔 원망하고 억울해하는 사람이 없는가?" 하니 대답하기를 "일본 풍속은 농부는 밭을 갈고 무사는 용기를 기르며 군대는 관의 곡식을 먹으니, 군대를 일으킨 지 오래 되었어도 물력은 옛날과 다른 것이 없습니다. 그러나 백성은 군량을 운반하기에 바쁘고 요역이 몹시 심하여 모두가 원망하고 괴로워하는데 위엄에 눌려 감히 말을 못합니다."라고 하였습니다.[534]

위 기록을 통해 보면 항왜들은 승산 없는 전쟁에 내던져져 이들이 일본에 귀국하더라도 더 나은 삶이 보장되지 않는다는 생각에서 조선 정부가 항왜를 우대한다는 정책을 믿고 투항하고 있음을 알 수 있다. 정유재란기에 일본군에게 붙들려 일본에 끌려간 강항의 『간양록』에는 아래와 같이 일본의 상황을 전하고 있다.

농민만은 칼을 못 차게 합니다. 땅을 얻어 농사를 짓되 한 뼘의 땅이라도 벼슬아치들의 소유가 아닌 것이 없습니다. 씨앗 한 말들이 땅이면 으레껏 쌀 한 섬은 받아냅니다. 그들의 한 섬은 우리나라 말(斗)로는 스물 다섯 말은 될 것입니다. 이렇게 바치자니 꾸어서 대도 부족하고 그래도 부족하면 자식새끼들을 몰아다가 더부살이로 부리게 합니다. 그래도 양이 안 찰 때는 감옥에다 가두어 놓고 들볶고 치고 해서 기어이 채워놓게 하고서야 놓아주는 심사니 배겨낼 재주가 있겠습니까. 그러기에 농민들은 풍년이 들어도 겨나 쭉정이를 먹거나 산에 올라가 고사리를 뜯고 칡뿌리를 캐어 먹고 조석을 연명하는 실정입니다. 또한 교대로 입직을 하면서 물 긷고 나무 베어다가 상전을 받들어야 하니 불쌍한 자는 애잔한 농민뿐입니다.[535]

위와 같은 강항의 일본에서의 견문을 보면, 일본 소농민들은 자기 땅은 없고 오로지 관리들의 땅을 빌려서 소작을 하는데 소작료가 너무 가

---

534) 『선조실록』 권100, 선조 31년 5월 기축조.
535) 강항, 『간양록』중 「적중봉소」

혹하여 농사를 지어도 겨우 입에 풀칠하기가 급급한 정도인 당시 일본
소농민의 참상을 알 수 있다. 이어서 강항은 일본군 병사들의 실상을 소
상히 적은 소를 올리는데, 그의 『간양록』에서

> 항왜를 죽이는 것은 아주 잘못입니다. 도의적 견지에서 그러할 뿐만 아
> 니라 그들의 정상을 살펴보면 저들(왜인)은 어머니 품에서 떨어지자마자
> 바로 장관들의 집에서 얻어먹으며 평생 부모형제를 보지 못하고 고향에도
> 가보지 못하여 전쟁터를 따라다니면서 이리 쫓기고 저리 쏠려 다니며 처
> 자가 있더라도 그 얼굴을 보기도 어렵습니다. 그러므로 가정이란 장군이나
> 농민들만이 가질 수 있는 형편이지 일반 병졸들에게는 태반이 처자가 없
> 으며 조금도 고향의 부모처자의 정이 어떤 것인지 돌아볼 겨를도 없이 오
> 직 입고 먹는 것만이 그들의 전부입니다. 그들은 우리나라의 토지는 기름
> 지고 의식도 넉넉한 것을 잘 알고 있으며 제 나라 법령은 서슬이 퍼렇고
> 한시도 전쟁이 끝날 새가 없는 그런 사정도 잘 알고 있습니다. 그러므로 그
> 들이 모여 앉으면 "조선은 참으로 낙국이며, 일본은 누방이다."라고 합니
> 다. 이런 이야기를 곁에서 듣고 "우리나라에는 항왜를 가엽게 여기며 음식
> 과 의복을 장군들과 같이 대우해 줄 뿐만 아니라, 더러는 높은 벼슬자리를
> 주기도 한다."라고 하면 눈을 동그랗게 뜨고 혀를 날름거리며 정말이냐고
> 묻고 성심으로 투항하기를 청원하더란 이야기입니다.536)

라고 한 것으로 보아 일본의 소농층이나 하급 병사들의 삶은 어릴 때
부터 부모를 떠나 군영을 따라 뱃길을 떠돌며 가정생활을 제대로 누리
지 못하는 열악한 상황임을 알 수 있다. 강항은 이러한 하급병사들을 죽
이는 것이 도의적으로 바람직하지 못함을 간하고 있다.

그러나 투항한 항왜들은 조선에서의 정착과정에 문제점을 보이고 있
다. 임진왜란 기사를 세세히 기록한 오희문537)의 『쇄미록』에는 "항왜들

---

536) 강항, 『간양록』중 「적중봉소」
537) 『쇄미록』의 저자 오희문은 인조조 영의정을 지낸 오윤겸의 아버지이다. 그는
    전라도의 재지사족으로서 비록 과거에 급제하지는 못하였으나 상당한 유학적
    소양을 가진 文士였다. 瑣尾錄의 '瑣尾'의 문언상 의미는 '보잘 것 없는 떠도

이 자신들에게 처우를 잘 해주지 않는다는 이유로 수령들에게 칼을 빼어들고 겁박을 주며 대드는가 하면, 살상을 범하는 일도 있으니 … 항왜들이 거짓 투항인지를 잘 살펴야 할 것이며 우리나라의 장수들은 필시 항왜의 사술에 말려들 것이 뻔하니 한탄스럽다."538) 라고 하여 항왜가 조선에서 끼치는 민폐를 지적하고 있다.

항왜에 대한 조치로 1593년 이전에 투항해 온 항왜들은 풍기·영천·안동·의성 등지에 1년 마다 12명씩 배치하여 접대하였다.539) 이처럼 항왜가 증가하면서 민폐가 발생하자 투항자들 중 재능과 기회가 있고 공손한 자는 진중(훈련도감)에 남게 하고, 그 나머지는 도검을 빼앗고 격군 등 중노동을 하는 노비로 배치시켰다. 또 1594년에 발생한 민간반란인 송유진의 난에 선전관 이영백으로 하여금 항왜들로 조직된 투순군을 지휘하여 관련자들을 토벌하는 데 이용하기도 하였다.540)

명군이나 조선군에 투항하는 사례가 늘어나면서 항왜 중에는 거짓

는 나그네'라는 뜻이다. 그러므로 쇄미록은 '유리·피난의 기록'이라 하겠다. 오희문은 임진왜란 당시 장수현감으로 있던 처남 이빈의 집에 머물던 중 왜란이 일어나자 공주, 인천, 아산, 평강 등지를 피난 다니며 임진왜란 당시의 사실을 '임진남행일록'으로 남겼다. 그의 아들 오윤겸은 인조 조에 영의정을 지냈고, 손자 오달제는 청나라에 볼모로 간 삼학사 중의 한 사람이었다. 그의 일기는 임진왜란 시 전국 각지의 전황과 강화교섭 상황, 각 지역의 의병장의 활동 등에 대하여 적고 있는데 특히 피난 중 피난민들의 곤궁한 삶, 군대징발과 군량조달에 따르는 인민들의 고충 등에 대하여 보고 들은 바를 소상히 기술하였다. 그의 기록이 대체로 객관성을 가질 수 있었던 것은 그의 처남과 아들, 사위가 모두 지방 수령으로 있었기 때문에 朝報 등을 통하여 각 지역의 상황을 잘 알 수 있었고, 그가 양반으로서 많은 노비를 거느리고 있었기 때문에 노비들의 비참한 생활, 특히 노비의 신공 및 매매·소송·이반 등 당시 노비제도의 실상을 잘 알 수 있는 사실들을 포함하고 있기 때문이다.『쇄미록』은 임란 당시의 하층민들의 삶을 들여다볼 수 있는 기록이라는 점에서도 사료적 가치가 있다고 하겠다.

538) 오희문,『쇄미록』제1 참조.
539) 이장희,『임진왜란사 연구』, 아세아문화사, 1999, 376쪽.
540) 이장희, 위의 책, 377쪽.

항왜도 있었다. 대구에 주둔한 명나라 진영에 거짓으로 항복하여 명군의 방심을 틈타 명군 부총병 이영(李寧)에게 달려들어 칼로 찌른 자도 있었다.[541] 항왜를 바라보는 조선의 시각은 한편으로는 선전 분투하는 항왜의 자세를 높이 평가하면서도 다른 한편으로는 항왜에 대한 불신을 여전히 가지고 있었다.

전쟁이 끝난 후 조선은 일본군의 재침을 대비하여 항왜가 일본과 내통할지도 모른다는 우려에서 대부분의 항왜를 북방의 양계지방이나 밀양, 의성 등 경상도 내륙으로 이주시켰고, 이들 항왜들은 각 정착지역에서 농사를 지으며 일정기간 북도지방에 부방을 하게 하였다. 임진란이 끝나고 조선 정부가 항왜에 대한 처우를 부당하게 하자 이에 불만을 품은 북쪽의 다수의 항왜가 '李适의 난'에 참여하는 원인을 만들었다고 보기도 하였다.[542] 조선 조정은 이들을 각 도의 바닷가 지역이나 섬 가운데에 이주시키거나 경상도 내륙의 깊은 산골에 식량을 나누어 주어 살게 하였다. 이하에서는 조선군과 함께 군사활동을 펼친 사야가(김충선)에 대하여 살펴보고자 한다.

2) 向化倭將 金忠善의 활동

임란전쟁기 경상좌도의 의병활동에는 관군과의 연합활동의 일환으로 향화왜장 사야가(沙也可, 조선명: 金忠善)와 그의 휘하 部將인 金繼忠, 金繼守 그리고 左副將 사여모(沙汝某, 조선 명: 金誠仁)[543] 등의 지원활동

---

541) 기타지마 만지(北島萬次),『도요토미 히데요시의 조선 침략』, 해군사관학교, 2008, 170쪽. 기타지마 만지는 임란 시 항왜의 유형을 조정으로부터 군직과 녹을 받는 정주형의 항왜장과 특기가 없는 병졸인 노역형의 항왜로 구분하였다.
542) 김문자,「임란시 항왜문제」,『임진왜란과 한일관계』, 경인문화사, 2005, 360쪽.
543) 사여모(김성인)는 사야가와 함께 임란초기에 조선에 귀화하여 경상도 지역의 의병을 지원하고 조총과 화포의 제조법을 전수하며 전공을 세웠고 임란 이후에는 북방의 변방 수비에 10여년을 복무하고 이괄의 난에도 전공을 세워 조선

이 주목된다. 그 중 사야가는 침략군인 일본군 제2군 가토오 기요마사
(加藤淸正)의 선봉장으로 3,000여 명의 병력을 거느리고 김해에 상륙한
이래 전투를 치르지도 않은 채 경상좌병사 박진과 방어사 김시민에게
투항의 서장을 보내어 귀화의 의사를 전했다.

사야가는 조선에 귀화하는 이유를 '힘이 없어서도 아니고 다만 이 전
쟁이 명분 없음을 알고 中夏文化를 존중하는 예의의 나라 조선에 살고
싶다'는 것이 그의 귀화 목적임을 밝혔다.[544] 조선에 귀화한 사야가는
임란 초기에 경상좌병사 박진의 휘하에서 울산지역의 의병들과 연합하
여 왜적을 물리친 사실을 그의 『慕夏堂文集』에 기록으로 남기고 있다.
항왜장 사야가가 가토오 기요마사의 선봉장으로서 거느린 병력이 약
3,000명에 이르렀다고 하나 실제로 조선에 투항하면서 3,000명 중 어느
정도의 병력을 이끌고 투항하였는지에 대하여는 확인이 되지 않는다.
그러나 적어도 수백 명의 병력은 사야가가 직접 거느리고 조선군에 투
항하였고 조선군과 연합으로 전투를 전개한 것으로 판단된다.[545]

조정으로부터 賜姓과 자헌대부 동지중추부사의 직책을 받았다. 김성인이 대
구부 풍각 함박동(오늘날 청도군 각남면 함박리)에 정착한 이래 그의 아들 金
貴成이 무과를 거쳐 어모장군에 이르렀으며 후손들은 세칭 함박김씨 가계로
서 현재 청도, 대구, 밀양 등지에 약 4,000여 명이 살고 있다. 김성인과 아들
김귀성의 묘는 함박리 뒷산에 위치해 있다.
대구의 가창 우록동에 정착한 사야가(김충선)의 후손들(약 8,000여 명)과는 멀
지 않은 거리에 살면서 유대를 오랫동안 이어왔으며, 김충선의『모하당문집』,
「부록」에는 김성인의 공적을 함께 기록하고 있다. 현재 김성인이 직접 남긴
사료는 희소하나 敎旨 등을 토대로 앞으로 그에 대한 연구의 필요성이 있다고
생각된다.『김해김씨 향화공파세보』참조.
544) 1910년 한일합병 이후 일제 통치시기에는 한때 임란기에 조선에 귀화했다는
김충선이라는 인물이 조선이 만들어낸 조작된 인물이며『모하당문집』은 위작
이고 김충선은 매국노였다는 인식이 지배하기도 하였다. 그러나 일본사학자
中村榮孝가『승정원일기』와 김충선 婚書의 분석을 통해서『모하당문집』이 항
왜장 김충선의 문집임을 밝혀냄으로써 이러한 기존 인식을 불식하게 되었다.
545) 김충선,『모하당문집』권1,「謝嘉善訴」"…遂以所領兵三千 歸附于慶尙兵使

임진왜란 시기 일본군의 투항의 배경은 앞에서 살펴본 바와 같이 주로 조선 조정의 회유책과 일본군 내부의 사정으로 나눠볼 수 있다. 일본군 내부 사정은 첫째, 장기간의 조선 주둔으로 인하여 식량이 부족하였고, 추위와 질병 등으로 인한 고통이 그 원인이었다. 특히 평양성 전투 이후 한양으로의 철수 및 남쪽 지역으로의 후퇴 시에 많은 일본군의 투항이 있었다. 그러나 여기서 살피고자 하는 항왜장 사야가의 투항 배경은 위와 같은 일반적인 항왜들의 투항 원인과는 차별화된다. 우선 사야가는 조선국 절도사에게 투항의사를 밝힌 '講和書'를 보낸 사실이 있고, 또 투항 시기가 일본군의 후퇴 시기가 아닌 임진왜란 직후로 보인다. 이러한 사실은『모하당문집』에 실린 '辭嘉善疏'에서도 이를 확인할 수 있다.546) 점령군으로 들어온 적군의 장수가 전투를 치르기도 전에 조선에 자진 투항한 것은 그 원인이 무엇인지 의문의 여지가 없지 않으나 그 자신은 조선의 문물에 대한 흠모와 조선에 정착하여 문화인으로 살겠다는 것이 투항의 배경이라 하였다. 사야가가 개전 초기 조선군을 상대로 전투를 벌인 흔적이 없고 강화서에서 밝혔듯이 '힘이 없어서도 아니고 다만 이 전쟁이 명분 없음을 알았기 때문'이라고 하였다. 여기서 '명분 없는 전쟁'이 의미하는 바가 명확하지 않으나 일본국내의 통일전쟁 과정에서 사야가의 가문이 도요토미 히데요시에 의해 멸문이 되고 강제로 조선에 출병하였기 때문인지는 알 수가 없다. 그러므로 사야가는 일반적인 일본군의 투항과는 달리 정복군으로 조선에 출정하여 조선군과 전투를 벌이기도 전에 자진하여 귀화한 것으로 보아야 할 것이다.

조선에 귀화한 사야가는 경상도 지역의 조선군을 도와 일본군에 대항하는 전투를 이어나갔다. 그가 조선 조정으로부터 성명을 하사 받고 가선대부의 직책을 받은 것이 임진왜란 다음 해인 1593년인 점을 감안

臣朴晉以至今日 而曩在南陲再戰再捷 非臣之功也…"
546) 위『모하당문집』권1,「謝嘉善訴」참조.

할 때, 그 이전에 이미 항왜장으로서 조선군의 전투를 지원하여 일본군
을 물리치는 공적을 쌓고 있었음을 알 수 있다. 사야가는 울산 출신의
의병 서인충, 서몽호와 함께 결사대를 조직하여 울산지역을 사수하였
고, 임진년 9월에는 순찰사 金睟와 병사 朴晉에 의하여 울산가군수로 지
명 받은 前萬戶 金太虛가 주도하는 군사를 도와 일본군에 대항하였다.
이때 김태허는 피난으로 흩어진 관군과 의병들을 수습하여 군사 약
1,000여 명을 조직하였는데 사야가는 자신의 부대원들을 이끌고 울산의
관군-의병 연합군에 합세하여 군사활동을 전개해 나갔다. 김태허는 前
奉事 전응충을 남면장으로 삼아 양산, 기장의 적을 막게 하고, 바다에
침몰된 배를 끌어내어 수선하여 서인충을 舟師將으로 명하여 바다로 들
어오는 적을 막게 하였다. 울산 가군수이자 울산의병 대장이었던 김태
허는 정예병 300명을 따로 거느리고 사야가의 부대와 함께 의병활동을
전개하였다.

  사야가는 울산의병진에 가담하여 조총을 만들고 화약을 제조하여 軍
器를 보급하는 한편 적을 공격하여 한 달 동안 7~8회의 전투를 치르며
연전연승하였다.[547] 이 당시의 사야가의 무기가 매우 정예하였으므로
항상 선봉에 나섰다고 기록하고 있는데, 여기서의 정예한 기계란 사야
가 부대가 보유한 조총과 화포를 의미하는 것으로 추정된다. 이로써 조
선군에게 무기가 충실해졌다. 이 무렵 사야가는 조선군을 위하여 조총
제조기술과 화약제조법을 전수하면서 경상하도 각 군현의 관-의병 연합
군과 합진하여 신식무기인 조총을 앞세워 선봉에서 적과의 전투를 이어
갔던 것으로 여겨진다.

  국왕 선조 또한 사야가를 직접 면접하고 무예를 시험해 본 후에 일본

---

547) 위『모하당문집』권2,「연보」만력 20년 임진. "本道巡察使金睟 以前萬戶金太
    虛 爲蔚山假郡守 使集散亡餘卒 與前縣監朴弘春 前奉事全應忠 追擊東萊梁
    山機張之賊 以公之機械精銳 常爲前鋒 一朔之內 連捷七八戰 獻馘相續 還屯
    蔚山"

군의 조총의 우월성을 인식하고 일본군이 조선군에게 번번이 승리하는 것은 조총과 화포 때문이라고 믿었다. 때문에 사야가를 통해 조선군에게도 조총제조기술을 습득케 할 수 있도록 장려하면서 비변사로 하여금 포수를 양성할 것을 강조하였고 무과의 시험과목에 조총 사격술을 포함시키도록 한 바도 있었다.

임진년 10월에는 적선 6척이 기장으로부터 올라오고 있었고, 육지의 적은 아이포548)로부터 울산으로 들어왔다. 사야가는 김태허, 전응충, 박홍춘, 서인충과 함께 힘을 합해 육지의 적 30급을 베고 적선 2척에 타고 있던 일본군을 전멸시키는 전과를 올렸다. 이러한 전공은 순찰사 한효순과 병사 박진의 장계로 조정에 알려졌다. 조정에서는 울산가군수 김태허를 실군수로 임명하는 한편, 사야가를 조정에 불러올려 그의 무예를 시험한 다음 가선대부에 제수하고 조복과 청포 3,000필을 하사하였다.549)

다음 해인 계사년 4월에 사야가는 그의 병력을 이끌고 조선군 병력과 합진하여 경주를 방어하였는데, 서인충은 경주 이견대 앞바다에서 적과 싸워 다수의 적을 죽이고, 장기의 소봉대 아래에서도 전투를 벌여 적 300여 명을 죽이고 많은 전리품을 획득하였다.

이러한 공로로 사야가는 국왕 선조로부터 조선의 성명을 하사받는데 賜姓 金海金氏와 忠善이라는 이름으로 조선인 金忠善이 되었다. 이후 김충선은 조선군에게 신식 무기인 조총을 보급하는데 일조함으로써 조선군의 무기체계를 강화하였을 뿐 아니라 일본군의 정세탐지에도 일조를 하였다. 김충선은 일본군 제2군의 선봉장으로 휘하에 3,000여 명을 거느린 고급 장수였으므로 일본군의 군사기밀과 작전 및 전술·전략의 핵심 내용을 지득하고 있었을 것이다.

더구나 그는 가등청정의 수하 장수였기 때문에 조선에서의 가등청정

---

548) 경남 양산의 기장에 있는 작은 포구이다.
549) 앞의 『모하당문집』 권1, 「謝嘉善訴」 참조.

의 전략과 전술을 꿰뚫고 있었을 것이다. 명군 참전이후 조명연합군의 공격에 밀려 남하한 일본군은 경상, 전라도의 동남해안에 진을 쳤다. 전쟁이 소강상태로 접어들고 강화교섭기에 이르러서는 가등청정이 후퇴하여 부산과 동래에 주둔하면서 일부의 군사를 태화강과 서생포로 이동시키며 우리 조정에 3회의 비밀문서를 보내와 강화를 요청하였다.

김충선은 울산군수 김태허에게 '가등청정이 강화를 빌미로 뒤로는 그들의 전열을 가다듬으며 조선에서의 입지를 강화하려는 간교한 술책을 펴고 있다'는 제보를 함으로써 가등청정의 요구사항을 거절하게 하는 한편, 울산의병장 장희춘을 가등청정의 진에 보내 서생포와 부산 등지의 적정을 탐지하도록 조언하기도 하였다.

정유년(1597) 1월 15일경에 일본군이 다시 서생포에 와서 강화를 요청하는 한편 그 사이에 군사를 재정비하여 7월에는 울산의 옛 학성을 헐어 왜성을 쌓고 장기주둔의 계획을 세우자, 명나라 제독 마귀가 기병을 거느리고 조명연합군을 편성하여 가등청정의 부대가 주둔한 도산성(증산성)을 공격하였다. 이때 명제독 마귀는 좌병사 김응서로 하여금 김태허, 김충선 등을 선봉으로 세워 공격하도록 명하였다.

아군이 적의 왜성을 공격하여 내성에 이르렀을 때 적장이 거짓으로 항복하겠다는 말을 전하자 좌병사 김응서가 이 전갈을 진실로 믿고 잠시 군사를 물렸을 때 적의 기습을 받아 패전하였다.

제독 마귀가 패전의 책임을 물어 김응서를 군율로 참하려 하자 김충선은 자신이 직접 적진에 들어가 적의 목을 베어 오겠으니 김응서를 용서해주기를 간청하였고, 김충선이 적진에 들어가 왜적의 목을 베어다 바치고 나서야 김응서가 참수를 면하기도 하였다.[550]

김충선은 귀화 직후 조선 조정의 명에 의하여 각 도와 군현의 군사들

---

550) 앞의 『모하당문집』권3, 부록, 용사사실척록. "與麻提督貴 …… 使左兵使金應瑞 與金太虛及公 率郡兵爲前導 外陣之賊 一擧殲盡 內城垂拔 而賊將請降兵事金應瑞退師 竟至摧敗 提督大怒 欲斬兵事 公署狀請命 以贖兵事之罪"

에게 조총, 화포 및 화약 제조기술을 전파하였다. 조선 조정에서는 비변
사를 통해 각 도의 방백과 수령들에게 김충선으로부터 조총 등 무기제
조법을 전수받도록 독려하였다. 김충선의『모하당문집』에 따라 이러한
상황을 확인해보면, 그가 경상좌병사에게 글을 올려 조선의 병기가 일
본군의 무기에 비하여 열악하니 하루 빨리 조총과 화포 및 화약제조법
을 전수하여 정예무기를 갖출 것을 건의하였다.

　　엎드려 생각하옵건대 소장이 귀화한 이후에 우리나라(조선)의 병기를
　살펴보니 비록 칼과 창, 도끼와 활이 있기는 하나 직접 전투에 나가서는 쓸
　만한 무기가 거의 없으니 개탄할 일입니다. 옛날 曹鐯의 말에 '둔한 무기로
　싸우는 것은 자기 군사를 적에게 내맡기는 것이니라.' 하였으니 무기가 날
　카롭지 못한 것이 병가의 큰 걱정이 아닐 수 없습니다. 일본의 병기는 조선
　과 달리 첫째는 화포, 둘째는 조총인데 둘 다 무기로서는 가장 훌륭한 것이
　어서 쏘면 맞지 않는 일이 없고, 맞으면 죽지 않는 일이 없습니다. 아무리
　지혜와 용기가 뛰어나다 한들 당해낼 수 없고, 아무리 전략이 우수할 지라
　도 막아낼 수 없는 것이니 활과 칼로서는 대항할 수 없는 기묘한 무기입니
　다. 소장이 화포와 조총 만드는 법을 알고 있으니 이 기술을 조선 軍中에
　널리 가르쳐서 전투에 사용한다면 어떤 싸움에라도 이기지 못하겠습니까?
　이 조총은 일본에서도 본래 없던 것인데 일본 잠수부가 바다 밑에서 주워
　와 병기로 사용하게 된 것입니다. …… 지금 이 조총이 이 나라에 보급만
　된다면 적국의 외환이 무엇이 두렵겠습니까? 오직 원하오니 하루 속히 소
　장의 청을 들어서 염초를 구워 화약을 만들고, 조총 수 만 자루를 우선
　만들어서 전투에 쓰기로 하고 각 읍·진과 군사 주둔지마다 총 쏘는 기술을
　가르쳐서 최신의 정예무기를 가지게 하는 것이 가장 다행한 일이라 생각
　됩니다.551)

---

551)　앞의『모하당문집』권1, 書, 上節度使書, "節度使閣下 伏以 小將東投講和之
　　後 卽伏見本國兵器卽雖有劒戟斧鉞强弓礛弩 而其於臨陣戰鬪之際 一無精銳
　　之可言者 不勝慨然 昔者 晁鐯之言曰 器械不利 以其卒與敵也 臨陣而器械不
　　利者 豈非兵家之大患也 日本兵器之最精者 有異於是 一曰火砲 二曰鳥銃 俱
　　是兵家之最精 而發無不中 中無不死 雖有智勇之絶倫 而無奈於中丸 雖有才

라고 하였으며, 경상감사 김수에게 보낸 서신에서도 "조총과 화포 만
드는 일은 그리 어려운 것이 아닌지라 한 번 보면 대개 알 수 있는 것입
니다. 주신 글월을 잘 받았으며 평사로부터도 요청이 있었기에 저의 진
중에서도 (조총과 화포의)제작법에 가장 익숙한 장병을 보내오니 바라
옵건대 다량으로 만들고 철저하게 훈련시켜 적을 무찌르고 나라를 평안
하게 하소서."552) 라고 하였다. 이러한 정황으로 보아 김충선은 귀화 당
시 보유하고 있던 자신의 병력을 별도로 유지하고 있음을 알 수 있고
조선군의 요청에 의하여 경상좌도의 여러 지역을 순회하며 조선 의병들
에게 군사적 지원을 계속해 나가고 있었음을 알 수 있다. 이때의 지원이
라 함은 조선의 관군 또는 의병연합군을 도와 일본군을 상대로 직접 전
투를 벌이는 한편, 일본군에 대한 정보 제공과 조총, 화포 등 일본의 신
식 무기 제조법 전수에 상당한 노력을 기울인 것을 의미한다고 하겠다.

한음 이덕형과의 서신에서는 조총을 만들 쇠붙이가 부족한데 서울의
종루에 깨진 종이 있으므로 그것을 이용하면 좋겠다는 의견을 제시하기
도 하였다. 당시는 전란 중이라 일본군의 침략으로 쇠붙이가 품귀현상
을 보이고 총의 재료인 철을 모으기가 매우 어려운 상황임을 짐작할 수
있다.

경주 부윤 박의장에게도 "(김충선의) 부장 김계수의 지도만 받으면

略之過人 而莫禦於飛丸 强弓之所不能當也 利劒之所不能接也 實天下之最妙
者也 小將 習知此等做出之方 請以火砲鳥銃之制 敎之於軍中 傳習其妙 需用
於戰陣 則何攻而不取 何戰而不勝耶 盖此鳥銃之法 本是日本之所未有者 而
昔者日本沉水人得之於海底 以爲兵器 則此乃楚漢相爭之時 所未有者 而三國
鼎峙之日 所未聞者也 古今兵家 豈有如此鳥銃之妙技者乎 今以鳥銃之法 得
行東國 則何憂乎敵國外患耶惟願亟施小將之請 炙焰硝搗火藥 鑄鳥銃累萬餘
柄 試以破敵之後 又敎於各邑各鎭 江邊屯兵處 以爲兵家最精之利器 幸甚"
552) 앞의 『모하당문집』 권1, 書, 答本道觀察使 金公晬書 "…… 鳥銃火砲之制作
甚非難知之事 一見可得精妙也 而旣有下書 又有評事之請故 玆送陣下將熟制
作之法者 伏望 多造敎訓 以爲共破敵陣 以安社稷之地 如何"

그 제작의 요법은 완전히 얻을 수 있을 것입니다."553)라고 하고 있다.
또 의병장 김덕령과도 함께 연합하여 전투를 벌이고 있음이 보인다.
"…… 소장은 날마다 훈련을 하며 병력을 기르고 있습니다. 지금 들으
니 영남지방의 적세가 날로 거세어 간다하기에 장차 장군의 명령을 기
다려서 군사를 의령진으로 옮길까 하오나 아직 무기가 너무 빈약하니
다만 하늘의 운수를 기다릴 뿐입니다."554) 라고 하는 것으로 보아 전라
도 의병장 김덕령과 연락을 취하면서 경상우도의 의령까지 진출하여 군
사 활동을 펼치고 있었던 것으로 보인다.

　의병장 곽재우에게 보낸 서신에서는 "…… 적진이 날카로운 기세를
보이고 있으니 지금 갑자기 공격할 수는 없을 것 같습니다. 바라옵건대
장비나 점검하고 군사를 쉬게 하다가 틈을 엿보아 한꺼번에 공격하여
군부의 원수를 갚도록 하는 것이 좋겠습니다. 지금 모든 군진에서는 장
군의 그 당당한 충의가 무기를 정비하고 기회를 노리고 있으리라 바라
고 있습니다. 저의 군진에서는 (명나라의)유총병이 장차 오래 머물게 되
지 않을 것 같아 장군의 지휘만을 기다리고 있습니다."555)라는 정황으
로 보아 명나라 총병 유정이 조선에서 일본군과 격전을 피하며 잠시 조
선군을 지휘하다가 그만둘 것 같은 움직임을 곽재우에게 전하면서 조선
의 의병들이 곽재우를 중심으로 일본군을 물리칠 것을 기대하는 심사를

---

553) 『모하당문집』 권1, 書, 答慶州府尹朴公毅長書, "…… 鳥銃之鑄 火藥之搗 自
　　是小將聞習之事 而東來之後竊見兵器之無一精妙故 始敎於陣中而方欲遍敎之
　　際 又有指示之敎故 以陣下將 金繼守 依敎上送 幸伏望 許多鑄搗 以爲破敵之
　　計 則豈非國家之大幸耶 惟願 一從此人之指敎 則可得其妙法耳"
554) 위의 『모하당문집』 권1, 書, 答金將軍德齡書, "…… 小將 姑保殘喘而日事操
　　鍊 以爲蓄銳之地 而今聞嶺右 敵勢日益鴟張 將以大都督之命 欲向宜寧陣 而
　　所持器械無一精銳 只待天時之默運耳"
555) 『모하당문집』 권1, 書, 答紅衣將軍 郭公再祐書, "…… 第敵陣乘銳 似有不可
　　急擊之道 伏望 按甲休兵 乘釁俱發 以復君父之讎 千萬伏祝 方今諸陣願望者
　　以將軍忠義之堂堂 應有碼白刃伺發之道也鄙陣 以劉摠兵將若有不久之勢故
　　姑俟都督指揮 而日夜伏望耳"

표하고 있다.

김충선은 통제사 이순신과도 조총과 화포 그리고 화약제조법에 대한 의견을 나누고 있다. "…… 하문하신 조총과 화포 그리고 화약 만드는 법은 지난번에 비변사로부터 내린 공문에 의하여 벌써 각 군중에서 가르치고 있는 중입니다. 이제 또 김계수를 올려 보내라는 명이 계시니 곧 보내겠습니다. 바라옵건대 총과 화약을 대량으로 제조하여 기어이 적병을 전멸시키기를 밤낮으로 빌겠습니다."라고 한 것으로 보아 수군에도 조총이 보급되는 계기를 이룬 것으로 보인다.

김충선은 초유사 김성일과도 연합활동을 전개하였다. 대구부 북쪽 칠곡에 있었던 팔거현의 임시 순영에서 만나 일본군의 동향과 조총제조법 전수에 대한 의견을 나눈 것으로 보인다. 임란초기 당시 대구와 성주에 주둔하여 침탈을 계속하고 있던 일본군을 방어하는 일과 낙동강의 수로를 차단하는 전략을 논의하고 있었다. 이 무렵 팔거현 진중에는 체찰부의 관군과 초유사 김성일, 그리고 경상좌우도의 곽재우, 우배선 등 의병장들이 낙동강을 중심으로 수로확보를 위한 연합전을 전개하고 있었다. 김충선의 서신에서 이를 확인할 수 있다.

　　임금님께서 서쪽으로 피난하신 일은 한나라의 신민이 무고한 눈물을 흘리며 탄식하지 않겠습니까마는 국가의 중요한 자리에 계시는 공이야말로 얼마나 슬퍼하시겠습니까? 이것이 모두 저희들이 충성을 다하지 못한 까닭이오니 죄송하기 그지없습니다. 지난번 (대구의) 팔거진중(八莒陣中)에서 처음 뵌 이후로 높이 우러러 존경하는 마음이 항상 간절하였고 큰 힘을 얻은 것 같습니다. 군대 일에 너무 바빠서 때때로 찾아뵙지는 못하였으나 간절한 마음만은 날이 갈수록 깊어져 때마침 내려주신 글월을 받으니 평안하심을 알게 되어 기쁘고 다행스럽습니다. 비변사에서 내린 통문에 의하여 조총과 화약 만드는 기술을 널리 가르치라는 명을 내린 것을 알았습니다. 소장이 전부터 여기에 관심을 두었기 때문에 각 군중에 널리 가르쳐서 대부분은 알고 있을 것으로 생각되나 공의 글월을 받아보니 또 김계수를 올려 보내라는 말씀이 있기에 곧 보내드리올 터이니 총과 화약을 대량으로 그리고 정밀하게 만들어서 적을 쳐 부술 기회를 노리시기를 엎드려 바랍니다.556)

라는 내용으로 보아 김충선은 1592년 9월경에 초유사 김성일을 만났으며 김충선은 이때 이미 경상도의 관·의병 연합군과 함께 전투를 이어 갔음을 알 수 있다. 김충선이 초유사 김성일을 팔거진에서 만났을 때는 김성일이 초유사에서 경상 좌도 감사로 부임하여 경상 좌도의 각 진을 순회하고 경상우도 감사로 다시 부임하기 위하여 돌아가는 길이었다. 이 당시 경상도의 임시 감영은 우도의 성주목에 있었고, 그 속현인 팔거현은 전시 산성을 쌓고 임시 순영이 머물던 진지였다.

김성일이 이 당시 팔거진중557)을 중요하게 여긴 이유는 이곳이 사실상 대구부를 방어하는 최북방 전선이었고, 낙동강을 낀 성주·대구의 방어에 매우 중요한 지점이었기 때문이다. 그래서 경상 좌·우도의 관·의병 연합군이 총력전을 시도한 것으로 볼 것이다. 이러한 팔거진 중심의 좌·우도 연합활동은 그 범위가 넓지는 않았으나 그 해 10월에 경상 우병사 정기룡 휘하의 영장 강덕룡과 우도의병장 곽재우, 그리고 화원의 병장 우배선이 연합 작전을 펼쳐 낙동강 수로를 낀 화원과 달성의 왜적을 크게 물리쳤다.

경상 좌·우도를 막론하고 당시 의병을 적극 지원하던 김성일은 1592

---

556) 위의『모하당문집』권1, 書, 答招諭使 金公誠一書, "大駕 播遷西關 一國臣民 孰不流涕痛咄 竊伏想 位在柱石 酸鼻之痛 曷有其極 此莫非小將等 不能竭忠 而致此也 只自罪悚萬萬 而頃八莒陣中 始得拜謁之後 山斗之望 恒切于中 如 有所大得於心 而特以兵革之倥偬 不得有時乎趨謁 幢幢下沈 與日俱深 卽拜 下禮 謹伏審 統餘體候 神衛萬重 伏庸欣幸 今因備局關文 備知鳥銃火砲搗藥 之法 使之遍敎之令 小將 前此業已各陣 學得此法矣 又承下書 有金繼守上送 之命故 玆以上送此人 多鑄蓄銳 以爲向發破敵之地 伏望"

557) 오늘날 대구 북쪽의 칠곡군 석적면에 위치하였다.

년 9월경 경상 좌·우도 관·의병의 총괄지휘부를 방문하여 낙동강을 중
심으로 한 성주·대구 지역을 방어할 전투 계획을 논의하는 회합을 가졌
다. 이러한 회합에 김충선이 참여했다는 것은 김충선에게도 귀화 당시
자신이 거느리고 온 병력이 상당 수 있었다는 것을 시사한다.

이 무렵 김충선의 팔거진 회합 이후로 김성일이 김충선에게 화포와
조총의 제작법을 전수할 것을 요구하였고, 김충선은 휘하의 장수 김계
수를 초유사 진영에 보내겠다고 답한 것으로 보아 이미 경상도의 각 군
중에는 조총과 화포의 제조법을 김충선을 통하여 전수받고 있었음을 알
수 있겠다. 김충선은 위와 같은 전시 관군 및 의병의 수장들에게 일본군
이 보유하고 있던 최신 무기인 조총과 화포의 제작법 및 화약 제조법을
휘하의 김계수 등을 파견하여 경상도 지역뿐만 아니라 그 외의 여러 지
역에까지 전파하고 있음이 보인다.558)

558) 김충선의 조총과 화약 등 무기제조법은 조선의 여러 장수와 관군들에게 전수
되고 있음이 확인 된다. 평사 민유경에게 보내는 답신에서도 조총과 화포 만
드는 일은 비변사를 통하여 전수되고 있음을 알 수 있는데 " … 여기 진중에
서 보내는 장수 金繼守, 金繼忠 두 사람은 특히 정교한 기술을 가진 사람들이
어서 그들의 말대로 따르면 반드시 그 기술을 터득할 수 있을 것입니다."라고
하였고, 전라감사 정철에 대한 답신으로 "저는 전날처럼 지내오나 적세를 꺾
어 섬멸 시켜버릴 기약이 없으니 이는 저의 충성이 모자라는 소치이며 죽어
마땅하다고 생각됩니다. 화약을 만들고 총을 만드는 일은 비변사를 옮길 때에
김계수를 올려 보냈는데 그 사이에 얼마나 만들어냈는지 궁금합니다. 숫자
에 제한 없이 많이 만들도록 하여주시길 바랍니다"라고 하고 있다.
또 해주 목사 이태형에게 보내는 답서에서는 "…… 총을 만드는 일은 국내에
널리 지시하였으니 아마 비변사에서 계획하는 대로 많은 수량을 만들어냈을
줄 아오나, 다만 들으니 화약의 힘이 부족하여 멀리까지 미치지 못한다 합니
다. 이것은 다름이 아니고 화약을 정밀하게 제조하지 못하였기 때문이니 화약
을 제조하는 군인들에게 주의를 기울이도록 통제하는 것이 좋을 듯합니다."라
고 하고 있다.
황해 관찰사 유영경에 대한 답신에서는 "…… 편지에 말씀하신 화약과 총 만
드는 법은 저번에 김계수가 갔을 때 자세히 가르쳤을 것으로 생각되나 처음
배우는 사람들이 그 방법을 잘못 익혀서 아직도 그 기술을 제대로 쓰지 못한

울산 군수 김태허에 대한 답신에서는

주신 글을 받고서 진중생활이 평안하신 줄 알겠으며 안심이 됩니다. 하명하신 말씀은 글자마다 눈물이 어립니다. 어찌 목숨을 걸고 명령을 따르지 않겠습니까마는 적을 소탕할 날짜를 정하여 맹세하기 어려우니 다만 스스로 칼을 어루만지며 눈물을 흘릴 뿐입니다.[559]

라는 내용으로 보아 적의 세력이 치성하여 함부로 군사를 움직이기 어려워 울산 군수 김태허 군과의 연합전선에 참여하지 못하는 안타까움을 내비치고 있다. 이러한 사실에서 김충선이 김태허가 임란 직후 울산에서 의병활동을 할 때부터 울산군수가 되어 관군-의병 연합전선을 형성한 다음까지도 김태허의 군사와 함께 울산 및 경주 지역에서 전투활동을 전개하였음을 알 수 있다.[560]

김태허는 임란 초기 울산 가군수로서 울산 지역의 유정, 박홍춘, 전응춘, 서인충 등과 함께 울산 방면으로 쳐들어오는 왜적과 싸워서 상당한 전공을 쌓았고, 이러한 전공으로 1592년 10월에 정식 울산 군수로 임명되었다. 이러한 김태허의 승리에는 조총과 화포의 제조법을 전수한 김충선의 숨은 공로가 있었음을 짐작할 수 있겠다.

이후 김충선은 정묘호란, 병자호란에도 참전하여 3란공신으로 많은 전공을 세웠고 조선 조정의 관원으로 가선대부에 오르고 만년에 대구의

듯합니다. 연락을 받고 즉시로 김계수를 다시 보내드리오니 이번에는 충분히 가르치고 잘 배워서 그 방법을 완전히 터득한 후에 김계수를 돌려 보내주시기 바랍니다."라는 내용에서 확인이 된다.
559) 앞의『모하당문집』권1, 書, 答蔚山郡守 金公太虛書, "敬拜來書 謹審 臨陣 起居萬衛 伏慰之至 敎意 字字涕淚 敢不唯命而忘哀 第掃賊 難於指日而書 只自撫劒揮涕而已"
560) 강화 회담기에 김충선은 함께 전투활동을 했던 울산의병장 장희춘을 승병장 사명당 유정과 함께 동행시켜 적장(가토오 기요마사)과 만나도록 조언하였다. 이후 장희춘은 사명당과 함께 쇄환사의 일원으로 일본에 다녀오기도 했다.

우록동에 정착하여 약 8,000여 명의 후손을 남김으로써 오늘날에는 韓
日交流에 기여하는 인물로도 기억되고 있다.

제3절 義兵聯合 및 軍事活動의 강화

1. 영천성 탈환 전투

1592년 7월 26일에 '창의정용군'이라는 연합의병과 관군의 후원으로 전개된 영천성 탈환전투는 그 이전에 영천성과 교통하는 일본군의 우익 척결에서부터 시작되었다. 7월 14일에 권응수 의병은 연합전선을 형성하여 우선 신녕의 박연(朴淵)전투561)에서 대승을 거두고, 7월 22일에는 하양으로 진격하려는 일본군을 화남 沙川에서 물리쳤다. 이 전투에서는 권응수, 전삼익, 최인제의 연합군이 최문병 의병진의 지원을 받아 대구로 나가는 일본군의 교통로를 차단하고 동시에 군위의 召溪전투562)에서 승리함으로써 적의 우익을 잘라내었다. 이어서 인근 하양에서 대구로 향하는 일본군을 공격하여 승리함으로써 영천성에서 대구로 통하는 길목을 차단하였다.563) 이러한 영천의 각 지역별 승전의 효과는 대규모 일본군이 포진하고 있던 영천성의 회복에 대한 희망으로 이어졌다. 국

---

561) 박연(朴淵 또는 朴沼)은 신녕에서 영천으로 흐르는 신녕천의 절벽을 낀 소(沼)로서 오늘날 영천시 화산면 석촌리에 위치한다. 영천의병연합군은 박연 절벽 위의 도로에 칡넝쿨을 깔아두고 매복해 있다가 군위에서 영천으로 이동하는 일본군에게 기습을 가하여 절벽 아래의 강물로 수몰시킴으로써 대승을 거두었다. 이 날 박연전투에서 승리함으로써 큰 자신감을 얻은 의병연합군은 이후 영천성 탈환전투를 결의하게 되었다. 이날 전투는 일본군 100여 명이 아군을 속이려는 위장 전술로 조선 옷을 입은 채 군위에서 영천으로 이동하고 있었다. 이때의 연합의병들은 최문병을 비롯하여 박응기, 류인립이 지림원에 매복하고, 조덕기, 조성, 이설, 김호, 그리고 정응거, 허운연이 어룡동(신녕 부산리)에 각기 매복해 있다가 왜적을 급습하여 37명을 사살하고 말과 무기 등 40여 점을 노획하는 전과를 올렸다. 권응수, 『백운재실기』 권1, 「연보」;『성재선생실기』, 93~94쪽.
562) 소계(召溪)는 오늘날 군위군 효령면 화계리이다.
563) 권응수, 『백운재실기』 권1, 「연보」; 앞의 『성재선생실기』, 94쪽.

소전으로 영천-하양-대구의 적의 교통로가 차단되자 영천 주변지역에서
연합활동을 해오던 군소의병들은 권응수를 중심으로 연대를 강화하고
영천성 탈환을 위한 구체적인 계획을 세우고 경상좌도 중부지역의 의병
연합을 도모한다. 이때 그 가장 기폭제가 된 전투는 신녕과 영천 사이에
서 벌어진 박연전투에서의 승리였다.

7월 23일에 영천을 비롯하여 신녕, 하양, 경주, 흥해, 영일, 자인, 의성,
군위, 대구 등 인근의 10개 고을 의병들은 연합의병의 본부인 영천의 금
호강 건너 추평들판으로 휘하의 의병진을 거느리고 집결하였다. 여기에
는 영천군수 金潤國, 신녕현감 韓倜 등 전·현직 관료와 관군이 합세하였
고 신녕 출신 의병장 권응수와 영천의 정대임, 정담, 정세아, 그리고 자
인의 최문병, 하양의 신해, 경산의 최대기 등의 의병장들이 대거 참여하
였다. 복성전을 개시하기 수일 전에 영천의병 60여 명이 연명장을 작성
하여 경상우도에 있던 초유사 김성일을 찾아가 전투의 개요를 설명하고
관군과의 연합을 위한 구심점으로 군사 최고지휘관을 의병장으로 할 것
인지, 관군으로 할 것인지를 논의한 바 있었다. 영천성 탈환작전을 개시
하기 전에 경상도 招諭使 金誠一은 신녕의 의병장 權應銖[564]를 경상좌
도 의병대장으로 임명하고 임진년 7월 24일 이를 경상좌도 각 의병장들
에게 통보하여 그의 지휘를 따르도록 하명하였다.[565]

이때 초유사 김성일이 좌병사 박진이나 영천군수 김윤국 등 현직 관
군을 제쳐두고 의병의 대표인 권응수를 군사 최고지휘자로 임명한 것은

---

564) 권응수는 1584년 별시 무과에 급제하여 훈련원 부봉사를 거쳐 경상좌수사 박
홍의 막하에 있다가 임란 발발 직후 좌수사 박홍의 도피로 인하여 관군이 흩
어지자 고향으로 돌아와 영천 신녕에서 의병을 일으켰다. 이후 경상좌병사 박
진의 휘하에서 관군과 의병의 연합전선을 형성하여 영천성과 경주성의 탈환
전투에 참가하였다. 이러한 전공으로 그는 경상좌도 병마사로 승차하였고 오
위도총부 도총관을 거쳐 선무공신에 책훈되고 화산군에 봉해졌다. 권응수,
『백운재실기』 권2, 「연보」참조.

565) 권응수, 『백운재실기』 권2, 「연보」.

김성일이 초유사로서 경상우도에서의 의병활동을 지원해온 경험을 반
영한 것으로 판단된다. 섣부른 관의 개입보다는 현지사정에 밝은 의병
들의 의견을 존중 하려는 의도에서 취한 조치로 보인다. 또 이 당시의
경상좌도 군소의병들은 여러 소규모 전투에서 승전한 경험으로 자신감
을 얻고 있었기 때문에 무예와 병법에 능한 무관출신 의병장으로 하여
금 전투를 지휘케 하여 의병들의 사기를 진작할 필요도 있었다.

　이에 앞서 권응수 등 좌도의병장들은 좌병사 박진을 찾아가 의병-관
군의 연합전으로 영천성 탈환 계획을 제시한 적이 있었다. 그러나 좌병
사 박진은 의병을 관군 휘하에 두고 관군 중심의 전투를 전개하려는 태
도를 보임으로써 의병장들과의 견해 차이로 무산되고 말았다.

　이와 같은 과정을 거친 좌도의병은 경상도에서 민심을 얻고 있던 초
유사 김성일을 통하여 영천성 탈환을 위한 대규모 연합전을 구상하게
되었다. 이러한 좌도의병들의 판단은 관군과의 협력을 통해 좌도 복구
의 구심점을 찾으려는 좌도의병의 공통된 인식에서 비롯된 것이었다.

　이 날 영천성 남쪽 추평들판에 집결한 연합의병군은 그 명칭을 '창의
정용군'이라 명명하고 엄한 군율[566]을 세우며 군사지휘부를 조직하였
는데, 전체 대장에 權應銖를, 좌총대장에 申海, 중총대장에 鄭大任, 우총
대장에는 崔文炳이 맡아 탈환작전을 위한 전략을 논의하였다. 여기에서
각 총을 맡은 의병장들은 자신의 의병군을 상당수 인솔해왔고 영천성의
공격에 자신의 병력을 투입하여 직접 지휘할 장수임을 의미하는 것이
다. 이 시점 영천성 탈환전에 투입된 각 총 단위의 의병 부대의 정확한
숫자는 나타나지 않으나 좌총, 우총, 중총의 각 대장들은 적어도 500 명
이상씩 병력을 동원하였을 것으로 추정된다.

---

566) 권응수, 『백운재실기』 부록, 「영천복성기」 다음과 같은 행동을 하는 자를 참
　한다는 행동지침을 선포하였다. 1. 겁을 먹고 불온한 말을 하는 자. 2. 적을 보
　고 5보 물러서는 자, 3. 마음대로 독단하고 장수의 명령을 어기는 자, 4. 전투
　에 임하여 대오를 이탈하는 자.

25일에는 경상좌병사 朴晉이 안강에 주둔하면서 연합의병이 영천성 탈환을 시도함을 알고 군관 변응규를 시켜 군기와 화약 등 물품을 지원하였다.567)

영천의 고지도를 통해서 영천성의 구조를 살펴보면, 영천성은 성 남쪽은 그 아래에 금호강(남천)이 흐르는 암벽으로 누각으로 명원루가 있어 망루의 역할을 할 수 있고 별도의 성책을 쌓지 않아도 천연의 방벽이 될 수 있었다. 남쪽은 강을 건너 인마가 다닐 출입문으로 남문이 있었고, 동문은 경주로 통하는 출입문이며, 서문은 하양·대구로 진출할 수 있었고, 북문은 마현산 쪽으로 나 있어 신녕, 의흥방면의 출입문으로 나타난다. 영천성 탈환전투의 상황은 다음의 <그림 12>와 같다.

<hr>

567) 이전에 최문병, 권응수 등이 안동에 있던 병사 박진을 찾아가서 관군과 의병의 연합전선을 타진한 바 있었으나 박진이 권응수를 휘하에 두어 지휘하기를 원하므로 권응수는 이를 거절하고 돌아온 사실이 있었고, 이후에는 권응수가 초유사 김성일로부터 좌도의병대장으로 명을 받아 연합의병을 지휘하여 영천성 탈환전에 돌입하게 되었다. 권응수, 『백운재실기』 권2 참조.

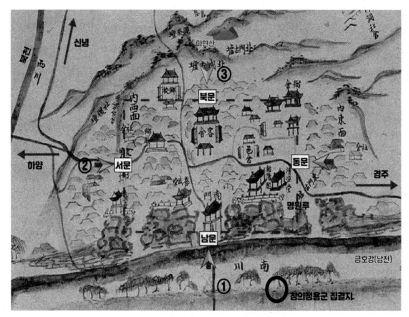

〈그림 12〉 영천성 탈환전투 상황도568)

①은 중총 정대임, 우총 최문병, 의병장 정세아, 찬획종사 정담, 영천군수 김윤국, 의병장 조희익·신준룡·이번·조덕기 등의 공격로.

②는 의병대장 권응수, 경주 판관 박의장, 좌총 신해, 선봉장 홍천뢰, 신녕 현감 한척, 하양 현감 조윤신 등의 공격로.

③은 정천리 등 500인 결사대(의성 감사졸)의 공격로.

※ 하단 ○는 연합의병군(창의정용군)의 집결지

위 상황도의 하단 우측의 들판이 추평569)으로 창의정용군의 집결지이다. 의병연합군은 금호강 주변의 마른 나무를 모으고 화약과 蒺藜를 준비하여 火攻을 계획하고 날쌘 군사 400여 명을 선발하여 강에 물 길

---

568) 출처: 영천군전도(97×136cm, 1872, 서울대학교 규장각 한국학연구원 소장).
   본 연구의 전투상황도는 위 규장각의 영천군전도 중 영천성을 중심으로 한 부분을 재편집하여 정담,『복재실기』중의 「영천복성일기」와 권응수,『백운재실기』중의 「영천복성기」를 토대로 전투상황을 도면화 한 것이다.

569) 금호강 건너편 오늘날의 주남동이다. 조선 후기의 지도에는 朱南坪으로 표기되어 있음이 보인다.

러 오는 일본군들을 공격하여 성 안의 식수를 고갈시켰다. 또 일부 병력
을 파견하여 북서쪽 성문 밖의 마현산에서 적의 동태를 살피게 하였다.
이 무렵 영천성에 일본군의 포로로 잡혀있다 탈출해온 불국사 승려로부
터 27일에 적군의 총공세가 있을 것이라는 첩보를 입수하고,[570] 의병군
의 편제를 2개의 부대로 나누어, 영천의 지리를 잘 아는 정대임 등 영천
지역 출신 의병부대가 제1대로서 성의 동남쪽 금호강변의 절벽 쪽으로
공격하기로 하고, 영천 이외 인근지역의 의병부대는 제2대로서 성의 서
북쪽을 맡아 공격하기로 하였다.

　전투가 개시되자 군졸들에게 성을 오르도록 명령을 하달하였으나 적
들의 반격에 당황한 아군 병사들이 성에 오르기를 주저하자 권응수가
명령에 따르지 않는 아군 병사를 참수하여 기율을 세운 후에야 본격적
인 성의 공격이 개시되었다. 그러나 성위에 둘러선 적의 기세가 만만치
않아 아군은 방패로 막으면서 성에 육박하여 수백 명을 죽이니, 적들은
성안으로 밀려들어갔고 적장 法化[571]를 사살하자 적의 기세는 꺾이었
다. 그래도 일본군의 저항이 완강하여 다음 날 경상좌도 의병대장 권응
수의 지휘 아래 성의 서북쪽에서 동남풍을 이용하여 火攻을 개시하였
다. 모래와 불기운이 성안으로 들이치자 일본군들은 대부분이 불에 타
거나 아군의 공격에 참살되고 마침내 영천성은 수복되었으며 성 안에
갇혀 있던 1,000여 명의 우리 백성들도 구출되었다.[572]

　영천성 탈환전투 승리의 몇 가지 요인을 살펴보면, 첫째는 영천성 전

---

570) 이욱은 불국사 승려가 포로로 잡혀 있다가 탈출해 나온 것이 7월 25일이라고
　　보았다. 이욱, 앞의 논문, 국학연구 26, 1995, 96~97쪽.
571) 권응수,『백운재실기』권2,「영천복성기」에는 아군이 비 오듯 화살을 쏘아대
　　자 적장 法化가 강에 뛰어내렸고 정대임이 목을 벤 것으로 적고 있다. "飛矢
　　如雨 敵將投下 鄭大任 趣斬之敵名將 法化者也" 여기의 적장 법화는 일본군
　　복도정칙(福島正則)의 부장으로서 이때 영천성을 점령하여 성을 지키고 있었
　　다. 일본참모본부,『일본전사 조선역』3책, 전촌서점, 1924, 207쪽.
572) 정담,『복재실기』권상,「영천복성일기」; 권응수,『백운재실기』권2,「영천복성기」.

투 이전부터 군소의병들의 연합을 통한 영천, 경산, 하양 등의 국지전에
서의 승리의 자신감으로 의병들 간의 단결력이 견고하였고, 둘째는 의
병연합전선을 통한 상호 정보교환으로 일본군의 동태를 잘 파악하여 공
성전에 필요한 무기와 목책 설치, 땔나무, 질려와 같은 화력의 철저한
준비가 있었으며, 셋째는 마현산과 금호강 등 지형지물을 최대한 활용
하여 공격 루트를 확보하는 등 치밀한 작전을 구사하였으며573), 넷째는
일본군을 지원할 가능성이 있는 영천성 외곽지원부대의 영천성과의 연
결고리를 차단했다는 점이다. 즉 대구, 하양, 경주, 의흥, 안동 등지의 일
본군의 교통로를 차단함으로써 의병군이 일본군 배후지원군의 공격에
의한 함정에 빠지지 않았다는 점이다.574) 특히 일본군 지원세력의 차단
을 위한 국지전은 권응수를 비롯한 신해, 최대기, 최문병, 정대임, 정세
아, 정천리 등이 힘을 합쳐 상당한 기간에 걸쳐 우익 척결의 사전 작업
을 한 상황이었다.

영천성의 탈환은 임란초기 경상좌도의 군소의병들이 연합하여 이루
어낸 육전 최초의 대규모 공성전 승리로서 적의 보급선과 통신망을 차
단함으로써 이후 의병연합에 의한 경주성 탈환을 가능케 한 중요한 의
미를 가진다.

영천성 복성에 대한 기록은 권응수의 『백운재실기』, 정대임의『창대
실기』, 정세아의 『호수실기』, 정담의『복재실기』에 각각 실려 있는데,

---

573) 영천성 서북쪽의 마현산에서 바람을 이용하여 땔나무에 불을 붙여 불길이 영
    천성 안으로 날아들게 함으로써 성내의 일본군 화약고를 폭발케 한 화공전의
    전개는 이곳의 지형지물에 익숙한 의병들의 가장 큰 전술 중의 하나로 볼 수
    있다.
574) 일본군의 이러한 위장 전술은 자주 사용되었다. 이러한 기망책은 임진년 8월
    21일경 제1차 경주성 탈환전에서도 나타났다. 좌병사 박진의 전략, 전술을 간
    파한 일본군은 언양의 주둔군 일부 병력을 미리 경주성 외곽의 백률사 부근
    소금강산과 경주 향교 주변의 숲속에 잠복 대기시켰다가 조선군이 성 안으로
    공격해 들어가자 그 배후를 포위하여 집중 공격했다.

그 내용에 있어서 활동 주체만 달리할 뿐 영천성 전투의 과정과 실상은 거의 비슷하게 서술되어 있다. 그것은 영천성 탈환 전투가 전체적으로 의병연합군의 일치단결된 활동의 결과였으며, 이 전투에 참여한 각 의병장들이 분담된 역할에 충실했기 때문에 어느 누구의 공이 더 크다고 할 수 없기 때문이라 판단된다. 이 전투에서 패배한 일본군은 경주 언양 등지의 좌도 남쪽지역으로 후퇴하였으며 영천성 탈환의 효과는 대구-영천-경주를 잇는 교통과 보급선의 차단을 가져왔다. 그리고 경상좌도 지역이 당시 안정을 찾고 좌도의병들에게 좌도 회복을 위한 자신감을 갖게 하였으며 이어서 전개된 경주성 탈환전의 기폭제가 되었다고 평할 수 있을 것이다.

2. 경주성 탈환 전투

임란 직후 일본군에 점령당한 경주성은 1592년 7월 27일의 영천성 탈환전의 승리에 자신감을 얻은 경상좌도 의병들의 2차 전투 목표였다. 여러 의병진들이 지속적인 연합활동을 해나가는 사이에 조정의 전공치하가 있었고 의병들의 사기는 충천해 있었다. 경주성 탈환전투는 2차례에 걸쳐서 전개되었다. 이 당시 경주읍성 내에는 후쿠시마 마사노리(福島正則)의 부장인 다가와 나이키(多川內記)의 주둔 일본군 군사와 영천성 전투에서 패잔한 馬强의 병력 등 약 1만 여 명이 주둔하고 있었다.

제1차 전투는 1592년 8월 21일에 치러졌는데,[575] 경상좌병사 박진의 주도로 약 3,700여 명의 관군과 좌도 의병 약 2,000여 명이 참전하였다.[576] 영천성 탈환전에서의 승리로 자신감을 얻은 의병은 조정으로부

---

575) 손엽, 『용사일기』, 임진년 8월 21일조.
576) 이때 좌병사 박진은 7월 하순경 의병장 권응수의 주도로 영천성을 탈환한데
    고무되어 이번에는 관군의 주도로 경주성의 공성전을 계획한 것으로 생각된
    다. 경주성 탈환전에서는 판관 박의장에게 관군을 지휘케 하고, 권응수를 관

터 최초의 육전 승리라는 치하와 함께 좌도 의병들이 경주성도 탈환할
수 있다는 자신감에서 진행되었다. 좌병사 박진은 그가 임시 병영으로
사용하던 경주 안강에 좌도 의병군과 관군을 모두 집합시켜 식사도 못
한 채 새벽에 무리한 야간 행군을 강행하여 경주성에 도착케 하였다.

이때 군사들은 영천성 탈환전에서 얻은 자신감에 들떠 '경주읍성 탈
환은 쉬운 일'577)이라며 소지한 무기도 소홀히 다룰 정도였으며, 진군하
면 바로 성을 탈환할 것처럼 흥분된 상태였다. 한편, 일본군은 미리 조
선군의 동태를 살핀 후 조선군의 경주성 탈환 계획을 탐지하고 하루 전
에 언양의 일본군 지원군을 경주에 증원시켜 경주읍성에서 약 2km 떨
어진 경주 동북쪽 외곽의 백률사 부근 금강산과 경주 남쪽의 향교 부근
에 매복시켜 두고 있었다.

조선군은 군사지휘본부를 경주읍성을 조망할 수 있는 서천(형산강)
건너편 절벽 위 금대(금장대)578)에 설치하고 병사 박진이 지휘하였다.
먼저 가마니에 풀과 볏짚을 넣어 성 주위의 해자를 메우고 영천성 탈환
전 때와 같이 화공전을 준비하였다. 관군-의병 연합군은 병사 박진의 지
휘에 따라 경주성의 동서북 3면을 포위하여 동쪽은 경주판관 박의장이
선봉이 되고 서쪽은 권응수가 의병을 지휘하여 민가에 불을 지르는 것
을 신호로 하여 읍성 공격을 개시하였다.

성 안의 일본군의 대응도 만만치 않아 조총과 화포를 쏘며 대항하였
다. 피아간의 부상자가 속출하는 가운데 조선군이 성 안으로 진입하여
적을 밀어내고 있을 즈음 백률사와 향교에 매복해 있던 적 지원군의 공

군의 일원으로 내세워 선봉에서 의병들을 지휘하게 하였다.
577) 이의윤, 『임진일기』, 임진년 8월 20일조.
578) 금장대는 경주시 석장동에 있는 높이 약 70m의 작은 산에 위치하였다. 이곳
은 경주의 서천과 북천(알천)이 합류하는 형산강의 애기 소 절벽위에 있어 강
건너편의 경주성이 한 눈에 들어오는 지점이다. 경주성 탈환전 당시 조선군의
군사지휘소로 사용되었다.

격이 가해졌다. 조선군은 일본군 지원군에 의해 포위되는 상황이 벌어졌고 성 안의 일본군은 북문을 열고 나와 조선군을 추격해왔다. 조선군은 경주읍성과 서천 사이의 계연에서 전투를 계속하기도 하였으나 많은 전사자를 내고 서천을 건너 안강 등지로 후퇴하였다.

이 전투에서 판관 박의장이 어깨에 부상을 입었고, 권응수는 말에서 떨어지기도 하였다. 치열한 전투 끝에 의병과 관군 등 수백 명의 전사자를 포함하여 조선군 전사자가 2,000여 명에 이르면서 패전하여 후퇴하고 말았다. 당시의 전투 상황을 영일 출신 김현룡의 『수월재실기』에서는

각 읍의 여러 의사들이 서영으로 달려가 합군하여 적을 쳤다. 이의택은 형을 대신하여 군량을 조급하고 권복시, 최진립은 금대에 올라가 적세의 변동을 살피는데 순식간에 적이 읍성으로 들어갔다. 이때 부윤 윤인함은 성의 북쪽에 출진하였고 적세는 강해서 그 관수자들은 적을 막지 못한 책임을 면하지 못하게 되었다. 판관 박의장은 군리에게 말하기를 "진실로 복성하지 못한다면 어찌 당관의 이름이 있겠는가?"하고 이졸들을 이끌고 나아갔다. 또 여러 의사들은 협모합진하여 적병을 크게 깨뜨렸다. 이눌, 이방린, 권응수는 적을 공격하여 무너뜨렸고 정세아, 정대임은 허점을 보아 실토했으며, 최인제, 손덕심, 정의번은 역전하였으나 전사하였다.[579]

라고 기록하고 있다. 이 날의 전투 상황을 살펴보면, 성 내에 있던 일본군의 위장 후퇴 작전에 휘말려 조선군은 성급한 공격을 하였고, 일본군은 이를 이용하여 미리 매복시켜둔 언양 지원군으로 하여금 배후에서 조선군을 포위 공격하게 한 것이었다. 경주부 읍성과 금장대(조선군 지휘본부)의 위치 및 전투상황은 아래의 지도에서 보이는 바와 같다.

---

579) 김현룡, 『수월재실기』, 임진년 8월 21일조.

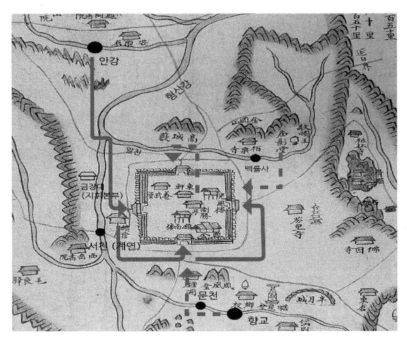

〈그림 13〉 제1차 경주성 탈환전 상황도580)

제1차 전투에서의 패인은 조선군의 방심과 적에 대한 정보탐색의 소
홀이었으며,581) 좌병사 박진의 무리한 작전 돌입과 의병과의 정보교환
부족 등 관군 위주의 일방적 군사지휘도 그 패인의 하나로 보인다. 제1
차 경주성 탈환전을 전술적으로 살펴보면, 우선 주력군으로 참전한 의
병군의 전술적 한계를 볼 수 있다. 기존에 익숙한 지리를 이용한 게릴라
전과는 달리 일본군의 3분법, 즉 1대가 진군하여 조선군의 대열을 분산
시키고 뒤이은 조총부대의 진격, 그리고 마지막으로 단병들의 돌진에
의한 공격의 형태에 무너진 사실을 확인할 수 있다. 게다가 영천성 탈환
전에서처럼 화공을 사용할 수도 없었고 일시에 대군이 투입되었으나 영

---

580) 문화재청, 『한국의 옛지도』, 예맥, 2008, 57쪽을 인용하여 재구성 하였다.
581) 조경록, 『난중잡록』, 임진년 8월 27일조.

천성 탈환 때의 승리에 도취한 군사들이 적의 지원군에 의한 배후 기습에 속수무책으로 도주한 것이 패인이라 할 것이다.

제2차 경주성 탈환전은 이로부터 보름 정도 지난 후에 다시 시작되었다. 제2차 탈환전은 경주 판관 박의장의 지휘 하에 의병-관군의 연합으로 전개되었다. 1차전의 패배를 경험삼아 2차전에서는 신중한 태도와 치밀한 계획에 의해 실행되었다. 이때는 경상우도에서 경상좌도 감사로 부임하는 김성일을 만나기 위해 박진은 대구의 동화사로 가 있었기 때문에 경주성 탈환전투의 군사지휘권을 경주판관 박의장에게 위임해 놓은 상태였다.582) 안강으로 후퇴해 있던 관군-의병 연합군(복성군)은 일시에 대규모로 공격하는 대신 결사대를 이용하여 수시로 공격하는 작전을 펼치기로 하였다.

2차 탈환전에서는 우선 정예병으로 구성된 결사대 1,000여 명을 선봉으로 하고 좌병영의 군사 4,000여 명으로 엄호하게 하여 화공작전을 구사하기로 하였다. 당시 복성군의 주요 무기로는 활, 지자총통, 현자총통, 대완구 등이었고, 일본군은 장검과 조총을 사용하였다. 2차 복성전의 전황을 결정적으로 바꾼 무기는 군기시 화포장 이장손583)이 개발한 최신 무기인 비격진천뢰였다. 비격진천뢰는 지름이 작게는 17cm부터 큰 것은 27cm의 크기로 중완구, 대완구 등에 장전하여 쏘기도 하고 성 위에서는 아래로 손으로 던질 수도 있는 시한폭탄이었다. 그 구조는 둥근 쇠 통 안에 철 파편을 여러 개 넣고 그 속의 목곡에 심지를 감아 일정한 시간이 경과 한 후에 폭발되도록 한 장치였다.

---

582) 조경록, 『난중잡록』, 임진년 8월 27일조; 손엽, 『용사일기』, 임진년 9월 8일조.
583) 군기시 화포장 이장손은 경주 괘릉출신으로 알려져 있다.(『경주읍지』 권8, 잡기보유). 비격진천뢰는 임란 직후에 화원의병장으로 활동한 우배선의 『월곡실기』에도 언급이 되고 있는데 이 시기에 직접 사용했다는 기록이 없는 점으로 보아 개전 초기에는 개발이 되지 않았으나 임진년 9월 초순경 개발이 완료되어 제2차 경주성 탈환전에서 본격적으로 사용된 것으로 보인다.

복성군은 1592년 9월 7일 밤부터 다음 날 밤까지 결사대를 통하여 수시로 공격을 감행하면서 야간을 이용해 비격진천뢰를 일본군이 있는 경주성 안으로 지속적으로 발사하자 성 안의 일본군들은 한 번 폭발할 때마다 30여 명의 사상자가 났다. 조선군의 최신 무기에 더 이상 성을 고수할 수 없는 상황임을 인식한 일본군은 다음 날 새벽 성을 버리고 서생포와 부산방면으로 후퇴함으로써 조선군은 승리하고 성을 탈환하였다.[584]

제2차 전투에서는 1차전에서와 같이 일시적 집단 공격보다는 정예군사를 활용한 조직적인 공격이 주효하였고 피아간의 병력 손실이 있었으나 무엇보다도 비격진천뢰라는 신무기의 활용이 전세를 뒤집었다. 그리고 2차경주성 탈환전에 사용된 비격진천뢰에 대해서는 일본 측의 기록에서도 그 위력을 확인할 수 있다.

밤에 또 사람을 시켜 몰래 성 아래 매복하고 성 안에 비격진천뢰를 쏘아 댔다. 우리 군사(일본군)가 얻어서 보니, 조금 있다가 포탄 안에서 스스로 불이 붙어 터졌다. 천지가 진동하고 쇠 파편이 별과 같이 흩어져 맞은 자는 즉사하였고, 맞지 않은 자는 넘어졌다. 우리 군사는 그 제도를 알지 못했다. 그래서 놀라고 이상해서 서생포로 돌아왔다. 비격진천뢰는 조선에서도 그 제도가 없었는데, 화포장 이장손이 창안하여 제작하였다. 500~600보를 땅 위를 날아와 오래 있다가 불이 안에서 일어나 터졌다.[585]

이 전투는 의병과 관군의 철저한 협조 하에 이루어졌다. 특히 2차 탈환전에서의 결사대 편성에는 경주의 지리에 익숙한 경주와 울산 출신의 용맹한 의병들이 많이 선발되었다. 이때 결사대로 활약한 경주 의병장 김득복의 기록에서는 "용감한 의병장들과 함께 야밤에 성 아래에 육박하여 진천뢰포를 쏘아대며 사력을 다했다."[586]라고 하여 많은 의병이

---

584) 박의장,『관감록』,「연보」참조.
585) 山口長孺,『정한위략』, 1981 참조.
586) 김득복,『종군록』, 임진년 9월 27일조.

치열한 전투를 벌였음을 알 수 있다. 또한 판관 박의장의 기록에도 당시
의 상황을 자세히 적고 있다.

　9월 초7일에 용감한 군사만 뽑아 밤중에 성을 덮쳐서 진천뢰를 성중에
터뜨리니, 성 안에 있던 적병들이 불에 타서 죽은 자가 수없이 많았다. 적
이 넋을 잃고 소리를 지르며 당황해하더니, 이튿날 밤에 부산으로 도망치
자 추격하여 적병 30여 명을 죽이고 그 날로 성을 탈환하였다. 성 안에는
아직도 창고에 곡식이 4만여 석이나 있었기 때문에 군사나 백성을 먹이는
데 넉넉하였다.587)

　이 전투에서는 경주 판관 박의장의 전략과 전술이 큰 효력을 발휘하
였고588) 경주 울산을 중심으로 한 좌도 의병들의 분산공격이 관군과의
협력으로 상승효과를 가져왔다. 위장을 맡은 김복득, 첨사 박춘석, 장좌
김인수, 황희안, 박춘무, 전응충, 박봉수, 이이손, 김윤복 등은 경주 판관
박의장과 함께 전투에 나서 치열하게 싸웠다. 이 전투에서의 승리는 영
천성의 탈환에 이어 경상좌도 의병연합군이 관군과의 연합활동으로 이
루어낸 중요한 성과였다. 경주-울산의병은 경주성 탈환 등의 전과를 올
려 관직에 제수되거나 증직된 자도 많았지만 경주성 탈환전투와 울산성
(도산성) 전투 등에서 많은 전사자가 발생하기도 하였다. 그만큼 치열한
의병활동을 펼쳤던 것이다. 아래의 표는 순절자와 전공에 의한 증직 상
황이다.

---

587) 박의장, 『관감록』, 권1, 가전, 9월 7일조.
588) 박의장, 『관감록』, 권1, 가전, 9월 7일조.

〈표 14〉 순절 및 증직자 현황589)

성명	관직	순절	증직	비고
김호	부산첨사	1592 경주 계연	형조참판	남면대장
최진립	공조참판		병조판서	
백이소		1597 영천 창암	참판	부산촌인
이파수		1592 경주 서천		
이분수	봉사	1592 경주 서천		부산촌인
최봉천	경상우후	1597 영천 창암	병조참판	
이응춘	부장	1597 울산 개운포	병조참판	
이눌		1597 울산 도산		
이팽수		1596 울산 서생포	병조참판	
김응택		1597 울산 서생포	훈련원정	
박인국		1597 울산 도산	좌승지	
견천지		1597 울산 도산	병조참판	
고석남		1597 대구 팔공산		
김석견	훈련원정		병조참의	
김몽량		1596 경주 곽천		부 김석견
서사적			호조참의	부 서득천
서득천		1592 경주 금장대		
김득상		1598 경주 월성		
권사악			좌승지	
권사민			좌승지	
김응복		1597 경주	병조참의	
유정		1597 대구 팔공산	호조판서	
이몽상		1592 경주 문천	병조참의	
김홍복		1597 영천 창암		
이기복		순절	병조참판	
권복흥		1592 부산 다대포		정려포상

589) 『동경속지』 충의조에 의거하여 재구성하였다. 최효식, 『임란기 경상좌도의 의
　　병항쟁』, 2004, 482~483쪽을 참조하였다.

경주성의 탈환으로 국토의 東路를 확보하게 되었고 경상좌도 중부지역의 민들은 일본군의 위협으로부터 안정을 되찾았으며 전란을 수습할 수 있는 계기를 마련하였다. 그 뿐 아니라 일본군을 경주에서 남쪽의 서생포 아래쪽으로 퇴각시킴으로써 일본군의 최북방 전선이 울산 이남으로 형성되게 하였다. 따라서 이 후 진행되었던 명의 심유경과 일본의 고니시 간의 강화교섭에서도 일본의 입지를 축소시키는 전기를 마련했다. 이러한 점에서도 경주성 탈환은 경상좌도를 회복하는데 큰 기여를 했다는 평가를 할 수 있을 것이다.

〈표 15〉 경주 선무원종공신표[590]

등급	관등 성명	명수	비고
1등	김득복, 이극복, 이언춘, 최봉천, 박춘석, 황희안, 이 눌, 정공청, 최광헌, 김기, 윤인함, 박의장	12	
2등	김 호, 김자평, 이기복, 최진립, 김득후, 김난서, 김웅하, 고덕신, 김득상, 김웅생, 김천목, 이계수, 김운룡, 한언호, 이경호, 김이충, 이계춘, 김봉수, 김수리, 이웅남, 이대립, 김춘복, 김웅춘, 이원춘, 김웅서, 최언복, 김덕룡, 박이손, 이준, 김복, 김웅택	31	
3등	김석견, 김자은, 최득우, 이몽례, 김대해, 김봉서, 도홍국, 권웅득, 이경남, 견천지, 이삼한, 박인국, 박영립, 김웅생, 손 시, 김몽수, 이몽기, 고덕곤, 고언장, 이경해, 이운룡, 김만령, 이인상, 허희만, 도맹호, 권사악, 이국빈, 이몽성, 김 련, 이몽서, 김득례, 김효남, 고석남, 김윤복, 이안국, 박춘영, 박춘무, 이만수, 이웅춘, 남의록, 지헌복, 이승춘, 이희춘, 이대인, 이승금, 이여량, 이봉수, 박효남, 황 신, 김몽남, 김웅택, 이몽룡, 이수남, 이기남, 이몽상, 김웅복, 견림, 양간	58	

590) 『선무원종공신록권』을 참조하여 도표화하였다.

제4절 安東鎭 권역의 義兵活動 확산

개전 직후 안동으로 진출했던 일본군은 풍기의 죽령을 넘어 충청도
와 경기도를 통과하여 한성에 진입하려했으나 그 경로를 바꾸어 안동지
역까지 진입했다가 안동 투석군의 저항 등으로 진로를 변경하여 풍산과
구담을 거쳐 비안으로 향해 북상하였다. 따라서 임란초기 경상좌도의
북부지역에 해당하는 안동진 권역의 안동, 봉화, 영주 등에는 중남부지
역에 비하여 일본군으로부터 직접적인 침탈을 덜 받았기 때문에 이 지
역의 의병활동은 그 창의의 시기가 늦어졌다. 그러나 북진했던 일본군
이 회군하기 시작하면서 이 지역 또한 안전할 수가 없었으므로 서서히
의병이 조직되기 시작했다. 임진년 6월 11일경 예안의 金垓를 중심으로
한 안동향병이 조직되었다. 이때의 향병은 본격적인 의병의 조직과 구
성에는 이르지 못한 초기 단계의 의병조직으로 출발하였다.

임란 초기의 안동지역 의병들은 적에 대한 공격보다는 긴급한 상황
에 대처하기 위한 향토방위적 성격의 의병이었고 그나마 의병모집이 어
려웠다. 그것은 임란초기의 경상좌도는 대다수의 사민들이 산간으로 숨
어버렸기 때문에 병력의 모집이 거의 불가능하였기 때문이다. 안집사
김륵이 처음 영주지역에 내려갔을 때 거리나 민가에는 사람의 모습을
볼 수 없었고 백성들은 일본군을 피해 산속에 숨어 있어서 안집사가 제
대로 역할을 할 수 없는 상황이었다. 좌도 북부지역에는 대부분의 수령
들이 피난하고 의성현감 신지제만이 고을을 지키고 있을 정도였으니 경
상좌도의 개전초기 피난한 백성들의 움직임은 거의 없었다고 보아야 할
것이다.

임란 직후 적의 점령 치하에 놓인 경상좌도에서 재지사족들의 의병
거사를 어렵게 하는 요인의 하나는 '의병궐기로 인해 오히려 적에게 노
출되어 침탈을 당한다'는 인식이 만연해 있었다는 점이다. 개전초기 1~2

개월 사이 경상좌도에는 비록 일본군의 거점 점령으로 많지 않은 병력
이 주둔지 관할지역을 수색하며 약탈을 일삼았다 하여도 이에 맞서기는
어려웠던 것이다. 일본 점령군들은 최신식 무기인 조총으로 무장하고
다니며 그 지방의 사정을 잘 아는 왜적화한 조선인 부왜인들을 앞세워
조선 백성들이 피난해 있는 곳을 샅샅이 뒤지고 있었기 때문이다. 이러
한 시기에 의병을 거사하여 왜적의 눈에 띄게 되면 일본군의 집중 공격
에 의해 집단학살 당하기가 일쑤였기에 많은 좌도 사민들은 오로지 일
본군의 시야에 나타나지 않는 것을 최상책으로 생각할 수밖에 없었다.
따라서 산간에 조용히 숨어 있지 않고 의병 거사를 하여 적에게 대항하
는 행위는 쓸데없이 왜군을 불러들여 불행을 자초하는 것으로 여겼
다.591) 그러나 산속에 숨어 지낸다고 해서 왜적이 물러갈 보장은 없었
으며 오히려 더욱 잔학해지는 왜적을 언제까지 피해 지내야할 지가 문
제였다. 산속에 계속 숨어있다가는 식량이 떨어져 굶어 죽을 지경에 이
르고 마는 것이었다. 경상좌도의 경우 일본군의 점령 직후부터 의병 거
사를 한 경우는 매우 드물었고 대부분 산속 피난 생활에 지치고 식량이
바닥 날 지경에 이르러서야 본격적인 의병 봉기가 시작되었다.

임란 발발 약 2~3개월이 지난 시점은 산속에 피난해 있던 좌도의 수
령들이 점차 관할 읍성으로 복귀하는 시기이기도 하다. 안동을 비롯한
좌도 북부지역의 초기 의병은 그 체제나 규모 면에서 단지 수십 명의
가동과 노복을 거느린 향리를 보존하기 위한 방어병력에 불과했다. 그
러나 사족과 초유사, 안집사의 소모활동에 힘입어 점차 산속의 민들이
모여들기 시작했고 그 숫자도 불어나기 시작했다. 예안지역에서는 예안

---

591) 『월곡우배선의 생애와 활동』, 월곡선생창의기념사업회, 1994, 147쪽 참조. 난
　　초기의 이러한 민심은 임란초기에 화원현에서 창의한 우배선의 경우에도 같
　　은 취급을 받았다. "저 사람이 멀쩡한 동민들을 왜적의 손에 다 죽게 만든다"
　　는 비난을 받아가며 창의하였다. 즉 공연히 의병을 일으켜 적을 불러들여 향
　　민들을 죽음으로 내몬다는 것이 임란초기 피난민들의 인식이었다.

현감 신지제의 고을 사수로 일본군의 접근을 어느 정도 방어하기는 하
였으나 흩어진 산졸과 피난민들을 중심으로 본격적인 의병 거사와 의병
진 간의 연합은 불가피한 상황이었다.

1. 봉화 柳宗介의 의병활동

임란 초기 경상좌도 봉화현 소천[592]에서 벌어진 전투는 경상좌도 북
부지역을 점령하려던 일본군의 공격을 지연시킴으로써 안동 등 북부지
역을 방어하기 위한 조선군의 전투력 증강에 실질적인 도움을 주었다.
이 전투에서 의병군이 비록 패하기는 하였으나 일본군의 병력 손실 또
한 컸으며, 그 사이에 좌도 북부지역을 아우르는 안동열읍향병 부대가
본격적인 활동을 할 수 있는 기반을 마련했다는 점에서 그 전쟁사적 중
요성을 갖는다고 판단되기에 경상좌도 의병사에서 다루고자 한다.[593]

봉화 소천 전투는 임란 후 약 3개월간 함경도까지 진격했던 일본군
제4군이 강원도를 거쳐 동해안을 따라 남하하면서 태백 준령을 넘어 안
동 등 경상도 북부지역을 점령하기 위해 내려오는 과정에 유종개
(1558~1592)[594]가 이끄는 봉화의병부대가 이들을 저지하며 치른 전투이

---

592) 오늘날의 봉화군 춘양면 현동리이다.

593) 봉화 소천 전투에 대하여는 이형석이 『임진전란사』 중권, 임진전란사간행위
원회, 1994의 '임진년 제2기 작전' 편에서 처음 다루었고, 이후 노영구는 소천
전투의 전말을 상세하게 밝혀 놓았다. 노영구의 논문 「임진왜란 초기 봉화 소
천 전투의 전개와 전쟁사적 의미」, 『영남학』 62, 2017에서는 임란초기 경상도
북부지역의 상황과 소천 전투의 배경, 그리고 유종개 의병부대의 편성과 소천
전투의 경과를 집중적으로 고찰한 바 있다. 본 연구에서는 노영구의 위 논문
을 참고로 하여 보충 서술하였으며 이형석의 위 저술도 함께 참고로 하였다.

594) 유종개는 자가 季裕, 본관은 豊山이며 고산 유빈의 아들로 태어나 1579년에 진
사가 되고 1585년(선조 17)에 식년 문과에 급제하여 정언, 전적 등을 역임하였다.
사후 조정에서는 소천 전투에서 전사한 유종개에 대하여 통정대부 예조참의에
증직하고 봉화군 상운면 문촌리에 1616년 왕명으로 충신각을 내린 바 있다.

다.[595] 임란 직후 일본군의 진격로에서 벗어나 있던 경상좌도 북부지역인 영주·봉화 등지에는 적의 침략을 별로 받지 않았다. 그것은 일본군이 처음 예상했던 안동[596]을 거쳐서 죽령을 넘어 북상하려던 계획이 변경되었기 때문이었다.

한양을 점령한 이후 일본군은 분도정책(각 도를 분할하여 통치)에 따라 각 군별로 그들의 통치지역으로 이동하면서 주변 지역을 침략해 들어갔다. 이 같은 일본의 조선 점령지 분도정책에 따라 강원도 지역을 담당했던 가토오 기요마사 휘하의 모리 요시나리(毛利吉成 또는 森吉成)의 일본군 제4군은 임진년 5월 19일 한양을 떠나 북상하여 강원도를 침략하였고 철령을 넘어 함경도 안변부까지 영역을 확보하였다가 다시 동해안을 따라 남하하여 강원도 흡곡(歙谷)[597]으로 내려왔다. 그 후 임진년

유종개에 대한 후대의 기억은 이와 같다. "그는 천품이 맑고 강직하며 주역 읽기를 좋아하였으며, 임란이 발발한 그해에 喪中에 있었다. 임금이 몽진한다는 소식에 '백성이 되어 나라에 충을 다하다 죽는 것이 사람의 도리이거늘 국난을 당하여 이대로 안일하게 있을 수 없다'라고 하였다. 정언 金中淸과 함께 의병을 일으키고 대장이 되어 태백산을 근거로 왜병을 무찌르다가 소천에서 적장 毛利(吉 森成)군의 복병을 만나 혈전을 치르다 전사했다. 그를 봉화 땅에 장사지냈으나 후사가 없어 봉분이 무너졌으므로 군수 박태적이 그 義를 사모하여 봉급을 내어 묘갈을 세웠다." 『국사대사전』, 『영남인물고』 각 참조.

595) 유종개 부대의 의병의 명칭은 몇 가지로 명명되었는데, 김해의 『향병일기』의 임진년 6월 11조에는 유종개·임흘이 중심이 된 '춘양현 의병'으로 나타나고 있으며 그 외 '내성의병', '봉화의병' 등의 명칭으로도 사용된 것으로 보인다.

596) 임란초기 안동지역에는 부사 정희적과 대다수의 수령들이 피난하였고 예안현감 신지제 만이 고을을 지키고 있었다. 임란 직후 북상하던 가토오 기요마사의 일본군 제2군이 영천과 신녕을 점령한 이후 부대를 2개로 나누어 분진 협격하여 북상하였다. 경상좌도 안동지역으로 침공한 일본군의 1대는 안동의 척석군에게 막혀 진로를 바꾸어 풍산으로 향하였으나 당시 경상좌방어사 성응길의 저지에 의해 다인으로 방향을 돌림으로써 안동지역은 일시 일본군의 위협에서 벗어날 수 있었다. 노영구, 「임진왜란 초기 봉화 소천 전투의 전개와 전쟁사적 의미」, 『영남학』 제62호, 2017, 385~386쪽 참조.

597) 강원도 통천군 흡곡면이다.

7월 상순경 이들은 조선군의 큰 저항 없이 계속 남하하여 삼척에 도달하였고 이어서 울진과 평해부를 거쳐서 8월 초순경에는 경상도의 영해부까지 내려왔다.

한편 영해부에 이르기 전, 울진에서 일본군은 부대를 나누어 1대는 영해로 계속 남진하였고, 다른 1대는 울진에서 서진하여 왕피천으로 이어지는 불령사 계곡(金溪川)을 경유하여 태백산맥(낙동정맥)을 끼고 경상좌도 예안·안동 지역으로 침입을 시도하고 있었다. 일본군이 울진에서 예안에 이르는 길은 불영계곡을 타고 넘어 경상도와 강원도의 경계지점인 광비령598)을 거쳐 봉화현의 소천지역에 이르게 된다.599) 이때 일본군은 울진의 광비령을 넘어 봉화의 소천을 거쳐 재산으로 진격하여 예안, 안동을 공격할 계획이었던 것으로 보인다. 이 지역은 강원도 동해안과 경상좌도 북부지역을 가르는 경계지점으로서 일본군이 경상좌도 안동 등 내륙지방을 분탕하기 위해서는 반드시 거치지 않으면 안 되는 지점이었다.

일본군이 강원도 동해안을 거쳐서 경상좌도의 봉화소천지역을 공격해온 이유는 이곳의 지리적 위치와도 관련이 있는 것으로 보아진다. 소천지역은 경상좌도와 강원도의 경계지역으로서 일본군이 개전초기에 한양을 향해 북상할 당시에 안동에서 죽령을 넘어 진격하려던 계획을 변경하는 바람에 봉화, 영주지역에 대한 장악이 되지 않았고, 안동지역

---

598) 꼬집이재, 에미랑재로 불리기도 한 광비령 인근에는 조선시대의 통행인들의 숙소인 광비원이 있었다. 이곳은 울진과 봉화·영양으로 통하는 길목에 해당하는 고갯마루로서 인근의 12령(열두 고개)을 넘어야 강원도지역을 거쳐 한양으로 갈 수 있는 지점이었다. 임란 당시로서는 일본군이 강원도 동해안에서 경상도로 침입할 수 있는 중요한 요충지에 해당하였다. 오늘날은 광폭의 도로가 개통되어 울진에서 봉화로 통하는 태백준령을 어렵지 않게 넘을 수 있으나 임란 당시의 도로 사정으로는 이 길이 매우 험준하고 위험한 길이었다.

599) 울진에서 봉화 소천까지는 약 50km의 산길로서 임란 당시 일본군의 이동경로로는 약 2일이 소요되는 거리였다.

을 일시 점령하기는 하였으나 거점 주둔하다가 안동의 척석군 등에 의
해 풍산현 구담으로 밀려났기 때문에 완전한 지배를 하지 못하였다. 따
라서 일본군은 경상좌도의 북부지역인 안동부를 다시 공격할 필요가 있
었고 동해안을 따라 경상좌도로 들어오던 일본군 제4군의 그 첫 공격지
점이 소천이었던 것이다. 그들은 소천지역을 거쳐서 예안, 안동을 점령
한 다음 고치령600)을 통하여 강원도와 충청도 내륙까지 연결하는 교통
과 통신망을 확보할 계획이었던 것으로 보인다.

먼저 울진과 봉화 소천 지역을 중심으로 이 일대의 관방 및 지형을
살펴볼 필요가 있겠다. 임란 무렵 울진과 평해는 강원도 소속이었으며
봉화현은 경상좌도의 소속이었다. 강원도 동해안의 關防은 동해안에 수
군첨절제사영을 두고 크게 중익과 좌·우익으로 나누었는데, 강릉을 중
익으로, 양양을 좌익, 삼척·울진·평해를 우익으로 3분하여 방어하는 체
제였다. 울진에는 고진포영(울진포)을 설치하고 영장은 수군 만호 1인을
배치하였다. 울진에서 소천에 이르는 역원으로는 울진 서면에 하원, 소
광리에 소조원, 광비리에 광비원을 두고 있었다. 즉 울진에서 약 100리
되는 지점의 광비원을 지나 광비령을 넘으면 봉화의 분천을 거쳐 소천
지역에 이른다.

임란 당시 소천지역의 요새지로는 봉화 법전과 소천의 경계지역인
노루재(獐峴)와 춘양과 소천의 경계지역에 있는 살피재(薩扶嶺), 그리고
석포와 소천면에 걸쳐 위치한 넛재가 있었다. 소천지역은 북으로는 강
원도의 태백과 통하고 서쪽으로는 영주로, 남쪽으로는 낙동강을 낀 청
량산 자락의 재산과 예안, 안동으로 연결되는 교통로로서 요지에 해당
하였다. 일본군이 이 지역으로 들어온 것은 소천지역을 통하여 남로인
재산에서 예안으로 통하는 길을 이용하여 경상좌도 북부지역을 장악하

---

600) 고치령은 곶적령, 골적현, 곶적현으로도 불리었으며 강원도 영월에서 경상좌
     도 풍기로 넘어가는 고개로서 군사상 요충지였다.

려고 시도한 것으로 보인다. 이 시기에 이 지역을 맡아 경상좌도 북부로 진격해오는 적군을 맞아 싸울 만한 부대는 유종개 부대 밖에 없었기에 유종개 부대는 좌도 북부를 노리는 일본군을 막아내야 할 막중한 임무를 띠고 있었다.

소천으로 들어온 적군은 모리 요시나리 대장을 비롯하여 약 3,000명의 군사가 침략해왔고, 한편 유종개 부대의 군사조직은 義兵將에 유종개, 副將에 임흘, 장서기에 윤흠신·윤흠도 형제, 지휘관 김중청, 김인상, 군관 권경 등 향병 약 500명이 있었다. 유종개 부대의 후원 관군으로는 안집사 김륵, 영해부사 한효순, 장기현감 이수일이 이끄는 군사가 있었다.601) 유종개 의병부대의 조직을 보면, 임란 직후의 초기 의병의 모습을 크게 벗어나지 못하였던 것으로 생각되나 16개 조목의 의병군 준수사항602)과 전략·전술상의 7개 군령603)을 정하여 규율을 통해 엄정한 군

---

601) 이형석, 『임진전란사』 중권, 임진전란사간행위원회, 1994, 485~487쪽.

602) 『순암선생문집』 권24, 「동몽교관 용담임공 묘지명」 참조. 여기에는 "1. 헛소문을 전하지 않는다. 2.놀라서 함부로 움직이지 않는다. 3. 시끄럽게 떠들지 않는다. 4. 해괴하게 장난치지 않는다. 5. 아랫 사람이 윗사람을 능멸하지 않는다. 6. 천한 사람이 귀한 사람을 능멸하지 않는다. 7. 공을 자랑하지 않는다. 8. 어려운 일을 사양하지 않는다. 9. 뜻이 다르고 같음으로써 즐거움과 노여움을 삼지 않는다. 10. 즐겁거나 분노한 일로 서로 등지지 않는다." 등의 의병 상호간의 위계질서와 지켜야 할 도리를 정하고 있다. 유종개 의병부대의 구성원이 사족들로부터 농민 및 하층민의 다양한 구성원들이 참여하고 있음을 고려하여 관군과는 달리 유교적 위계질서와 윤리적 준수사항을 강조함으로써 군사들을 통제하려는 민병적 특징이 보인다.

603) "1. 북소리를 들으면 나아가 싸우고 징소리를 들으면 그친다. 2. 북소리가 끊어지지 않으면 전진할지언정 후퇴해서는 안 되며 함부로 후퇴하는 자는 벨 것이다. 3. 징소리가 두 번 들린 후에 후퇴하고 후퇴함에 뒤쳐지는 자는 벤다. 4. 군중의 기밀을 누설하는 자는 벤다. 5. 집합 시기에 늦는 자는 벤다. 6. 사사로이 민간의 물건을 취하는 자는 비록 그것이 작더라도 반드시 처벌한다. 7. 군령을 따르는 자는 상을 주고, 군령을 따르지 않는 자는 처벌한다." 등의 작전상의 신호체계와 기밀누설금지, 민폐 엄금 및 소집령 준수에 대한 엄한 군율을 적용하고 있음을 알 수 있다.

기를 유지하였다. 이 무렵에는 경상좌도의 각 군현에서 의병활동을 활
발하게 하고 있었고 서서히 관군이 재정비 되면서 관-의병의 연합활동
도 이루어지고 있었다. 그러나 의병진 마다 군령이나 군기가 제대로 확
립되어 있지 않아서 일본군의 공격에 조직적으로 대항하지 못하는 실정
이었다. 관군을 적병으로 오인하기도 하는 등 상당한 혼란이 빚어지기
도 하였으며,604) 한 지역의 일본군의 공격을 보고도 인근의 향병이 지
원을 하지 못하고 방관하는 상태였다.

　소천 전투 이전에 경상좌도 북부지역에는 일본군의 남하에 대한 대
책으로 의성 의병장 신흘(申仡)은 7월 하순경 김해, 유종개, 정세아 등에
게 서신을 보내어 안동 일직현의 정자에서 만나 각 지역 의병부대 간의
연합을 추진하기도 하였다. 이러한 상황을 감안할 때 소천 전투에서 유
종개 부대가 일본군 3,000여 명을 대적하기에는 역부족이었다 하더라도
당시의 좌도 북부지역의 어느 의병부대보다도 조직적이고 치밀하게 의
병부대를 운용한 것으로 평가될 수 있을 것이다.

　유종개 부대는 소천 전투에서 김륵, 한효순 등의 관군의 지원을 받지
못했고605) 아군 척후병이 적의 선봉대가 조선인 옷을 입고 있는 것을
보고 착각한 나머지 아군 병력의 매복 위치를 폭로함으로써 적의 3,000
여 명의 본대로부터 집중 공격을 당하여 패전하고 말았다.606) 이 전투
에서 유종개를 비롯한 대부분의 의병들은 전사하고, 다만 임흘과 김중

---

604) 최문병이 이끄는 자인의병이 좌병사 박진의 군사를 적으로 오인하여 3겹으로
　　포위한 사실도 그 한 예이다. 앞의『성재선생실기』임진년 8월 20일조. "兵使
　　朴晉之來過慶山也　錯認爲賊獎大率軍伍馳圍三匝　兵使從事李擢英傳書請見
　　乃知兵使之行"
605) 이때 김륵과 한효순이 유종개 부대를 지원하기로 하였으나 김륵은 영월에서
　　고치령을 넘어 내려오는 또 다른 일본군을 막아내기에 급급하여 지원군을 보
　　내지 못하였다.
606) 이때의 일본군은 항복을 거부하거나 전사한 자들의 얼굴 가죽을 벗기고 불로 지
　　지는 악랄한 보복을 한 것으로 전해지고 있다.『봉화군사』, 봉화군, 2002 참조.

청은 살아남아 임흘을 대장으로, 김용(김철의 형)을 좌부장, 이화를 우부장, 김중청을 참모로 하여 후일 김해를 총대장으로 하는 '安東列邑鄕兵'을 조직하는 계기를 만들었다.

유종개 부대는 안동을 비롯한 경상도 북부지역의 방어를 위해 봉화현 춘양에서 조직되었으며[607] 일본군과 그에 부역하는 조선인의 공격으로부터 향리를 지키기 위한 의병진이었다.[608] 부대의 편성을 보면, 예안과 안동지역 다수의 사림들이 적극 가담하였는데 임흘, 윤흠신·흠도 형제, 김중청[609], 김인상, 김철 등이 유종개의 휘하 의사로서 종군하였고 그 외의 사림과 농민군으로 편성되었다. 그 중 임흘은 유종개와 함께 봉화의병의 조직과 운용을 실질적으로 담당한 핵심 인물로서 당시의 경상좌도 안집사 김륵과 함께 소고 박승임의 문하에서 동문수학한 유학자였고 김철은 김성일의 조카였다. 따라서 이들은 경상도 초유사 김성일과도 인맥과 학맥이 닿아 있는 인사들이었다.

유종개 의병부대는 안집사 김륵과의 소통이 원활하여 다른 지역에 비하여 관군과의 연합도 대체로 쉽게 이루어지고 있는 조직적 특성을 가졌다. 특히 임흘은 김륵의 의병 모집과 관군의 재정비 작업에 적극 협력하였으며 유종개 의병의 조직 구성에도 임흘의 노력이 컸음을 알 수

---

607) 김해, 『향병일기』 참조. 한편, 김강식은 『춘파당일월록』 권8, 8월 초9일조를 근거로 유종개가 仁同에서 처음 기병한 것으로 보고 있다.

608) 김해를 의병대장으로 하는 '안동열읍향병'의 조직에는 유종개도 그 일원으로 되어 있고, 6월 중순경 유종개가 봉화 춘양에서 의병거사를 한 것으로 나타난다. 그러므로 유종개의 창의는 안동 및 좌도 북부지역의 의병 봉기로는 매우 빠른 시기로 볼 수 있을 것이다.

609) 유종개 의병에 가담했던 苟全 金中淸은 월천 조목과 한강 정구에게서 수학하였으며 임란 이후 전란의 복구를 위하여도 노력하였다. 대명 사은사의 서장관으로 나가 종계변무활동을 하였고 북경을 다녀와 『조천록』을 저술하는 등 문장으로 외교에 기여한 바 있었다. 김세현, 「구전 김중청공을 통해 본 임진란과 복구활동」, 『경북지역 임진란사』, 임진란정신문화선양회, 2016; 서인범, 「김중청, 『조천록』의 사료적 가치」, 『이화사학연구』 51, 2015를 각 참조.

있다. 안정복의『순암선생문집』중「동몽교관 용담공묘지명」에는 의병
의 편성과정이 잘 나타나 있다.[610) 대장 유종개는 본관이 풍산으로 1579
년(선조 12)에 진사시에 합격하고 1585년 식년문과에 급제하여 교서관
정자와 전적을 역임한 후 향리인 예안에 돌아와 있던 중 부친상을 당했
으며 상중에 임란을 맞았다. 그의 가계는 고조부가 선략장군 충무위부
호군을 지내는 등 대체로 무반적 성격이 강한 가문의 출신이었으며 강
개한 성격과 기개가 높아 불의를 참지 못하는 기질을 갖고 있었다. 이에
임흘 등의 사족들은 유종개가 일본군에 맞서 의병을 지휘할 충분한 자
질을 갖춘 것으로 여겨 그를 대장으로 추대한 것으로 판단된다.[611) 임
란초기에 영남의병장들로 추대된 인물들은 대체로 학식과 덕망을 갖추
었으면서도 강개한 무반적 기질의 소유자들이 많았다. 유종개는 중앙의
관직을 역임한 문사였으나 죽음을 불사하며 전시의 민병들을 지휘하기
에 적합한 인물이었기에 대장으로 추대된 것으로 여겨진다.

　다음으로 유종개 부대의 소천 전투의 실상을 파악하기로 한다. 임진
년 7월 26일에 일본군이 소천방면으로 쳐들어온다는 첩보를 입수한 유

---

610) "임진년에 왜노가 대거 침입해 들어오자 영남지방이 먼저 그 병화를 당하여
　　여러 고을이 와해되었다. 공은 스스로 대대로 국가의 녹을 받은 신하로서 차
　　마 앉아서 보지 못하고 비분강개하여 눈물을 뿌리면서 교서관 정자 유종개 및
　　김중청, 윤흠신.흠도 형제와 함께 모의하고 창의하여 처음으로 춘양으로부터
　　기병하고 수백 명을 모아서 얻었으니 이른바 奈城兵이었다. 유공을 대장으로
　　추대하고 공은 副將이 되었는데 16조의 약속을 정하여 동지들을 격려하였다."
　　안정복,「동몽교관 용담공 묘지명」,『순암선생문집』참조.
611) 앞의 노영구의 논문 393~394쪽을 인용하였다. 이 전투에서 전사한 유종개의
　　시신은 유종개의 형 유종직과 유종개의 장인 금문순이 수습하여 처가인 봉화
　　문촌리 마장들에 장사지냈다고 한다.『봉화군사』에는 문촌리에 마을 사람들
　　의 구전으로 전해지는 유종개의 강건한 기질에 대하여, "유대장(유종개)은 싸
　　움하러 나갈 때 명주 3필로 허리띠를 하였는데 적을 만나 용전할 때 힘을 쓰
　　니 끊어져 칡넝쿨로 허리띠를 하고 싸웠으나 허리띠가 약하여 힘을 쓰지 못해
　　전사했다고 한다."고 하였다.『봉화군사』, 봉화군, 2002, 647쪽 참조.

종개는 일본군이 통과할 것으로 예상되는 봉화현 동부 삼림지대에 매복해 있었다. 여기에서 유격전으로 대항하겠다는 전략으로 안집사 김륵612)과 좌병사 박진에게 통문을 보내어 구원을 요청하였다. 그리고 7월 26일에는 노루재(獐峴)613)로 부대를 이끌고 가 화장산과 薩扶嶺(살부령, 살피재, 전피현) 아래에 군사들을 분산 매복시키고 일본군을 기다렸다. 그러나 안집사와 좌병사는 당시의 안동과 영해 지역의 일본군의 이동에 따른 상황이 매우 긴급하여 유종개 부대를 지원하기가 어려웠다. 그럼에도 불구하고 유종개 부대는 일본군과 1차전을 치러야했다.

유종개 의병부대가 매복해 있던 노루재 일대는 화장산의 깊은 계곡이었으며 화장산의 노루재와 건너편의 살부령은 불과 1km이내의 근거리에 위치해 있었고 그 사이의 낮은 지역에는 영주로 나가는 소로가 놓여 있었다. 이날 일본군 선발대는 고선리를 거쳐 현동천을 따라 반대편의 화장산으로 군대를 진격해 나갔고 의병들은 이들의 진격을 저지하기 위해 살부령의 고지대에 매복해 있으면서 능선 아래의 일본군의 이동상황을 내려다보며 기습전을 펼친 것으로 판단된다. 전투지역의 상황은 다음의 그림과 같다.

---

612) 임란 직후 조정에서는 도망간 수령과 관군에 대한 처벌 문제를 두고 논의가 있었다. 당연히 처벌하자는 주장이 없지 않았으나 전쟁 중의 상황이었고, 또 도주한 관인을 모두 처벌하는 것은 군사력 저하를 가져올 수도 있으므로 일단 기회를 주어 숨어있지 말고 나와서 싸우도록 하는 것이 좋다는 쪽으로 의견이 모아졌다. 안집사 김륵은 초토화 된 경상도에 내려와서 이러한 업무를 수행하였다. 김륵은 조정으로부터 경상좌도 안집사의 명을 받고 임진년 6월경 경상좌도의 각 군을 순회하며 흩어진 민심을 안정시키고 산속에 피신해 있던 패잔 관군을 불러내어 의병에 가담시키며 의병활동을 독려하고 있었다. 따라서 유종개 부대의 병력 중에도 관군과 의병이 뒤섞여 있었던 것으로 추정된다. 정해은, 「임진왜란 초기 경상좌도 안집사 김륵의 역할과 활동」, 『영남학』 28, 2015 참조.
613) 봉화에서 강원도 태백으로 넘어가는 고개이다.

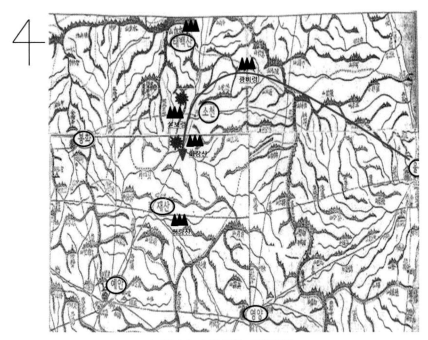

〈그림 14〉 소천 전투 상황도614)

살부령에서 펼친 일본군 선발대를 상대로 한 1차전에서는 유종개 부대가 일본군을 물리치고 승리하였으며 전리품으로 소와 말, 그리고 침입군의 깃발을 빼앗았다. 이 날의 일본군 선발대는 수적으로 수백 명을 넘지 않았던 것으로 생각된다. 이 당시 일본군은 울진방면에서 약 3,000명615)의 군사를 이동해오면서 선발대를 앞세우고 본진은 뒤에서 천천히 움직이며 선발대와 정보를 교환하였던 듯하다.

---

614) 출처:『대동여지도』봉화, 울진 지역(한국학중앙연구원 장서각 소장, K2-4957) 위 상황도는 김경태,「임진란기 봉화지역이 의병활동과 일본군의 동향」,『경북지역 임진란사』권2, 임진란정신문화선양회, 2016, 260쪽을 참조하여 재구성하였다.

615)『봉화군사』, 봉화군, 2002.에서는 당시 일본군의 수를 3,600명으로 기술하고 있다.

유종개 부대의 매복군은 그러나 2일 후의 일본군 본진과의 전투에서는 중과부적으로 패배하였다. 이 전투에서는 유종개 부대의 척후병이 조선인 복장으로 위장한 일본군을 아군으로 오인하여 아군 본진의 매복 장소를 들키는 바람에 아군의 본진으로 밀려오는 일본군 본진의 기습을 받아 패배하고 말았다.[616] 일본군 3,000명의 대부대가 몰려올 때 유종개는 이미 죽음을 각오하고 최후의 일전을 치르기로 결심하였다.

이 당시의 상황을 『봉화군지』에는 자세하게 적고 있다. 유종개는 7월 29일 적의 대부대가 쳐들어온다는 첩보를 받고 아침 일찍 군사 약간 명을 거느리고 조래(助羅)[617]의 물가에 나가서 장사들에게 "구원병은 오지 않고 적의 공격은 빨리 다가오니 우리의 쇠잔하고 외로운 군대로는 형세가 능히 대적할 수 없을 것이나 몸은 이미 나라에 바치기로 하였으니 한 번의 죽음을 아끼리요."[618]하고 箭皮峴으로 향할 때 아군 척후병과 보초들의 잘못으로 왜병들에게 그들의 위치가 폭로되어 버렸다. 고개에 이르지 못하여 선봉군이 창졸간에 왜병과 만나 군사가 흩어지니 대장이 크게 호령하고 화살을 날려 왜병 두어 명을 죽이니 왜병이 숲속에 숨어 있다가 의병의 선발대가 지나가기를 기다려 일시에 쏟아져 나왔다.

적들이 대장 유종개를 포위하니 활을 쏘고 칼로 무수히 왜병을 죽였으나 지세가 험해 말을 달려 돌격할 수가 없으므로 말에서 내려 싸우다

---

616) 일본군은 임란초기에 매복과 후퇴의 전술을 자주 사용한 것으로 나타난다. 임진년 8월 하순경의 제1차 경주성 탈환전투 당시에도 성안으로 진격해 들어간 조선군이 후퇴하는 일본군을 추격하다가 외곽에 매복해 있던 일본군 지원부대의 기습으로 수백 명이 몰살당하며 패배한 사실이 있었다.

617) 조래(助羅)는 오늘날의 봉화군 법전면 소천리의 낙동강 지류인 운곡천 개울가에 위치한 마을로 추정된다. 의병군의 정확한 매복장소를 확정하기는 어려우나 노룻재가 있는 화장산 아래쪽으로 일단 가정할 수 있을 것이다. 다만 좀 더 정확한 지점의 고증이 필요할 것이다.

618) 『봉화군사』, 봉화군, 2002 참조.

장렬하게 전사했다. 왜병들은 대장을 살해한 후 얼굴 가죽을 벗기고 머리를 매달았다.[619] 이때의 상황을 『난중잡록』에서는

> 경상도 예안 사람 유종개가 군사를 모집하여 적을 치다가 얼마 안 되어 패하여 죽다. … 강원도의 적이 평해, 울진 등지를 분탕하고 장차 광비촌을 넘어서 온다는 말을 듣고 장서 윤흠신·흠도 등과 더불어 군사를 거느리고 맞아 치려고 하였다. 적의 선봉이 변복을 하고 가만히 왔으나 (유종개의) 척후병이 이를 깨닫지 못하여 매복하였던 우리 군사가 모두 흩어졌다. 유종개 등이 창졸간에 적을 만나 용감하게 싸우며 퇴각하지 않았으나 힘이 다 되고 구원병이 없어서 마침내 살해당하였다.[620]

라고 기록하고 있다. 그러나 척후병의 실수가 없었다 하더라도 좌병사와 안집사의 지원병력이 오지 않은 상태에서 숫적으로 5~6배나 많은 일본군을 막기에는 사실상 역부족이었다. 그럼에도 유종개 부대는 향토수호의식과 충의심으로 최선을 다해 외로운 싸움을 치렀다. 전투결과 유종개를 포함한 윤흠신 형제와 대다수의 아군 의병이 전사하였다.

이때 힘겹게 살아남은 임흘과 김중청은 후일 안동지역으로 가서 의병활동에 투신하였다. 의성 의병장 신흘은 열악한 여건 속에서 일본군을 대적하던 임란초기 경상좌도 북부지역의 당시 전시상황을 소상하게 기록한 전시일기인 『난적휘찬』[621]을 지어 도체찰사 이원익에게 올린

---

619) 『봉화군사』 봉화군, 2002, 646~648쪽 참조.

620) 조경남, 『난중잡록』 2, 임진년 8월 27일조 "慶尙道禮安正字柳宗介 募兵討賊 未久敗死 … 聞江原道之賊 焚掠平海蔚珍等郡 將踰廣比村 與尹欽信尹欽道 等 領兵迎擊 先鋒之賊 變服潛行 斥候者不覺 伏兵者皆散 宗介等倉卒遇賊 敢 戰不退 力窮無援 竟爲所害"; 『국역대동야승』 6, 고전국역총서, (재)민족문화 추진회, 1989, 580쪽.

621) 신흘의 『난적휘찬』은 임란 초기의 경상좌도 북부지방의 사민들의 삶의 모습 과 안집사 김륵이 좌도의 영주와 안동지역에서 벌인 의병지원 활동 등을 자세 히 기술함으로써 좌도의병사의 연구에 귀중한 자료가 되고 있다.

바 있다.

남하하는 일본군을 상대로 한 소천 전투에서 유종개 의병의 3일간의 전투로 인하여 경상좌도 북부지역을 공격하던 일본군은 3,000여 명 중 상당수의 병력을 손실한 것으로 보인다. 이 전투에 안집사 김륵은 유종 개 부대를 지원해주지는 못했으나 유종개 부대의 희생으로 시간을 벌어 같은 시기에 골적현으로 쳐들어오는 일본군을 방어해 낼 수 있었다. 따라서 유종개의 소천 전투는 경상좌도 북부와 강원·충청지역을 연결하려던 일본군의 목표를 좌절시키는 효과를 가져왔다는 점에서[622] 그 전투사적 의미는 크다고 볼 것이다.

특히 유종개부대의 소천 전투 이후 좌도 북부지역에서 본격적인 의병활동이 추진된 점이 주목된다. 즉 이 전투에서 살아남은 임흘을 중심으로 김용·김철 형제가 군사를 모아 의병진을 재건하였고 경상좌도 주요 의병장들을 하나로 결집하여 대규모 연합의병진을 구성하는 계기를 만들었다는 점에서 좌도 의병사에서 소천 전투가 갖는 의의를 찾을 수 있을 것이다. 유종개 의병부대는 경상좌도의 군소의병의 역할을 보여준 대표적 사례라 할 수 있다.

유종개와 같은 군소의병들의 활동이 기폭제가 되어 경상좌도의 연합의병진이 형성될 수 있었으며 특히 좌도 북부지역에서는 유종개의 활동이 '안동열읍향병'이라는 연합의병진을 구성하는 결정적인 계기를 이룬 것이었다. 즉 유종개 부대의 치열한 전투와 희생에 자극받아 구성된 의병 조직이 안동을 비롯한 좌도 북부지역 연합의병 중 가장 규모가 큰 '안동열읍향병'이라 하겠다. 적의 좌도 내륙장악의 계획이 포기되지 않

---

622) 김경태는 소천 전투에서 경상도 예안 등지로의 진입에 실패한 일본군이 다시 울진으로 돌아가 삼척방면으로 북상하여 오대산을 넘어 서진하여 평창과 원주로 나아간 것으로 보고 있다. 김경태, 「임진란기 봉화지역이 의병활동과 일본군의 동향」, 『경북지역 임진란사』 권2, 임진란정신문화선양회, 2016, 254쪽 참조.

은 상황에서는 안동지역의 방어를 위한 대규모 의병연합조직의 필요성
은 현안의 과제였다. 이후 김해(金垓)를 대장으로 하는 소규모의 '안동
향병'에서 의병간의 연합을 반복하여 확장, 정비된 '안동열읍향병'으로
발전되었다. 또한 이 시기는 초기의 부진했던 관군이 서서히 회복되어
가는 시점이기도 했다. 좌도 북부지역 의병을 대표하여 관군과의 연합
과정을 거친 후 체제가 갖추어진 대규모의 '안동열읍향병'은 일본군의
중요 거점인 문경의 당교 등에서 치열한 전투를 치름으로써 경상도에서
의 일본군의 활동을 위축시키는 전기를 마련할 수 있었다.

　소천 전투에서 일본군은 그들의 경상-강원-충청을 연결하는 보급선
확보에 실패함으로써 소기의 목적을 이루지 못하여 경상좌도의 내륙지
방 장악이 불가능해졌고 전반적인 전쟁수행 능력이 저하되었다. 이런
측면에서 볼 때 유종개의 소천 전투에 대한 평가는 '유종개 의병의 패
배에도 불구하고 적군이 반드시 성공한 전투도 아니었다.'라고 할 수 있
을 것이다. 소천 전투는 소규모의 의병 군사로써 대규모의 적을 상대하
여 펼친 의병의 게릴라전의 한계를 보인 측면도 있으나 전체 좌도의병
들에게 의병 및 관군과의 연합의 필요성을 더욱 강하게 인식시킨 중요
한 의미를 갖는다. 소천 전투가 가져다 준 교훈으로 이 후 조직된 '안동
열읍향병'은 연합의병의 활동을 통해 전쟁의 국면을 조선군에게 유리하
도록 전환하는 계기를 마련할 수 있었다고 할 것이다.

2. 金垓의 '안동열읍향병'의 활동[623]

1) 안동향병의 조직 과정

예안·안동을 중심으로 이루어진 안동향병은 초기에는 김해(1555~1593)를 대장으로 하여 조직된 군소의병이었다.[624] 그러나 이후 의병의 규모와 활동영역을 넓혀가면서 경상좌도의 중·북부지역까지 확산하여 대규모의 안동열읍의 연합의병진으로 발전하였다. 김해는 본관이 광산이며 경상도 예안현 오천리 출생으로서 읍청정 金富儀의 아들로 태어나 생후 7일 만에 모친을 여의고 백부인 후조당 金富弼의 양자로 입양되어 김부필의 집에서 길러졌다. 그는 생가와 양가의 부모상을 당하여 각각 3년상을 치를 정도로 생가와 양가의 아들 노릇을 충실히 하였다.

우선 김해의 의병활동의 경제적 기반이 된 그의 상속 재산을 파악해보면, 광산김씨 가문에 학문적 기반을 놓았던 그의 조부인 金緣(1487~1544, 문과, 관찰사 역임) 대부터 처변·모변 등의 재산을 받음으로써 집안의 가산이 넉넉하였으며, 김해는 그의 양부 김부필과 생부 김부의가 이미 처가 쪽에서 많은 재산을 상속받은 데다 양부와 생부의 재산까지 모두 상속함으로써 그의 경제력은 화회분재기를 통하여 추산할 때 소유한 노비가 236명 이상이며 전답은 모두 1,000여 두락(마지기)에 달했던 것으로

---

623) 김해가 중심이 된 안동향병은 1592년 6~7월경 예안, 안동지역 중심의 군소의 병 조직이었으나 유종개 의병의 항전 이후 그 해 8월 20일에 이르러서는 경상 좌도의 중·북부지역을 아우르는 대규모의 연합의병진을 구성하게 되었다. 이 때 연합의병진의 兵號를 '鄕兵'으로 정하기로 하였다. 본 연구에서는 안동향 병의 조직이 각 지역별 의병진을 연합한 점에 착안하여 각 지역별 의병의 총 체로 보아 '安東列邑鄕兵'으로 지칭하고자 한다.

624) 김해의 의병활동에 대하여는 먼저 김해의 『향병일기』를 정밀 분석한 다음, 노 영구의 「임진왜란 초기 근시재 김해의 의병활동-『향병일기』를 중심으로-」, 『 군자리 그 문화사적 성격』, 토우, 2002를 참고로 하여 고찰하였다.

보인다.625)

〈표 16〉 김부필 5남매 노비분재626)

분재자 \ 노비구분	父邊奴婢	母邊奴婢	逃亡奴婢	新奴婢	계
長女 振威縣令 金蘭宗妻	20	10	父邊 1명 父邊 2명 母邊 1명	11(父母)	43
次女 厚陵參奉 李容妻	26	6	2(母邊)	10(父邊)	44
長子 生員 富弼	24	8	父邊 1명 父邊 2명 母邊 1명	父邊 1명 父邊 5명 母邊 1명	45
奉祀條	6				
末女 生員 朴思訥妻	22	9	2(父邊)	13	46
次子 生員 富儀	28	4	2(父邊)	10	44
총계	120	37	10	55	222

위 표에서 보면, 1559년 김해의 아버지 때의 김부필·김부의 남매 5인의 노비상속에 있어서 김난종의 처인 큰 딸이 노비 43인, 이용의 처인 차녀가 44인, 장남인 김부필이 奉祀條를 포함하여 45인, 박사눌의 처인 3녀가 46인, 차남인 김부의가 44인을 각각 상속받고 있다. 따라서 임란 이전인 이 시기까지는 남녀 균분제로 상속이 이루어지고 있으며 다만 장자의 경우 봉사조로 약간의 우대가 있는 정도에 그치고 있음을 알 수 있다. 한편, 김해의 처 이씨 남매에 대한 화회 문기에 의하면, 복명자 밭 49두락, 조부곡 밭 8두락, 우두산 밭 12두락, 연수답 1석락지627) 등 전답 약 200여 두락의 재산을 상속받은 것으로 나타난다.628)

---

625) 정구복, 『고문서와 양반사회』, 일조각, 2002, 86쪽.
626) 정구복, 『고문서와 양반사회』, 일조각, 2002, 82쪽을 인용하였다.
627) 석락지(石落只)는 섬지기라고도 하며, 한 섬(15~20斗)의 씨앗을 심을 만한 넓이를 말한다. 보통 2,000~3,000평 정도를 그 단위로 한다.
628) 이수건 편저, 『경북지방 고문서집성』, 1981, 366~367쪽.

김해의 재산은 임란 이후에도 크게 줄어들지는 않았던 것으로 보인다. 김해의 아들과 딸들에게 역시 균분 상속이 이루어지고 서모에게도 집 2채와 노 1구, 전답 36두락 등 적지 않은 재산이 분여되고 있음이 보인다. 이처럼 김해가 보유한 광대한 토지와 많은 노비는 그가 안동열읍 향병의 대장으로서 많은 군사를 유지 운영하는 경제적 배경이 되었다고 하겠다.

그리고 그의 학문 및 사상적 배경을 살펴보면, 그는 예안현에서 태어나고 자라면서 동향에서 퇴계의 학통을 이은 양부 김부필과 생부인 김부의 형제와 그들과 4촌간인 김부인, 김부신, 김부륜과 이들과 내외종간인 금응훈, 금응협의 학문적 영향을 받으며 성장했다.

김해에게 학문적 영향을 끼친 이들은 세칭 '오천7군자'[629]로 불리던 사람들로서 일찍이 퇴계의 학통을 이어 예안지역에서 터를 잡은 인물들이었다. 김해는 이들 퇴계 이황의 제자들로부터 학문적 영향을 받으면서 청년기에는 독서에 열중하고 퇴계의 학문을 사숙하며 성리철학의 요지를 터득해 나갔다. 의문이 생기면 즉시 월천 조목, 학봉 김성일, 서애 유성룡 등에게 자문을 구하기도 하였다.

김해는 특히 예학 서적을 탐구하며 당시의 고명한 유학자인 南致利와 깊은 토론을 나누기도 하였으며,[630] 성리학 외에도 병법, 천문, 지지, 의서, 복서 등 여러 분야에 두루 학식을 갖추어 나갔다. 김해의 부인 진성 이씨는 퇴계 이황의 조카 손녀였다. 김해는 1587년에 광릉참봉에 제수되었으나 나아가지 않았으며 이듬해에 사마시를 거쳐 문과 별시에 합격하여 예문관 한림이 되어 한양에서 사환하다가 사초 화재사건과 정여립

---

629) 한강 鄭逑는 안동부사 재직시절 예안의 오천리에 사는 김부필 등 7명의 퇴계 제자들이 학문과 행신에 뛰어난 점을 높이 평가하며 '烏川七君子'로 명명한 바 있었다. 특히 김부필은 퇴계의 신망을 받은 학자로서 心經箚錄에는 그의 학문적 깊이가 담겨 있다.

630) 김해, 『근시재집』 권2, 書, 「與南義仲致利禮論書」

의 생질 이진길에 의해 추천된 일로 연루되어 파직된 뒤 고향에 돌아와 지내던 중 임진왜란을 맞았다. 왜적의 침략에 대하여 그의 강인한 기질상 의병 거사를 하지 않을 수 없었을 것이다. 그는 창의기병에 즈음하여 당시 우도 초유사 김성일에게 의병 거사를 하게 된 동기를 밝히면서 비분강개한 심정을 담은 서신을 보낸 바 있었다.[631]

안동열읍향병의 근원은 퇴계학통을 이은 이들 유학자들이 중심이 되어 거사한 의병이다. 민병대인 안동열읍향병은 그 활동 목적을 근왕보다는 향토수호에 중점을 두었고 그래서 그 명칭 또한 의병이라 칭하지 않고 향리를 수호하는 鄕兵임을 천명하였다. 그리고 상당수의 거병 중심인물들이 유학자들이었는데, 대장 김해는 자신의 향병이 儒子 중심의 부대임을 자부하였다.[632]

김해를 중심으로 임진년 6월 11일경 구성된 최초의 조직은 총 412명이었으며 의사들은 주로 예안의 퇴계 후학들이 다수를 차지하였다. 그 주요 구성원을 보면, 도총사에 금응훈, 정제장에 김택룡·김기, 부장에 김광도·김광적, 군량총책에 이영도, 군관에 김강·채연·김평, 유사에 유의·박몽빙, 장서에 금경을 각각 보임하고, 기병대는 황진기·우성적 외 55인, 보병은 이사순·김지 외 367명, 그리고 보급 등 군량은 조목, 금응협, 김부륜, 서천일, 이숙량 외 41명의 지원이 있었다. 이러한 군수지원은 향리의 유지들이 의병들을 돕기 위해 자진 헌납하였던 것이었다. 이 점은 경상우도 의병이 군량모집의 과정에서 강제성을 동반한 것과는 대비된다.[633]

---

631) 김해, 『근시재집』 권3, 書, 「復金鶴峯時爲招諭使」 참조. 김해는 초유사 김성일에게 보낸 서신에서 그동안 유학자들이 학문에 치중해오다가 왜란을 당하여 초기에는 적에게 함락되어 대가가 서천하는 고통을 당하고 있으나 향리의 인사들을 모아 무예를 습득하고 요지지를 중심으로 설복하여 적을 막아낼 각오를 다져나가고 있다는 내용이다.

632) 경상우도 의병장 金沔은 상당수의 유생들로 구성된 金垓의 의병진 구성원 명단을 받아본 후, "과연 의병다운 구성이다"라는 소회를 밝힌 바 있었다.

처음 김해의 의병진은 위의 간부진 외에 고향 예안 마을의 공사노비 300여 명을 차출하여 전투 병력으로 삼고 이현보의 아들인 이숙량이 창의 격문을 작성하여 열읍에 배포하며 시작 되었다. 그러나 이 시기의 의병은 초기 형태의 의병조직으로서 직접 일본군을 공격할 만한 세력까지는 되지 못하였고 적을 방어하는 정도에 머물렀다. 이때의 상황을 김해의 『향병일기』를 통해 보면,

   (안동)판관 윤안성이 패전한 곳에서 돌아와 병사를 모아 거사하려고 3일 동안 종을 쳤으나 호응하는 사람이 없자 또한 달아났다. 예안현감 신지제만 떠나가지 않았는데, 관아의 이속들이 감히 제멋대로 할 수 없어 소란을 피우며 원망하는 자가 많았다.[634]

라고 기록하고 있다. 그러므로 신지제가 예안현을 포기하지 않고 끝까지 지키고 있었기 때문에 김륵이 안집사로 좌도에 내려왔을 때 좌도 북부지역에서 피난한 민들과 산졸들을 수합할 수 있었다. 이런 점에서 신지제가 예안현을 고수한 것은 북부지역 의병 발흥의 중요한 가교 역할을 했다고 볼 수 있다.

신지제가 예안 고을을 사수하고 있을 때 예안현의 향리들은 불평불만이 많았던 사실로 미루어 보아 만약 신지제가 적군이 오기도 전에 고을을 버리고 도주했다면 예안현의 이속들에 의해 현의 양곡과 병기 등은 모두 매몰되거나 유실되었을 것이며 수령 부재로 질서가 무너지고 아군의 병력 결집은 어려운 지경에 이르고 말았을 것이다. 한편 이때 경상우도에서 초유사로 활동하고 있던 김성일은 안동에 있는 조카 金涌, 생질 柳復起 등에게 경상좌도에서도 의병을 일으킬 것을 촉구하고 있었

---

633) 정경운,『고대일록』, 임진년 6월 10일조.
634)『향병일기』임진년 4월 14일조 "判官尹安性 還自敗所 欲取軍擧事 鳴鐘三日 而人無應者 亦逃去 禮安守申之悌獨不去 官吏不敢恣意 爲亂多怨之者".

다. 김성일은 임란 초기에 경상우도 초유사로서 우도의 의병거사를 적극적으로 지원하며 우도의병을 총괄 지휘하는 한편 그의 고향인 좌도에서도 안동을 중심으로 창의 기병할 것을 조카와 생질들을 통해 독려하고 있었던 것이다.

임란초기 안동향병 조직의 추진과정을 보면, 예안 현감 신지제가 예안현을 끝까지 지키고 있었던 데다 이 무렵 배용길이 의병 거사를 위해 김용의 집을 찾아와 거사를 논의 하였으며 안집사 김륵 또한 한성에서 내려와 좌도 북부지역을 순회하며 의병을 소모하고자 분주하였다. 이에 배용길, 김용, 김륵, 신지제가 좌도 북부지역의 의병 거사를 도모 하였던 바, 이것이 안동향병 조직의 시발이 되었다.

배용길이 퇴계[635])에 있는 내한 김용을 찾아와 의병을 일으킬 것을 모의 하였는데, 조금 있으니 안집사 김륵이 임금의 명을 받들고 와서 그의 집에 머무르고 있었다. 예안 현감 신지제가 가서 권하니 비로소 예안현으로 왔다. 부로와 선비들을 불러 군사를 일으킬 것을 상의 하는데, 이때 軍簿가 쓸어버린 듯 다 없어져 정비하여 집행할 수가 없어 선비들을 里長으로 삼아 각자 거주하는 마을에서 군정을 점검하고 왜구를 막도록 하였다.[636])

예안 온 고을이 의리로 떨쳐 일어나 모두 모여 상의하기를, "어찌 궁벽한 산속에 숨어 엎드려서 군부의 위급함을 앉아서 보고만 있겠는가?"하고는 각자의 자제와 공사천 노비를 차출하니 거의 300여 명에 이르렀다. 한적한 곳에서 활쏘기를 익히되, 생원 금응훈을 도총으로, 전 한림 김해를 대장으로 삼아 거사의 기점을 삼고, 진사 이숙량이 격문을 지어 열읍에 포고하였다. 전군수 조목, 전현감 금응협, 김부륜 등은 쌀을 바쳐 군량에 쓰도록 했다. 전 학유 유종개, 생원 임흘이 춘양현에서 의병을 창기했다.[637])

---

635) 여기의 퇴계(退溪)는 지명으로 오늘날의 안동시 도산면 온혜리이다.

636) 김해, 『향병일기』 임진년 6월 1일조 "安東進士裵龍吉 尋金內翰涌于退溪 謀擧義兵 俄而安集使金玏 奉命來留其家 禮安守申之悌往勸之 始來禮安縣 招父老及士類 謀起軍時 軍簿蕩然 無從整排 以章甫爲里將 各於所居村 點其軍丁 以防倭寇".

637) 김해, 『향병일기』 임진년 6월 11일조. "禮安鄕人 奮義相謂曰 國事至此 吾輩

김해의『향병일기』, 임진년 6월 11일조에는 처음으로 안동향병을 일
으킬 당시의 상황을 적고 있는데, 김해가 유림들로부터 중망을 받고 있
었음을 시사하고 있다.[638] 이 기록을 통해 안동향병의 초기 조직 단계
의 무렵에 예안의 유종개는 이미 창의하여 소규모의 전투를 치르며 의
병활동을 전개하고 있었음을 알 수 있다.[639] 또한 향병궐기 당시에 진
사 李叔樑(1519~1592)이 작성하여 배포한 격문을 보면,

　… 나라를 지키는 것은 성곽과 병갑에 있지 않고 사람을 얻어 적을 방어
하는데 있으며, 부과에 있지 않고 일신을 잊어버리는데 있다. … 수령·방
백은 어디에 있으며 병사·수사는 어디로 갔는가. 백성이 의탁할 곳은 수
령·방백이요, 수령을 통솔할 자는 방백이거늘 … 흥기한다는 것은 승첩에
영향이 있을 뿐만 아니라 고향을 지키면 열읍을 가히 보존할 것이요, 이를
본받는다면 열읍이 가히 안전할 것이며, 미루어 온 나라가 모두 이와 같다
면 곧 국기가 튼튼할 것이다. … 능히 실행하는 자는 충신·효자요, 토적을
게을리 하는 자는 불충·불효한 사람이다. 바라건대 제공은 이 점을 생각할
지어다.[640]

　　皆可鼠伏窮山 坐視君父之急乎 於是 衆議推前翰林金垓爲大將 以生員琴應壎
　　爲都摠使 進士李叔樑作文 布告列邑 各出子弟公私賤三百餘人 習射肄戰 前
　　郡守趙穆 前縣監琴應夾 金富倫等 皆納采以助餉軍之需 前學諭柳宗介 生員
　　任屹 擧義於春陽縣".
638) 김해,『근시재집』권4, 부록,「龍蛇記事」참조. 金坽이 적은「龍蛇記事」에는
　　김해가 처음 예안의 부로를 중심으로 적은 수의 향병을 모았다가 柳宗介가 전
　　사한 후로는 안동 등 열읍의 유학자들에게 연합의병을 결성할 것을 촉구하였
　　음이 보인다. 이에 '名儒重望'의 인사인 김해가 대장에 추대되고 부장에는 생
　　원 이정백과 진사 배용길로 정하였다. 특히 김해의 부대는 평소의 친분을 구
　　분(公私區分)하여 군대를 운용할 만큼 군기가 엄정하고 상벌이 이치에 맞게
　　주어졌다는 점을 밝히고 있다.(持軍嚴整 賞罰當於理 雖平日親厚之人 亦不貸
　　軍中肅然)
639) 김강식은 仁同에서 기병한 것으로 보았다.『춘파당일월록』권8, 8월 9일조. 김
　　강식,『임진왜란과 경상우도의 의병운동』, 도서출판 혜안, 2001, 158쪽 참조.
640) 이숙량,『매암문집』임진년 6월 11일조.「論告列邑士民文」" … 守國不在城郭
　　甲兵而在於得人 禦敵不在富强威武而在於忘身 此固平日之雅言 人孰不知而

라고 하여 의병궐기의 성패는 성곽의 튼튼함과 무기의 우수성에 있는 것이 아니라 향민들의 지지와 단결에 있으며 오로지 몸을 던져 충을 실행하는데 달려있다는 점을 강조하였다. 당시 74세의 연로한 학자 이숙량은 퇴계의 직전제자로서 스승의 뜻에 따라 서원설립에 진력하는 등 일찍이 애민의식을 몸소 실천하면서 예안지방의 민을 이끌어 온 향리의 정신적 지도자였다.

정황으로 미루어 보면, 수령방백이 흩어진 상태에서 향리의 지식인들이 의병에 나설 것을 강력히 촉구하는 한편 향민들이 결속하여 왜적으로부터 향리를 보전하는 것은 곧 국가를 지키는 일이며 그것이 평소에 배운 바 충신과 효자의 길을 실천하는 일임을 강조하고 있다. 그러므로 안동향병의 기본정신은 그들이 배운 유학의 정신을 행동으로 실천하는 것으로 인식한 듯하다. 안동향병은 처음부터 순수한 농민 중심의 민병이라기보다는 전·현직 관료와 농민 등 중하층의 의병들이 상호 협의하여 조직된 군사조직이라 할 수 있다. 즉 신지제, 김륵 등의 관료가 산속에 피난해 있던 산졸들을 수습하고 김해, 배용길 등이 민을 의병으로 가담시키는 과정을 거쳐서 조직된 의병군이라 할 것이다.

이러한 측면에서 볼 때 안동향병의 조직은 경상우도 의병의 조직과는 그 형성과정에서부터 차이가 있음을 알 수 있다. 이러한 차이점은 좌도의 경우에는 우도와 달리 개전 초기부터 일본군의 직접적 침탈에 의해 의병을 창기할만한 여건이 주어지지 않았던 데에 기인한다고 하겠

豈意 今日 眞知其如此而目見其驗之至此速耶 今之城郭兵食 非不完且富也 士卒機務 非不衆且備也而倭船才泊 望風奔潰 雄藩巨鎭 一時陷沒 大小居官者無一人敢拒 如入無人之境 … 所云兵使水使者何歸 嗚呼 小民之所依歸者 州縣守令之所統屬者 方伯閫帥而今也 … 興起不啻影響之捷矣 以之守鄕則一邑可保 四隣 效之則列郡可全 推之一國 無不同然則苞桑之固也 盤石之安也 … 討賊者忠臣孝子也 怠於討賊者 不忠不孝之人也 願諸公其亦念之哉"; 이긍익,『연려실기술』권17, 선조조 고사본말 "禮安進士李叔樑等作激傳諭列邑"; 최효식,『임진왜란기 영남의병연구』, 국학자료원, 2003, 236쪽 참조.

다. 우선 김륵이 안집사로서 좌도지역에 파견되기는 하였으나 지역 간의 교통로 폐쇄로 인하여 의병 모집이 매우 어려운 형편이었기 때문에 경상우도에 비하여 체계적인 의병조직을 갖추기 곤란했다는 점에서 경상좌도 의병활동의 한계가 있었다. 이에 비하여 경상우도의 경우에는 초유사 김성일의 강력한 의병 독려가 있었고, 게다가 전직 관료가 있기는 하였으나 곽재우, 김면, 정인홍 등의 남명학맥 중심의 재야 사족이 기존에 운영해오던 향촌 조직을 의병 조직으로 전환시켜 많은 의병대원들을 확보할 수 있었고 그 조직 또한 강력하였다.[641] 반면에 직접 적의 지배하에 들어간 좌도에서는 의병을 조직함에 있어서 피난한 향민들을 의병 구성원으로 불러들이는 일이 가장 시급한 현안이었다. 이 시기 안집사 김륵이 산속에 숨은 향민들을 의병으로 모으는 방법은 기존에 향촌에서 지도자로 활약한 품관이나 유학들을 이용하는 것이었다. 관과의 협조체제를 통한 의병 구성은 안동을 비롯한 좌도 북부지역의 학맥 및 인맥과도 상관성을 갖는다. 이들 의병 간부진들은 대부분이 퇴계와의 사승관계로 인해 서로 학문적 선·후배의 관계와 통혼권을 통한 인적 네트워크를 유지하고 있었다. 이런 연유로 좌도민들은 김륵이나 신지제가 비록 의병장이 아닌 현직관료라고 하더라도 그들의 지휘·명령에 대하여 거부감 없이 쉽게 받아들였으며, 반발하거나 저항할 수 있는 처지가 아니었음을 알 수 있다. 따라서 관과 의병의 갈등은 좌도 의병에서는 큰 문제가 되지 않았다는 특징을 가진다. 다만 관군의 좌병사로 부임한 박진이 군권의 위세를 내세우며 의병들을 그의 휘하에 두어 자의적으로 지배하려는 경향이 없지는 않았다. 그러나 안집사 김륵과 김성일의 적절한 조정으로 이를 해소할 수 있었다.[642]

---

641) 여기에는 의병의 소모과정에 있어서 상당한 강제력이 동원되기도 하였다. 정경운,『고대일록』, 임진년 6월 10일조 참조.

642) 좌병사 박진이 밀양 출신의 무관으로서 당시 조정의 주도적 세력인 퇴계학통의 안동권 출신 관료인 김륵과 김성일의 조언을 함부로 무시할 수 없었을 것

유학자들을 중심으로 한 김해의 안동향병은 관과의 협조체제를 기반
으로 함으로써 점차 그 세력을 넓혀나갔다. 임진년 8월 초순경에는 기
존의 412명의 안동향병조직을 확대하기 위하여 인근 지역의 인사들과
연합을 시도한다. 임하현의 동쪽 기사리 송정에서 이유, 권춘란, 김용,
김윤명, 김윤사, 이형남, 배용길, 이응타, 신경립, 권익형, 금몽일, 권종윤
등과 의병조직의 연합을 모의하였다.643) 『향병일기』에 나타난 의병 연
합의 과정을 살펴보면,

전 현감 이유, 전 현령 권춘란, 전 한림 김용 및 김윤명·김윤사, 이형남,
배용길, 이응타, 신경립, 권익형, 금몽일, 권종윤, 권태일, 권덕성, 권중광이
임하현 동쪽 기사리 송정에 모여 서로 의병을 일으킬 것을 도모하고 다음
과 같이 말하였다. "임금의 수레가 용만으로 떠나고 비린내 나는 더러운
먼지가 종묘사직을 뒤덮으니 원통하고도 원통하다. 오늘 우리가 죽지 않고
개와 양 같은 무리와 한 하늘 아래 살아간다면 다시 어찌 얼굴을 돌리겠는
가. 윗사람을 친애하고 어른을 위해 목숨을 바칠 수 있는 의리에 대해서는
일찍이 듣고 익숙히 강론하였으니 이 한 몸 죽는 것이 어찌 아깝겠는가?
다만 고을의 군정은 거의 관청의 장부에 들어갔으니 백면서생이 빈주먹으
로 떨쳐 일어난들 어찌하겠는가? 나랏일이 이에 이르렀으니 참으로 신하
와 자식이 되어 편안히 앉아있을 때가 아니다. 지금 할 일은 나라를 위해
한 번 죽을 뿐이고 성패와 강약은 따질 겨를이 없다. 우리 동지들이 한 마
음으로 힘을 다해 의병을 일으켜 적을 토벌하여 나라의 원수를 만분의 일
이라도 갚아야 하지 않겠는가?"하자, 모두들 "옳다"라고 하였다. 서로 더불
어 서명하고 서약하여 말하기를, "몸을 잊고 적을 토벌하여 …" 하였고, 배
용길과 김용을 소모유사로 삼고, '義'자는 스스로 허여하는 혐의644)가 있으
므로 다만 '鄕兵'이라 부르기로 하고 맹세한 뒤 돌아갔다.645)

이라는 사실도 고려될 만한 점이라 여겨진다.
643) 김해, 『향병일기』, 임진년 8월 9일조.
644) 이때 안동향병들은 그들의 조직을 '의병'으로 칭하는 것이 자신들의 거병행위
   를 스스로 자화자찬하는 것으로 인식하여 명칭을 의병으로 하지 않고 향토수
   호군의 의미인 '향병'으로 한다는 겸양의 뜻으로 해석할 수 있겠다.

라고 적고 있다. 위와 같이 임하현 회합에서 조직을 확대해 나가면서 안동향병은 의병진의 공식 명칭을 의병이라 하지 않고 '鄕兵'으로 할 것을 결의하였다. 이들의 결집지역이 안동을 비롯한 경상좌도 북부의 유교문화권의 중심부였으므로 스스로를 낮추고 겸양과 예절을 강조하는 지역적 특색을 보인다. 안동향병은 윗사람을 존경하고 어른을 위해 목숨을 바치는 의리에 대하여 일찍부터 듣고 배워왔기에, 상경하애 하는 유교적 윤리의 실천을 의병 거사의 명분으로 삼고 있음이 엿보인다.

안동향병은 지역적 연대의 범위를 더욱 넓혀 나가면서 안동의 안기역에서 다시 회합을 갖는데, 여기서는 경상좌도 북부지역과 중부지역의 중간지점에 위치한 의성과 의흥의 의사들과도 연합을 추진한다. 의성의 우경충과 의흥의 박연이 의병 거사를 함께 할 것을 제안하였다. 인근 열읍이 연합의병진을 조직하여 왜적 토벌에 나선다면 의병의 힘이 훨씬 강해지리라는 의견을 내놓았고 의병연합의 당위성을 강조하면서 경상우도의 김면, 곽재우, 정인홍 등이 의병연합활동으로 인하여 우도는 물론, 경상좌도도 그나마 피해를 줄일 수 있었음을 그 예로 들고 있다. 즉 임란초기의 경상우도의 강력한 의병연합활동이 거둔 성과에 의하여 좌도가 보전되었음을 거론하면서 경상좌도에서도 대규모의 의병연합을 이루어내어 일본군을 축출해야할 필요성을 제시하고 있다.

안기역에서 모였다. 의성의 우경충과 의흥의 박연 등이 선성으로부터 들렀다. … 의병 거사의 뜻을 보이며 다음과 같이 말했다. "인근 열읍의 뜻을 같이하는 선비들이 동맹 협력하고 합하여 하나의 부대를 만들면 병력의 세력이 외롭고 약하지 않을 것이니, 이 뜻을 안동의 사림들에게 통유하자". 향교를 진소로 삼고 병기를 수리하고 기구를 고쳤다. … 경상좌도의

645) 『향병일기』임진년 8월 9일조. "前縣監李愈 前縣令權春蘭 前翰林金涌及金允明·金允思·李亨男會　裵龍吉·李應豊·申敬立·權益亨·琴夢日·權終元·權泰一·權德成·權重光會于臨河縣東耆仕里松亭 相議擧兵 … … 以裵龍吉·金涌爲召募有司".

선비들 중에 예안의 김해, 영천(영주)의 박록, 안동의 배용길 등의 성명을
거론하며 의병을 일으킬 것을 권유하였다. 이때 경상우도에서는 김면, 곽
재우, 정인홍 등이 먼저 의병을 일으켰다. 영남의 한 도가 적에게 무릎을
꿇지 않은 것은 경상우도의 의병의 힘이 가장 컸다.646)

이후 안동향병은 군사조직을 더욱 정비하여 확대된 강력한 연합의병
진의 체제를 완비하게 된다. 이때는 대장 김해가 의병의 근본취지를 내
세워 각 진영 간에 사적인 감정과 주장을 앞세우지 말고 대의명분에 따
라 의리를 실천해 나갈 것을 부르짖으며, 오직 충의심을 발휘할 것을 강
력히 주장하였다. 또한 각 지역의병진 사이의 불화로 협력이 깨어질 경
우 연합의병의 의미가 없음을 주지시키며 사사로운 감정으로 대의를 그
르칠 경우 군율에 의거하여 단호히 처벌할 것을 경고하여 기강을 확립하
기도 하였다. 김해는 충의를 의병정신의 기본으로 할 것을 요구하였다.

예안의 승문원 정자 金垓를 대장으로 삼고, 안동의 생원 이정백과 진사
배용길을 좌우부장으로 삼았다. 그 아래의 유사에 대해서도 마땅히 기록하
였다. 군대는 '안동열읍향병'이라 칭한다. 안동을 본진으로 삼았다. 대장이
말하였다. "그대들은 참으로 보잘 것 없구나. … 동료의 선비들에게 부끄럽
게 여긴다. 적을 대하여 자신이 먼저 말을 몰아 달려가는 것이 오늘 동맹을
맺은 뜻인데, 그대들은 자신이 수고로움만 원망하고 남이 쉬는 것을 미워
하니, 이것은 적을 토벌하기를 싫어하고 구차하게 살기를 바라는 것이다.
몸을 잊고 나라를 위해 순국하는 의리가 어디에 있는가! 하물며 정제하는
이때에 어찌 사사로이 빠뜨림을 용납하는 이치가 있겠는가! 그대들은 사소
한 분함으로 갑자기 약속을 저버렸으니 … 이러한 짓을 그만두지 않으면 열
걸음 이내에 그대들의 머리가 창에 꿰이는 것을 면하지 못할 것이다."647)

---

646) 『향병일기』 임진년 8월 15일조. "會于安奇郵亭 義城禹景忠 義興朴淵等 自禮
安歷訪相話 缺之意曰 隣近列邑同志之士 同盟聯合 則兵勢不爲孤弱 此意通
諭于安東士林云云 …".
647) 『향병일기』 임진년 8월 20일조. "安東·禮安人 與義興·義城·軍威人 會盟于一
直 以禮安承文院正字金垓爲大將 以安東生員李庭柏進士裵龍吉 爲左右副將

이처럼 본격적인 안동열읍향병의 체제정비에는 시급한 과제인 군량미와 보급품의 조달이 중요한 관건이었다. 당시 향촌의 영향력 있는 의사들의 자발적인 재정지원도 보인다. 전 현령 권춘란이 쌀 10말과 소 한 마리, 전 도사 안제가 쌀 5말, 전 좌랑 이공은 전투용 군마 1필과 군량미 30말, 황소 한 마리를 헌납하였다. 이들의 군량지원은 의병의 사기진작과 전투력 강화에 매우 요긴하였다.[648]

이때 정비된 안동열읍향병의 조직은 다음과 같다. 대장에 김해, 좌부장 이정백, 우부장 배용길, 본진의 정제장(각 군현의 대표적 의병장)에 유복기, 김륜, 김윤사를 임명하고, 예안 정제장에 김택룡·이홍도, 의성 정제장에 김사원·신홍도, 군위 정제장에 이영남, 군위별장에 장사진, 의흥 정제장에 강충립·박윤문·이호인·홍경승, 북안 정제장에 조서, 선산 정제장에 길운득, 나성 영병장에 남정순을 각각 임명하였다. 그리고 영병장에 심지, 간병장에 우인경·권복원, 조전장에 박호인, 척후장에 권극인, 복병장에 이선충·김사권·조성중, 좌위장에 김립, 중위장에 김윤사, 우위장에 신심, 군량도총에 이영도, 전향유사에 홍위·권행가, 모의사에 안동의 김윤명, 예안의 금응훈, 군위의 이보, 선산의 노경심을 각각 임명하였다. 장서는 김강·금몽일·김윤안·금경·권홍·정조·신경립·권득가, 군관에는 김평·최료·이적을, 도군관에 유복기·김윤사를, 병색군관에는 김열을 각각 임명하여 지휘체제를 갖추었다. 이러한 조직은 경상좌도 지역의 유학인들로서 대부분이 퇴계의 학맥을 잇고 있는 인사들로 구성된 것이라 할 수 있다. 대장 김해가 이와 같은 유생 중심의 안동열읍향병의 명단을 영남 의병도대장인 송암 金沔에게 보고하자, 이를 본 김면은 "이야말로 진정한 의병이구나"라고 평했다고 한다.[649]

　　兵號安東列邑鄉兵 以義字嫌於自號 故曰鄉兵 以安東爲本陣 … …".
648)『향병일기』임진년 9월 5일조.
649) 조경남,『난중잡록』, 임진년 9월 12일조; 최효식,『임란기 경상좌도의 의병항쟁』, 국학자료원, 2004, 222~223쪽.

김해의 안동열읍향병은 조직상 의병연합 부대였으나 각 정제장을 비롯한 지역의병의 독자성을 인정한 의병진 간의 연합체였다. 이러한 부대 편제는 대부분의 경우 각 지역별 자체적인 의병활동을 중심으로 운영하다가 연합전선을 필요로 하는 대규모 전투에서는 대장인 김해가 모든 의병을 통할하여 지휘하는 연합체였음을 의미한다고 하겠다. 그것은 안동열읍향병에 소속된 각 지역 의병의 향토방위에 중점을 두면서도 적의 동태에 대한 정확한 정보를 서로 교환하여 연합전 수행을 가능케 하는 효용성 있는 체제로 평가할 수 있을 것이다.

연합의병의 효용성은 지역 간의 敵情에 대한 정보교환과 유사시 합동작전으로 전투력을 높이는데 그 목적이 있었기 때문이다. 이처럼 경상좌도에서 최대의 사족적 규모의 의병연합을 이룰 수 있었던 배경에는 안동을 비롯한 좌도 북부지역이 상대적으로 일본군의 침략을 적게 받았기 때문에 상호 연합할 수 있는 여력이 있었고 일본군의 지속적인 주둔이 없었으므로 각 지역간의 연락과 정보를 교환할 수 있었다는 점이 작용하였다. 그리고 퇴계를 연원으로 하는 학문적 연대감과 당시 전시 정국을 주도하고 있던 남인의 영향력으로 인하여 관군과의 유대와 협력체제가 원활하게 이루어졌다는 데에서 그 요인을 찾을 수 있을 것이다.[650]

2) '안동열읍향병'의 활동

경상좌도 북부 및 중부지역의 의병진을 연합한 김해의 의병진은 안동열읍향병이라는 대규모 의병군의 체제를 갖추고 일본군을 향한 치열한 전투에 들어간다. 이 무렵 충주에서 명군에게 패배한 일본군은 남하하여 당교에 주둔하면서 인근의 문경, 상주, 용궁 등지를 분탕하고 있었다. 당교[651]는 문경과 상주 함창의 경계지점에 위치하여 영남대로에 놓

---

650) 경상북도 편, 『경북의병사』, 영남대학교 민족문화연구소, 1990, 239쪽.
651) 당교는 나당전쟁 당시에 김유신이 당나라 군사를 물리쳤다는 유래를 가진 작

여 있었고 여기서 조령을 넘으면 바로 충주로 연결되는 곳으로서 경상
좌·우도를 가르는 지점이기도 하여 일본군과 조선군 모두에게 매우 중
요한 요충지였다.

일본군은 이때 충주전투에서 패하여 경상도 북부지역인 당교에 거점
을 정하여 낙동강과 영남대로를 이용하여 전후방의 보급선을 유지하고
자 하였다. 때문에 당교에 약 1,000여 명의 병력을 주둔시키며 주변지역
을 약탈하고 있었다. 당교전투 이전부터 경상감사 한효순과 경상좌병사
박진은 여러 차례 당교의 적을 물리칠 대책을 논의한 바 있었으나 쉽사
리 공격을 하지 못하고 있었다.

이에 대해 7월 말경에 영천성 수복을 성공적으로 이루어낸 좌도 의병
대장 권응수는 빠른 시일 내에 당교의 일본군을 몰아낼 것을 주장하였
고 김해의 안동향병 또한 좌도의 관군과 협력하여 당교의 적을 몰아내
는데 동의하고 각 읍의 의병진을 통합하는 작업을 지속적으로 추진해
나갔다. 이렇게 하여 안동 일직의 설산역에서 대오를 정비하여 총체적
인 열읍의병진의 진용을 편성하고 군사조련에 들어갔다. 이에 감사 한
효순과 병사 박진은 임진년 9월경에 경상좌도 각 군현의 의병들에게 당
교의 적을 물리치기 위해 열읍의 의병연합군과 관군이 연합할 것을 효
유문을 통해 알리고 있었다.

김해는 안동열읍향병의 운용에 있어서 본진과 각 정제장의 활동을
분리하여 활동하게 하기도 하고 본진과 연합하여 총력전을 펼치기도 하
였다. 예를 들면 당교전투의 군사운용은 우부장 배용길에게 위임하여
처리하게 하는가 하면 경주나 영천 등 하도의 군사운용은 좌부장 이정
백에게 맡겨 운용하게 하였다. 그리고 수시로 순찰사, 감사 및 좌병사와

은 다리에 불과하였으나 피아간 중요한 군사적 요충지였다. 이곳에 일본군이
많은 병력을 집중적으로 배치하여 경상도 북부지역을 분탕하였고 조선군으로
서는 충청도와 경상도를 연결하려는 일본군의 교통로를 차단해야할 필요성
때문에 군사적으로 요긴한 지점이었다.

당교의 적을 공격할 대책을 논의하고 있음을 『향병일기』를 통해 알 수 있다.

안동열읍향병은 임진년 10월 22일경 문경의 당교전투에 참여한다. 이 날 안동열읍향병은 문경을 향해 가던 중 안동의 풍산현에 주둔하였다가 다음 날은 안동지역 대장 김윤사를 중위장으로 삼고 복병장 이선충으로 하여금 조전장 박호인을 대동하여 종래의 5위를 3위로 통합한 다음 용 감한 군관 8인과 정예병 130인을 인솔해 예천에 진을 머물렀다. 이때 일 본군은 상주의 반곡과 함창의 당교에 머무르면서 용궁현 사면리를 분탕 하여 縣吏가 중상을 입기도 하였다. 안동열읍향병이 용궁의 노포에 머 물 때 용궁을 분탕하던 일본군은 안동열읍향병의 이선충 부대에 의해 격퇴되었다. 이 후 이선충과 박호인은 결사대를 조직하여 당교 인근 영 강 건너편의 오악산 중턱의 반암에서 적을 만나 치열한 전투 끝에 승전 하였다.

『향병일기』에 의거하여 이 당시 안동열읍향병의 병력 운용 상황을 보면, 김해를 대장으로 하는 본진과 각 지구별 정제장(지역 의병장) 및 좌부장, 우부장 등의 진으로 나누어 왜적과 전투를 벌이되 그때마다 김 해의 본진에 경과보고를 하는 체제를 유지하였다. 각 진별로 문경과 상 주, 예천 등지의 일본군의 주력부대의 이동상황을 파악하여 사전에 복 병을 설치하고 정예병을 투입하여 소규모의 게릴라전을 펼치는가 하면 관군과의 연합으로 대규모의 전투를 치르기도 하였다.

9월 20일경 군위별장 장사진의 활약이 두드러졌는데, 대구와 인동에 둔진하던 일본군 장수 키노시타 시게타가(木下重賢)와 나조 모토키요(南 條元淸)의 군사가 인동에서 군위로 침탈을 자행하며 조선민들을 그들의 앞잡이로 삼았다. 이에 장사진은 군위현으로 침입해온 일본군 대군을 맞아 용감하게 적진에 돌입하여 맨 먼저 비단옷을 입고 은색 투구를 쓴 적 장수의 목을 베어 창에다 꿰고 말을 달리며 싸워 승전하였다. 그러나

9월 30일에 일본군은 보복하기 위해 장사진 의병진을 유인책으로 포위하여 공격해왔다. 이때 장사진은 적 다수의 복병에 걸려든 사실을 알고 군사들에게 "지금 우리가 최후의 일전을 벌여 남아의 의기를 높일 때가 왔다. 구차하게 살려고 하지 말고 적을 한 놈이라도 더 죽이자."라고 독려하며 끝까지 항전하였으나 마침내 중과부적으로 전사하였다.[652]

임진년 11월부터는 본격적인 전투에 돌입하였는데 11월 5~6일, 김해는 군량도총 이영도, 중위장 김윤사, 그리고 장서 신경립을 대동하고 순찰사 김수를 만나 대책을 의논함으로써 관-의병간의 연합작전의 구체적인 계획이 세워졌다.

의병군의 합진을 결성한 뒤에는 전령 없이 군문을 출입하는 것을 엄격히 금하였다. "혹시 적이 진중으로 들어온다면 어찌하겠는가?"라고 엄히 훈계하고 이후로 이러한 일이 있으면 목숨을 보전하지 못할 것임을 포고하였다. 군분장의 군관 김역일과 장서 김강의 종(奴)이 모두 진을 비웠기 때문에 벌을 받기도 했다. 또한 의병군의 사기를 저하시키는 일체의 행위를 엄금하였는데, 전시에 민심을 현옥하는 무당도 척결의 대상이 되었다. 수동에 거주하는 남자 무당 덕건이 북을 치고 나와 요망한 말로 우매한 백성들을 속이고 현혹시켜 마을에 폐를 끼치자 즉시 체포하여 감옥에 가뒀다.

대장 김해는 모의사(전술 자문역)를 통해 안집사와 만나 순찰사에게 4개 조목의 의견을 올렸는데, "첫째 군의 기율을 세울 것, 둘째 출척을 엄격히 할 것, 셋째 좋고 나쁨을 분명히 할 것, 넷째 남을 끌어들여 우리 편을 만드는 것에 신중을 기할 것"[653]이었다. 이때, 군기가 해이해진 군

---

652) 김해, 『향병일기』, 임진 11월 12일조. "軍威別將張士珍戰死 猝犯縣境 士珍精 兵數十 挺身突入 先射錦衣銀靑者 斬首揭楯 一軍大亂 啼哭遁走 乘勝追射 斬 殺以數百 後十餘日 賊掃衆復來 士珍力戰死之 賊亦退去 論報巡察使"; 이긍 익, 『연려실기술』 권17, 선조조 고사본말 각 참조.

653) 김해, 『향병일기』, 임진년 12월 19일조. "大將朝見安集使 因獻議四條于巡察

사에게는 곤장을 쳤으며, 병사가 함부로 남의 벼를 베어 말에게 먹이다
가 곤장을 맞기도 하였다. 예안의 군사가 늦게 도착하자 그 인솔자인 심
지에게 곤장을 치고, 우위군 홍음이 한후장 손흥지의 자리를 차지하자
즉시 붙잡아 꾸짖고 곤장을 쳤다. 이렇게 함으로써 백성들의 동요를 막
고 軍中이 단합해 위기를 극복할 것을 다짐함으로써 군율이 정비되어
부대가 정예화 할 수 있도록 하였다. 이러한 군율은 의병이 관군과 연합
활동을 함에 있어서 대오를 정비하기 위해서는 필요불가결한 조치였다.

안동열읍향병의 주요 공격 전술은 일본군이 이동하는 길목에 매복하
여 공격을 가하는 게릴라전으로서 요로에 매복하여 적을 유인한 다음
공격을 가하는 전술이었다. 대장 김해는 수시로 각 지역의 매복한 군사
들을 순시하였다. 향병은 일본군에 비해 무장체제가 열세이기 때문에
전면전은 펼치기 어렵고 주로 익숙한 산천의 지형을 이용하여 매복했다
가 일시에 공략하여 전과를 올렸다.

계사년 1월 6일 술시에 좌우부장이 군사를 거느리고 용궁을 출발하여
예천에 들어와 진을 쳤고 다음날 아침 일찍 복병장도 뒤이어 도착하였
다. 대장 김해가 예천의 山陽에서 왜적을 소탕하기 위해 대량의 매복군
을 배치하여 왜적을 공격할 계획을 세우고 그 후 복병을 통해 적의 후
미를 급습하였다. 복병장 김사권이 정예병 10명을 거느리고 상주의 송현
에 매복하였다. 당교에서 3명의 왜적이 내려가는 것을 체포하여 순찰사
에게 보내니 이들을 사살하고 머리는 베어 저장하고 보고문을 올렸다.

다른 의병진에 비하여 관군과의 협력이 잘 이루어졌던 안동열읍향병
은 관의 지원으로 전투의 효율성을 높일 수 있었다. 임진년 11월경 종래
안집사였던 김륵이 안동부사로 일시 임명되면서 김해는 김륵과 더욱 자
주 회동하며 협조체제를 유지하였다. 11월 10일 무렵에는 정부에서 안
동부사 김륵을 향병도대장으로 임명함으로써 의병을 통제하도록 하는

使 一曰立紀律 二曰嚴黜陟 三曰明好惡 四曰謹延攬"

조치를 취하였다.654) 그러나 김해는 이에 개의치 않고 김륵과의 협조체제를 통하여 관의 지원을 유도하였다.655) 김륵 또한 의병의 통제보다는 의병과의 협조체제를 구축하고자 하였다. 관군의 입장에서도 안동열읍 향병의 존재는 좌도 북부지역의 최대 의병조직이었으므로 대규모 작전을 전개할 때는 김해의 향병조직의 지원을 필요로 하였기 때문이었다.

이 무렵 관군인 김륵을 의병도대장으로 임명한 것은 정부의 의병통제 및 해체의 한 과정으로 볼 수 있다.656) 이 문제는 의병의 성격과 관련하여 의병의 독자성 또는 자발성의 문제로 파악될 수 있다. 즉 경상좌도 의병의 성격의 특징과 관련하여 의병이 관의 지시657)에 따라 의병조직을 편제하거나 관군에 협조하는 것은 의병의 독자성을 잃는 것으로서 의병의 성격이 준관군화의 상태로 변질되어 가는 과정으로 볼 수도 있다는 것이다.658)

의병의 준관군화의 문제는 경상우도의 경우 난의 직후에 곽재우, 김면, 정인홍 등은 강력한 독자적 의병활동을 전개하여 그 공적으로 관직을 제수받아 관군으로 흡수되면서 후기로 갈수록 의병의 독자성은 훼손되었고 관의 간섭이 심해졌으므로 반발을 일으킨 것이었다. 또한 관군의 전열 재정비가 이루어지자 정부에서도 의병의 비대화를 우려한 나머지 의병 해체의 정책을 편 것은 사실이었다.

한편 경상좌도 의병은 우도 의병과는 의병 창기의 여건부터 달랐다는 점을 인식할 필요가 있다. 좌도 의병은 창의 당시 점령일본군에 의해 장악되어 있었고 대부분의 피난민과 산졸들이 산속에 숨어 있는 상황에서 의병을 도모하는 것이 불가능하리만큼 열악한 여건이었음을 감안해

---

654) 앞의 『향병일기』, 임진년 11월 18일조.
655) 노영구, 앞의 논문, 2001, 202쪽, 각주 95 참조.
656) 김강식, 앞의 책, 혜안, 2001, 187~188쪽.
657) 물론 관료인 안집사 김륵과 초유사 김성일의 활동 자체를 의병활동으로 볼 수는 없고 정부의 정책에 따른 의병 지원의 역할로 보는 것이 타당할 것이다.
658) 김강식, 앞의 책, 189쪽.

야 할 것이다. 이런 여건에서 관군과의 협조를 통한 의병활동은 경상우
도 의병에 비하면 그 독자성이 약하였다는 평가를 할 수도 있겠으나 초
기 대응의 여건상 불가피한 것이었다는 점이 고려되어야 할 것이다.

金垓가 창의문에서 밝힌 바와 같이 창의의 목적이 '의병은 어디까지
나 의사들이 힘을 합쳐 왜적을 물리치는 것이고 관을 도와 국난을 극복
함으로써 국가에 충성하는 것'을 그 소임으로 한다는 취지를 명확히 하
였다. 이것은 여타의 일반적인 경상좌도 의병의 창의 목적과도 유사하
다 할 것이다. 이러한 정황을 참작해볼 때, 의병장 김해와 안동부사 김
륵의 원만한 상호협조체제는 오히려 경상좌도 의병의 특색이라 할 수
있다. 영천성·경주성 탈환전 등 좌도의 대규모 전투는 대개 이러한 관
군·의병의 연합과 협조를 통해 치러졌고 실제로 그 성과도 컸다. 이에
비해 경상우도에서는 관에서 김면을 도대장으로 임명하여 우도 의병들
을 통제하려 했을 때 우도의병은 관군의 간섭에 대해 불평하였다.659)
그만큼 경상우도 의병은 독자성이 강했다는 반증이 될 수도 있다.

김륵과의 협조를 통해 김해는 관의 무기를 지원받아 이를 전투에 사
용하기도 하였다. 그중 가장 유용한 무기는 飛擊震天雷였으며 이를 보
급 받아 唐橋 전투에 사용하여 전과를 크게 올렸다. 복병장 이선충이 보
고하기를, "어제 밤에 적진에 돌입하여 무수히 사살하였으며 震天雷를
투척하니 왜적이 놀라 요동쳤으며 죽은 자가 얼마나 많은지 알 수가 없
을 정도입니다. 정예군을 이끌고 당교의 적진 목책을 부수고 15명을 쏘
아 죽인 후 그들의 장창을 탈취하였습니다. 그리고 연달아 진천뢰를 쐈
는데 야간이라 주변이 어두워 얼마나 죽였는지는 알 수가 없을 정도입
니다."660)라고 하였다. 또 "적이 강을 넘어 분탕질을 자행하였다. 대장
김해가 이선충으로 하여금 반암에 매복케 하고 적이 돌아올 때를 기다

---

659) 김강식, 위의 책, 189쪽.
660) 앞의 『향병일기』, 계사년 2월 24일조.

려 급히 군대를 이끌고 나가 공격했는데 먼저 진천뢰를 쏘아 적군을 아수라장으로 만들고 왜의 장수 1명의 목을 베었다. 무수히 많은 적들을 죽이고 그 귀를 베고 왜군 장수의 비단옷을 탈취하였다."661)라고 한 것으로 보아 관군이 보유한 비격진천뢰를 안동열읍향병이 전투에서 사용하여 많은 전과를 올리자 향병은 계속하여 지원해 줄 것을 순찰사에게 요구하였고 순찰사는 당시 임시 감영이었던 안동에 있는 진천뢰를 보내주기로 약속 하였다. 당교전투 당시 조선군이 진천뢰라는 신무기로 상당한 전투력 증강을 가져온 반면, 명나라의 참전군은 화차와 대완구를 무기로 사용하여 일본군을 공격하였다.

안동열읍향병은 그 부대원 중 노비와 승려도 상당한 전공을 세우고 있음을 알 수 있다.662) 매복군 살용 등이 병사를 거두어 돌아와 적군의 머리 3급을 바쳤다. 매복군의 전투성과에서 "7일부터 9일까지 매일 매복하여 쓰러뜨리고 죽인 자는 많으나 목은 베지 못하였으며 10일은 함창의 고산에 매복하여 당교의 적이 금곡리를 노략질 하고 그들의 진으로 돌아갈 때 급습하여 살용이 1급, 양수가 1급, 산해가 1급을 각각 목베었으며, 의석과 사동 등은 각각 왜적의 말 한 필씩을 탈취하였습니다." 663)라고 한 것에서 노비들의 용전을 확인할 수 있고, 안동열읍향병은 당교전투에 참여함으로써 그 때까지 연합의병을 구성한 이래 최대의 전과를 거둔 것으로 생각된다.

순찰사가 獻馘에 대하여 회송하였다. "헌괵한 적의 머리가 끊임없이 이어지는 것은 마땅히 본도의 의병을 으뜸으로 삼아야 할 것이다. 살용과 양수는 더욱 가상하니 증미 세 말과 군공 공문을 아울러 보내어 특별히 포상

---

661) 위의 『향병일기』, 계사년 2월 24일조.
662) 위의 『향병일기』, 계사년 4월 12일조.
663) 위의 『향병일기』, 계사년 4월 12일조. 『선무원종공신녹권』을 통해 양수는 전공으로 선무원종 2등공신에 책록되었고, 노비의 신분에서 면쳐되었음이 확인된다. 『선무원종공신녹권』 참조.

의 뜻을 보인다."664)

위의 상훈 공문에 의하면 조정에서는 김해가 주도한 안동열읍향병의 당교 전투에서의 전과를 높이 평가하고 있음을 알 수 있다.

『향병일기』에서는 경상도 전체의 전황을 파악하고 있음도 보인다. 권응수의 전공을 기록하면서 "권응수는 영천지역을 수복하면서 왜적 삼백여 명의 목을 베고 경주에서부터 영천, 의성과 군위로 통하는 길을 차단하였다. 그 결과 영천성을 수복하고 의성과 군위의 왜적은 고립되어 철군하였다. 권응수는 왜적과 내통한 중과 속인 8명을 사살하고 남자 20명, 여자 1명을 체포하여 즉시 목 베었다. 그러나 당교에서 대구 방면으로 걸쳐서 잔류하던 적들은 여전히 날뛰고 있었다. 권응수를 모함하는 자들에 의하여 그의 전공이 제대로 인정되지 못함을 애석해 하였다."665)고 평하였다.

안동열읍향병의 당교전투 참전의 의의를 살펴보면, 당교는 경상좌도와 우도가 나누어지는 지점으로 교통의 요지이고 전략적 요새지인 문경 새재가 가까이 있어 군사적으로도 매우 중요한 곳으로 안동향병이 연합의병을 구성한 이래 일본군과 가장 크게 격전을 벌인 곳이 당교전투라 할 수 있다. 당교의 일본군은 장기전을 대비하여 방어 시설 구축에 주력하면서 목책 등을 축조하고 당교를 거점으로 인근 각지를 수시로 침탈하여 군량미를 확보하고 물자를 조달했다. 일본군은 이곳에 다수의 병력을 주둔시켜 충청도와 경상도를 연결하여 전후방 간의 원활한 군수품 보급과 통신망의 가동을 목표로 하고 있었다. 때문에 안동을 중심으로 하는 경상좌도의 각 고을에서는 당교의 적을 소탕하는 일이 반드시 필

---

664) 위의『향병일기』, 계사년 4월 18일조. "巡察使獻馘回送文曰 斬將獻馘 項背相望 當爲本道義兵之首 而士龍梁守等尤爲可嘉 蒸米三斗 軍功公文幷送 以示別賞之意云云".

665) 위의『향병일기』, 임진년 12월 27일조.

요하였고 당교의 왜적을 물리치는 일은 경상좌도의 안전을 도모하기 위한 중요한 과제였다. 일본군이 조선군과 명나라의 군사에 밀려 남하하며 충청도를 거쳐 경상도로 이동하면서도 당교를 계속 고수하려는 목적이 바로 군량확보와 보급선 유지에 있었다. 따라서 안동열읍향병이 당교전투에 참여하여 대전과를 거둔 것은 안동을 비롯한 경상좌도 북부지역의 방어를 확실하게 하였을 뿐만 아니라 여기서 패전한 일본군을 경상하도로 몰아내는 전투사적 의의를 가진다 할 것이다.

제5장

강화교섭기 및 정유재란기의 의병활동

제1절 강화교섭기 의병운동
(1593. 4.~1597. 7.)

먼저 강화회담의 진행시기에 있어서 조·중·일 삼국의 상황을 살펴볼 필요가 있다. 임란 초기 파죽지세로 북상해 조선의 한성을 비롯한 주요 거점을 확보한 일본군은 명군의 참전에 의하여 평양성 전투에서의 패배를 기점으로 점차 남하하였고, 명의 심유경과 일본의 고니시 유키나가 사이에 강화회담이 진행되었다.

강화회담의 진척에 따른 각국의 입장은 서로 상이하였다. 일본군의 입장에서는 조선 침공 이후 도요토미 히데요시의 명령대로 조선의 지배가 용이하지 않았다. 많은 전사상자의 발생과 조선 의병과 관군의 재정비에 의한 보급로의 차단으로 인한 군량의 부족이 심각한 지경에 이르자 임시 휴전을 제의하면서 군사력의 재충전 및 조선 하3도 점령의 계획을 실현하고자 하였다. 한편 명나라 내부에서는 조선 출병으로 인한 과도한 전비 조달에 따른 징세의 부담으로 민원이 고조하였으며, 이 시기 여진족의 군사력이 급성장함에 따라 북방의 방어를 소홀히 할 수 없는 상황이었다. 때문에 전쟁으로 인한 재정적자를 줄이고 국내정세의 안정을 도모할 필요가 있었다. 이러한 이유로 명은 일본군이 명나라 본토로 진입하는 것을 차단하는 범위에서 전쟁을 더 이상 확대하지 않고 협상으로 종전을 유도하고자 하였다.

이러한 양국의 사정상 무리한 전쟁을 피하려는 일본-명 양국 간의 이해가 맞물림으로써 상호 철수하여 전세를 관망하며 자국의 요구 사항을 관철하려 하였다. 한편 조선은 명나라가 조-일 전쟁에 개입한 기회를 이용하여 일본군을 조선에서 완전히 몰아냄으로써 하3도를 일본에게

잃지 않으려 노력하면서 명군으로 하여금 일본군의 축출을 위한 공격을
지속적으로 실시할 것을 요구하였다. 그러나 이여송을 포함한 명군은
쉽사리 군사행동을 감행하지 않았다. 조선은 강화회담의 당사국에서 배
제된 채 진행된 명-일본 간의 강화회담의 결과에 따라서 조선 국토의
절반 이상을 잃을 수도 있는 위험에 처해 있었다. 이러한 상황에서 휴전
의 후반기로 갈수록 조선은 일본과 직접 담판을 할 필요성을 인식하고
승병장 사명당을 교섭대표로 내세워 가토오 기요마사를 상대로 회담을
진행하고자 하였다. 즉 정유재란기에는 고니시 유키나가 대신 정유재란
기의 선봉장이었던 가토오 기요마사와의 직접 회담을 시도한 것이었다.
여기에는 고니시와 가토오 간의 알력을 이용하여 전황을 조선에 유리하
게 전개하겠다는 조선 조정의 독자적 방어 의지가 작용한 것으로 이해
할 수 있을 것이다.

　개전 이후 약 1년 2개월에 걸친 의병활동은 이 시기에는 경상우도의
제2차 진주성 전투 등 일부의 국지전이 전개된 바 없지 않았으나 대체
로 의병활동은 소강상태를 맞았다. 일본군의 남하와 명과 일본 간에 강
화교섭이 진행되면서 일정 기간 휴전을 선언했기 때문이었다. 강화교섭
기간 동안 명군은 부산에서 30리마다 5명씩의 攔撥을 배치하여 일본군
의 동태를 살피기로 하고 1593년 8월 22일에 병력 3만여 명을 遼陽으로
철수시켰으며 조선에는 1,600여 명을 잔류시키고 있었다. 한편 일본군은
경상도 해안지역을 중심으로 울산, 서생포 등지에 경비병력 2만여 명이
주둔하였다. 따라서 이 기간 동안 명군은 조선의 남쪽 지역에 잔류한 일
본군을 대응할만한 병력을 유지하지 못하였다.

　일본군은 1593년 1월 평양성 전투에서 패전한 이후 한성으로 남하하
였고 강화교섭의 명분을 내세우며 4월 18일 한성에서 철수하여 다시 경
상도 동남해안 지역으로 내려갔다. 이처럼 전력 손실에 따른 일본군의
남하로 인하여 더 이상 도요토미 히데요시의 정복전쟁은 성공할 가능성

이 희박하다는 것이 현실로 다가왔다. 처음 목표로 했던 명나라 정복은 차치하고 조선 영토의 일부마저도 차지하기 어렵다는 사실을 조선에 출병한 일본군들은 스스로 인식하고 있었던 것이다. 그럼에도 불구하고 조선 현지의 전황을 충분히 파악하지 못한 토요토미 히데요시는 강력한 지시로 남하한 일본군에게 본국으로 철수하지 말고 전병력을 집결시켜 진주성을 재공격하여 경상, 전라도 등을 장악하고 강화조건을 제시하여 조선의 하4도 영토를 떼어줄 것을 요구하게 하였다. 이때의 양국의 강화 조건은 명나라 조정에서는 도요토미 히데요시의 항복 문서를 요구한 데 반하여, 일본의 히데요시는 조선 8도 중 하4도를 분할해 일본에게 넘기고 명황제의 딸을 일본의 왕비로 들이라는 것이 주요 내용이었는데 성립 자체가 불가한 조건이었다.

한편 이 시기에는 전반적으로 의병들에게는 휴식기였으며 그동안의 관군의 재정비가 이루어짐에 따라 의병의 성격에도 변화가 있었다. 경상좌도 의병들은 의병지도층 일부는 관군에 편입되고 일부는 관직을 제수 받아 관료로 나가는 등 의병의 성격에도 변화가 생기는 추세에 놓였다. 의병의 중·하층부 구성원들은 이 무렵의 의병 해산으로 휴식기에 접어들면서 고향으로 돌아가 농사에 종사하기도 하였다. 그런데 의병 지휘부의 경우에는 정부에서 경상우도의 김면, 곽재우, 정인홍 등의 의병장들에게 임란초기의 위기를 막아낸 데 대하여 관직 제수 등으로 그 공훈을 인정하였으나 의병하층부에게는 뚜렷한 보상이 이루어지지 않았다. 1592년 후반기에 들어와 정부는 김면을 경상도 의병도대장으로 삼아 경상도 의병 전체를 관군의 체제로 전환하려는 계획을 추진해 나갔다.666)

---

666) 그러나 정인홍은 의병의 관군화라는 정부의 방침에 호응하지 않고 독자적 의병조직을 유지하려 하였다. 여기에서 김면과 정인홍의 갈등을 볼 수 있겠는데, 김면은 기본적으로 의병의 목적이 국가 위기 시에 관군에 대한 보충적 역할을 함에 그친다고 본데 비하여, 정인홍은 정부의 위기대응 능력을 신뢰하지 못하

　　일본군이 남하하면서 강화교섭이 진행되는 가운데 戰線이 경상좌도 남부지방으로 이동함에 따라 외형적으로는 휴전기를 지속하였으나 경상좌도의 군사상황은 오히려 긴장된 국면이 있었다. 이 시기 조선군은 강화교섭의 추이와 일본군의 재침 여부에 집중된 상황이었다. 대체로 강화회담이 결렬될 가능성이 높았고 적의 재침 시 경상도의 군사요충지로는 대구의 팔공산지역이 주목되었다. 일본군의 남하 상황은 아래의 그림과 같다.

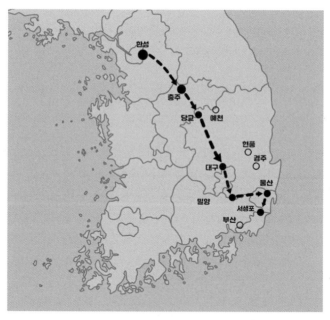

〈그림 15〉 일본군의 남하도(1593.4~1593.12)

　　1593년 1월 8일 명 제독 李如松의 주도로 평양성을 탈환하자 일본군

므로 향촌 기반의 의병 조직이 유지되어야 한다는 입장에 서 있었던 것으로 판단된다.

은 한성으로 후퇴하였으며, 한성에 전군이 집결했던 일본군은 한성 근교의 행주산성에서 권율군에게 패전한 이후 명나라와 강화교섭을 추진하면서 4월 18일에 한성에서 철수하여 남쪽으로 이동하였다. 이 시기 일본군은 조명연합군의 반격과 군량의 부족, 그리고 전염병의 유행으로 군사의 절반을 잃고 경상도 각지로 내려와 분산 주둔하였다.

남하하여 동해 및 남해의 연안에 주둔한 일본군은 전쟁을 종결할 의사가 없었고 남쪽에 집결한 군사를 대거 진주로 이동시켜 제2차 진주성 전투를 통하여 진주를 남해안 및 전라도 진격을 위한 교두보로 삼고자 하였다. 일본군의 이러한 전략은 강화교섭을 더욱 불투명하게 만들었다.

1. 대구 팔공산 지역의 활동

경상좌도의 의병들은 강화교섭기에도 간헐적으로 군사활동을 벌였다. 관군과의 연합에 의한 공산의진군의 활동은 강화교섭기에도 이어졌으며, 남쪽으로 이동한 일본군은 팔공산 지역의 군사적 중요성을 인식하여 지속적인 공격을 해왔다. 이에 대한 조선군의 방어책도 점차 강화되었다. 조선군은 임란초기의 평지성 방어책이 일본군에게 효과가 적었던 점을 고려하여 향후 강화회담이 결렬될 경우를 대비하여 평지의 읍성을 비우고 산성을 수축하여 산성 방어를 전략으로 하는 청야책을 강구하였다. 산성 중심의 청야전술은 적의 약탈 대상을 없애고 적의 보급선을 차단하여 스스로 물러가도록 하려는 방어책이었다.

이 무렵 정부는 임란초기 일본군이 북상할 때 중로를 이용한 점을 경험한 바 있었기 때문에 재침 시에는 대구를 항전의 주요 거점으로 삼고자 하였다. 특히 팔공산지역의 지리적 중요성을 인식하고 강화교섭기에는 사전 대비책으로 이 지역을 대일 방어의 주요 거점으로 파악하였다. 1595년에는 四道都體察使 李元翼이 성주에 체찰부를 설치하고 공산성으

로 백성들을 불러 모으고 군량과 군기를 비축하였다. 이때 팔공산에는
방어사 權應銖와 승병장 惟政이 군막을 설치하였고, 공산성 방어를 위
해 신녕현감 孫起陽이 백성들을 데리고 성 안으로 들어가 군량창고를
설치하는 등 경상도의 신민들을 집합시켰으며 양곡 2만여 석과 화약 2
천여 근 및 다수의 병장기를 보관하고 일본군의 공격에 대비하였다.667)
이러한 전쟁 준비는 관군과 의병이 함께 힘을 합친 결과였으며 팔공산
을 지키려는 노력은 경상좌도지역의 범위를 넘어 중앙의 관료와 군사
및 경상도 각 의병진의 결합으로 적의 재침에 대비한 결의의 형태를 띠
었다.

公山會盟은 관군이 주도하여 영남 의병연합군과 함께 팔공산을 사수
하자는 결의 모임이었으며 회맹의 장소는 팔공산 정상부근의 公山城이
었다. 특히 경상좌도 의병은 1596년 3월 3일의 제1차 공산회맹과 같은
해 9월 28일의 제2차 공산회맹을 거치면서 영남의 각 의병장들이 연합
하여 공산성을 사수하며 대구를 지켜내는데 상당한 공헌을 하였다. 제1
차 공산회맹은 도체찰사 유성룡과 체찰사 이원익의 주도하에 영남 각지
의 의병장들을 팔공산에 집합하도록 한 것으로서 이때 집합한 의병장은
58개 읍의 422명이었다.668) 이 회맹에 참여한 울산 군수 김태허669)는
「公山會盟日與諸義士 共賦」에서 "우리들에게 오늘이 어떠한 날인가?
동남으로 떠돌면서 칼 먼지에 울었네. 피를 토하며 몇 번이나 강 위의
오랑캐를 꾸짖었던고. 위기 앞에서 먼 곳 마음 속 님을 생각하네…".670)

---

667) 손기양, 『오한집』, 권4 잡저 「공산지」 참조.
668) 최효식, 『임란기 경상좌도의 의병항쟁』, 국학자료원, 338 내지 342쪽. 그러나
    구본욱은 70개 읍의 480명으로 파악하였다. 구본욱, 「대구유림의 임진란 창의
    와 팔공산 회맹」, 『조선사 연구』, 24, 2014, 72쪽 참조.
669) 김태허는 무과출신의 전직 무관으로서 고향 밀양에서 산관으로 지내던 중 임
    란을 맞아 개전 직후에는 밀양부사 박진을 도와 밀양과 울산지역의 의병을 모
    집하여 의병장으로 활동하였다. 이 후 관군으로 다시 발탁되어 울산가군수를
    거쳐 이 무렵 울산군수로서 관군과 의병을 동시에 지휘하였다.

라는 글을 지어 회맹에 참여한 여러 의병장들에게 죽음을 불사하고 왜
적을 물리치자는 충의를 다졌다.

이 시기 회맹에 참여한 관군을 보면, 경상좌도 방어사 고언백, 경상
좌병사 성윤문, 울산 군수 김태허 등 경상좌도의 주요 관군의 대표가 참
여한 것으로서 일본과의 강화회담이 결렬되어 다시 쳐들어올 것을 대비
한 군사 작전 회의였다고 할 것이다.

2차 공산회맹 또한 같은 목적으로 영남의 주요의병진이 결속을 다졌
는데 16개 읍의 105명 의병장들이 참여하였다. 대구의병장 채선수의
『달서재집』, 최동보의『우락재실기』, 최인의『한천유고』, 서재겸의『죽
계일고』, 경주의병장 이눌의『낙의재집』에 수록된 명단을 토대로 참여
인사들의 면모를 볼 때, 관군의 명단이 거의 없는 점으로 보아 2차 공산
회맹은 영남 의병장들이 중심이 되어 자발적인 결의 대회를 가진 것으
로 보인다.[671]

공산회맹에서 대구의 서재겸이 회맹문을 지어 낭독하고 회맹시를 지
었는데 참석한 의병장들은 화답하는 시를 지었다. 이 회맹에서는 희생
을 사용하였으므로 삽혈회맹이라 한다. 회맹문에서 서재겸은 일본군을
원수로 표현하며 "원수를 갚지 않으면 자식이 자식이 될 수 없고, 신하
는 신하가 될 수 없으며 나라는 나라가 될 수 없다."고 말하고 일본은
반드시 패망하리라고 외쳤다.[672] 이에 대하여는 최인, 최동보, 손처약,

---

670) 김태허,『양무공실기』,「遺詩」八公山會盟日與諸義士共賦, "吾儕今日問何辰
    漂迫東南泣劍塵 嘔血幾噴江上虜 臨危遙憶意中人 …".

671) 구본욱,「대구유림의 임진란 창의와 팔공산 회맹」,『조선사연구』24, 2014, 75
    쪽 참조. 2차 공산회맹의 사실은 임란이 종료된 지 200여년이 지난 뒤 기장현
    의 어느 집 상자에서 발견됨으로써 세상에 알려지게 되었다. 최홍벽이 찬한
    「해상신협기」에서 임란 당시 이눌과 김응하, 최동보가 쓴『창의록』을 소개하
    는 내용이었다. 최인,『국역 명동세고(한천유고)』, 17~19쪽.

672) 서재겸,『죽계일고』중「용사일기」, 병신 9월 28일조. "…讎而不復則 子不得爲
    子 臣不得爲臣 恥而不雪則 國不得爲國 人不得爲人 哀爾敗亡之 卒銘隨此言"

홍한, 박충윤, 이눌, 김응하, 박대무, 김태허, 황경림, 김대선, 이응벽, 최
여호 등의 次韻詩가 있다.

2. 울산·경주지역의 활동

울산의병의 강화교섭기의 활동을 살펴보기로 한다. 일본군은 평양전
투 패배와 행주산성 전투에서의 패배로 인하여 경상도 동남해안 지역으
로 군을 후퇴하였고 이 시기에 일본군 대표 소서행장과 명의 심유경 사
이에 강화회담이 진행되었다. 1593년 4월경 일본군은 동남해안 여러 곳
에 왜성을 축조하여 거점을 확보하고 지구전에 대비하였다. 이 시기에
는 관군이나 의병의 활동이 소강상태에 들어가 큰 전투는 없었으나 국
지전은 여전히 이어지고 있었다.

그 중 가등청정은 울산 남쪽 서생포에 5월부터 일본군의 최전방 거점
으로 서생포 왜성을 축조하였으며 일본군은 서생포 왜성을 중심으로 인
근 지역인 울산의 침탈을 계속 하였다. 따라서 울산지역의 의병과 관군
은 일시 군진을 경주지역으로 옮기지 않을 수 없었다. 이 시기 서생포를
포함한 울산 이남 지역을 장악한 일본군과 울산 이북 지역을 사수하려
는 조선군의 대치로 인하여 울산지역 인근에는 전선이 계속 형성되어
있었고, 이러한 상태에서 일본군은 경상좌도 경주 이북지역으로의 침략
과 점령을 노리고 있었다.

한편, 이 시기에는 울산의병의 왕성한 해상 군사 활동이 펼쳐졌다.
1593년 6월에는 주사장 서인충과 전응충이 이끄는 의병이 경주 감포의
이견대 앞 바다에서 일본군과 전투를 벌여 다수의 일본군을 사살하였으
며, 같은 해 11월에는 경주 감포의 봉길리 해변과 장기현의 소봉대 해변
에서도 200여 명의 일본군을 사살하고 많은 무기를 빼앗았다.[673] 같은

---

673) 『울산부여지도신편읍지』, 1786, 「고적」, 壬辰倭變史蹟; 서인충, 『망조당실기』,

해 10월 의병장 서인충은 그의 부대를 울산의 남면 신야리와 전탄리에서 일본군과 접전을 벌였다. 1594년 5월 이경련, 서인충 등의 의병은 도산성의 일본군을 격퇴하기도 하였고, 10월에는 의병장 이응춘이 開雲浦에서 일본군과 격전 중 전사하기도 하였다. 이러한 전과는 울산의병이 울산 군수 김태허와의 연합전선을 구축하여 활동한 결과이기도 하다.

울산의병의 활동으로 부산에서 기장, 울산을 거쳐 경주 지역으로 침투를 시도한 일본군의 해상병력을 저지함으로써 일본군이 바다를 거쳐 경상좌도 내륙으로 진입하는 것을 막는 효과를 가져왔다. 그 외에도 같은 해 7월에는 의병장 이눌과 이경련이 울산 태화강 근처의 일본군을 상대로 격렬한 전투를 벌여 적 수백 명을 참살한 바가 있었다.674)

1594년 1월에 울산 의병들은 경주, 영천, 대구의 각 의병들과 합세하여 경주의 문천에 모여 경주 지역을 점령하려던 일본군을 크게 물리치는 전과를 올렸다. 이 문천전투의 승리로 인하여 일본군의 경주지역 진출은 매우 어렵게 되었다. 울산의병들은 또한 영천의 권응수 의병진에 합류하여 일본군을 격퇴함으로써 전투성과를 거두기도 하였으며, 1595년 4월에는 울산 의병 1000여 명이 권응수 의병진에 합진한 바도 있다.

이 시기에 울산의병들은 독자적으로 활동하기 보다는 주로 인근의 경주, 영천 등의 유력한 의병진들과 합세함으로써 전공을 올리고 있었는데 그것은 울산이 일본군의 점령권 안에 놓여있어 울산지역 내에서의 활동이 어려워져 울산의 북쪽지역인 경주 등지의 의병들과 합세할 수밖에 없었기 때문이었다. 그리고 이 시기에 관군이 안정적인 모습을 되찾음으로써 의병들은 관군과의 협조로 전투를 치르는 일이 잦았다. 경상좌도 감사 한효순의 명에 의하여 문경 당교에 주둔한 일본군을 격퇴하기 위하여 경상도 7개 고을의 의병들을 문경에 집결토록 한 사례에서도

「임진창의사적」, 계사년 6월 28일, 11월 19일, 윤11월 20일조 각 참조.
674) 이경연, 『제월당실기』중 「용사일록」, 계사년 7월 24일조.

이 시기의 상황을 알 수 있다.

경주와 울산지역의 의병장들은 소집문을 받고 유영춘, 유백춘, 박인국, 이여량, 장희춘, 윤홍명, 박손, 박문 등의 의병장들이 각기 200명씩의 의병을 이끌고, 7일간의 당교 전투에 참여한 사실이 있었다. 관군의 전열 재정비에 따라 울산 의병의 활동 범위는 이 시기에 전체적으로 규모와 빈도가 줄어들기도 하였다. 그리하여 1595년 봄에는 의병을 일단 해산시켜 농사에 힘쓰도록 복귀 조치하는 모습도 보인다. 이들 울산의병을 적극 지원한 김태허 등 관군 출신 의병장들의 노력이 가세되었기 때문에 강화교섭기를 거치면서 울산의병은 점차 준관군화의 성격을 띤 조직으로 변화되어 나간 것으로 볼 수도 있겠다. 그것은 일본군을 상대로 대규모의 조직적인 전투를 치르기 위해서는 정상화를 되찾은 관군과 함께 의병 조직이 합세하여 일본군을 상대해야 했고 게다가 명군의 참전에 따라 조명연합군이 편성됨으로써 총괄적 지휘권이 명군에 있었기 때문이었다.

제2절 정유재란기 의병 활동의 재개
(1597. 7.~1598. 11.)

정유재란은 임진년 조선 침공 이래 조선영토 할양의 목적에 실패한 도요토미 히데요시의 재침 지시에 의하여 일어난 전쟁이었다. 임진전쟁 초기 이래 그동안 명군의 참전과 조선군의 전열 정비로 인하여 일본군의 조선에서의 전황은 수세에 몰렸다. 강화회담으로 다수의 일본군은 본토로 철군하고 약 3년간의 소강상태를 거치면서 1596년 9월경에는 약 2만 명의 일본군만 서생포 등 경상도 동남해 연안에 왜성을 쌓고 주둔하면서 재침을 준비하고 있었다. 조·명연합군은 회담의 결렬을 예상하여 향후에 전개될 상황에 대비하였다. 명의 沈惟敬과 일본의 小西行長 간의 강화회담의 경과를 지켜 본 조선 정부는 明日양국의 회담에 반대의사를 나타내었다. 그 가장 큰 이유는 명나라와 일본간의 교섭 결과에 따라 조선의 전라, 충청, 경상 3도를 일본에 분할하여 넘길지도 모른다는 우려 때문이었다. 따라서 조선 정부는 명군의 의사와 달리 고니시와 가토오 간의 알력을 이용하려는 이간책으로 승병장 惟政과 울산 출신 의병장 蔣希春을 내세워 가토오와 조선 간의 강화회담을 별도로 추진하기도 하였다.

한편 경상좌도 의병들은 이미 일본군의 재침을 대비하여 관군과의 연합으로 공산회맹을 2회 결성한 바 있었고,[675] 1597년 7월에는 방어사 곽재우를 중심으로 화왕산회맹을 결성함으로써 방어태세를 다져나가고 있었다. 일본군은 재침의 준비를 위해 1597년 1월 14일에 가토오 기요마사 부대가 부산 다대포에 상륙하여 울산 서생포로 집결하고, 이어 고니시군은 웅천에 집결하여 북진할 준비를 하였다. 이어 2월 21일에는 도

---

675) 최효식은 정유재란 전쟁 중에도 제3차 공산회맹(1597년 9월 22일)이 있었던 것으로 보고 있다. 최효식, 『임란기 경상좌도 의병항쟁』, 국학자료원, 2004, 347쪽.

요토미 히데요시가 조선침공의 작전지침을 하달하였고[676] 12만여 명의 일본군을 단계적으로 투입시켜 출병케 하였다. 이로써 약 14만 명의 병력이 동원된 정유재란이라는 새로운 전쟁 국면이 전개되었다. 정유재란 때는 도요토미 히데요시의 명에 의하여 고니시 유키나와 대신 가토오 기요마사가 선봉대장으로 나섰다.

일본군은 임진년 이래 이순신에 의하여 남해의 제해권을 빼앗긴 이후 군수품 보급에 많은 고통을 겪었다. 이러한 경험에 의하여 진격 노선 또한 임란 초기와는 달리하여 정유재란 때에는 경상우도와 전라도를 집중 공격하였다. 곽재우 등이 포진한 창녕 화왕산성을 우회하여 함안의 황석산성을 함락한 다음 남원성을 함락하고 다시 북상하여 직산(오늘날의 천안 일대)까지 진격하였다가 직산전투에서 조명연합군에게 패하였다. 특히 명군의 정예기병에게 참패한 후 전의가 꺾였고 이후로는 다시 남하하여 부산, 서생포, 울산 등으로 분산 점거하여 전투를 준비하였다. 정유재란기 일본군의 침입 경로는 다음의 그림과 같다.

---

676) 정유재란시 도요토미 히데요시는 조선정벌군에게 다음과 같은 지시를 내렸다.
 1. 赤國(전라도)은 철저히 공략하라. 충청·경기도 등 기타지역은 가능하면 공략하라.
 2. 성곽의 보수 공사를 철저히 하며 귀환자를 차출하도록 하라.
 3. 감독관 7인은 사실대로 보고하고, 전공이 있는 자를 포상하며 군율을 어기는 자는 지위 고하를 막론하고 사형에 처하라.
 4. 모든 보고는 감독관 7인이 전담하되 편견 없이 공정하게 보고하라.
 5. 선봉으로 나설 때는 다수의 견해를 따를 것이며, 선봉을 다투지 말라.
 6. 명의 대병력이 한성에서 5~6일 걸리는 거리까지 진출해올시 지체 없이 보고하라. 나는 근신만 거느리고 바다를 건너 조선으로 들어가 조선을 섬멸하고 명나라까지 진출할 것이다.

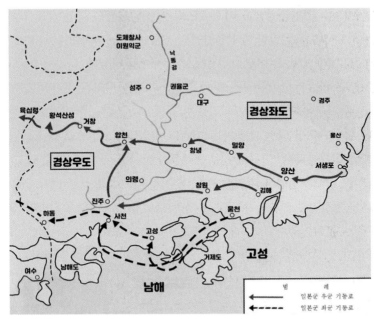

〈그림 16〉 정유재란기 경상도 지역의 일본군 침입 상황도[677]

정유재란기의 일본군은 경상도 동남해안에 주둔하며 하삼도를 점령할 목적으로 조명연합군을 방어하는데 전력을 쏟았다. 이 시기의 일본군의 주력군을 지휘한 장수는 가토오 기요마사(加藤淸正)였으며[678] 고니시 유키나가(小西行長)는 순천성에 웅거하며 가토오 군을 지원하는 형세였다.

고니시가 명의 심유경을 상대로 한 강화교섭에 실패하자 그 책임을 물어 정유재란기에는 도요토미 히데요시가 가토오 기요마사를 선봉인 제1군의 首將으로 지명하였기 때문이다. 이 시기의 전선은 주로 가토오

---

677) 출처: 『임진왜란사』, 국방부전사편찬위원회, 1987, 221쪽의 도면을 인용하였다.
678) 정유재란시 도요토미 히데요시는 가토오에게 제1군의 임무를 맡겼다. 한편 '조선 영토를 분할 받지 못하면 귀국할 생각을 버리고 조선에서 죽어라'는 명을 내렸다.

군이 주둔하였던 울산성을 최전선으로 하여 일본군은 울산성(도산성)에
웅거하면서 2차에 걸친 조명연합군의 집중공격을 막아내는 과정에 기
아와 식수의 고갈로 궤멸의 직전에 이르기까지 하였다. 따라서 이 시기
경상좌도 의병의 과제는 울산성의 일본군을 궤멸시키는 것이었다. 이러
한 전투 과정에서 경상좌도 의병들은 울산성의 일본군을 공격하는 선봉
조에 나섬으로써 많은 희생자를 내기도 하였다. 그러나 울산성을 일본
군에게 내어줄 경우 인근의 경주성과 대구성까지 위협 받을 수 있고 일
본군이 노리던 경상도 지역은 그들의 점령지로 분할될 우려가 있었기
때문에 경상좌도 의병과 관군은 필사적으로 가토오 군을 공격하지 않을
수 없는 상황이었다.

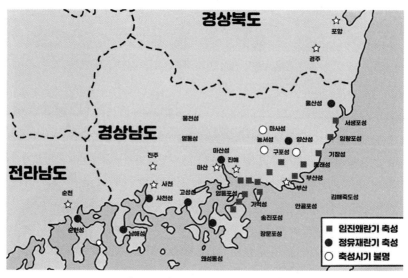

〈그림 17〉 일본군 왜성 위치도679)

---

679) 출처: 위 배치도는 국립진주박물관편 『새롭게 다시 보는 임진왜란』, 삼화출판
　　　사, 1999, 111쪽을 인용하였다.

1. 慶州鎭 권역의 의병활동

정유재란기에는 경주와 울산의 의병활동이 활발하게 재개되었다. 그
것은 재침한 일본군이 카토오 기요마사를 중심으로 조선 하삼도의 영토
지배를 목적으로 울산성을 최전선으로 하여 조명연합군과 대치하며 농
성전을 벌이고 있었고 그에 대해 조명연합군은 경주에 지휘부를 설치하
고 전쟁을 수행하였기 때문이었다. 이 시기 경상좌도 의병은 일본군의
영토분할에 강력 반대하였다. 개전 초기에 일본군의 기습에 의해 가장
혹독한 유린을 경험했던 경상좌도의 신민들은 정유재란기에는 관군과
함께 총력전으로 일본군의 구축에 나섰다.

1597년 1월 일본으로 돌아갔던 加藤淸正은 먼저 조선으로 건너와 울
산 남쪽의 서생포 왜성에 다시 입성하였다. 이에 따라 울산 지역 이남의
경상좌도 남부 지역은 약 8개월 만에 다시 일본군의 점령 하에 들어갔
다. 이 때 울산의병은 화왕산성을 사수하던 곽재우 부대의 지원을 위해
서인충, 전응충, 이경련 등이 화왕산성으로 가서 합류하기도 하였다.

정유재란 시에는 도산성에 주둔한 가등청정의 군대를 몰아내는 것이
조명연합군의 주요 목표였다. 이에 따라 두 차례의 도산성 전투가 전개
되었다. 1597년 12월 22일, 약 5만 7천여 명의 조·명 연합군이 가등청정
의 군이 주둔하고 있던 울산 왜성을 공격하였다. 이것이 제1차 도산성
전투인데 일본군은 그 다음 해 1월 4일까지 필사적인 저항을 하였다.

1598년 9월에는 제2차 도산성 전투를 치르면서 일본군은 끝까지 울산
을 포기하지 않고 임진왜란이 끝날 무렵까지 조·명 연합군을 상대로 방
어전을 지속하였다.

한편, 이 시기의 경상좌도 의병의 성격도 점차 변화의 양상을 보이고
있었다. 강화교섭기를 거치며 정유재란기에 이르면 의병 세력은 전반적
으로 축소되고 위축되어 관군에 흡수되거나 준관군화의 추세를 보였다.

일례로 울산의병 장희춘은 사명당 유정과 함께 가토오 기요마사를 상대로 강화교섭에 나서기도 하였다. 의병의 전투활동 또한 강화교섭기에는 명군의 전투중지 명령이나 제재에 의해 그 활동이 제한되었음에도 불구하고 울산과 경주의 의병들이 향토를 적에게 빼앗기지 않겠다는 의지로 그 활동을 중단하지 않고 지속적인 전투를 전개해 나간 점은 주목할 만하다.

도산성 공격 이전부터 울산과 경주의병의 일부는 소규모의 전투를 벌여 일본군에게 타격을 입히기도 하였다. 조명연합군에 가세한 정유재란기의 울산의병의 활동은 결코 소극적인 것으로 볼 수 없다. 이러한 노력은 일본군의 하삼도 침탈을 저지하기 위한 저항이라고 보아야 할 것이다. 특히 가등청정이 웅거하고 있던 도산성(울산성)을 함락시키지 못할 경우 울산과 경주는 적의 공격에 또 다시 침탈을 당할 위험이 있었고 명과 일본의 협상 여하에 따라서 영토 분할의 가능성이 있었기 때문이었다. 따라서 도산성 전투는 그때까지 안정을 찾은 경상좌도가 다시 적의 수중으로 떨어질 수 있다는 위기감에서 경상좌도 의병의 항전은 계속되었던 것이다. 이 과정에서 경주·울산의 의병들은 많은 전사자를 내기도 하였다.

정유재란 시 울산의병의 활동은 일본군들이 후퇴하는 동남해안 지역에서 이어졌다. 1597년 9월 이눌과 박인국의 전투, 그 해 10월의 심천동에서의 이경련, 이한남 등의 활약, 11월의 마등오 등지에서의 박봉수, 이경련의 활약 등이 있었다. 그 이듬해인 1598년 5월에도 이경련 등 울산 의병은 안굴산의 일본군을 공격하여 전과를 올렸다. 이러한 상황에서 경주의병 박인국은 도산성을 수비하던 외곽의 일본군과 3일간 격전을 벌여 다수의 적을 베는 전과를 올렸으나 전사하였다. 또한 경주의병장 김응택과 권응심이 도산성 전투에서 전사하자, 이눌은 도산성 바로 밑의 적의 진지까지 적을 추격하였으며, 울산의병장 이우춘 또한 도산성 아래에서 일본군과 격전을 벌여 20여 명을 사살하였다.

대구의 공산성 전투에 참전하고 있던 경주 의병장 견천지는 도산의 상황을 듣고 의병진을 울산으로 옮겨 적과 격전을 벌이다가 총상을 입고 끝내 전사하였다. 연일 의병장 이열은 김응하가 서생포 전투에서 사망하자 경주 의병장 김우정·김우결과 함께 힘껏 싸웠으나 김우정, 김우결은 전사하고 말았다.[680] 이들은 모두 경상좌도 경주, 울산, 영천, 영일의 의병연합군의 일원들이었다.

제1차 도산성(울산성) 전투는 약 5만 7천여 명의 조·명 연합군이 도산성에 웅거하고 있던 가등청정군을 공격한 것이었다. 가등청정은 울산성 아래의 태화강과 서강, 전탄 등에 주둔하고 있던 일본군 외곽 부대로 하여금 도산성으로 진입하는 조·명 연합군을 1차적으로 방어하게 하고 울산만을 통해 남강으로부터 배후 지원군의 자원을 받아 도산성 방어에 나섰다.

제1차 도산성 전투에서 조명연합군의 명나라 제독 麻貴는 조선군 도원수 權慄에게 수군을 배치하도록 명함에 따라 경상좌수사 이운룡이 조총수 200명을 보내어 명군과 협공하도록 하였다. 명나라 유격장 모국희가 절강병력 3,000명을 이끌고 도산성 왜성의 이중목책을 공파해 들어가고 유격장 진인과 조선군은 삼중목책으로 된 왜성을 돌파한 다음 대포를 쏘며 왜성 본부를 향해 공격하였다. 부총병 이여매가 군사 200여 명을 독려하여 내성으로 들어가 가등청정의 은신처에 이르렀을 무렵 제독 마귀가 후퇴를 명하는 징을 쳤다고 한다. 가등청정을 체포하는 공을 이여매가 차지하는 것을 시기한 것으로 생각된다. 이 당시의 도산성 공격에서 주력부대로 전면에 나선 것은 조선군이었으며 그 중에서도 울산과 경주의병이 앞장섰다. 울산과 경주의병이 지역 사정에 밝았기 때문

---

680) 이의 개별적 의병활동들은 유정, 『송호유집』 하, 정유년 9월 22일조; 이경연, 『제월당실기』중 「용사일록」, 정유년 10월 15일조; 『선조실록』 권94, 선조 30년 11월 을묘조 각 참조.

이다. 전투가 연일 이어지자 도산성 내의 일본군은 물과 양식의 고갈로 심한 고통을 받았다. 이러한 사정은 일본의 기록에서도 찾아볼 수 있다.[681]

치열한 조·명 연합군의 공격에도 불구하고 가등청정은 처절한 농성을 계속하고 있었다. 제1차 도산성 공격에는 공격의 선봉에 나섰던 조선군 정예병이 큰 전투성과를 내기도 했으나 많은 전사자를 냈다. 특히 경주·울산 지역의 의병들은 눈부신 활약을 하였다. 경상좌병사 고언백은 울산 현지인 李謙受를 시켜 명군 제독부의 서신을 들고 가 적장 가토오에게 전달하게 하였는데, 서신이 적장 喜八을 거쳐 가토오에게 전해지자 가토오는 "실질적인 교섭의 의사는 없고 그저 속이려고만 하며 우리의 사정을 정탐하러 온 것이 아니냐?"며 분노하였다.[682] 사실 이때 조·명연합군에서는 적의 정세를 정탐할 목적이 없지 않았다. 정유재란기의 울산·경주의병은 적군과의 교전 뿐만 아니라 적진에 들어가 적정을 탐색하는 역할도 수행하였다. 또한 이 시기 경상좌도에서는 조·명 연합군의 군량미 조달에도 많은 기여를 하였다. 안동에서 2만석, 경주에서 2만 6천석 등 경상좌도에 배당된 군량미 8만 여석을 조달하였는데, 그것은 조·명연합군의 한 달 반 가량의 군량미에 해당하는 군량이었다.[683]

제1차 도산성 전투에서 울산 지역 의병들은 조·명 연합군을 도와 공격부대의 한 축을 이루어 전과를 올리기도 하였으나 명군의 퇴각 결정으로 도산성에서 철수하고 말았다. 1차 도산성 전투의 실패 원인은 몇 가지 있겠으나 전략과 작전의 미숙, 명나라 장수 간의 갈등과 전공 다툼 등을 들 수 있겠다. 그러나 명군은 패전의 책임을 조선군에게 돌렸다.

---

681) 大河秀元, 『朝鮮物語』, 정유년 12월 28일조.

682) 『선조실록』 권52, 선조 27년 6월 계유조.

683) 『선조실록』 권95, 선조 30년 12월 경진조; 최효식, 『임진왜란기 영남의병연구』, 국학자료원, 2003, 405쪽.

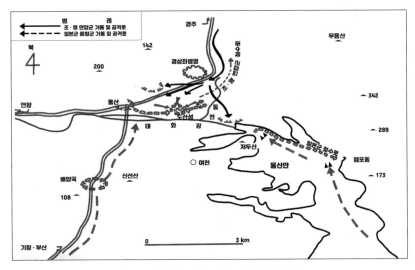

〈그림 18〉 제1차 울산성 전투 상황도[684]

　　제2차 도산성 전투는 1598년 9월 22일부터 그 해 10월 4일까지 전개되었다. 조선 정부는 1차 도산성 전투 실패 이후 군정을 엄격히 하였다.[685] 加藤淸正은 1차전에서 조·명연합군이 성을 공파하지 못하고 철수해버리자 도산성 앞에 해자를 설치하고 그 해 7월경부터 부족한 군량을 보충하기 위해 경주·경산 등지를 노략질하였고, 조선 장수 高彦伯에게 조선뿐만 아니라 요동까지 정벌하겠다고 위협하기도 하였다.[686]

　　조·명연합군은 일본군 격퇴를 위해 그해 8월 말까지 전투준비를 마치고 동로군은 도산성, 중로군은 사천성·외교성을 공격하도록 전략을 세웠다.[687] 조·명연합군의 일원으로 참전한 울산의병은 현지 사정에 밝았다는 점에서 선봉에서 싸웠다. 특히 울산군수 김태허와 연합한 울산

684) 출처:『임진왜란사』, 국방부전사편찬위원회, 1987, 249쪽의 도면을 인용하였다.
685) 『선조실록』 권99, 선조 31년 4월 신사조.
686) 신경,『재조번방지』5, 무술년 7월조.
687) 이긍익,『연려실기술』권17, 선조조 고사본말 '水陸東征倭賊撤還條'.

의병의 활동은 1·2차 도산성 전투를 통하여 끈질긴 항쟁을 하였다. 마침내 1598년 11월에 들어서면서 울산 왜성에 주둔하던 加藤淸正이 퇴각하였고, 서생포 왜성의 黑田長政도 역시 퇴각함으로써 울산 왜성과 서생포 왜성은 완전히 수복되기에 이르렀다. 이로써 1598년 11월 18일 일본군의 철수로 울산지역은 수복되고 울산성 전투기간 동안 경주지역으로 물러나 있던 울산군민들은 고향으로 돌아올 수 있었다. 울산군수 김태허가 그해 12월에 군민을 이끌고 울산으로 복귀한 것이다.

위에서 살펴본 바와 같이 울산의병들의 향토수호 의지는 전쟁이 끝나는 시점까지 지속적으로 이어진 사실을 알 수 있다. 울산지역 의병들의 활동을 정리해보면, 크게 세 부류로 나누어 볼 수 있겠는데 초기의 울산출신 중심의 의병활동과 그 뒤의 경주출신 의병들과의 연합의병활동, 그리고 울산군수 김태허가 이끄는 관군과의 협조 하에 이루어진 활동이 그것이다. 울산 의병은 경상우도의 곽재우 등과 같은 전국적 명성을 떨치지는 못하였으나 끊질긴 투쟁으로 일본군을 몰아내고 향토를 지켜냈다.

유정, 박봉수, 이경련, 장희춘, 윤홍명, 서인충, 이응춘, 이눌 등의 지역 인사들이 임란 발발 수년 전부터 서로 교류하며 전시를 대비한 대책을 마련해왔고 이들의 이 같은 노력으로 난의 초기부터 신속하게 창의 기병할 수 있었다는 점도 주목할 만하다. 또한 동남 해안을 통한 일본군의 공격을 막아낸 서인충 등의 海上義兵 활동도 특기할 만하다. 서인충은 임진년 9월 가군수 김태허로부터 舟師將에 임명되어 일본군의 동남해안 장악을 저지함으로써 그의 해상 방어 능력을 인정받아 조정으로부터 부산포 첨사로 임명되기도 하였다. 울산의 개운포 전투에서 전사한 울산 의병장 이응춘은 적의 해상 침입을 예상하고 의병들이 직접 제조한 전함을 태화강에 띄워 水戰에 대한 대응훈련을 실시한 바도 있었다.

울산의병에 대한 정부의 인식과 평가도 호의적이었다. 국왕 선조는

"전일 계하한 바 있는 경주와 울산에서 역전한 사람들을 특별히 승진시키고 포상할 것을 의논해 아뢰어 다른 사람들을 권면케 하라"[688]는 전교를 내렸다. 이와 같이 끈질긴 울산의병의 활동으로 조명연합군과 일본군이 대치한 도산성 전투에서 선봉에 나설 수 있었고 울산 등 경상도 남부지역을 점령하려던 일본군을 물리칠 수 있었다.

울산의병의 특색으로는 다른 지역 의병에 비해 일본군과 장기간 지속적인 군사 활동을 펼친 점과 해상의병활동으로 적군의 동해안 점령을 방어한 점이 주목된다. 그것은 울산이 일본군과 대치하는 최전선에 위치한 지리적 특수성에 기인할 수도 있겠으나 일본군의 영토할양 요구를 저지하려는 강력한 의지가 크게 작용하였던 것으로 판단된다.

울산의병의 공적은 정부에서도 인정하여 임란 전의 蔚山郡을 난의 직후인 1599년(선조 32)에 蔚山都護府로 승격시켰다. 체찰사 이덕형은 임란 시 경주·울산 의병들이 왜적을 물리치는 데에 전공이 가장 많았다는 장계를 올렸고 이를 조정에서 받아들여 내려진 조치였다. 이 전란에서 울산의 의병과 관군이 단결하여 전투를 지속적으로 전개한 결과 울산성을 되찾을 수 있었다. 울산군은 울산도호부로 승격되는 보상을 받았고 많은 의병들이 선무원종공신에 책록되었다. 울산의병의 공신책록 현황은 앞의 <표 12>에서 살펴본 바와 같다.

2. 大邱鎭 권역의 의병활동

1) 창녕지역의 의병활동

정유재란시 일본군은 도요토미 히데요시의 명에 의하여 조선의 하삼도를 할양받기 위해 경상도와 전라도를 집중 공격하였다. 경상좌도와

---

688) 『선조실록』 권44, 선조 26년 11월 을묘조.

우도의 경계지역에 위치한 창녕은 낙동강을 통한 일본군의 군량 보급선 확보에 중요한 지점이었으므로 임진전쟁 초기에 경상우도를 경유했던 일본군 제3군에 의해 많은 피해를 입은 바 있었다. 정유재란기에도 또한 창녕지역은 적의 공격을 집중적으로 받았으며 임진년 초기 때와는 달리 정유재란 때의 일본군의 점령정책은 조선인에게 매우 가혹하였다. 이 시기 영산의 백성들에게 내린 일본군의 포고문에는 특히 '조선의 관리를 철저히 색출하여 그 처자를 포함하여 전 가족을 죽일 것이며 그 집도 불 지르겠다'는 것이었다.689)

경상도를 비롯한 수백의 의병진이 모여들어 火旺山城에 주둔한 경상좌도 방어사 곽재우를 비롯한 관군과 의병이 치열한 방어전을 전개하자 일본군은 화왕산성을 공파하지 못하고 우회하여 함양의 황석산성으로 진격하였다. 본 절에서는 창녕지역의 정유재란기의 의병활동을 살펴보고자 한다.

임진란부터 정유재란에 이르기까지 창녕지역의 의병활동은 이 지역의 토성인 창녕 조씨, 창녕 성씨, 그리고 영산 신씨 등이 주도하여 활동을 전개하였다. 정유재란기의 화왕산성은 창녕의병장 成天禧의 건의로 창녕현감 李英이 주관하여 인근의 영산, 현풍, 청도의 수령들이 협조하여 완성하였고 정유재란이 발발하자 밀양, 영산, 창녕의 백성들을 대거 입성케 하여 성을 지키게 했다.

정유재란기에 조선군은 전선이 경상도의 남쪽에 형성됨에 따라 경상우도 善山에 도체찰부를 설치하고 이원익의 지휘하에 도원수 권율이 星州에, 경상우병사 김응서가 宜寧에서 일본군의 북상을 저지하기로 하였다. 일본군의 약탈을 방지하기 위해 평지성을 버리고 산성에 관군민이 집결하여 모든 재산을 산성에 옮겨 놓음으로써 일본군으로 하여금 식량과 물자를 조달할 수 없게 만드는 소위 淸野策을 시행하였다.

---

689) 『大日本古文書』島津家文書 2 참조.

곽재우를 중심으로 한 낙동강 수호의 요충지인 화왕산성의 수비는 정유재란기에 일본군의 진격로를 변경하는 계기가 되었다. 화왕산성의 수비전에는 1597년 7월 21일의 火旺山會盟이 크게 작용하였다. 영남 의병장 150여 명과 의병 700여 명은 관군과 함께 반드시 적을 막아내려는 결의를 다졌다. 이때 경주 의병장 權士敏은 산성 사수를 결의하는 모임에서 "이 성을 지키지 못하면 섶에다 불을 질러 성과 함께 우리 모두 타 죽어야할 것이다."라고 결사 항전할 것을 제의하였다.690)

1597년 7월 일본군 대장 고바야카와 다카카게(小早川隆景)는 창녕과 경상우도 거창, 전라도의 진안과 전주를 목표로 북상하고 뒤이어 합류한 가토오 기요마사의 선봉군이 화왕산성으로 진격해왔다. 1597년 8월 3일 가토오 군은 화왕산성을 포위하고 공격루트를 개척하고자 하였으나 곽재우 등 화왕산성에 포진한 조선의 관군과 의병은 철저한 수비와 방어를 하였다. 가토오 군은 물샐틈없는 조선군의 방어에 공격루트를 찾지 못하여 결국 화왕산성의 공격을 포기하고 우회의 길을 택하였다. 이 시기 화왕산성으로 몰려든 의병장이 600여 명이나 되었다고 한다. 이때의 상황을 『燃藜室記述』에서는

정유년 가을에 왜적이 두 번째 침입해왔다. 곽재우가 방어사로서 창녕의 화왕산성을 지키면서 사수할 뜻을 보이니 온 군중이 벌벌 떨었다. 적병이 성에 다가왔는데도 (곽)재우는 조용히 웃으면서 이야기하고 다만 굳게 지키라고 명령하며 말하기를 "제 놈들도 방법을 알 테니, 어찌 경솔하게 덤벼들기를 좋아하겠는가?"하더니 과연 하루 주야를 지나자 적이 싸우지 않고 강을 건너갔다.691)

라고 기록하고 있다. 화왕산성에서는 적과 치열한 공방전을 펼치지는

690) 權士敏, 『梅軒實記』 권2, 「事蹟記」 참조.
691) 『연려실기술』 권16, '선조조 고사본말' 참조.

않았으며 아군의 철저한 방비와 군의 기세가 강하여 일본군의 공격을 좌절시켰다. 이때 곽재우가 물러나는 적의 배후를 공격하여 적 수급 다수를 참획하였고, 수성장으로 있던 밀양부사 이영은 부산에서 올라온 가토오의 지원군을 방어하였으며 방어사 권응수도 산성의 북쪽에서 강력한 응전태세를 취함으로써 적이 공격할 수 없게 만들었다.[692] 정유재란을 당하여 조선정부의 청야책이 화왕산성 전투에서는 성공적이었다고 평가할 수 있을 것이다.[693] 화왕산성 전투 당시 곽재우 군의 간부진 조직을 보면, 방어사에 곽재우, 종사관에 성안의, 조방장에 이영, 조전장에는 장응기 외 6명, 장서기에는 배대유 외 6명, 장무관 2명 등 19명으로 구성되었다. 정유재란기에 화왕산성 전투에서 승전할 수 있었던 것은 산성에 입보한 재지사족들의 협조와 방어군의 철저한 준비에 있었다.[694] 화왕산성 전투에 참가한 곽재우 군의 조직 중 全霽와 成安義 등 다수는 임진란 초기에는 의병으로 활동한 인사들이었으나 그동안 의병활동의 공로로 이 시기에는 관군으로 전환하여 참전하고 있음을 볼 수 있다. 즉 임란 초기의 의병들이 관군으로 편제됨으로써 의병의 관군화한 과정을 알 수 있다. 『火旺入城同苦錄』을 통해 보면, 주요 인사 699명 중 경상좌도 출신이 73%, 경상우도 출신이 14%를 차지하는 것으로 나타난다. 이러한 비율은 정유재란 시기의 영남 사족 가문의 대표적 인사들이 망라되어 있다고 볼 수 있는데, 당시 영남의 사족들이 앞 다투어 명망 있는 의병장 출신 곽재우의 군진에 몰려들었던 것이다. 창녕지역의 화왕산성 입보민들은 생존의 안전을 보장받기 위한 측면도 없지 않으나 자발적이었고 정부의 정책에 우호적이었으므로 난국의 타개에 기여한 것으로 볼 수 있을 것이다. 화왕산성 수성전에서 일본군을 물리칠

692) 『망우집』 권3, 「용사별록」.
693) 김강식, 「임진왜란 시기 창녕 지역의 대응과 후대의 기억」, 『한국사상사학』 46, 2014, 144쪽.
694) 위 김강식 논문 145쪽.

수 있었던 것은 창녕과 그 인근지역의 민의 호응과 앞서 임진란 초기
때 일본군으로부터 참혹하게 유린당했던 경험을 토대로 군관민이 단결
하여 필사적인 저항의지를 보였기 때문이었다.

2) 밀양지역의 의병활동

밀양은 강화회담기부터 조·명·일 3국이 중요 거점으로 인식한 곳이
다. 특히 일본군이 하삼도 분할책을 거론하면서 그들의 보루로 인식되
던 곳이었다. 그들은 강화교섭기 초기에 이미 조선으로부터 밀양 이남
지역을 할양받은 것으로 인식하고 이 지역에 계속 주둔하면서 영지점령
의 의지를 보이기 시작했다. 그러나 강화회담의 진전에 따라 일본군은
조선에서 점차 남쪽으로 이동하였는데, 문경의 당교에서는 1593년 4월
28일에 물러갔고, 5월에 들어와 10~11일에는 상주의 적이, 12일에는 선
산의 적이, 인동은 13일에, 대구·청도의 적은 15일에, 밀양의 적은 20~21
일에 각각 물러갔다.[695] 일본군의 남하와 함께 밀양은 조선의 통치권이
미치는 분계선으로 인식되었던 지역이었다. 또한 밀양은 조·명·일 3국
교섭사절의 회합 장소였으며 정부의 항왜정책에 따라 상당수의 항왜들
이 정착하여 거주하고 있는 곳이기도 하였다.

한편 정유재란 때는 일본군의 선봉을 맡은 가토오 기요마사군이 조
선에 재상륙하여 서생포 왜성에서 1597년 7월 25일에 출발하여 밀양을
거쳐 창녕으로 진격함으로써 밀양지역은 일본군의 우로 진격로에 해당
하여 많은 피해를 입었다. 정부는 미리 일본군의 재침에 대비하여 경상
좌도 방어사 권응수의 지휘로 밀양지역을 방어하도록 조치하였다. 당시
의 전란 대비 상황을 실록에서는

---

695) 『선조실록』 권39, 선조 26년 6월 15일조. 「경상도 관찰사 한효순 치계」

영남의 여러 장수들 중에 김응서가 그곳 군민의 실정을 잘 알고 있으니 그를 후임자로 삼는 것도 무방할 듯합니다. 권응수, 정기룡은 모두가 전투를 잘 하고 날쌔고 건장한 자들입니다. 권응수는 그대로 좌도 방어사를 맡겨 밀양·양산 지방에 주둔하면서 둔전을 경작하게 하고, 정기룡은 우도 방어사로 삼아 진주·고성 지방에 주둔하면서 둔전을 경작하고 훈련을 하게 하는 것이 매우 의당할 듯합니다. 그리고 병사와 방어사가 거느리는 병력은 도원수와 본도 순찰사로 하여금 참작해서 요량해 수호를 정하고 계문하여 시행하도록 하소서.696)

라고 기록하고 있다. 그만큼 정유재란기에는 임란초기에 비하여 많은 대비를 했던 것이 사실이다. 밀양에 비축한 군량을 이동시키고 곡식은 모두 베어내는 등 일본군이 침략하더라도 군량을 확보할 수 없도록 청야책을 철저히 준수하여 민을 대폭 창녕의 화왕산성으로 이주시켰다. 그리고 만일을 대비하여 밀양의 항왜는 방어사가 통제하고 울산의 항왜는 좌병사가 이들을 관리하도록 조치하였다.

정유재란기의 밀양의병들의 활동은 준관군화 되어 관군과 연합하여 주로 곽재우의 휘하에서 화왕산성 수성전에서 이루어졌다. 이 시기 밀양 출신의 의병으로는 길곡의 박종민, 박수춘, 안국보, 손기양, 손처약, 김태허, 손찬선, 허응길, 손기성, 박인립, 김언량 등이었으며 이들은 대부분 임란 초기에 의병을 모집하여 의병장으로 활약하던 인사들이었다. 그 중 전공에 의하여 관직을 제수받아 정유재란기에 군사활동을 한 사람은 손기양이 신녕현감으로, 김태허는 울산군수로, 이영은 밀양부사로서 곽재우 방어사 진영의 조전장을 맡아 각각 곽재우의 화왕산성 진영에 참여하여 산성 방어에 진력하였다. 그 외에 박수는 곽재우의 휘하에서 활동하다가 후에 김응서의 군진에 합류하여 전공을 세웠으며, 손찬성과 허응길, 김언량, 김극유도 화왕산성 방어전에서 활약하였다.

---

696) 『선조실록』 권107, 선조 31년 12월 24일조.

정유재란기에 있어서 밀양의병의 의의는 창녕과 인접한 고을로서 영산, 현풍 등의 거주민들과 함께 대거 화왕산성에 입성하여 군관민이 단결하여 정부의 청야책에 따름으로써 관군을 도와 일본군의 화왕산성 공격을 방어할 수 있었다는 점이라 하겠다.

제6장

경상좌도 의병의 성격과 특색

경상좌도 의병의 성격을 규명하기 위해서는 먼저 의병의 소모 방법, 의병의 조직과 활동 및 전략 전술에 대한 검토가 필요하다. 경상좌도 의병은 크게 초기 의병과 후기 의병으로 나누어 볼 수 있다. 1593년 후반부터는 정부의 의병 정책에 의해 공적이 있는 의병들을 관직 제수 등의 방법으로 관군으로 편입시켜 나감으로써 의병은 점차 관군화 되어갔으나 관군이 된 후에도 여전히 의병 조직을 이끌기도 하였다.

임진왜란 시기의 경상좌도 의병의 성격을 규정함에 있어서 먼저 향토수호병, 즉 향병인가를 검토할 필요가 있겠다. 경상좌도에 있어서 각 지역의 의병은 기본적으로 지역민들이 그들의 생활터전인 향토보전의 목적에서 자발적으로 일어나 무기와 군량을 스스로 조달한 조직으로서 자율적인 지역 방어군이었다. 따라서 임진왜란 시기의 의병을 의병 운동에 참여해 활동한 지역 및 범위를 기준으로 볼 때 경상좌도 의병은 근왕군의 성격보다는 향토수호를 목적으로 한 향병으로 규정할 수 있을 것이다.[697)]

경상좌도 의병은 지역에 따라 의병의 규모의 차이는 있으나 군소의 병이 다수를 차지하였다. 그 이유는 임란초기 초토화된 경상좌도의 상황상 대규모의 의병 창기가 불가능했던 여건에 기인한다 하겠다. 대체로 향촌을 영도하던 재지사족을 의병장으로 추대하였는데, 의병의 상층부에 해당하는 의사 또한 사족 출신이 다수를 차지하였고 의병 하층부에는 상민, 농민, 노비 등 중·천인층이 참여하였다. 좌도 의병이 침략군

697) 김강식은 임란 시기의 의병을 관군과의 구별 기준이 되는 자발성과 자립성을 특성으로 하여 창의 동기에 따라 지역 방위를 목표로 하는 향병과 실지 회복을 목표로 하는 국가 방위적 성격의 충의군으로 구분 짓고, 전자의 예로 영남 의병과 함경도 의병을, 후자의 예로 호남지방의 의병을 예로 들었다. 김강식, 『임진왜란과 경상우도의 의병운동』, 도서출판 혜안, 2001, 153쪽.

에 의해 폐허가 된 열악한 여건 하에서도 신속히 향토를 재건할 수 있었던 것은 임진란이 발발하기 전부터 전쟁을 예견하고 대비를 해왔기 때문이었다. 모임의 형식은 시회, 강무회 등이었으나 실상은 전쟁에 대비한 결의대회의 성격을 가졌다. 불국사 범영루 시회나 신녕 불굴사 모임 등이 그것이었으며, 실제로 전쟁이 발발하자 이들은 결의한대로 빠른 시일 내에 창의 거병하였고 스스로 천사장, 분용장, 대송장군 등의 칭호를 사용하며 의병활동에 들어갔다.

전란 중에도 경상좌도에서는 지역적 규모의 회맹이나 전국적 규모의 회맹을 가져 전투력을 증강시키는 계기로 삼았다. 그 대표적인 회맹이 경주 월성의 문천회맹, 문경의 당교회맹, 울산의 구강회맹, 대구 팔공산의 공산회맹, 창녕의 화왕산회맹이었다. 경상좌도에서 결성된 이러한 회맹은 실제 전투에서도 많은 효과를 거두었다.

경주 문천회맹은 임란 발발 약 2개월 후에 결성된 것으로서 빼앗긴 영천성, 경주성을 되찾기 위한 결집이었다. 경상좌도 지역의 관군과 의병 약 4,200여 명이 임진년(1592) 6월 9일 경주 문천의 반월성에 집결하여 합동군사작전을 모의한 동고모임이었다. 공산회맹은 관군과 의병이 1596년 강화교섭의 실패에 대비하여 공산성을 사수하려는 목적에서 이루어진 것이었다. 대구의 팔공산에 대규모의 관군과 의병이 집결하여 일본군의 재침을 막아내자는 결의 대회였다.

화왕산 회맹은 정유재란 시 청야전으로 대응하면서 창녕의 화왕산성에 군사를 집결하여 산성을 방어함으로써 적군이 경상우도를 거쳐 전라도 곡창지대로 진입하는 것을 막자는 전략이었다. 곽재우를 중심으로 약 600여 명의 의병장들이 각기 인솔해온 군사를 집결하여 화왕산성을 막아내는 성과를 거두었다. 이러한 경상좌도 의병의 회맹은 각 지역단위의 의병들이 치밀한 연합작전으로 적의 대군을 막을 수 있다는 자신감을 갖게 하여 실제 전투에서도 승리를 가져왔다는데 큰 의미가 있다

고 할 것이다. 임란 직후의 혼란기를 거쳐서 경상좌도 의병이 의병연합
활동으로 영천성, 경주성 등 빼앗긴 성을 되찾기 위한 복성전을 계획하
게 된 최초의 계기는 경주의 문천회맹에서 비롯되었다고 볼 수 있다.

경상좌도 의병이 임란극복에 기여할 수 있었던 것은 재지사족들의
향민보호의식이 크게 작용하였다고 본다. 임란 전부터 평소 향촌 운영
에 있어서 민생의 안정을 중시하던 좌도의 재지사족들이 향촌에서 시행
해오던 향약은 민생안정에 중점을 두고 하층민의 보호와 성장을 도모하
는 방향에서 실시되었다. 의병 구성원 대다수를 차지하며 실전에서 적
군과 전투를 벌여야 하는 상민, 농민, 노비 등 중·하층민들은 좌도의병
의 지도층을 신뢰하였고 난이 일어나자 사족들의 의병 소모에 긍정적
반응을 보였다. 거기에다 김해(金垓)의 안동향병에서 보이듯이 학연, 혈
연, 통혼을 기초로 한 의병지도층의 강한 결속력이 의병 간 연합을 쉽게
이루어냈고 관군과의 협조체제를 유지함으로써 전투력을 증강시킬 수
있었다.

이러한 기반에서 경상좌도 의병의 특성을 몇 가지 점에서 경상우도
와 비교하여 살펴보기로 한다.

첫째, 경상좌도 의병은 그 규모에 있어서 대체로 군소의병이 다수를
차지하였다. 즉 경상우도에 비하여 의병의 규모나 조직에 있어서 열세
였다. 이것은 창의의 여건이 열악하였기 때문으로 생각된다. 경상우도
에서는 난의 초기부터 곽재우, 정인홍, 김면 등의 강력한 의병장들이 나
타나 활발한 활동을 펼쳐 적의 예봉을 막았다. 이들은 각기 향촌의 조직
을 기반으로 수천 명씩의 의병을 모집하여 조직적인 대응을 함으로써
일본군의 전라도 진격을 막는데 결정적인 역할을 하였다. 이에 비해 경
상좌도는 임진왜란 직후 일본군의 주요 진격로에 놓임으로써 지역이 초
토화 되면서 큰 규모의 의병진을 구성할 여건이 되지 못하였다. 특히 이
지역의 의병 창기를 어렵게 한 것은 임란초기의 일본군의 점령정책과도

관련이 있는 것으로 보인다. 점령군은 조선의 민들을 상대로 선정을 베풀 것처럼 선동하고 회유하여 일본 국내에서 사용하던 방식대로 양곡을 지급하고 신분패를 나누어 주었다. 동시에 점령지 각 지역의 동태를 파악하는 한편 점령군의 시책에 반대하거나 저항하는 세력들을 철저하게 수색해 나갔다. 이런 상황 하에서 많은 민들이 일본군의 앞잡이가 되어갔고 부왜인들의 수가 증가함에 따라 재지사족들이 수천 명의 민병을 모으는 일은 쉽지 않았다. 그럼에도 불구하고 열악한 상황을 타개하고 창의하여 군소의병들의 숫자가 점차 늘었고 마침내 그들은 상호 연합의 길을 모색해 나가며 점령군에 대항하였다.

둘째, 의병의 사상적 배경이 되는 학파의 특징을 들 수 있다. 경상좌도 의병의 정신적 기반은 퇴계학맥의 성리학적 철학관에 기반했다는 점에서 남명학맥에 뿌리를 둔 경상우도 의병과 그 성격을 달리한다고 하겠다. 그것은 시대적 상황 변화에 따른 현실인식과 대응자세에서도 다르게 나타났다.

16세기 영남학맥은 낙동강의 좌와 우를 기준으로 분파되어 강좌학파는 퇴계를 정점으로 하고 강우학파는 남명을 정점으로 하여 각기 학파를 형성하였다. 남명의 국가관은 외척정치와 부패한 관료들을 비판하고 군주가 개혁의지를 가지고 척신정치의 혁신을 통하여 백성을 이롭게 해야 한다고 하였다. 즉 남명은 군주제를 인정하되 적극적으로 급진적 현실개혁을 주장하며 백성이 직접 현실을 바꿀 수 있다는 혁명적 사상을 주장하였다.[698] 그의 수양방법으로는 居敬行義를 중시하였는데 의리의 실천을 곧 사회 모순의 극복 방편으로 인식하였다. 이 같은 남명의 義중시 사상은 후학들에게 강건한 기질의 尙武情神으로 이어졌으며 이러한 의식은 임진왜란이 발발하자 경상우도에서 의병활동을 적극적으로 펼쳐나갈 수 있는 정신적 배경이 되었다.

---

698) 『명종실록』 권33, 21년 10월 갑자조.

한편, 퇴계는 민심을 천심으로 파악하면서 군주가 敬공부를 통한 道學에 정진함으로써 至治를 이룰 수 있으며 그것은 백성의 안정된 삶을 누릴 수 있게 하는 왕도라고 보았다.[699] 그러나 남명과는 달리 비록 현실정치에서 모순이 있더라도 구법과 신법의 조화를 바탕으로 점진적으로 개선해 나갈 것을 강조하였을 뿐 백성들이 현실정치를 직접 바꿀 수 있는 주체로 보지는 않았다. 퇴계는 聖學이 지치의 근본임을 강조하면서 국왕 선조에게 올린 疏에서도 왕대비와 대비에게 공경과 효를 다함으로써 백성들이 이를 본 받게 하고 간신들을 물리칠 수 있음을 진언하기도 하였다.[700]

요컨대 퇴계의 온건 겸손한 기질과 시속을 존중하는 태도에 비하여 남명은 직방 강건한 기질로 대표된다고 하겠다. 이러한 左右道의 풍속은 각기 영남사민들의 정신세계를 지배하였고 임진왜란에 이르러서는 경상좌도에서는 퇴계학맥의 후학들이 의병에 다수 동참하였고, 경상우도에서는 남명학맥의 후학들이 대거 의병에 나섰다.

경상좌도 의병의 官을 존중하는 풍토는 퇴계학맥에서 그 연원을 찾아볼 수 있을 것이다. 퇴계는 생전에 서원의 설립을 통해 성리학적 질서와 윤리를 향촌사회에서 실현하고자 하였다. 향촌공동체의 안정과 발전을 향한 퇴계의 노력은 그의 후학들에게 전수되었고 이것은 경상좌도의 재지사족들에게 향촌사회를 이끄는 하나의 지표가 되었다. 안동향병에서 그 예를 찾을 수 있을 것이다.

안동향병 대장 金垓는 '의병의 역할은 향촌의 의사들이 향촌을 스스로 지킴으로써 향민들을 보호하고 충의를 다해 관을 후원함으로써 국가의 위기를 극복하는데 그 목적이 있음'을 召募鄕兵文에서 밝혔다.[701] 그는 관을 존중하고 관을 돕는 일에 향병의 소임이 있다고 보았고 관과

699) 『퇴계집』 권6, 「戊辰六條疏」참조.
700) 위 『퇴계집』 권6, 「戊辰六條疏」참조.
701) 김해, 『향병일기』 및 이숙량, 『매암선생문집』참조.

대립하거나 의병의 독자노선을 주장함이 없이 끝까지 의병장으로서의
책임을 다하겠다는 유학자의 태도를 견지하였다. 김해의 의병진에 특별
히 유생이 많았던 것은 국가 위기 시에 대의를 강조한 퇴계의 영향이
있었음을 의미한다고 보아야 할 것이다.

 좌도 의병의 유화적 의병관은 남명의 剛毅直方한 인품과 분명한 출처
의리를 전수 받은 경상우도 의병의 성격과 대비된다 하겠다. 경상우도
의병의 엄중하고도 정연한 군사운용은 남명의 영향을 받은 정인홍, 김
면, 곽재우 등 의병지도자들의 확고한 국가관에서 나타났고 실전을 통
한 의병활동에서 많은 전과를 거두기도 했다. 한편 이러한 우도 의병의
철저한 사리분별 의식은 독선과 편협으로 오해받기도 하였다. 이런 오
해는 군자와 소인을 구분 짓는 이분법적 현실개혁 성향의 학문에 기인
한다고 볼 수 있을 것이다. 경상우도 의병 전체의 모습은 아니라 할지라
도 의병장 정인홍은 의병을 독자적으로 운용하고 관군에의 협조 및 편
입에 대하여 소극적이었다. 그것은 비록 그가 시비분별의 대의에 입각
했다 하더라도 의병을 사병화하여 향촌세력 기반을 확보하는 수단으로
삼았다는 비난을 받기도 했다.702) 그러나 퇴계학의 영향을 받은 경상좌
도 의병들에게 있어서는 앞에서 김해의 의병관을 통해 본 바와 같이
'의병은 어디까지나 국가를 위한 의병이며 그 소임을 다할 뿐'이라는 것
이 경상좌도 의병지휘부 인사들이 가지고 있던 보편적인 의병관이라 할
수 있다. 이것은 퇴계학풍을 이은 좌도 의병의 특색이라 할 수 있겠다.
퇴계는 선조에게 대일외교의 방향에 대하여도 유화적인 정책을 유지할
것을 건의한 바 있다. 퇴계는 명종과 선조에게 그 시기에 빈발하였던 왜
구의 난동에 대하여도, 상경하애의 유학정신을 익히지 못한 미천한 소
치이므로 가르치고 달래서 교화해야한다고 자문하였다. 이러한 퇴계의

---

702) 설석규, 「남명학파의 세계관과 내암·송암·망우당의 현실대응자세」, 『송암 김
면 학술총서』 2, 영남대학교 민족문화연구소, 2005, 110~111쪽 참조.

사상은 좌도의 재지사족들로 하여금 연장자와 관에 대한 예우를 중시하는 유교문화를 향촌에 정착되게 한 것으로 이해할 수 있을 것이다.

퇴계는 그의 고향에서 실시한 禮安鄕約의 서문에서

시골은 왕의 교화가 멀어서, 좋아하고 미워하는 자들이 서로 공격하고 강하고 약한 자들이 서로 알력을 벌이고 있으니 혹시라도 孝弟忠信의 道가 저지되어 시행되지 못하면 예의를 버리고 염치가 없어지는 것이 날로 심해져서 이적이나 금수의 세계로 들어가니, 효제와 충신은 사람이 타고난 성품에 근본하였고, 나라에서도 가르침이 있으니 사람마다 부모를 존경하고 어른을 존대하면 천하가 편안해진다.[703]

라고 하였다. 퇴계는 인심을 순화하여 도를 이룸으로써 향민들이 인간다운 삶을 누릴 수 있도록 하고자 하였다. 이처럼 효제충신을 통한 도덕성 회복운동은 문화적 역량을 고양시킴으로써 국난극복의 밑거름이 되었던 것이다. 향약 등을 통해 향촌을 이끌어온 좌도지역의 의병상층부의 구성원들은 이러한 좌도의 전통을 중시하였다. 우도의병이 관군과 대립하거나 강경한 태도를 취한데 비하여 좌도의병은 禮로써 향촌공동체를 이끌어온 좌도유학의 상경하애 정신을 바탕으로 의병장 및 의병 상호간 인격을 존중하는 풍토 속에서 의병활동을 전개해간 점에서 그 특성을 찾을 수 있을 것으로 생각된다.

셋째, 관군과의 협조와 조화이다. 조직력과 활동력이 떨어진 위기상황에서 불가피한 자구책일 수도 있으나 경상좌도 의병은 경상우도 의병에 비하여 임란초기부터 관군과의 협조체제를 잘 유지해 나간 점을 특색으로 들 수 있다.[704] 경상좌도 의병은 김륵이 안집사로서 경상좌도 지역에 파견되었을 때부터 관을 중심으로 하여 각 향촌의 소모유사를

---

703) 『퇴계집』, 「禮安鄕約序」 참조.
704) 정해은, 「임진왜란 초기 경상좌도 안집사 김륵의 역할과 활동」, 『영남학』 28, 2015 참조.

정하였고, 전직 관료나 품관을 중심으로 관료조직에 준하는 체제로 의병을 모집하였다. 이것은 당시 전시정국의 주도권을 가졌던 남인 정파와의 인맥 및 학맥적 연관성도 배제할 수는 없을 것이다. 경상좌도 의병장 등 주체세력들의 의병관에서도 찾을 수 있듯이 경상좌도에서 이와 같이 관군과의 협조체제가 원만히 이루어진 배경에는 임란 당시 전시체제를 운영하던 정치적 상황과도 일정한 관련이 없지 않았다. 즉 유성룡 등 남인 정권의 의병에 대한 지원 및 관군 편입 조치와도 관련이 있는 것으로 볼 수 있다. 유성룡은 국가전체의 전란극복에 관심이 집중되어 있었던 반면, 경상우도의 독자적 의병을 강조한 의병장 정인홍과 그 문하의 의병장들의 경우에는 향촌의 방어와 향촌공동체의 유지에 더 큰 관심을 갖고 있었다. 경상우도 의병의 주축은 남명 조식의 후학들로서 남명학의 영향을 많이 받았다. 남명은 주자 성리학의 하학과 인사의 실천을 중시하여 정치에서의 철저한 개혁 실천을 주장하고 불의와의 타협을 거부하였는데 이러한 사상은 정인홍 등에게 전수되어 명백한 의리관이 강조되었다.

그러므로 정인홍은 정치현실에서 상대세력의 존재를 인정하지 않으려는 경향과 是非와 正邪의 구별이 엄격하였다. 의병의 조직과 활동에 있어서도 관의 개입보다는 독자적인 활동을 주장하였으며, 그 배경에는 전시정부의 국정운영 능력에 대한 불신과 조정 관료들의 무능에 대한 비판적 시각이 잠재되었던 것으로 여겨진다.705) 정인홍의 입장은 의병의 관군 편입보다는 향촌공동체 유지를 위한 향토 수호군으로 존립시키는데 더 큰 비중을 두었기 때문으로 생각된다. 그는 그의 의병을 강화회담 때까지도 관군에 예속되기를 거부하여 향병으로 잔존케 함으로써 그가 거느린 의병을 私兵化하려 한다는 비난의 여론도 있었다.706) 조정은

---

705) 김강식,『임진왜란과 경상우도의 의병운동』, 도서출판 혜안, 2001, 154~155쪽 참조.
706) 고석규,「정인홍의 의병활동과 산림기반」,『한국학보』51 참조.

이에 대한 대책으로 정유재란 때 체찰사 이원익에 의해 정인홍을 鄕兵 將으로 임명하도록 하였다. 정인홍이 이러한 태도를 견지한 이면에는 당시의 정국을 이끌던 남인정권의 온건주의 정책에 대한 불신이 내면에 잠재해 있었던 것으로 생각된다. 한편 이와 같은 강한 향보적 입장과 비 타협적인 태도로 인하여 이후 그의 많은 문인들이 이탈하는 결과를 가 져오기도 하였다.

넷째, 의병 召募의 방법에 대한 특색이다. 임란초기 의병을 불러 모으 는 과정에 어느 정도의 강압성은 없을 수 없었다. 집안의 노복과 가동, 전호 등은 신분 및 경제적인 예속 관계상 상전의 명을 따르지 않을 수 없는 것이 상례였다. 그러나 이런 범주 외에 피난민이나 산속에 숨은 일 반민들을 상대로 하여서는 경상좌도 의병은 소모 과정에서 강제성 보다 는 설득과 타협에 의한 소모를 중시하였다는 점이다. 군량 등 군수물품 의 수납에 있어서도 안동향병의 경우 금응훈, 조목 등 40여 명의 지역 인사들이 자진하여 군량과 군마를 헌납한 사례에서도 드러난 바와 같 다. 즉 설득과 포용으로 향민들의 협조를 구했던 점에서 그 특색을 찾을 수 있다. 그에 비해 경상우도에서는 의병 모집에 있어서 강제성을 띤 점 이 두드러진다. 우도 의병장 곽재우의 경우, 창의 초기에 부호인 그의 매형 허언심이 의병에 가담하기를 거부하자 그의 생질을 죽이겠다는 언 사를 서슴없이 하여 허언심을 의병에 가담케 한 바 있고, 의병장 김면의 경우, "한 사람이 노복 3인을 숨기고 군대에 보내지 않으면 극형에 처한 다."며 강압적으로 군사를 동원하였는가 하면, 정인홍은 의병 소모에 불 응하며 산 속에 피난한 향민들의 가옥을 불태워버리기도 하였고 軍資의 할당과 의병소모 인원을 향민의 수에 따라 强制配分하기도 하였다.[707)]

---

707) 정경운, 『고대일록』, 임진 6월 10일조. 정경운은 정인홍의 제자로서 임란 시 정인홍의 의병군에 소속되어 활동한 인물이다. 그는 정인홍의 명에 따라 소모 유사가 되어 향민들을 상대로 형편에 따라 부과된 軍資를 징수하였다. 사족들 에게는 화살촉으로 쓰일 철 5동과 화살 깃 15개씩을 거두고 전말을 찾아 모으

이와 같이 우도 의병은 의병 소모나 軍需의 수집에 있어서 강력한 제재력을 행사하여 적게는 2천 명에서 많게는 5천 명에 이르는 대규모 의병을 모집하였고 적에 대한 대응도 그만큼 강력하게 할 수 있었다. 그러나 우도에 비하여 좌도의 의병 소모는 대체로 유화적이고 軍需의 수집도 설득과 자진 헌납에 의한 경우가 많았다. 경상좌도 의병의 경우에는 안동향병에서 보이는 바와 같이 향민을 강제하는 의병의 소모는 별로 보이지 않는다. 안동 향병의 경우 본진인 예안·안동의 의병진을 중심으로 하되, 인근 군현의 독자성을 인정하여 의병조직의 분정에 있어서 각 군현의 의병장을 整齊將으로 편성하여 독자적인 활동을 보장하였다. 이것은 공동 방어의 필요성을 느낀 지역 단위 의병진이 합진함으로써 조직과 역량을 강화하여 일본군에게 대항하려는 좌도의병의 단합의 결과라 할 수 있다. 이러한 경상좌도 의병 연합의 자발성과 단결의 예는 임진년 7월 말경의 영천성 탈환 전투와 9월 초순경의 경주성 복성전에서도 나타나고 있다.

다섯 째, 경상좌도 의병은 경상우도 의병에 비하여 대체로 의병장 상호간 및 의병과 관군지휘부 간의 갈등과 알력이 적었다는 점이다. 임란 초기 경상우도의 의병장 곽재우와 경상감사 김수와의 충돌, 그리고 의병장 김면과 정인홍 간의 의견 대립이 심각하였다. 김면과 정인홍은 경상우도 초유사 김성일과도 의병의 체제 유지와 군사 대응방안을 두고 적지 않은 갈등이 있었다.

경상우도 의병이 관군의 절제를 받기를 꺼려하였으며 무절제한 활동으로 인해 민간에 끼친 해악을 지적하고 있다. 즉 "우리는 의로써 일어났으니, 관군의 절제를 받아야 할 것이다. 부디 백성을 침략하지 말 것이며 오직 의를 따를 뿐이다. 그렇지 않다면 어디에 의병다운 것이 있겠는가? 또 일찍이 남들에게 말하기를, 곽재우는 본래 유식한 사람이 아

는 등 강제적으로 매일 정해진 수의 군졸과 군마를 채워나갔다.

니니 그 하는 일이 부족한 것을 책망할 것이 못된다. 그러나 정인홍은 세상 사람들이 어진 사람이라고 일컫는데 오히려 이런 짓을 하니 부끄럽지 않을 수 있겠는가."[708] 라고 한 것으로 보아 경상우도에서의 초기 의병들의 민폐가 심하였음을 알 수 있다. 이것은 의병장 상호간의 알력의 문제이기도 하지만 의병활동을 명분삼아 백성들에게 지나치게 강제력을 행사함으로써 오히려 향민들에게 민폐를 끼치고 원성이 많았음을 지적하는 것으로 볼 수 있다.

군사지원을 놓고도 경상우도 의병장 김면과 정인홍 간의 대립이 있었다. 우도의병장 중에서 김면은 관군의 지휘를 기본적으로 수용하려는 입장에 서 있는 의병장이었는데, 정인홍의 휘하 장수인 손인갑이 사원동 및 안언전투에서 김면에게 군사지원을 요청하였으나 김면은 전술적으로 필요성을 인정하지 않았다. 손인갑은 김면이 후원하지 않아서 패전한 것으로 불만을 표하면서 정인홍 의병과 김면 의병의 사이가 벌어졌다. 김면을 따르는 의병들은 정인홍의 독단적 의병 운용을 비난하였고, 계사년에 전사한 김면의 상여가 정인홍의 집 앞을 지날 때도 조문하지 않았다는 비난의 여론이 있었다.[709]

여섯째, 의병 간 전략·전술 구사에 있어서의 인화단결력이다. 우도 의병은 제2차 진주성의 사수에 대하여도 정파 간의 대립뿐만 아니라 우도 의병장 내부의 불화와 비협조가 있었으며, 이때 곽재우는 아예 공성전을 포기할 것을 주장하기도 하였다.[710] 이러한 전략·전술상의 의견불일치나 독자 노선의 고수는 우도의병장들의 강한 개성의 표출일 수도 있을 것이다. 그러나 좌도 의병에서는 우도와 같은 압도적인 의병장의 출현은 없었으나 의병지휘부 간의 강한 단결력이 전투력을 높인 것으로

---

708) 『대동야승』 권51, 寄齋史草 下, 「임진일록」 참조.
709) 『대동야승』 권68, 혼정편록 7, "如故兵使金沔 仁弘之親友也 情若兄弟 而責其 雍兵不討賊 則因此衙之 沔之喪樞過其門前 而終不出弔"
710) 『선조실록』 권59, 선조 28년 1월 을미조.

이해된다. 좌도 의병은 의병 세력 간의 분열이나 전투방법론에 따른 알력이 크게 나타나지 않았다. 영천성, 경주성 등의 탈환전투에 있어서도 의병 간의 분열이나 관군과의 불화가 적었던 점을 들 수 있겠다. 영천성 탈환전투에서는 영천을 중심으로 한 10여 개의 군현에서 연합의병에 동의하였으며 대장 권응수의 지휘를 기꺼이 받아 들여 승전하였다. 또한 경주성 탈환전에서 1차전에서는 좌병사 박진이 의병들의 견해를 무시한 무리한 전술·전략상의 작전 실패로 패배하여 많은 의병이 전사하였음에도 좌병사에게 항의하거나 책임을 묻지 않았고 관군의 지휘를 수용한 결과 2차 탈환전에 돌입할 수 있었다. 그 결과 좌병사를 중심으로 관군과 의병이 단결하여 결국 승전을 이루어냈다. 이것은 좌도 의병에 있어서 의병 상호간 또는 관군과의 협력과 단결력이 낮은 결과라 할 것이다.

일곱째, 정부의 관군화 정책을 수용하고 체제에 순응하는 경향을 가졌다는 점이다. 경상우도에서는 정인홍의 경우 후기 의병에 접어들면서 정부가 의병을 관군으로 흡수하려는 조치에 대하여 강력한 반발을 하였고 그의 의병군을 관군인 김응서에게 넘기고 관직제수도 사양한 바 있었다. 그러나 경상좌도에서는 이러한 현상은 나타나지 않았다.

이상에서 경상좌도 의병의 특색을 경상우도 의병과 대조하여 살펴보았다. 위와 같은 좌도의병에 대한 특색의 고찰은 의병사의 평가에 있어서 반드시 장점으로만 평가될 수는 없을 것이다. 그러나 이러한 고찰은 열악한 환경 하에서 향토를 재건하려는 경상좌도 의병의 실상을 이해함에 있어서 보다 구체적으로 접근할 수 있는 계기가 될 것이다. 그러므로 경상우도 의병은 다소의 강제력을 행사하였으나 강력한 군사력으로 적을 막아낸 공적이 있었고, 경상좌도 의병은 체제 순응의 자세로 설득과 타협에 의해 의병을 소모하고 관군과의 협조체제를 유지함으로써 국난을 극복해 나간 것으로 이해될 수 있을 것이다. 요컨대 경상우도 의병이 규모 있는 강력한 군사력을 바탕으로 적에 대항하였으며 강한 자립성과 독자성을 유지하려 한 반면, 경상좌도 의병은 적의 점령지역에서 군소 의병을 중심으로 인화단결 하였고, 관군과의 협조와 상호 협력을 통해 전투력을 강화해나간 것으로 볼 수 있을 것이다. 이처럼 경상좌도와 우도 의병의 성격이 달리 나타난 것은 전시의 제반 상황뿐 아니라 지역적 여건 및 정파와의 연계성도 함께 작용한 것으로 볼 수 있다. 난의 직후에 김륵과 김성일은 각각 경상좌도와 우도에 안집사와 초유사로 임명되어 좌도와 우도로 내려갔다. 이때 김륵은 좌도의 의병을 소모함에 있어서 전·현직 관료와 품관 등을 위주로 각 마을 단위의 유사를 정하고 그 유사로 하여금 관주도의 위계질서를 지키는 범위에서 의병을 운용할 것을 강력히 지시함으로써 안동, 영주, 봉화 등의 북부지역을 중심으로 이러한 관의 지휘범위를 넘지 않는 선에서 의병의 소집과 활동이 전개되었다.[711]

김륵이 이러한 조치를 취한 것은 그가 현직관료였기 때문이기도 하지만 그 당시 조정의 전시행정의 총책임을 지고 있었던 유성룡 등 남인 세력의 영향력과도 관련성이 있는 것으로 여겨진다. 즉 과도한 의병 중심의 군사 활동은 국왕 선조나 집권세력이었던 남인의 입장에서 부담이 될 수도 있기 때문이라 여겨진다.

한편 경상우도 초유사 김성일은 경상우도의 현지 사정을 인식하고 곽재우,[712] 김면, 정인홍 등의 3대 의병장들의 개성과 독특한 기질에 따른 독자적 의병노선을 허용하고 관이 협조와 지원을 하는 체제를 유지하였다. 의병장 곽재우와 경상감사 김수의 알력도 김성일은 의병의 입장에 서서 이를 정제하고 조정했기 때문에 갈등과 불화를 해결할 수 있

---

711) 정해은, 앞의 『영남학』 28, 2015, 논문 376~377쪽.
712) 郭再祐는 난의 초기 처음 의령에서 의병을 모집할 당시에 향민들로부터 狂人의 취급을 받기도 하였다. 그는 부호인 그의 매형 許彦深이 의병에 사용할 군량조달을 반대하자 허언심의 아들을 죽이겠다고 겁박하는 등 강제적인 모병의 방법을 사용하기도 하였으나 이후 승전을 거듭하면서 그에게 지원해온 의병 수가 폭발적으로 증가하였다. 이에 김성일은 곽재우에게 지방민의 재산을 징발할 수 있는 권한을 부여하기도 하였다. 김강식, 앞의 책, 혜안, 2001, 139쪽.

었다.

임란 직후에 수령과 관군이 피난하고 흩어진 기간 동안 경상좌도에서의 의병 소모는 官중심으로 이루어진 것에 비하여 우도의 경우는 의병이 주도하였다는 점에서 좌·우도 의병의 성격 차이를 알 수 있다. 이런 점에서 본다면 경상좌도 의병은 관군과의 관계에 있어서 좌병사 박진이 의병과의 관계에서 약간의 갈등을 가져오기는 하였으나[713] 대체로는 의병활동 전반에 걸쳐서 관군과의 대립이나 알력은 별로 나타나지 않았다.

경상좌도 의병의 성격을 규정함에 있어서, 관군과의 관계는 일부 갈등의 상황이 없지는 않았으나 대체로 관군의 지휘체계를 이해하고 수용하는 태도를 보였다. 유종개 의병부대가 소천 전투에서 약속된 안집사 김륵과 영해부사 한효순의 지원을 받지 못한 상태에서 전투를 치르고도 관군에 대한 반감이나 불평을 말하지 않았고 전투에서 살아남은 임흘, 김중청 등이 안동열읍향병의 태동에 기여함으로써 좌도 의병이 관군과의 유대를 더욱 강화하는 계기가 되었다.

경상좌도 의병이 관군과의 협업체제를 쉽게 형성할 수 있었던 것은 좌도 의병의 정신세계에 자리 잡고 있던 대의명분을 중시한 충의심도 작용하였다고 볼 것이다. 즉 국난 타개를 위해서는 의병 또한 관군과 혼연일체를 이루어야 한다는 유교적 충의심에 터 잡은 대승적 자세를 견지했기 때문이라 볼 수 있을 것이다. 이러한 좌도의 의병-관군간의 협조체제를 우선시하는 자세는 우도의 곽재우나 정인홍이 관군에 대한 불신과 정국 주도 세력의 불의와 부패를 용납하지 않으려 했던 태도와는 대조적이라 하겠다.

---

713) 김성일은 경상좌도 감사로 부임코자 대구의 동화사에 들렀을 때, 좌병사 박진에게 좌도 의병들에게 군의 위세를 내세워 위압적인 태도로 대하지 말 것을 강력히 경고한 점으로도 이를 알 수 있다.

제7장

결론

　7년에 걸친 임진전쟁은 도요토미 히데요시의 죽음과 함께 막을 내렸다. 이 전쟁의 승자는 없다고 해야 할 것이나 이로써 동양 삼국의 판도에 커다란 변화가 왔다. 일본은 임진왜란의 종식으로 철군하여 동군과 서군으로 나뉘어 내전을 치렀고, 도쿠가와 이에야스(德川家康)가 세키가하라 전투에서 히데요시의 잔여세력들을 물리치고 에도막부의 시대를 여는 시대적 변화가 있었다. 또 명나라는 조선 출병으로 인한 과도한 출혈로 곧 쇠망의 길로 접어들어 불과 30~40년도 되지 않아 멸망하게 되고 그 자리를 청나라가 차지하였다. 한편 임진왜란의 가장 큰 피해국인 조선은 극심한 피해를 미쳐 복구하지 못한 채 신흥국인 청나라의 침략으로 국내가 어지러워지는 불행을 겪게 되었다. 그러나 조선이 임진왜란을 겪으면서도 국토가 할양됨이 없이 나라를 유지하게 된 것은 조선의 관군-의병의 연합활동, 그리고 명군의 참전이 작용한 결과로 볼 수 있을 것이다. 임진왜란을 일으킨 도요토미 히데요시의 작전계획에는 처음부터 조선에서 의병이라는 조직의 활동은 고려되어 있지 않았다. 이러한 의미에서 임진전쟁에 있어서 의병의 존재는 전쟁의 양상을 바꾸어 놓은 또 다른 요인으로서 조선국이 가지고 있던 문화 역량의 결집체라고 보아야 할 것이다. 그러므로 임진전쟁에서 의병들이 수행했던 역할은 조선 중기 의병사에서 새로운 평가를 받게 되었고 경상좌도 의병의 역할 또한 일정부분 전쟁 종식에 기여한 점을 주목하지 않을 수 없다.

　본 연구는 임진왜란 당시 초토화된 경상좌도 사민들이 의병활동을 일으킨 배경과 그 활동상을 전반적으로 살펴보았다. 특히 기존의 유명세를 가진 의병장뿐만 아니라 그 활약상이 역사의 전면에 크게 드러나지 않았던 군소 의병들의 연합활동을 중점적으로 고찰하였다. 임진왜란 초기 경상좌도에 있어서 관군이 패배한 주요 원인 중의 하나는 일본군의 압도적인 군사력 때문이었다. 이때 관군은 고도로 단련된 일본군의 대규모 기습에 전략·전술을 제대로 구사하지 못한 채 궤멸의 위기에 몰렸다. 이 시기 경상좌도 의병의 역할은 관군이 재정비될 때까지 관군의 활동을 보충하는 것이었다. 난의 초기 경상좌도의 군소 의병들은 의병 간 연합하여 향촌을 방어하는 한편 흩어졌던 관군과의 연합을 통해 점령지 주둔 일본군의 보급선을 차단함으로써 조선군의 전투 효율을 높이는데 상당 부분 기여한 바가 있었다. 그 중에서도 영천성과 경주성의 탈환은 임란 초기의 어려운 여건 하에서 경상좌도의 군소의병과 관군의 연합전선으로 이루어 낸 커다란 성과라고 할 수 있다.

전쟁에 있어서 민의 지지는 승패를 좌우하는 중요한 요인이 될 수 있다. 임진전쟁의 한가운데 있었던 경상좌도 백성들은 공동체의식을 바탕으로 협동심을 발휘하여 의병활동에 적극성을 띠었다. 임진전쟁기 의병의 주역들은 주로 재지사족과 그들을 지도자로 믿고 따른 농민을 비롯한 중·하층민들이었다. 의병장 등 의병지휘부는 유학자들로서 문화적 자부심을 가지고 향촌을 수호하고 국가를 보전한다는 명분을 내세웠다. 그러나 의병 구성원의 다수를 차지하는 중·하층민들은 그들의 삶의 터전을 지키고 가족의 안전을 보장받고자 하는 생존 본능이 우선하였을 것이다. 그럼에도 불구하고 이들 하층민들은 전쟁 극복 과정에 적극적으로 참여하였고 또 많은 전공을 세웠다. 이들이 이루어 낸 성과는 『선무원종공신녹권』의 분석 결과, 상당수의 하층민들이 전란 후 공신으로 녹선 되고 면역, 면천으로 신분 상승이 이루어졌음이 확인되었다.

경상좌도는 임란초기에 일본군의 주요 진격로에 놓여 있었고 주둔군의 거점 확보와 약탈의 주요 대상이 되었던 곳이다. 그것은 일본군이 경상우도를 통한 전라도 곡창지대의 점령이 불가능해짐에 따라 경상좌도에서 군량 등 보급품을 약탈하여 전방으로 조달하려는 군수 정책에 기인하기도 하였다. 따라서 경상좌도는 개전 초기부터 전쟁이 끝날 때까지 일본군이 지속적으로 주둔함으로써 그들의 충원된 군사력에 의해 사민들이 끊임없이 침탈을 당하였고, 강화교섭기와 정유재란기에는 일본군의 주력군이 경상좌도의 남동지역에 집중 포진함으로써 적의 침탈에 완전히 노출된 상태에 놓여있었다. 난의 초기 초토화 된 경상좌도에서 대구·청도·경산, 영천의 의병활동은 대체로 적의 보급선을 차단하는데 주력하였고, 주둔군의 약탈을 최소화하고 민을 보호하는 것이었다.

이 연구에서는 개전 초기에 가장 먼저 일본군에 의해 초토화된 경상좌도 지역에서 중소 규모의 군소 의병진들이 각기 그들의 향촌을 방어하는 한편 점차 의병 연합을 모색해 나가는 활동에 주목하여 그 경과 및 결과를 중점적으로 살펴보았다. 경상좌도의 의병운동이 임진전쟁 중에 보여준 지속적인 저항활동은 경상좌도가 일본군의 침략로 및 퇴각로에 위치하는 지리적 요인에서 기인하는 자구책이었을 수도 있다. 그러나 적의 점령 치하에 놓인 암울한 상황에서 자발적으로 일어나 관군의 빈자리를 메우며 관군과의 협력을 통해 7년 전쟁이 끝나는 시점에 이르기까지 시종일관 끈질긴 항전을 이어간 사실은 비록 향토 보전적 성격을 가졌다 할지라도 임진전쟁 전체에 미친 영향이 적지 않음을 부인할 수 없을 것으로 생각된다. 경상좌도 의병진은 그 규모에 있어서 비록 중소 단위의 의병진이 다수였으나 지형지세를 잘 이용하여 게릴라전을 펼치며 점차 지역 간 의병연합을 추진해나갔고, 의병장들 내부적으로도 유기적 연대를 강화하고 관군과의 협조체제를 통해 전투력을 증가시킴으로써 영천성, 경주성 등의 복성전에서 승리하기에 이르렀던 것이다.

이 후 명군의 참전과 평양성, 한성에서의 퇴각을 분기점으로 하여 전세에서 불리해진 일본군이 울산, 서생포, 부산 등 경상좌도 동남지역에 성을 쌓고 강화교섭을 진행하며 하삼도의 분리점령을 획책하는 가운데 경상좌도 의병활동은 꾸준히 이어져 정유재란기의 울산성 전투까지 끈질기게 지속되었다. 이러한 경상좌도 의병의 끈질긴 항쟁은 문치주의 국가 조선에 있어서 약 200년간 축적된 정신문화의 역량이 국가 위기시에 발현된 것으로 볼 수 있을 것이다.

경상좌도 의병은 전쟁으로 인한 참화의 극복뿐만 아니라 전후 수습책을 강구하고 향토의 재건에도 나섰다. 경상좌도 의병의 상층부가 침략군에 의해 폐허가 된 향토를 신속히 복구할 수 있었던 것은 임진왜란이 발발하기 전부터 전쟁을 예견하고 대비를 해왔기 때문이었다. 향촌의 지식인들이 전란 전부터 시회 등을 통하여 연대를 강화하면서 전쟁발발 시 즉시 군사를 일으켜 적과 대응하기로 결의하는 모임을 주기적으로 가져왔다. 그 형식은 시회, 강무회 등이었으나 실상은 전쟁에 대비한 결의대회의 성격을 가진 것이었다. 불국사 범영루 시회나 신녕 불굴사 모임 등이 그것이었으며, 실제로 전쟁이 발발하자 이들은 결의한대로 빠른 시일 내에 창의 거병하였고 스스로 천사장, 분용장, 장군 등의 칭호를 사용하며 향토수호 활동에 들어갔다. 전란 중에도 경상좌도에서는 지역적 규모의 회맹이나 전국적 규모의 회맹으로 전투력을 증강시키는 계기로 삼았다. 이러한 경상좌도 의병의 會盟은 비록 각 지역단위의 의병이 그 규모나 세력은 크지 않았으나 치밀한 연합작전으로 적의 대군을 격퇴할 수 있다는 자신감을 갖게 하였다. 경주의 문천회맹, 대구의 팔공산 회맹, 창녕의 화왕산 회맹 등이 대표적인데, 이러한 회맹은 전투를 앞두고 각 의병장들이나 관군이 집합하여 결의를 다지는 것으로서 실제 전투에서 승리를 거두는데 크게 기여하였다. 적의 점령치하에 놓인 많은 백성들이 적에게 포섭되어 적도화(敵徒化)된 상황에서 경상좌도 의병은 재지사족들이 창의를 통해 적에 대항하고 지역민들을 의병활동에 참여시킴으로써 부왜화를 막아나갔던 일은 주목할 점이다. 아울러 경상좌도 의병운동은 일본군에 의해 초토화된 지역에서 일본군에 끝까지 저항하며 적의 후방 보급로 및 교통·통신을 차단하고, 낙동강을 장악함으로써 군사 활동에 있어서도 좌도와 우도간의 상호 연대를 이끌어

낼 수 있었다. 이런 측면에서 볼 때 경상좌도 의병의 활동은 적의 전력
을 약화시키고 전황을 유리하게 이끄는 데 중요한 역할을 하였으며 종
전 시까지 지속적으로 전개한 활동은 영토의 할양을 막는데도 상당한
기여를 한 것으로 평가할 수 있을 것이다. 특히 전쟁의 막바지에 일본군
이 울산성을 중심으로 최후의 농성전을 펼칠 시기에 경상좌도 의병이
펼친 활약은 주목되어야 할 것이다.

　지금까지 살펴본 바와 같이 경상좌도 의병의 활동을 통해 경상좌도
의병운동이 가지는 몇 가지 특징을 찾아볼 수 있었다. 경상좌도 지역은
여말선초의 주자 성리학이 전래된 이래 유교문화가 향촌공동체에 잘 정
착되어 문화적 자부심이 큰 고장이었다. 이 지역의 사족들은 평소 향촌
에서 향약의 실시 등을 통해 향민들과 함께 생활하며 신뢰를 구축해왔
고 전란을 당하여 의병을 모으자 민이 이에 호응했으며 민의 지지를 기
반으로 한 의병활동은 추동력을 얻을 수 있었다. 따라서 경상좌도 의병
활동의 근저에는 의병 지휘부의 애민의식과 향촌사회의 안정된 질서를
추구해온 영남사림의 문화적 역량이 자리 잡고 있었다고 할 수 있다. 관
군이 개전 초기 적의 기습에 일시적으로 지휘체계가 흔들리는 상황에서
경상좌도 백성들이 의지할 대상은 사족 중심의 의병이었으며 의병활동
의 성패는 민중들의 신뢰에 기초하고 있었다. 난이 일어나자 실전에서
적군과 전투를 벌여야 하는 상민, 농민, 노비 등 중·하층민들은 그들의
안전을 보장해 줄 의병 지도층을 신뢰하였고 의병 소모에 긍정적 반응
을 보였던 것으로 확인되었다. 또한 안동향병에서 나타난 바와 같이 학
연, 혈연을 기초로 한 의병지도층 간의 강한 결속력은 의병 연합을 쉽게
이루어낼 수 있었다. 따라서 경상좌도 의병의 사상적 기반은 성리학적
윤리관에 기초함을 알 수 있었고 경상좌도 의병의 관(官)을 존중했던 풍
토는 영남학맥에서 그 연원을 찾아볼 수 있었다. 그리고 경상좌도 의병
의 관군과의 원활한 협조체제는 관군의 정상화 시점까지 관군의 기능을

보완하는 역할을 한 것으로 평가할 수 있을 것이다.

개전 초기에 수세에 몰려 고전하기는 하였으나 앞에서 살펴본 것처럼 초유사 김성일, 좌병사 박진, 경주 판관 박의장, 안집사 김륵 등 관군의 지속적인 방어활동과 관군의 의병에 대한 군량 및 무기지원은 의병-관군의 협조체제를 형성, 유지할 수 있도록 하였다. 경상좌도에 있어서의 이와 같은 의병-관군의 상호 협조체제 구축은 조선군의 전투력을 증강시킴으로써 임진전쟁 초기의 열악한 상황을 극복하고 관군의 재정비 시기를 앞당기는 효과를 가져왔다고 할 수 있다. 한편 임란 후반기로 갈수록 관군의 재정비에 따라 의병활동이 축소되고 관군화 되어간 점은 부정할 수 없다. 의병운동의 중심이 재지사족들이었던 만큼 경상좌도 의병활동은 일정 부분 독자성을 띠기도 하였지만 초기부터 관군과는 우호적인 관계를 유지하려는 경향을 나타내었다. 경상좌도의 사족들은 대체로 학연, 혼인 등으로 관료 및 관군과 연계되어 있어 관군과 대립하거나 갈등을 빚는 경우가 상대적으로 드문 편이었다. 따라서 경상좌도 의병은 관군과 일정한 협조체제를 유지함으로써 전투력을 배가시켰고, 끈질긴 의병활동을 전개해 나갈 수 있었던 것이다.

또한 의병 모집 과정에서의 소모방법이 강제성 보다는 설득과 타협에 의하였다는 점도 특징이라 할 수 있다. 좌도의 의병 소모는 대체로 유화적이고 군수(軍需)의 모집도 설득과 자진 헌납에 의한 경우가 많았다.

또 하나의 경상좌도 의병의 특색은 경상우도 의병에 비하여 대체로 의병장 상호간 및 의병과 관군지휘부 간의 갈등과 알력이 적었다는 점이다. 즉 의병의 전략·전술의 구사에 있어서의 단합이 두드러진다. 그 한 예로 영천성과 경주성의 탈환은 임란초기에 경산·청도를 포함한 대구권역과 영천·울산을 포함한 경주권역의 경상좌도 의병 약 4,000명이 연합하고 관군과의 협력으로 이루어낸 최대의 성과였다고 볼 수 있다. 이런 복성전의 승리는 일본군을 남쪽으로 퇴각시켰고 일본군의 교통로를 차단하여 경상좌도의 주요지역을 보전하는 효과를 가져왔던 것이다.

마지막으로는 정부의 관군화 정책을 수용하고 체제에 순응하는 경향을 가졌다는 점이다. 이는 정부에 의한 의병의 관군화 및 의병해체 정책을 추진한 시기의 의병활동에 그대로 드러났다. 경상좌도 의병의 활동은 강화회담기와 정유재란기에도 이어졌다. 전쟁의 후반기로 갈수록 전세에서 불리해진 일본군이 울산 등 경상좌도 남쪽으로 몰리면서 동남해안지역에 성을 쌓고 강화교섭을 진행하였다. 이때 일본군이 하삼도의 할양점령을 획책하였기 때문에 일본군과 최전선에서 대치해 있었던 울산과 경주 의병의 활동은 끊이지 않았다. 본국에서의 군수조달이 어려워진 일본군은 보급품 조달을 위해 경상좌도 지역을 끊임없이 약탈하였기 때문에 경상좌도 중·남부지역의 백성들은 더 큰 고통에 시달렸다. 강화회담의 성사가 불투명한 상황에서 명군을 믿고 기다릴 수 없었던 좌도 의병은 자구책으로 투쟁적인 의병활동을 지속적으로 전개하였고 특히 울산-경주 의병의 활동은 후기로 갈수록 많은 전사자를 내면서도 계속되었다. 이때의 활동은 관군과의 연합으로 전개되었으며 그 결과 영토 할양 없이 국토를 지켜내었다는 점에서 경상좌도 각 지역의 의병 활동이 임진왜란사에서 갖는 의의는 작지 않다고 보아야 할 것이다.

이 연구가 경상좌도의 군소의병 활동을 중심으로 미시적인 고찰을 시도하였지만 여전히 미진한 부분이 허다함을 부인할 수 없다. 전쟁이라는 특수한 상황 하에서 경상좌도민이 겪어나간 삶의 모습을 정확히 파악하며 경상좌도 의병사의 실체에 보다 가까이 접근하기 위한 노력을 게을리하지는 않았다. 그러나 역사적 서술은 객관적인 사료를 바탕으로 하여야 한다는 당위성을 충족하기에는 사료 부족의 한계를 느낄 수밖에 없었다. 본 연구에 있어서 사료 간 교차검증을 하는 등 동원할 수 있는 사료를 최대한 활용하였지만 여전히 사료 조사의 미흡함을 인정하지 않을 수 없다. 특히 경상좌도의 의병활동에 기여한 義僧兵에 대한 고찰은 향후 연구에서도 필요하다고 본다. 강화교섭과 팔공산 전투에 나섰던 밀양 출신의 승병장 사명당 유정의 활약이 경상좌도에서 있었고, 안동 열읍향병의 문경 당교전투에서도 약 200여 명의 의승병이 의병과 함께 활약하여 승리에 기여한 바 있었다. 또한 임란초기 기박산성 전투에서 울산의병에 군량과 승병을 지원하였던 신흥사 승병, 경주 원원사의 승병 등 다수의 임진왜란기 경상좌도 의승병의 활동은 폭넓게 고찰되어야 할 분야이다. 이는 임란기 경상좌도 의병사를 보다 종합적이고 체계적으로 정립하기 위해서 반드시 수행되어야 할 연구 과제라 생각되기 때문이다. 이를 위한 끊임없는 연구를 전망한다.

참고문헌

1. 국내문헌

1) 사료

『宣祖實錄』
『宣祖修正實錄』
『宣廟中興誌』
『宣撫原從功臣錄券』
『經國大典』
『世宗實錄地理志』
『慶尙道地理誌』
『慶尙道續撰地理誌』
『新增東國輿地勝覽』
『增補文獻備考』
『國朝人物考』
『嶠南誌』
『李朝名賢錄』
『東儒師友錄』
『大東野乘』
『陶山及門諸賢錄』
『南冥及門諸賢錄』
『國朝榜目』
『海東名臣錄』
『慶尙巡營錄』
『嶺南人物考』
『東京雜記』
『東京通誌』
『慶州邑誌』
『永陽誌』
『蔚山邑誌』

『慶山市誌』
『淸道郡誌』

2) 문집류

姜 沆,『看羊錄』
堅川至,『松皐實記』
郭再祐,『忘憂堂集』
郭再謙,『槐軒集』
權士諤,『梅窩實記』
權應銖,『白雲齋實記』
金見龍,『水月齋實記』
金得秋,『懼齋實記』
金 玏,『柏巖先生文集』
金石堅,『汶翁集』
金誠一,『鶴峯集』
金 涌,『雲川集』
金宇顒,『東岡全書』
金應澤,『栢岩實記』
金 虎,『月菴實記』
朴慶傳,『悌友堂文集』
朴 惺,『大庵集』
朴毅長,『觀感錄』
朴仁國,『靖广實記』
朴震男,『悔巖實記』
朴春茂,『蘿谷實記』
徐思遠,『樂齋集』
徐仁忠,『望潮堂實記』
孫起陽,『聱漢集』
孫 昭,『襄敏公文集』
孫 曄,『淸虛齋文集』
孫處訥,『慕堂集』
申 仡,『亂賊彙撰』

申炅,『再造藩邦志』

禹拜善,『倡義遺錄』,『月谷實記』

柳成龍,『懲毖錄』,『西厓集』

柳汀,『松塢遺集』

尹仁涵,『竹齋遺稿』

尹弘鳴,『花巖實記』

李景淵,『霽月堂實記』

李繼秀,『詠風亭實記』

李肯翊,『燃藜室記述』

李訥,『樂義齋集』

李大期,『雪鶴集』

李德馨,『漢陰文稿』

李魯,『龍蛇日記』

李舜臣,『李忠武公全書』,『亂中日記』

李承曾,『觀瀾文集』

李彥春,『東溪實記』

李元翼,『李相國日記』

李說,『愛日堂實記』

李宜溫,『五宜集』

李鼎秉,『琴坡文集』

李重慶,『淸道文獻考』

李彭壽,『杜村實記』

李恒福,『白沙集』

李翰,『苔巖先生文集』

李滉,『退溪集』

蔣希春,『誠齋實記』

全慶昌,『溪東集』

鄭慶雲,『孤臺日錄』

鄭光天,『洛涯日記』

鄭逑,『寒岡集』

鄭湛,『復齋實記』

鄭大任,『昌臺實記』

鄭世雅,『湖叟實記』

鄭仁弘, 『來庵集』

鄭 琢, 『藥圃先生文集』

趙慶男, 『亂中雜錄』

曹 植, 『南冥集』

趙 靖, 『壬亂日錄』

曺好益, 『芝山集』

崔大期, 『晦堂實記』

崔東輔, 『憂樂齋實記』

崔文炳, 『省齋實記』

崔永慶, 『守愚堂實記』

崔震立, 『潛窩實記』

崔 晛, 『訒齋集』

黃希安, 『勁草堂倡義錄』

3) 단행본

경상북도, 『경북의병사』, 1990.

경상북도교육위원회, 『경상북도 지명유래총람』, 경북인쇄소, 1984.

광주김씨종친회 편, 『역주 광주김씨세고』(김병권·하강진 역주), 세종문화사, 2015.

구본욱, 『대구유림의 임진란 의병활동』, 도서출판 삼일, 2014.

국립진주박물관, 『새롭게 다시 보는 임진왜란』, 국립진주박물관, 1999.

국립진주박물관, 『동아시아 7년 전쟁, 임진왜란』, 국립진주박물관, 2019.

국방대학원, 『군사이론』, 국방대학원, 1985.

국방부 군사연구소, 『왜구토벌사』, 1993.

국방부 군사연구소, 『한민족전쟁통사 Ⅲ』, 1996.

국방부전사편찬위원회 편, 『임진왜란사』, 1987.

국사편찬위원회 편, 『임진왜란의 재조명』, 1988.

국사편찬위원회 편, 『한국사』 29, 조선중기의 외침과 그 대응, 1988.

국사편찬위원회 편, 『한국사』 28, 조선중기 사림의 등장과 활동, 1988.

권영식, 『국방지리』, 양서각, 1976.

김경태, 『허세와 타협』, 동북아역사재단, 2019.

김성우, 『조선중기 국가와 사족』, 역사비평사, 2001.

김시덕, 『그들이 본 임진왜란』, 학고재, 2016.

김태영, 『조선전기 토지제도사 연구』, 지식산업사, 1983.

김태준, 『임진란과 조선문화의 동점』, 한국연구원, 1977.

김호종, 『서애 유성룡 연구』, 새누리, 1995.

문화재청, 『한국의 옛 지도』, 예맥, 2008.

민두기, 『일본의 역사』, 지식산업사, 1976.

민현구, 『조선전기의 군사제도와 정치』, 한국연구원, 1983.

방기철, 『조일전쟁과 조선인의 일본인식』, 국학자료원, 2010.

송정현, 『조선사회와 임진의병 연구』, 학연문화사, 1998.

송준호, 『조선사회사 연구』, 일조각, 1987.

신병주, 『남명학파와 화담학파 연구』, 일지사, 2000.

심정보, 『한국읍성의 연구』, 학연문화사, 1995.

양은용·김덕수, 『임진왜란과 불교의승군』, 경서원, 1993.

영남대학교 민족문화연구소 편, 『경북의병사』, 경상북도, 1990.

우인수, 『임란의병의 힘, 호수 정세아 종가』경북종가문화 16, 예문서원, 2013.

울산충의사, 『울산임란사재조명』, 울산임란사재조명 편찬위원회, 2015.

월곡선생 창의사업기념회 편, 『우배선 선생의 생애와 義兵活動』, 1994.

육군대학, 『동양의 군사사상』, 2011.

육군대학, 『한국군사사상』, 1992.

육군대학, 『한국군사사⑤ 조선전기 Ⅰ』, 경인문화사, 2012.

이경석, 『임진전란사』, 신현실사, 1974.

이성무, 『조선 양반사회 연구』, 일조각, 1995.

이수건, 『영남사림파의 형성』, 영남대학교출판부, 1979

이수건, 『조선시대 지방행정사』, 민원사, 1989.

이장희, 『壬辰倭亂史 硏究』, 아세아 문화사, 2007.

이장희, 『곽재우연구』, 양영각, 1983.

이재호, 『조선정치제도사 연구』, 일조각, 1995.

이종학, 『군사전략론』, 충남대학교 출판부, 2009.

이종학, 『한국군사사 연구』, 충남대학교 출판부, 2010.

이태진, 『한국사회사 연구』, 지식산업사, 1986.

이태진, 『한국유교사회사론』, 지식산업사, 1989.

이형석, 『임진전란사』 상·중·하, 임진전란사간행위원회, 1976.

임란호국영남충의단보존회, 『임진 영남의병사』, 보문사, 2001.

(사)임진란정신문화선양회 편저, 『임진왜란 의병사의 재조명』, 2012.

(사)임진란정신문화선양회,『대구지역 임진란사』, 2017.
(사)임진란정신문화선양회,『경북지역 임진란사』, 2018.
정구복,『고문서와 양반사회』, 일조각, 2002.
정두희,『조선초기 정치지배세력 연구』, 일조각, 1983.
정진영,『조선시대 향촌사회사』, 한길사, 1997.
조선사연구회 편,『조선시대 대구 사람들의 삶』, 계명대학교 출판부, 2002
조원래,『새로운 관점의 壬辰倭亂史 연구』, 아세아 문화사, 2005.
차문섭,『조선시대군제사연구』, 단국대출판부, 1982.
최선혜,『조선전기 지방사족과 국가』, 경인문화사, 2007.
최효식,『임진란 경주부 항쟁사』, 경주문화원, 1993.
최효식,『임진란기 영남의병 연구』, 국학자료원, 2003.
최효식,『임란기 경상좌도 의병 연구』, 국학자료원, 2004.
한국학문헌연구소편,『임진왜란관계문헌총간』, 아세아문화사, 1984.
한명기,『임진왜란과 한중 관계』, 역사비평사, 1999.
한상규,『남명조식의 교학사상』, 세종출판사, 1990.
한영우,『조선전기 사회경제사 연구』, 을유문화사, 1983.
허선도,『조선시대 화약병기사 연구』, 일조각, 1994.

4) 논문

강문식,「임진왜란기 영·호남 의병활동의 비교」,『남명학』제16집, 2011.
강주진,「임진왜란과 청도 14의사론」,『한국학논집』7, 계명대학교 한국학연구소, 1980.
계승범,「임진왜란 초기 창의 명분과 조선왕조의 정체성」,『대구지역 임진란사』, (사)임진란정신문화선양회, 2017.
고석규,「정인홍의 의병활동과 산림기반」,『한국학보』51, 1988.
고승제,「16세기 천민반란의 사회경제적 배경」,『학술원논문집』, 대한민국학술원, 1980.
공민섭,「임진전쟁 시기 영·호남 의병의 성격 재고」, 서강대학교 교육대학원 석사학위 논문, 2016.
구덕회,「선조대 후반(1594~1608) 정치체제 재편과 정국의 동향」,『한국사론』20, 서울대학교, 1988.
구본욱,「대구유림의 임진란 창의와 팔공산 회맹」,『조선사연구』24, 2015.

구본욱, 「대구지역의 성리학을 연 계동 전경창」, 『조선사연구』 20, 2011.

구본욱, 「연경서원의 경영과 대구지역의 유학」, 『퇴계학논집』 11, 영남퇴계학연구원, 2012.

권상우, 「대구권 성리학과 의병활동」, 『대구지역 임진란사』, (사)임진란정신문화선양회, 2017.

김강녕, 「임진왜란시 제1·2차 진주성전투의 군사사적 함의」, 『군사논단』 통권 제58호, 2009.

김강식, 「임진왜란중의 군량조달책과 영향」, 『문화전통논총』 4, 경성대학교 향토문화연구소, 1996.

김강식, 「임진왜란 의병활동과 성격」, 『부대사학』 17, 1993.

김강식, 「임진왜란 시기 대구권역의 의병운동과 변화-낙동강 유역을 중심으로 -」, 『대구지역 임진란사』, (사)임진란정신문화선양회, 2017.

김갑주, 「남북한산성 의승방번전의 종합적 고찰」, 『불교학부』 제25호, 1988.

김경태, 임란영천성수복대첩 기념사업회편, 「영천성 수복전투를 바라보는 일본의 시각」, 2019.

김경태, 「임진전쟁초기 경상좌도 일본군의 동향과 영천성전투」, 『군사』 95, 국방부 군산편찬연구소, 2015.

김덕수, 「조선시대의 의승군 연구」, 원광대학교 박사학위 논문, 1993.

김덕진, 「설학 이대기와 탁계 전치원의 의병활동」, 『남명학연구』 2, 1992.

김문자, 「임진왜란기 일본 사료연구: 풍신수길의 조선침략 관련 사료를 중심으로」, 『한일관계사연구』 제30호, 2008.

김문준, 「임진왜란기 해외체험 포로실기 연구」, 전남대학교 박사학위 논문, 2013.

김석희, 「곽재우의 경제적 기반과 사회적 기반」, 『망우당 곽재우연구』 2, 곽재우기념사업회, 1989.

김선기, 「항왜 김충선(사야가)의 모하사상 연구」, 부산외국어대학교 박사학위 논문, 2011.

김성우, 「조선중기 사족층의 성장과 신분구조의 변동」, 고려대학교 박사학위논문, 1997.

김성우, 「조선시대 '사족'의 개념과 기원에 대한 검토」, 『조선후기사 연구의 현황과 과제』, 창작과비평사, 2000.

김성우, 「임진왜란 시기 관군은 왜 약했는가」, 『역사와 현실』 87, 2013.

김용태, 「임진왜란 의승군 활동과 그 불교사적 의미」, 『보조사상』 제37집, 2012.

김윤곤, 「사회적 활동과 의병운동-16세기 농민을 중심으로」, 『다리』 35·36, 월간

다리사, 1974.

김윤곤, 「조선전기 군량미의 확보와 운송-임란당시를 중심으로-」, 『사학연구』 32, 1981.

김재철, 「조선시대 군사사상과 군사전략의 평가 및 시사점」, 『서석사회과학논총』 제2집 2호, 2009.

김진봉, 「임진왜란중 호서지방의 의병활동과 지방사민의 동태에 관한 연구」, 『사학연구』 제34호, 1982.

김진수, 「임진왜란 초기 경상좌도 조선군의 대응양상에 대한 검토」, 『임진란 연구총서』 2, (사)임진란정신문화선양위원회, 2013.

김현령, 「16세기 동아시아 국제질서의 변동과 왜란 전후 조선사회의 변화」, 『한국사학사학보』, 제26호, 2001.

김형수, 「17세기 초 대구사림의 형성과 분화」, 『역사교육론집』 36, 2006.

김호종, 「임란 때 당교왜적과 영남 북부지방 향병의 항쟁」, 『역사교육론집』 23

김호종, 「임진왜란 극복에 있어서 서애 유성룡의 방략」, 『대구지역 임진란사』, 2017.

김 홍, 「임진왜란의 군사적 연구」, 경북대학교 박사학위논문, 1993.

나동욱, 「경남지역 관방유적의 연구 현황과 과제」, 『학예지』 제8호, 2001.

나종우, 「한국 중세 대일외교 교섭사 연구」, 단국대학교 박사학위논문, 1992.

노승석, 「난중일기의 교감학적 검토: 그 정본화를 위하여」, 성균관대학교 박사학위논문, 2009.

노영구, 「고대일록을 통한 임진왜란 이해」, 『역사와 현실』, 2007.

노영구, 「대의명분론과 임진왜란」, 『사회와 교육』 제51집 4호, 2012.

노영구, 「임진왜란 이후 전법의 추이와 무예서의 간행」, 『한국문화』 제27호, 2001.

노영구, 「임진왜란 초기 근시재 김해의 의병활동」, 『군자리 그 문화사적성격』, 2001.

노영구, 「16~17세기 조총의 도입과 조선의 군사적 변화」, 『한국문화』 58, 2012.

문경현, 「강우학파의 형성과 인맥」, 『한국의 철학』 11, 1983.

문수홍, 「임란중 경상좌도 지방의 의병활동; 임진년 영천·경주성 수복전을 중심으로」, 『소헌 남도영박사 화갑기념 사학논총』, 1983.

문수홍, 『조선시대 납속제에 관한 연구』 성균관대학교 박사학위논문, 1985.

민덕기, 「임진왜란 초기의 전개상황과 그 배경」, 『전북사학』 제39호, 2011.

박덕규, 「임진왜란 포로문제의 스토리텔링 방향: 강항의 간양록을 중심으로」, 『한국문예창작』 제11집 1호, 2012.

박병련, 「남명 조식의 정치사상과 사회사적 위치」, 『정신문화연구』 20권 3호, 1997.

박성식, 「임진왜란의 연구: 임진·계사년 진주성 전투를 중심으로」, 영남대학교 박사학위논문, 1985.

박순진, 「임진왜란기 우배선의 의병활동」 『동국사학』 제68집, 2020.

박순진, 「임진왜란기 최문병의 의병활동」 『동아인문학』 제52집, 2020.

박원재, 「임란기 영주·봉화 지역의 유학과 학맥」, 『국학연구』 31, 2016.

박재광, 「임진왜란기 한·일 양국의 무기체계에 대한 일고찰: 화약병기를 중심으로」, 『한일관계사연구』 제30호, 1996.

박재광, 「임진왜란기 조·명·일 삼국의 무기체계와 교류: 화약병기를 중심으로」, 『군사』 제51호, 2004.

박재광, 「임진왜란 초기 의승군의 활동과 사명당」, 『동국사학』 제42집, 2006.

박재현, 「조선전기 불교의 이념적 변화 과정 연구: 의승병(義僧兵)을 중심으로」, 『불교학연구』 제26집, 2010.

박진우, 「조선시대 면리제와 향촌지배의 강화」, 『한국사론』 20, 1988.

박창기, 「임진왜란 관련 일본 군기문학 연구」, 고려대학교 박사학위논문, 1989.

방기철, 「조일전쟁기 조선인의 대일 인식」, 건국대학교 박사학위논문, 2006.

배기헌, 「16세기 향촌지배질서와 유향소의 성격」, 『대구사학』 25, 1989.

서인범, 「김중청, 조천록의 사료적 가치」, 『이화사학연구』 51, 2015.

서한교, 「조선 선조·광해군대의 납속제도 운영과 그 성과」, 『역사교육논집』 20, 1995.

설석규, 「17세기 퇴계학파 이기심성론의 정치적 변용」, 『인문과학』 14, 경북대인문과학연구소, 1997.

손성필, 「16세기 조선의 정치·사회와 불교계」, 『동국사학』 61, 2016.

손종성, 「임진왜란시 분조에 대한 연구」, 성균관대학교 박사학위논문, 1992.

송웅섭, 「고려 말~조선 전기 '정치세력의 이해' 다시 보기」, 『역사비평』 120, 2017.

송정현, 「임진왜란과 호남의병」, 『역사학연구』 4, 전남대사학과, 1972.

송정현, 「임진왜란과 호남의병활동-초기의병을 중심으로」, 『향토문화』 7, 향토문화개발협의회, 1982.

신병주, 「남명 조식의 학문경향과 현실의식」, 『한국학보』 58, 일지사, 1990.

신병주, 「남명 조식의 학풍과 남명 문인의 활동」, 『남명학연구논총』 5, 남명학연구원, 1995.

안계현, 「조선전기의 승군」, 『동방학지』 13, 연세대 동방학연구소, 1972.

양은용, 「전라좌수영의 의승군에 관한 연구」, 『전남문화재』 제3호, 1990.

양은용, 「임진왜란과 호남의 불교의승군」, 『한국종교』 제19집, 1994.

양은용, 「임진왜란 이후 불교 의승군의 동향」, 『인문학연구』 제4호, 2003.

오석원, 「유학에 있어서 의리사상의 본질과 기능」, 『안동대학교 논문집』, 1985.

우인수, 「울산지역임란의병의 활동과 그 성격」, 『역사교육논집』 31, 2003.

우인수, 「대구지역 임진왜란 의병의 활동과 성격」, 『대구지역 임진란사』, (사)임
    진란 정신문화선양회, 2017.

유구성, 「임진시 명병의 내원고」, 『사총』 20, 1976.

유보전, 「임진왜란 조·명 관계사 연구」, 성균관대학교 박사학위논문, 2003.

유보전, 「대의명분론과 임진왜란」, 『사회과 교육』 51집 제4호, 2012.

윤성익, 「명대 왜구의 구성과 성격」, 경희대학교 박사학위논문, 2002.

이겸주, 「임진왜란시의 영좌의병활동 일반 울산지방 의병의 예-」, 『울산대학교 연
    구논문집』 15-2, 1984

이광수, 「영천지역의 임란 의병활동」, 경북대학교 석사학위논문, 2006.

이민웅, 「임진왜란 해전사 연구」, 서울대학교 박사학위논문, 2002.

이민호, 「조선중기 대일 외교 연구: 국교재개문제를 중심으로」, 단국대학교 박사
    학위논문, 1988.

이병휴, 「조선전기 사림파의 현실인식과 대응」, 일조각, 1999.

이수건, 「월곡 우배선의 임진왜란 의병활동」, 『민족문화논총』 13, 영남대학교 민
    족문화 연구소, 1992.

이수환, 「회재 이언적과 옥산서원」, 『경주사학』 16, 경주사학회, 1997.

이욱, 「임란초기 영천지역 의병 항쟁과 영천성 복성」, 『국학연구』 26, 1995.

이욱, 「임란초기 대구지역의 의병활동」, 『역사학연구』 57, 2015

이욱, 「임진왜란초기 경상좌도 의병활동과 성격」, 『임란의병사의 재조명』, (사)임
    진란정신문화선양회, 2012.

이장희, 「임진왜란 의병 성격의 분석」, 『한국사론』 22, 국사편찬위원회, 1992.

이장희, 「임란 전후 한국의 사회동태」, 『아시아문화』 8, 1992.

이장희, 「임란시 투항왜병에 대하여」, 『한국사연구』 6, 한국사연구회, 1992.

이재수, 「영천 읍성과 임진왜란」, 『역사교육논집』 52, 2014.

이정일, 「임진왜란 연구: 수군활동, 군량 공급 및 선무공신책훈을 중심으로」, 중앙
    대학교 박사학위논문, 1989.

이채연, 「임진왜란 포로문학 연구」, 부산대학교 박사학위논문, 1977.

이태진, 「임진왜란 극복의 사회적 동력 -사림의 의병운동의 기저를 중심으로-」,
    『한국사학』 5, 한국정신문화원, 1983.

이호준, 「임진왜란초기 경상도지역전투와 군사체제」, 『임진란연구총서』 3, 2014.

임익순, 「통제사 이순신과 원균의 지휘·통솔에 대한 군사사학적 비교연구」, 충남
    대학교 박사학위논문, 2012.

장경남, 「임진왜란 실기문학 연구」, 숭실대학교 박사학위논문, 1997.

장동익, 「월곡우배선의 임진 의병활동」, 『역사교육논집』 18, 경북대학교 역사교
    육과, 1983.

장영호, 「무기체계 측면에서의 임진왜란 고찰」, 『군사발전연구』, 2009.

장영희, 「난중잡록의 형성과정과 인물서사의 양상」, 성균관대학교 박사학위논문,
    2004.

장준호, 「임진왜란시 박의장의 경상좌도 방위활동」, 『군사』 76, 2010.

장준호, 「임진왜란기 대구지역의 의병활동과 그 의의 - 최씨삼충 최인·최계·최동
    보를 중심으로-」, 『대구지역 임진란사』, (사)임진란 정신문화선양회, 2017.

장학근, 「임진왜란기 관군의 활약」, 『한국사론』 22, 국사편찬위원회, 1992.

정우락, 「임진왜란기 대구지역 한강학파의 문학적 대응」, 『대구지역임진란사』,
    (사)임진란 정신문화선양회, 2017.

정진영, 「남명조식의 현실인식과 대응」, 『한국의 철학』 24, 한국철학회, 1999.

정진영, 「송암 김면의 의병활동과 관련자료의 검토」, 『대구사학』 78, 2005.

정진영, 「안동지역의 임란의병」, 『안동문화연구』 4, 1990.

정해은, 「임진왜란 초기 경상좌도 안집사 김륵의 역할과 활동」, 『영남학』 28, 2015.

정해은, 「임진왜란기 대구 수령의 전쟁 대응과 사족의 전쟁 체험」, 『역사와경계』
    98, 2016.

조원래, 「명군의 출병과 임란전국의 추이」, 『한국사론』 22, 국사편찬위원회, 1992.

조정기, 「서애 유성룡의 국방정책 연구」, 단국대학교 박사학위논문, 1990.

조정기, 「서애 유성룡의 군사사상(1)」, 『부산사학』 14·15, 1988.

지두환, 「조선 임진왜란 충신 열사에 대한 현창 정책」, 『사학연구』 제100호, 2010.

차용걸, 「조선전기 관방시설의 정비과정」, 『한국사론』 7, 1980.

채연석, 「조선 소총통의 발달」, 『군사』 1, 1980.

최근묵, 「임란 때의 호서의병에 대하여」, 『인문사회과학편』 제9집, 1970.

최두환, 「임진왜란 시기 조명연합군 연구」, 경상대학교 박사논문, 2003.

최선혜, 「조선전기 유향소와 국가지배체제의 정비」, 『조선시대사학보』 22, 1960.

최영희, 「임란의병의 성격」, 『사학연구』 8, 1960.

최재호, 「남명학파의 임진왜란 전쟁실기 연구」, 경북대학교 박사학위논문, 2011.

최효식, 「임진왜란 중 경주전투」, 『경주사학』 10, 경주사학회, 1991.

최효식, 「임진왜란 중 울산혈전」, 『남도영선생 고희논총』, 1993.
최효식, 「임란 초 경주 의병활동의 연구」, 『경주사학』 16, 경주사학회, 1997.
최효식, 「임진왜란 중 영천성 탈환전투의 고찰」, 『대구사학』 47, 1994.
최효식, 「경주의 문천회맹에 대하여」, 『경주문화』 6, 2000.
한우근, 「임진란 원인에 대한 검토」, 『역사학보』 1, 1952.
한문종, 「임진왜란 직전의 국내정세와 한일관계」, 『전북사학』 제21호, 2008.
허선도, 「학봉선생과 임진의병활동」, 『국역학봉전집』, 1976.
허선도, 「임진왜란사론-임란사의 올바른 인식」, 『한국사론』 22, 1992.
허흥식, 「안동선생안」, 『대구사학』 19, 1981.
홍경섭, 「호국사상에 대하여: 이조시대의 불교 의승군을 중심으로」, 『경기대학교
        논문집』 제3호, 1975.
홍승기, 「고려후기 사심관제도의 운용과 향리의 중앙 진출」, 『동아연구』 17, 1989.

5) 기타

(1) 인터넷 사이트

국회도서관, www.nanet.go.kr/
디비피아, www.dbpia.co.kr/
조선왕조실록 홈페이지, sillok.history.go.kr/
학술연구정보서비스, www.riss.kr/
한국고전번역원, www.itkc.or.kr/
한국고전종합DB, db.itkc.or.kr/
한국역대인물종합정보시스템, http://people.aks.ac.kr

(2) 인터넷 기사 검색

국회도서관, www.nanet.go.kr/(검색일: 2020년 12월 5일).
디비피아, www.dbpia.co.kr/(검색일: 2020년 12월 11일).
조선왕조실록 홈페이지, sillok.history.go.kr/(검색일: 2021년 2월 10일).
학술연구정보서비스, www.riss.kr/(검색일: 2021년 2월 10일).
한국고전번역원, www.itkc.or.kr/(검색일: 2021년 4월 7일).
한국고전종합DB, db.itkc.or.kr/(검색일: 2021년 4월 7일).

한국학술전자정보서비스(KERIS) 검색 결과임(인터넷 검색: 2013년 4월 15일.)
한국학술전자정보서비스(KERIS) 검색 결과임(인터넷 검색: 2013년 4월 16일.)

2. 국외문헌

1) 단행본

北島萬次,『朝鮮日日記.高麗日記』, そしえて, 1982.
中野等,『秀吉の 軍令と大陸侵略』, 東京:吉川弘文館, 2006
中村榮孝,『文祿慶長の 役』, 東京:岩波講座 日本歷史, 1935.
中村榮孝,『朝鮮: 風土·民族·傳統』, 東京:吉川弘文館, 1971.
池內宏,『文祿更張の 役 別編第一』, 東洋文庫, 1936년
Kenneth M. Swope, A Dragon's Head and Serpent's Tail: Ming China and the First
    Great East Asian War, 1592~1598, Oklahoma: University of Oklahoma Press,
    2009.

2) 논문

Kenneth M. Swope, Perspectives on Imjin War, Journal of Korean Studies Vol.12,
    2007.

찾아보기

ㄱ

가노(家奴) 83, 156~157, 172, 196

가장(假將) 124, 164~166, 170, 181,
    187, 189

가토오 기요마사(加藤淸正) 53~54,
    95, 105, 151, 221, 299, 306,
    338, 378, 387~389, 392, 399,
    401

간양록 302~303

강덕룡 182, 194, 315

강항 302~303

강화서(講和書) 292, 307

건주여진 29

격군 304

견천지 272, 277~278, 393

경림 전투 161

고니시 유키나가(小西行長) 26, 32,
    53~54, 92, 151, 221, 377~378,
    387, 389

고라 274~278, 284, 287

고바야카와 다카카게(小早川隆景) 54,
    399

고언백 383, 394,

곰티재 203, 205

공산회맹 145, 264, 278, 382~383,
    387, 405

과시마혁(裹屍馬革) 243

곽재우 8, 10, 53, 83, 85, 103, 114~
    115, 121~122, 132, 145, 154,
    166, 175~182, 190, 194, 214~
    215, 244, 260, 313~315, 359,
    361, 369, 379, 387~391, 396~
    400, 402, 405~406, 409, 412~
    417

관감록 106, 331~332

관란문집 220

관방체제 30, 36~37

관향(管餉) 220

구강회맹 278, 405

구로다 나가마사(黑田長政) 53, 126,
    396

구봉집 291, 295

군의육조(軍宜六條) 293

권복시 328

권복흥 146, 333

권사악 256, 259, 264, 280

권율 152, 166, 214, 381, 398

권응수 14, 99~100, 106, 118, 120~
    123, 136, 138, 140, 145, 156~
    157, 160, 201, 211~212, 234~

240, 242~250, 255, 259~260,
319~325, 327~328, 365, 372,
385, 400~401, 415

금응훈　134, 353~354, 363, 412

금장대　210, 327, 328

기효신서(紀效新書)　47

김계수　305, 312, 314, 316

김계충　305, 316

김대현　110

김덕령　142, 313

김득기　126

김륭　110

김륵　110, 127, 134~137, 293, 335,
341~343, 345, 349, 355~356,
358~359, 368~370, 410, 416~
417, 426,

김면　8, 10, 53, 154, 175, 179, 182,
215, 359, 361, 363, 369~370,
379, 406, 409, 412~414

김부의　86, 351~353

김부필　86, 351~353

김석견　259, 261

김성인　305

김성일　8, 17, 18, 33, 35, 41, 59, 61,
74, 77~79, 102~ 104, 107,
110~124, 127, 133, 136~137,
164~166, 170, 174, 177, 180~
184, 187, 189, 194, 238, 252,
258, 314~316, 320~321, 330,
343, 353~356, 359, 413, 416,
426

김수　38, 56~59, 89, 94, 96, 98, 110,
114~115, 121~ 122, 126, 129,
132, 136, 140, 153, 293, 295,
312, 367, 413, 416

김수인　125, 291~293, 295

김시민　306

김안국　77

김약　118

김엽　174

김용　118~119, 127, 134, 343, 349,
356, 360

김철　118, 127, 343, 349

김우결　264, 393

김우정　264, 393

김유부　125, 288~289

김윤국　127, 250, 320

김응서　310, 398, 402, 415

김종직　75

김중청　9, 81, 134, 341, 343, 348,
417

김천목　264

김충선　91, 273, 292, 294, 297, 305,
309~312, 314~317

김태허　91, 125~126, 273, 286, 288~
298, 308~310, 317, 382~386,
395~396, 402

김해　6, 8, 14, 81, 86, 90, 115, 126,
134, 152, 247, 342~343, 350~
355, 357~358, 360, 362~370,
372, 406, 409

김현룡　263~265, 328

김호 256~259
김홍한 215

ㄴ

나가시노(長篠) 전투 43
나베시마 나가시노(鍋島直茂) 17
낙재일기 14, 67
난중잡록 246, 288, 292, 348
남인정권 108, 133, 412
납속사목 69
납속책 69, 71
노개방 94
노곡 전투 256~257, 259
노루재 267, 340, 345
누승선(婁承先) 102
능해장 260, 287

ㄷ

다가와 나이키(多川內記) 255, 326
다대포 93, 387
단병(短兵) 44, 46~47, 329
단석산 161, 164, 260,
당교회맹 405
대립가 36
대송장군 157, 169, 405
대역납포제 36
대왕암 261, 287
도산성 전투 145, 278, 391~397
도쿠가와 이에야스(德川家康) 3, 421
독포사 102
동계실기 257

동래부사 93
동래성 54, 89, 93~94, 96, 104~105,
          125, 151, 244
동림당 28,
둔전 27~28, 402

ㄹ

루이스 프로이스 67, 301
류식 126

ㅁ

마귀(馬貴) 310, 393
마현산 322, 324~325
매암문집 357
면천(免賤) 68, 141, 422,
명원루 322
모리 데루모토(毛利輝元) 54, 153, 177
모하당문집 292, 294, 299, 307, 311
묘각사 127
무계 전투 154, 177, 215
무룡산 286~287
문록·경장의 역 3
문천회맹 156, 259, 261, 278, 405~
          406, 424,

ㅂ

박경선 169, 197, 199, 205~206
박경신 69, 144, 195~199, 208~211,
          213,
박경전 90, 144, 192, 194~211, 213~
          215, 227~232, 242

박문 256, 277, 386

박손 256, 277, 386

박연 전투 138, 234, 319~320

박응성 242

박의장 89, 100~101, 104~107, 127,
        144, 256, 259, 265, 284~285,
        312, 327~328, 330, 332, 426

박인국 261, 271, 282~285, 297, 386,
        392

박인로 251

박진 89, 94~107, 120~127, 136~138,
      145, 209~212, 235, 241, 248~
      249, 252, 260, 267, 288~295,
      299, 306, 309, 320~321, 326~
      330, 345, 359, 365, 415, 417,
      426

박홍 97, 105, 118, 245, 250

반구정 273

방군수포 36, 224

배용길 81, 127, 134, 356, 358, 360,
        362~363, 365

배응경 144, 192, 195, 198~199, 213

백지징수 40

범영루 시회 65, 256, 278, 405, 424

법화(法化) 239, 253, 324

벽제관 전투 51

변응규 100, 123, 322

복재실기 325

봉사조(奉祀條) 352

봉황애(鳳凰崖) 197, 205~206

분군법 299

불랑기 47

비격진천뢰 101, 107, 330~331, 371

비변사 30, 296, 309, 311, 314

비슬산 6, 154, 169

ㅅ

사가선소(辭嘉善訴) 307

사공육민법(四公六民法) 55

사도도체찰사 382

사성(賜姓) 김해김씨 309

사야가(沙也可) 292, 299~300, 305~
        309

사여모(沙汝某) 305

사저(私儲) 135

산척(山尺) 173

살용 371

살피재 267, 340

삽혈회맹(歃血會盟) 383

서방경 265

서사원 8, 14, 81, 137, 154, 161, 165~
        166, 168~172, 181, 184, 193,
        200

서생포 전투 260, 393

서애집 44, 51

서예원 126

서인충 271~272, 286, 295~297, 308~
        309, 317, 384~385, 391, 396

서재겸 156, 383

서평포 93

석골사 288, 290~291

선무원종공신록권 299, 334

선암구 전투 206, 230~232

선전관 97, 296, 304

선조수정실록 15, 31, 63

선조실록 60, 102, 112, 122

성안의 239, 400

성영 142

성윤문 383

성주화원의병군공책 173, 185, 190

성천희 398

세키가하라 전투 421

소 요시토시(宗義智) 25~26, 34, 92

소계(沼溪) 234, 319

소모유사 258, 360, 410

소모향병문 408

소천 전투 9, 90, 267, 337, 342, 344,
    349~350, 417

손기양 125~126, 288~290, 402

손시 259

손엽 260

손인갑 414

송고실기 278

송빈 126

송상현 89, 93, 104, 151

송학년 173, 194

송호유집 272, 276, 283

쇄미록(鎖尾錄) 303

수월재실기 328

순천성 389

승병장 유정 382, 387

승자총통 48~49, 51, 167

신규년 267~270

신기전 47

신립 47, 50~51

신증동국여지승람 92

신지제 134, 136, 335, 337, 355~356,
    358~359

신해 229, 244

신흘 134, 342, 348

심원 274, 275, 277, 284

심유경(沈惟敬) 334, 377, 384, 389

ㅇ

아병(牙兵) 115

안기역 361

안동열읍향병 8, 90, 152, 247, 337,
    349~354, 362~366, 368~369,
    371~373, 417, 428

안집사 17~18, 56, 60, 100, 107~110,
    119, 127, 134~137, 293, 335~
    336, 341, 343, 345, 348~349,
    355~356, 359, 367~368, 410,
    416~417, 426

안코쿠지 에케이(安國寺 惠瓊) 177

양수 371

양천교혼 77

어유구 288

연공물 54

연려실기술 399

영남대로 96, 153, 190, 192, 203,
    211~212, 364~365

영천성 탈환전투 119, 121, 123, 136~
    138, 145, 228, 235, 242~244,

319, 322, 324, 415
예안향약 84
오다 노부나가(織田信長) 23, 43
오목천 223~226
오운 82~83, 85
오위도총관 145, 297
오천칠군자 353
오희문 303
외방노비 65
용사일기 326
용양대원수 284
우락재실기 383
우배선 6~8, 15, 90, 136, 154, 168~
     169, 171~194, 314~ 315
우복룡 111, 121, 129~130
우성전 142
우키타 히데이에(宇喜多秀家) 54, 151
운문산 126, 195~196, 199, 201, 204~
     207, 227~228, 231, 273, 275,
     284, 288, 291
울산도호부 397
울산성 13, 20, 297, 332, 390~393,
     396~397, 423, 425
원원사 428
위정산 267~269
유구국 25, 28~29
유백춘 125, 271~274, 276~279, 282~
     285, 287~288, 297, 386
유복기 118
유성룡 8, 17, 32, 44, 47~51, 74~75,
     79, 108, 116, 128~ 129, 135,

248~249, 269, 295, 353, 382,
     411, 416
유숭인 97
유정(柳汀) 14, 15, 144, 156, 166,
     247, 261, 270~286, 288, 313,
     317, 392, 428
유종개 15, 81, 90, 134, 252, 267,
     337, 341~350, 356~ 357, 417
유향소 79, 83
유홍 122
윤두수 32, 122
윤안성 355
윤인함 105~106, 127, 255, 258, 280,
     282, 284~285, 287, 328
윤현 56, 98, 137, 153~155, 167~169,
     171, 181
윤홍명 256~257, 270~271, 277, 281,
     284, 286~287, 386, 396
융경화의(隆慶和議) 28
을묘왜변 30, 37, 41~42
응인의 난 42
의병도대장 145, 258, 363, 369, 379
의승병(義僧兵) 427~428
이각 89, 93~94, 96~97, 105, 125, 270
이겸수 394
이경연 271
이괄의 난 305
이눌 256, 259~261, 265, 284, 287,
     328, 383~385, 392, 396
이대기 114
이대형 126

이덕형 312, 397

이봉 132

이상(李祥) 189, 220, 225, 230

이선충 363, 366, 370

이성임 58~59

이숙량 354~356, 358

이수광 95

이수일 106

이순신(李舜臣) 48, 314, 388

이승증 161, 169, 219~220

이시경 44

이양원 44

이언적 70, 77, 81, 161, 219

이언춘 247, 256~257

이여량 282, 284~285, 287, 386

이여빈 108

이여송(李如松) 51, 151, 183, 378

이원익 146, 348, 382, 398, 412

이유검 126

이이제이(以夷制夷) 29

이일 50

이장손 101, 330~331

이탁영 89

이팽수 259~260

이함 70, 270

이황 75, 77~78, 82, 109, 353

익호장(翼虎將) 142

인상살식(人相殺食) 63~64

인신(印信) 99

일조편법 24

임계영 124

임흘 81, 341~344, 348~349, 356, 417

ㅈ

작원관 전투 94~95, 97, 102~103, 126, 288, 291~292

장거정 27

장몽기 194, 244

장사진 363, 366~367

장현광 81, 256

장희춘 257, 271~272, 277, 281, 286~287, 310, 386, 392, 396

재조번방지 300

전경창 81, 166, 217~218

전계신 8, 81, 118, 154, 167~169, 193

전상호(殿上虎) 114

전응충 295~296, 308~309, 332, 384, 391,

절강병법 47

절지수(絶紙受) 69,

정경운 359, 412

정구 81~82, 116, 217~218,

정극후 264

정기룡 180~181, 315, 402,

정담 237, 250, 320, 325,

정대임 81, 237, 239~240, 242, 244, 247~253, 320, 324~325, 328

정만록(征蠻錄) 56, 89,

정발 89, 93, 151

정사상 248

정사악 248

정사진 248

정삼계 264

정삼고 264

정삼외 264~265

정세아 81, 121, 127, 156, 237, 242,
    244, 247, 249, 250~253, 280,
    320, 325, 328, 342

정의번 247

정암진 154, 177

정여강 8, 154, 166~170, 193

정여립의 난 31

정유명 114

정인홍 8, 10, 53, 141, 146, 154,
    175, 179, 187, 189, 194, 359,
    361~362, 369, 379, 406, 409,
    411~417

정천리 253, 325

정철 31~32

제말(諸沫) 68

제승방략체제 30, 38

조경남 66

조목 74, 341, 353~354, 356~367, 412

조보(朝報) 304

조선물어(朝鮮物語) 394

조선일기(朝鮮日記) 54

조선통신사 26, 32, 33, 34, 116

조승훈 151

조식 54, 77, 82, 116, 411

조영규 93, 151

조전장 69, 99, 144, 195, 197~199,
    208~213, 363, 366, 400, 402

조정(趙靖) 68, 70, 132

조총제조법 314

조호익 9, 81, 252

조희익 121, 251~253

주사호 258~259

죽장현 106, 127

죽패(竹牌) 55

지자총통 48, 330

지헌집 61

직산전투 388

진관체제 18~19, 30, 36~37, 41, 89~90

진주성 전투 124, 215, 378, 381

질려(蒺藜) 239, 325

집경전 260

징비록 128, 130

ㅊ

창대실기 325

창의정용군 127, 244, 253, 255, 319,
    321, 323

척계광 47

천사장 256, 287, 405, 424

천장산 200, 219

철포족경 43

청야책 381, 400, 402~403

초유일도사민문 117

최경지 241

최계 155, 164~166, 170, 181

최계종 260

최대기 195, 201, 237, 242~243, 250,
    320, 325

최동보 8, 15, 90, 154~158, 160,

161~164, 166, 169, 181, 193, 220, 243, 256, 260, 280~281, 383

최문병 15, 81, 90, 144~145, 194~195, 199~208, 215~ 244, 319~320, 325

최영경 116

최인 155, 157~158, 164, 166, 181, 383

최정산 144, 173, 178, 192~193, 211

최진립 259~260, 328

최희지 241

추평 236, 251, 255, 323

ㅌ

태화강 전투 297

통혼권 264, 359

퇴계학맥 84, 109, 407~408

투석군(投石軍) 95, 335

ㅍ

파발 378

팔공산회맹 290

팔조령 192~193, 203, 211~212, 227

평양성 전투 151, 307, 377~378

평의훈 243

포토시 은산 24

ㅎ

학봉집 17, 119

한척 320

한효순 59, 101, 152, 267~269, 293,

309, 341~342, 365, 385, 417

해금정책 25, 27, 28

행주산성 전투 151, 384

향병일기 355, 357, 360, 366, 372

향병입약 170

향병장 146

향촌공동체 17, 79, 81, 83, 85, 135, 408, 410~411, 425

허성 35

허언심 85, 412

허응길 402

허통(許通) 68~69

헌괵(獻馘) 168, 371

현자총통 48, 330

호장층 75

홍경승 363

홍양호 269~270

홍천뢰 250, 253

화암실기 272

화왕산회맹 387, 405

화왕입성동고록 400

화원의병군공책 7

화원현 6, 8, 90, 136, 145, 154, 168~169, 171~172, 174~ 175, 177~182, 184~189, 191~194

화회분재기 86, 351

환란상휼 84

황경림 244, 384

황석산성 388, 398

황윤길 35

황희안 259, 261, 332

회취법(灰吹法)   24

후쿠시마 마사노리(福島正則) 54, 326

훈련도감   45, 304

희손   249

희팔   394

박순진

1954년 경북 청도 출생
고려대학교 문과대학 국어국문학과 졸업
동국대학교 교육대학원 역사교육과 졸업
동국대학교 대학원 사학과 졸업(한국사학 전공)
문학박사
동국대학교 강사
'의병의 날' 행사지 선정 심사위원

저서 : 『운산역사기행(雲山歷史紀行)』 (학고방, 2017)
논문 : "임진왜란기 우배선의 의병활동"
      "임진왜란기 최문병의 의병활동"
      "임진전쟁기 경상좌도 의병활동" 등

임진왜란과 경상좌도의 의병활동

2023년 9월 1일 초판 인쇄
2023년 9월 8일 초판 발행

지 은 이   박순진

발 행 인   한정희
발 행 처   경인문화사
편 집 부   이다빈 김지선 유지혜 한주연 김윤진
마 케 팅   전병관 하재일 유인순
출 판 신 고   제406-1973-000003호
주   소   경기도 파주시 회동길 445-1 경인빌딩 B동 4층
대 표 전 화   031-955-9300   팩 스   031-955-9310
홈 페 이 지   http://www.kyunginp.co.kr
이 메 일   kyungin@kyunginp.co.kr

ISBN 978-89-499-6749-3   93910
값 34,000원